ZHONGGUO ZHUANJI WENXUE FAZHANSHI

中国传记文学发展史

（修订本）

陈兰村◎主编

语文出版社·北京·

图书在版编目（CIP）数据

中国传记文学发展史 / 陈兰村主编. — 修订本. — 北京 : 语文出版社, 2012. 9
ISBN 978-7-80241-612-3

Ⅰ. ①中… Ⅱ. ①陈… Ⅲ. ①传记文学-文学史-中国 Ⅳ. ①I207. 5

中国版本图书馆CIP数据核字（2012）第228119号

责任编辑 张夏放
装帧设计 李建章
出　　版 语文出版社
地　　址 北京市东城区朝阳门内南小街51号 100010
电子信箱 ywcbsywp@163.com
排　　版 河北华尚制版有限责任公司
印刷装订 北京市兆成印刷有限责任公司
发　　行 语文出版社 新华书店经销
规　　格 787mm × 1092mm
开　　本 1/ 16
印　　张 31. 75
字　　数 812千字
版　　次 1999年1月第1版 2012年9月第2版
印　　次 2012年9月第2次印刷
印　　数 3,001- 6,000
定　　价 63. 00元

本书如有质量问题请与本社发行部联系 ☎: 010-65251033

目录

绪　论

中国传记文学以公元前1世纪司马迁的《史记》诞生为标志开始登上文学舞台，经过风风雨雨的历史跋涉，至今已走过2 100年的漫长历程。在中国传记文学的发展过程中，古代曾出现过司马迁、班固、陈寿、范晔、韩愈、柳宗元、欧阳修、苏轼、宋濂、李开先、归有光、袁宏道、张岱、全祖望、方苞等在传记创作上取得重要成就的著名作家；近现代则出现过梁启超、胡适、郁达夫、沈从文、朱东润、吴晗等作家和学者，对传记文学的开拓作出过不可磨灭的贡献。古代传记文学在史传方面以《史记》《汉书》《三国志》《后汉书》《新五代史》的传记作品文学价值较高，其中尤以《史记》历史性与文学性完美结合，堪称古代传记文学的典范。魏晋南北朝以后，短篇散传在历代都产生过许多名篇佳作。

现代传记文学在“五四”后曾出现一个自传文学创作的小高潮。胡适的《四十自述》，郁达夫的《达夫日记》《达夫自传》，沈从文的《从文自传》，郭沫若的《沫若自传》，成为现代文学史和现代传记文学史上重要的传记著作。朱东润的《张居正大传》和吴晗的《朱元璋传》则是现代传记文学的两部名著。

当代传记文学在新中国成立后曾有停滞，但到了20世纪80年代中期，经过十多年的发展，形成了“传记热”。其显著的标志是传记文学作品的大量写作和出版，并受到读者的普遍欢迎。据有人统计，在1995年之前几年中，我国年均出版传记作品超过200部，有的作品印数达数十万册，传记作品已成为仅次于小说的第二大畅销读物。（参见1995年11月15日《中华读书周报》记者秋林的报道）

回顾中国传记文学发展的历史，可见它是一个发展着的文类。为了确立传记文学的自身形象，并且进一步促进传记文学的健康发展，我们用发展的观点来讨论传记文学的几个基本问题。

一、传记文学的界定及其基本特征

研究中国传记文学发展史，首先遇到的问题是如何界定传记文学。

什么是传记文学？《中国大百科全书·中国文学卷》“传记文学”条对“传记”与“传记文学”解释为：“记载人物经历的作品称传记，其中文学性较强的作品即是传记文学。”（第1312页）“文学性较强的”，是个模糊的说法，这是其不足。但也有好处，使“传记文学”的概念宽泛一点，可以包容“文学性较强的”各种传记作品。所以，我们赞成这个提法。

我们认为，传记文学有个发展过程，其名称也有个演进过程，人们对它的界定则有个认识过程。在“传记文学”名称出现以前，中国先后已有“传”“传记”的文体名称在使用。

“传”，本义是指传车驿马，即指古代一种快速的交通设施。引申之，则记载人物事迹以传于世的文体，亦可曰传。战国时代的《世本》一书中已有“传”的文体。同时代产生的《穆天子传》这本书也是“传”的文体。

“传记”，最初出现在汉代，如《史记·三代世表》中有“传记”一词，指解说经典的文字，而表示记载一人生平始终的文体，则至迟在南朝开始。如沈约《宋书·裴松之传》载：“奉命作《三国志注》，即鸠集传记，增广异文。”此处“传记”一词始有史料的意义，包括人物传记在内。到了唐、宋时期，“传记”的文体意义已渐为明晰。《隋书·经籍志》、郑樵《文献通考》都出现“传记”一词。清代章学诚的《文史通义》专立“传记”篇，文体意识更为明确。（以上参见陈兰村《略论我国古代传记文学的起源》一文，收入《中国古典传记论稿》一书）

但应该注意，“传”“传记”的含义直至清代前还具有含混性，并非专指今天所说的传记文学。在古代，“传”“传记”都可当做对经书的解释，即指解经的文字，而现在，“传”“传记”一般都指记述人物生平经历的文字。“传记文学”则是在20世纪出现的。继胡适用这个名称后，郁达夫写过《什么是传记文学》一文。（见傅东华编《文学百题》，1935年生活书店印行）

那么“传记文学”与“传”“传记”是什么关系呢？“传”字是中国传记文学的起始名称。由于古汉语单音词可以单独表意，传记文学可以标之为“××传”，至今仍然通行。而“传记”名称是一个属概念，其本身能够包括文学和史学两个范畴的作品，它是记录真实人物生平文体的总名称。“传记文学”则是其中的一种。“传记”与“传记文学”是属与种的关系，“传记文学”是隶属于“传记”中的概念。“传记文学”也可称为“传记”。“传记文学作品”当然也可称“传记作品”。“传记文学作家”也可称“传记作家”。

与“传记文学”相关，还有一些名称。如“人物传记”，即指传记。“传记文”，即指传记作品。“文学传记”是西方人对传记文学的称谓。（以上关于“传”“传记”“传记文学”相互关系的理解，参见王成军《传记文学考释》一文，载《北京师范大学学报》1995年增刊）

关于传记文学的属性问题，究竟它是属于文学性，还是属于历史性？我认为应从历史发展的眼光看，并结合传记文学的创作实际看。从中国古代的传记文学历史说，如《史记》这部著作，具有历史和文学的双重性。但在班固《汉书·艺文志》，把《太史公百三十篇》列在“春秋家”，即把《史记》列入历史书一类。古代纪传体史书的史传，显然都依附于史学。即使离史独立的“杂传”，在《隋书·经籍志》也列在“史部”之下。只有文学家创作的单篇散传，如韩愈、柳宗元、欧阳修、苏轼的传记文，才列入他们各自的文集中，应属于文学类。而传记文学发展到现代，它的文学性一面得到了加强，虽然它仍有史学性的一面，但把它作为文学的一个门类更为合适。当然具体到某一个传记作品，可根据其实际情况而定。如吴晗的《朱元璋传》既可作历史著作，也可作传记文学作品，因其历史与文学的双重性较明显。而廖静文的《徐悲鸿的一生》，则其文学性很突出，只能看做传记文学作品。所以，将传记文学作为文学的一个门类，这是传记文学本身具有的文学性决定的。而将传记文学作为一个独立的文学样式，有利于发挥该文体的传人功能，有利于它本身的发展。

为了确定某种作品是否是传记文学作品，可以用传记文学的基本特征去衡量。我们要确定传记文学的范围，可以从公认的传记文学作品中找出它的基本特征。从理论上确定了传记文学的基本特征，就可较容易判断某个作品是否是传记文学。传记文学的基本特征应具备以下三点：

第一，以历史或现实人物，以作者自己或他人作为描写对象，所记人物和事件都应有历史的真实性。也就是说，传记的主人公（传主）应是世上真实生活过的人物，其事迹是确实经历过的。真实性是传记文学的生命。作者可以选择传主，也可以对已有的材料加以选择和取舍，但不能虚构人物和事件。

第二，以传主为中心，描述传主的一生或相对完整的一段生活历程，着意表现传主的个性特征。中国古代的传记往往是短篇，传主生平不完整，但能注意表现传主的性格特征，有可取之处。现代传记则以长篇居多，传主生平相对较完整，但真正要做到较充分地表现传主的个性也还不多。

第三，传记文学既是一种文学样式，应具有文学的艺术性。即要塑造有审美价值的人物形象，有吸引人的情节，有可读性的语言等。传记作者在描绘传主、塑造人物形象方面，在保持人物与事件真实性的前提下，应有适当的艺术加工。艺术加工离不开想象。黑格尔说："最杰出的艺术本领就是想象"，而"想象是创造的"（《美学》第1卷）。传记作者要处理好写实与想象的关系，不能把想象与写实完全对立起来。在严格尊重历史真实的前提下，要写出人物的个性，传记作者可以借助想象，补写出历史人物闪电式的心理活动，一瞬间的表情变化，即兴式的对话，下意识的一个动作等。传记和别的文学作品一样，离开了艺术创作中必不可少的想象，就不能创造出生动的形象。

优秀的传记作品总有一些动人的情节和细节，让读者难以忘怀。无疑，传记的情节必须真实，但有的古代传记作品也吸取一些民间传说，如唐代

《慈恩传》记述玄奘西行取经事迹，就插进了不少优美的印度民间传说。

传记文学作为一种语言艺术，要求用精美的语言来写作。古代传记文学，如《史记》《汉书》及韩愈、柳宗元等人的传记文；现代传记文学，如吴晗的《朱元璋传》、茅盾的回忆录《我走过的道路》等，不论用文言或白话写的，都是具有美感的语言。

传记文学的基本特征，应具有真实性、再现传主生平的相对完整性和着意表现其个性，并具有艺术性。这三条基本特征是互相联系的，失去其中一条就丧失了它的基本特征。根据这三条基本特征，可以给传记文学下定义为：它是艺术地再现真实人物生平及个性的一种文学样式。

二、传记文学的分类

中国传记文学如何分类？这是研究中国传记文学发展史所遇到的第二个问题。因为传记文学作品量大，加以分类，有利于把握各类作品的特点。但由于目前学术界对传记文学分类的研究尚处在初期开创阶段，尚无公认的科学标准，分类较粗，也不统一。本书采用按时期、按文体的内容与形式的不同，多层次分类法。

先按传记文学产生的时期分，以“五四”运动前后的时间分界，“五四”前的称为古代近代传记文学，“五四”后的称为现代当代传记文学。再从先秦至1840年的鸦片战争开始的传记，称古代传记。1840年鸦片战争以后至1911年辛亥革命的传记，称近代传记。“五四”后至1949年新中国成立前的传记，称为现代传记；新中国成立后至今的传记，称当代传记。

古代近代传记文学，根据传记文体的内容和形式的不同，可再分为四类：

1. 史传，主要指纪传体正史中的人物传记，尤其是文学性较强的前四史（《史记》《汉书》《三国志》《后汉书》）中的传记。“史传”之名来自于刘勰《文心雕龙·史传》篇。但需要注意，刘勰的《史传》是讲历史散文，他所说的“传”跟现在说的传记不同，是指释经的文字。他所讲的《史传》包括《左传》《战国策》这些先秦历史散文。我们所说的史传，则主要指汉代以后出现的以《史记》《汉书》为代表的正史传记，而把《左传》《战国策》作为历史散文。这类先秦历史著作本身并非是传记，只是其中含有传记雏形的片断而已。

纪传体为司马迁《史记》所首创，《史记》中的本纪、世家、列传三种体裁，都是人物传记，只是反映封建社会的等级观念，分出了三种形式。因后代正史都保留本纪和列传这两种体裁，所以称《史记》这类写史体例为纪传体。司马迁创造的纪传体，为以后正史和别史、野史作人物传记在体裁上开创了范例。

史传的特点是，史料比较翔实，对人物的描写比较完整。一般都能联系当时社会背景，给人物的活动以一定的评价。由于史传作品只是整部历史书的一个组成部分，因此篇幅较短，作者往往抓住人物最有影响的事件和典型事例，描绘人物的性格特征。如《史记·项羽本纪》通过巨鹿之战、鸿门宴、垓下之围三大事件和若干典型细节，表现秦汉之际的大英雄项羽的历史功绩和失败的命运，刻画其作战勇猛而又缺少政治谋略的悲剧性格。

2. 杂传，主要指单独成书的类传。它起于汉代，兴于魏晋南朝，如西汉刘向的《列女传》，南朝梁代慧皎的《高僧传》。杂传之名，最早见于南朝刘宋时王俭撰写的《七志》；《七志》已失传，今见《隋书·经籍志·史部·杂传类》小序。但王俭提出的杂传还不是指人物传记，可能是对当时解经的杂书的称呼。属于人物传记性质的“杂传”之名，当始于南朝萧梁时代阮孝绪的《七录》，亦见于《隋书·经籍志·史部·杂传类》小序。杂传因作者率尔而作，不在正史，离史独立，其传主形象反较真实。它对传记作为一种文学样式独立地发展起了促进作用。

3. 散传，指一人一传，但不单独成书，以单篇流行，或散见于各家文集中的个人传记。此类传记产生于汉代，兴盛于魏晋南北朝时期，唐宋以后历代都有大量创作，成为古代传记文学创作的主要体裁。学术界有人把古代传记文学划分为“史传文学”和“杂体传记作品”两大类，而“杂体传记作品”包括史书之外各种体裁的传记作品。(《中国古典传记·前言》，上海文艺出版社）这样把从魏晋南北朝到唐宋以后历代产生的史书之外的传记统称为“杂体传记”，不易区分魏晋南北朝时期以类传形式单独成书的“杂传”与唐宋文人写的单篇传记的不同。韩兆琦教授主编的《中国传记文学史》首次提出“散传”另分立一类。1990年元旦，韩兆琦教授在金华与笔者讨论时就提出这个观点，笔者赞同，并提议借用明代中期李开先《亡妻张宜人散传》篇名中“散传”二字，作为对这类单篇个人传记的名称。

散传，包括传状、碑铭、自序等作品。魏晋南北朝时期的散传以“别传”居多。别传，指正史和家谱以外的单篇个人传记。据朱东润先生说：“正在《史记》写定的同时，传记文学在民间不断地出现。后代看到的《东方朔别传》残篇，是一个例子。褚先生在《史记·滑稽列传》篇后所说的《外家传语》就指这个。”（《漫谈传记文学》，《文汇报》1961年8月5日）到魏晋南北朝时期，如裴松之的《三国志》注，刘孝标的《世说新语》注中已引用了许多别传。至于行状、墓志铭、自序（或称“自叙”）自汉代产生，魏晋南北朝后历代也都有大量作品出现。

4. 专传，指一人一传，单独成书的中篇以上单人传记。“专传”之名，始见于梁启超《中国历史研究法补编》（见《中国历史研究法》，上海古籍出版社）。梁氏认为：“所谓专传与列传不同，列传分列在一部史中，专传独立成为专书。”如唐代慧立所著《慈恩三藏法师传》（即玄奘传）。

以上是对古代近代传记文学的分类。

现代当代传记文学，主要按其内容的偏重，分为历史性的传记（偏重历史）、评论性的传记（偏重评论）和文学性的传记（偏重文学）这三类。或按作者与传主的关系分为他传（作者为别人作的传）和自传（作者为自己作的传）两大类。他传中又可按上述三类再区分。分类是为更好地把握作品，所以最终要结合实际作品而定。

三、中国传记文学发展的规律性问题

研究中国传记文学发展史，不仅要理清和描述中国传记文学的演变过

程，而且要探索其发展规律，这是难度很大，但又必须努力贯彻的任务。我们从中国传记文学发展的事实出发，又受当代学者研究成果的启发，加上自己的体会，对中国传记文学演变发展中带有规律性的问题，提出一些粗浅的认识。

1. 传记写作，主要指古代史传的写作与作家的生态环境有密切的关系。作家的生态环境好，传记写作，尤其是史传写作可能繁荣和发展；否则传记写作就停滞而不可能发展。这里所说的传记作家的生态环境的好坏，指社会环境是否安定，思想意识形态是否较为自由，行政对传记写作是否有不恰当的干预等。从中国古代的所谓正史发展过程看，社会较安定，思想意识相对较自由，行政对史传写作采取较为支持的态度，这些都是传记，主要是史传发展的有利因素。司马迁写《史记》时，西汉统一中国已有六七十年的历史，社会较为安定，经济较为繁荣，文化也相应呈现繁荣。司马迁虽受李陵之祸，但他任中书令，查阅皇家图书档案比较方便。他个人的思想也并未受"独尊儒术"的限制。班固写《汉书》曾得到汉明帝的认可，任命他为兰台令史，为他写作《汉书》创造了良好的条件。陈寿写《三国志》时西晋已统一中国，社会相对安定。范晔写《后汉书》时，南北分裂，刘宋王朝并不稳定，但是当时思想意识领域相对较为自由，所以范晔在《后汉书》中可以较自由地反映东汉后期统治集团内部的政治斗争、两次党锢之祸，以及儒者开始鄙薄经学章句的倾向。又以唐初八史而言，唐太宗和魏征等人多重视总结前朝亡国的教训，因而重视史传的编撰。从历代史传的产生和繁荣看，史传作家的生活环境、社会环境是否安定起着重要的作用。每当新的封建王朝建立或已稳固，统治者就注意编写史传。而到王朝末世，社会动乱，就不易产生工程浩大的正史传记了。

从封建社会的总体说，统治者对作家个人的散传创作并不重视，散传创作处在自发状态。散传作家，如韩愈、柳宗元、欧阳修、苏轼、归有光、方苞等人，他们或受政治斗争的干扰，或因科场的失利，其创作环境并不很好。他们只能给自己的一些熟人写一些碑志文或短篇传记，不可能产生现代意义的鸿篇巨制的他传或自传。

2. 传记文学的发展与人性的发展，尤其是与对人性认识的发展有密切的关系。某一个历史时期对人性的认识有了显著的发展，反映在传记文学上对人的描写就有所进步。如果某一个历史时期对人性加以严重的压抑，则反映在传记文学上对人的描写也就缺乏了生气。从中国古代到现代的传记文学，包括史传与散传的发展过程看，传记文学的发展与人性的发展密切相关。中国的历史上有五次较大的人性讨论，对传记文学的发展都有促进作用。

第一次是战国时期，学者们对人性展开广泛讨论。孟子主张性善说，荀子主张性恶说。这种争论虽无定论，但促进了人们对人性的重视。汉代司马迁对人性的认识是在战国士林认识的基础上的发展，《史记》中对人性的善与恶都有所描写，而且还在《货殖列传》中提出了人有求利的本性。《史记》中的人性描写正是战国以来的人性讨论在传记文学上结出的果实。

第二次是魏晋南北朝时期，是人的个体意识的觉醒时期，或者说是人的自觉开始时期。曹丕的《典论·论文》说："年寿有时而尽，荣乐止乎其身，二者必至之常期，未若文章之无穷。是以古之作者，不托飞驰之势，而声名自传于后。"曹丕的人性论在当时颇有代表性，他已注意追求个人生命的价值，提出以文章使"声名自传于后"。这种认识自然会引起人们对写自传、家传的兴趣，进而引起为别人写传。魏晋南北朝杂传、散传的兴起与曹丕这类认识不无关系。

第三次是明代中后期，社会上出现了一股要求个性自由的新思潮。与宋元以来的理学所强调的"存天理，灭人欲"的传统观点相对立，晚明哲学家李贽提出"人必有私"（《藏书》卷 32《德业儒臣后论》），又认为"穿衣吃饭，即是人伦物理"（《答邓石阳》）。李贽的这些有关人性的观点为明代中后期市民传记的出现提供了哲学基础。明代中后期传记文学的传主出现了商人和其他市民，题材上多了平民的日常生活，这都与同一时期人性的发展分不开。

第四次是"五四"新文化运动时期，当时的新文化运动批判封建的旧意识，张扬了人性，启动了中国现代知识分子个性的解放。“五四”后一个时期自传文学兴起，他传也随之出现。如胡适既作自传《四十自述》，在1919年又为一个不相识的短命女学生作《李超传》，这就是当时张扬人性在传记文学上的一个体现。

第五次是党的十一届三中全会以后的新时期，中国共产党大力倡导实事求是，思想解放，落实各类人的政策，中国出现了前所未有的一次人性解放。这就导致了20世纪80年代中期以来传记文学新的繁荣景象。

历史上人性倒退的例子，如宋元理学强调“存天理，灭人欲”，扼杀人性自由，导致元明许多文人为贞节妇女写碑志，维护封建道德，这类传记作品多无文学价值。又如“文革”期间，“四人帮”控制舆论，人性的自由无从谈起，当时传记文学创作也几乎是空白的。可见人性的倒退，使传记文学也随之停滞或退步。

3. 传记的功利性与传主的生平实际二者之间的一致性，是中国传记文学发展的正常现象。中国古代的传记文学有“明确的功利性”。这主要指“以史为鉴”“教化作用”“成一家之言”等。（韩兆琦《中国古代传记文学略论》，《北京师范大学学报》1997年第4期）司马迁在《史记·高祖功臣侯者年表序》指出：“居今之世，志古之道，所以自镜也。”意思是今天的君臣，应总结古代历史经验，把它作为镜子来照自己。这就是说要以史为鉴。司马迁在《史记·太史公自序》说《春秋》能“善善恶恶，贤贤贱不肖”，即是说《春秋》有教化作用。而《史记》是“继《春秋》”之书，当然也有教化作用。司马迁还在《报任安书》中表明写《史记》的目的是为了“成一家之言”，发表自己对社会、人生的主张。《史记》的功利性是很明显的。后世的史传和散传也多受《史记》的影响有自己的功利性。可以说，古代传记文学的功利性是客观存在的事实，也是它的价值的重要组成部分。

但必须指出，传记的功利性只有与传主的生平实际二者之间取得一致性，才是古代传记文学发展的正常现象。如在《史记》里，司马迁在稽其成败兴坏之理时，十分注意贤才的作用。《史记》记载了一大批贤相良将帮刘邦打天下，治天下。而为张良、萧何、韩信这一大批贤才立传时，司马迁的主观思想，或者说他的功利目的，是与这些传主的生平实际一致的。《史记》如此，以后优秀的史传和散传也是如此。

传记的功利性与传主的生平实际不一致，则会导致传记失真，甚至失去历史价值和文学价值。《三国志》作者陈寿替西晋和魏的统治者回护，使部分史实失真，影响传主的真实性。后世被称为谀墓的一部分墓志铭，作者有意美化墓主，而与墓主的生平实际不一，这类墓志铭也就失去了其历史价值和文学价值。韩愈是写碑志的能手，他的个别墓志就被人责为“谀墓”。(见《新唐书·刘叉传》)

我们认为，传记的功利性应该与传记的传人功能统一起来。片面强调传记功利性而不顾及传记的传人功能，会使传记导致过多的说教和影响传主形象的塑造。中国古代传记文学从《史记》开始，司马迁受汉代经传观念的影响，把写作《史记》作为继《春秋》的事业。《春秋》是儒家经典之一，《史记》作为释经之传，显然受儒家思想的影响。由于司马迁注意历史真实性与文学完美性的结合，《史记》的历史性与文学性达到了高度的统一。但在《史记》以后，从《汉书》开始，后世的史传多要贯彻朝廷的旨意，而对传记传人的功能有所忽视。应该说，后世的大多数史传对保存古代历史文化有功，其历史价值不容置疑。但如果从传记文学的角度去要求，古代许多史传既受篇幅，又受写作指导思想的限制，未能较全面地写出传主的一生，也未能多侧面刻画传主的性格，这也是不能回避的事实。古代散传也有类似情况存在。现当代传记在较全面地写人上有进步。

4. 传记文学的发展，具体表现为自身各因素的更迭和整体审美价值的提高过程。

传记文学自身的主要因素由传主、题材、情感表达、体裁形式、表现方法等组成。古代传记文学的传主上至帝王将相，下至平民士人都有。但在史传中传主以上层人物居多。在散传中传主由官吏名士逐渐扩展到平民百姓。现当代传记文学的传主一般以名人居多，但原来不知名的人也有因被知名的作者写了传而知名的。如胡适给李超作传，李超虽死，其名为后人所知。又如1928年一部由中国人盛成创作的法语文学传记《我的母亲》在法国出版，旋即风靡世界文坛。一部《我的母亲》给盛成带来全球声誉，使许多西方人从此认识了一位普通的中国母亲，感受到了东方妇女那涵盖苍穹、博大深沉的母爱。

传记题材，在古代传记文学中，尤其在史传中以写传主在政治、军事、道德方面的表现为主，因为古代史传强调惩恶劝善的教化作用，总的以人物外在社会活动，即“公生活”为主。但到明代中后期传记题材写日常生活的明显增多。而到现代传记文学，则既写“公生活”，也写个人家庭生活、两性情爱等，即“私生活”，题材日渐扩大。

传记的情感表达包含两个方面，一方面指传记主人公的情感描写，另一方面指作者通过传记的情感抒发。在史传中，司马迁的《史记》传记文学有很强的抒情性，其作品也有强烈的艺术感染力。史传由私撰发展到官修、集体写作，个人感情难以表达，抒情性逐渐减少，作品的艺术感染力也随之削弱。在散传中作者的抒情成分多少不一，但一般说作者的抒情正当而且浓厚，其艺术感染力也较强。如明代中期归有光的传记文《先妣事略》为自己母亲立传，写的多是生活琐事，但对母亲的感情溢于言表，十分感人。

体裁形式由史传而发展为杂传、散传；史传中又有本纪、列传；列传又有一人一传的单传，也有一类人合为一传的类传。类传也有由少到多的发展过程，如范晔《后汉书》创立多种新类传，扩大了传主的类型。现代传记以篇幅大小分为长篇、短篇传记。古代传记受史传的列传影响，篇末往往有一段论赞，如《史记》传记篇后的“太史公曰”，或补记史料，或写作者对传主的评价。古代传记因多短篇则不分章分节，而到了近代，受西方传记的影响，梁启超的部分传记创作，如《罗兰夫人传》《匈加利爱国者噶苏士传》已开始分章节。

传记文学的表现方法，除受自身传统影响外，还受其他文学样式和外来传记的影响而发生较大的变化。如传记文学与小说同属叙事文学，同以写人为主，只是传记坚持写真人真事，而小说多虚构。但在表现方法上往往互相借鉴与吸收。唐代的传记与传奇就互有影响。清初侯方域的《马伶传》，现代胡适的《四十自述》的序幕“我的母亲的订婚”，都用了小说笔法，因而文势曲折，引人入胜。而近代梁启超的传记创作因受西方传记的影响，在体制、内容、结构、表现手法诸多方面有所革新。从中国传记文学发展的过程看，既要继承，也要革新；既要发扬传统中的优秀成分，也要敢于吸收国外传记先进的传记创作观念和表现手法。中国的传记文学古代曾产生过史学与文学并重的不朽之作《史记》，我们有理由相信，在现在创作环境好转，又曾在近代、现当代出现过许许多多伟人名人、先进人物，未来的中国传记文学创作一定可以再造辉煌。

四、本书的努力方向

本书的作者认为教材编撰也好，学术研究也好，总是在前人时贤已有成果的基础上，有所积累，有所前进，才有意义。本着如此想法，对撰写本书主观上想作以下几方面的努力。

1. 试图描述中国传记文学的发展轮廓，突出其发展演变之处。中国传记文学，尤其是古代传记文学发展是很缓慢的，但也不是一成不变，或者等速递进，而是有时快，有时慢；有时有突破，有时竟停滞。这种发展变化，首先体现在文体本身的发展演变上。其次表现在内容上，传记文学的发展与人学的发展紧密相关，因此传记文学的内容和主题，与表现人的人性、人格、命运紧紧相连。再次，体现在表现方法、语言运用上也是发展变化的。传记文学的发展还与其他文学样式互相渗透，互相影响。

2. 有意将中国传记文学发展史的下限延伸到现当代。中国的传记文学发展呈现连续性、系统性的趋势。一般说，古代传记文学因历史悠久，积累的作品丰富，已有的研究较多。而对现当代传记文学的研究则相对薄弱。试查一下已出版的多种中国现代文学史或当代文学史，很少有提到传记文学的，有的几乎是空白。现当代传记文学既与古代近代的传记文学在传统上有一定的联系，但更具有现当代的时代特色，更为目前的读者所关注。因此，尽管本书的撰稿者对现当代传记文学领域是初次涉足，还是努力把中国古代传记文学与现当代传记文学打通。

3. 注意历代关于传记文学理论与批评的积累。传记文学理论与批评落后于创作，自古如此。但古代毕竟留下了前人对传记文学理论的思考与批评意见。这些资料如果能作系统的整理，对今人理解历代传记文学，对发展当代传记文学理论或许可起借鉴作用。但古代传记文学理论多为零星片断，而现当代传记文学理论也起步不久，因此要充分把握它们有一定的难度。本书注意对历代传记文学理论与批评的简要介绍，在有关章内设专节加以评述。仅希望借此引起学术界对传记文学理论与批评的重视。

上述三方面笔者虽主观上将它作为本书的努力方向，但由于水平所限，实际成品与要求尚有距离，诚请专家和读者批评指正。

第一章

先秦传记文学的产生与发展

先秦时期，是指上古到秦统一中国之前这一历史时期，包括我国原始社会、奴隶社会和封建社会初期三个历史阶段。原始社会生产力极为低下，人们便以幻想和夸张的方式塑造了一些与自然作斗争的英雄形象，在虚幻中解释自然、征服自然，产生了古代神话。至商代，历史已进入奴隶社会的高级阶段，社会生产力大大提高了，产生了文字，有了巫文化，是奴隶制的繁荣时期。周代产生了史官，开始有了史文化。春秋战国时期，一般认为是由奴隶制过渡到封建制的社会剧变时期。在这个时期里，权力由王室转移到诸侯，甚至转移到大夫手里；士阶层的逐渐兴起，出现了百家争鸣的局面，文化思想方面由原来的尊天事鬼变为重视人事、重视民众的作用，作家的写人意识增强了。

先秦传记文学是我国古代传记文学产生、发展的最初阶段。在这个阶段里，还没有形成独立的文学观念，没有区分文学与非文学的意识。许多文学因素、文学成分是掺杂在各类文章之中并得以培育生长的。我国的传记文学就是来源于历史著作。我国的历史学是我国有文字记载的最早最发达的学科，即使是诗歌形式的传记文学萌芽，也当属于史诗。

我国最早的诗歌总集《诗经》中出现了传记文学萌芽；以屈原作品为代表的楚辞和先秦诸子散文中出现了更多的传记文学因素；《左传》《国语》《战国策》《晏子春秋》等书中已具备了传记文学雏形。因此，先秦传记文学是从萌芽状态逐步发展到雏形状态的。

第一节 《诗经》中的传记文学萌芽

一、传记文学产生的原因

人们对产生传记文学的原因，有不同的说法。第一种是愿望说。美国传记文学史家爱德华·奥尼尔在《美国现代传记文学史》中说："人类保存其自身实录的愿望仅次于其保存自身的本能，由这一愿望而产生了历史学与传记文学的姻亲艺术。"这里说明了人类存在着一种保存自身实录的强烈愿望，人类才开始有了最初的传记文学创作活动，即人类最初的传记文学创作活动是出于人类保存自身活动的强烈愿望。第二种是天性说。英国20世纪著名的传记文学作家和批评家哈罗德·尼科尔森，在他的《英国传记文学的发展》一书中探讨了包括传记文学在内的广义传记产生的原因："传记为满足纪念的天性而诞生（按：着重号为原作者所加）：家庭希望纪念死者，人们写挽歌、悼词和用北欧古文字刻成的碑文；部落希望纪念自己的英雄，于是人们写英雄传奇和史诗；教堂希望纪念它的创立者，人们又写了圣者的早期生活传记。"这里明确指出传记是为了满足人们纪念的天性，应运而生。第三种是尊祖说。英国崔瑞德的《中国的传记写作》中说：传记形式的产生，"可能与氏族崇祀之文化有关"。其形式已不可知，"但可以肯定地说……应该是司马迁'列传'形式的来源，也是早期……个别传记的来源。"这是说由尊祖而引发出传记（广义）的。其实，这三种说法是互相联系的：人类保存自身实录的愿望，也有纪念的作用；祭祀固然是为了尊祖，又何尝没有纪念的意义。当然，它们还是各有自己的侧重点。我国古代似乎更倾向于尊祖说，《毛诗小序》就明确地说："《生民》尊祖也。"（见朱熹《诗经集注》）

二、《诗经》中的传记文学萌芽

传记文学作为一个文学门类，从形式到内容都是随着人类社会的发展而发展的。恩格斯在《自然辩证法导言》中说："有了人，我们就开始有了历史。"传记源于历史，在最初的历史中就孕育了传记文学的因素。

先秦时期传记文学最初的萌芽状态，还不是散文形式，而是诗歌形式。人物传记的产生规律，与整个文学的产生规律一样，总是先经过口头传说的阶段。在尚未有文字的远古时代，人们在部族或部落里生活，长者在空闲时谈论祖先或本部族、本部落的英雄业绩，代代相传，便成为古代远祖的英雄传说。他们为了便于传诵，常用韵语。后来用文字记录下来，就成为最初的诗歌体传记文学萌芽。梁启超的《中国历史研究法》中说："此盖由人类文化渐进之后，其所说之传说日丰日赜，势难悉记，思用简便易诵之法以永传；一方面则爱美的观念日益发达，自然有长于文学之人将传说之深入人心者播诸诗歌，以应社会之需；于是乎有史诗。……以今存之《诗经》300 篇论，其属于纯粹的史诗体裁者尚多篇，例如……《生民》篇……《公刘》篇。"白寿彝《〈史记〉新论》中也说：《生民》《公刘》"这两篇是歌颂古代英雄传说，是传记体"。

《诗经・大雅》中的《生民》《公刘》《绵》《皇矣》《大明》五篇是一部周部族发展的史诗，属于萌芽状态的传记。这些史诗还带有神话传说的神秘性，并连带说及他人，但这些诗里人物关系具有明晰的系统性，全诗系统地追述了周部族兴起、创业以至最后灭商建国的全过程，是研究周部族史的重要资料。正如文学史家陆侃如、冯沅君著《中国诗史》中所说："《生民》是一篇很好的后稷传，他是周族传说中的始祖。《公刘》是一篇公刘传。公刘为后稷的裔孙，此诗叙他迁都事。《绵》是一篇古公亶父传。……他是公刘的裔孙，文王的祖父，故诗中连带说及文王。《皇矣》是一篇文王传，也说及太伯、王季。《大明》是一篇武王传，也说及他的父母与祖父母。把这几篇合起来，可成为一部虽不很长而亦极堪注意的周的史诗。"其中以《生民》与《公刘》为最早。《生民》叙述后稷的诞生、开创农业并在邰（今陕西武功西南）成家立业的历史，充满了周人的自豪感。特别是首三章关于后稷诞生的描写，带有浓厚的神话色彩。姜嫄踩天帝足迹而怀孕，临产又非常顺利。但后稷出生后，姜嫄以为不祥而把他丢弃，后稷却历难而不死：

> 诞置之隘巷，牛羊腓字之。诞置之平林，会伐平林。诞置之寒冰，鸟覆翼之。鸟乃去矣，后稷呱矣。实覃实訏，厥声载路。

这里说，后稷被丢到小巷里，遇上牛羊哺育；被抛弃到森林里，得到伐木人的救助；被抛到寒冰上，鸟张开翅膀来保护他。这可能是当时多弃婴，只有生命力强旺的人才能存活下来；后稷被弃而不死之灵异，目的在于说明一个伟大人物降生的不平凡。后来，后稷果然有惊人的智慧和本领，终于以一个农业开创者的身份成为民族领袖。姜嫄踩了神的脚印而怀孕，反映了母系氏族社会只知其母不知其父的状况；后稷成为开创农业的伟人和领袖，则又是向父系社会转移的象征。因此，这一故事留有母系氏族社会向父系氏族社会转化的影子，也体现了周人以农立国的特点。全诗虽夹有神话传说的想象成分，但诗中叙述后稷从小开始种植谷物瓜麻，后来重视祭祀，都反映了当时的现实生活，而且古人对流传过程中集体创作出来的神话传说等想象成分是信以为真的，这就成为史诗中的传记文学萌芽。

后稷的故事，先秦流传相当广泛，在先秦古籍中至今还保留了一些记载。比如《诗经》的《周颂·思文》《鲁颂·閟宫》和《大雅·云汉》等都曾提到后稷的名字或写到他的事迹，且与《生民》是一致的。后来的《论语·宪问》载“禹、稷躬耕而有天下”。《孟子·滕文公》载“后稷教民稼穑，树艺五谷，五谷熟而民人育”。都写到了后稷种植的事。后稷是否真有其人，学术界说法不一。顾颉刚在《古史辨》第一册中说“有无是人也不得而知”。程俊英《〈诗经〉漫话》中则认为“确有其人，确实是我们中国发明播种五谷的创始人。不过，《生民》把他神化了”。的确，后稷虽是古代传说中的人物，但还是有一定的真实性。当然，说他是发明播种五谷的创始者，不妥。应当说，他是周部族中重视农业生产的代表人物。

《公刘》描写后稷三世孙公刘率领周人由邰迁豳（今陕西旬邑县、彬县一带），在豳开垦荒地、营建居室的历史。公刘在豳地发现了“京”这块好地方，就在此把周人安置下来。写当时周人欢乐的情景是：“京师之野，于时处处，于时庐旅，于时言言，于时语语。”一派欢声笑语的景象，很是传神。梁启超在《中国历史研究法》中说：“公刘，据周代史籍称，是后稷的孙子（或曾孙）。由此可知是周人的远祖，是对周族有伟大贡献的英雄。”和《生民》相比，公刘身上已不存在神话色彩，完全是一个历史人物，是真实的周人。诗中对公刘的形象有生动逼真的描写，如第二章：

笃公刘，于胥斯原。既庶既繁，既顺迺宣，而无永叹。陟则在巘，复降在原。何以舟之？维玉及瑶，鞞琫容刀。

这里对公刘察看地形时的情景，作了生动的细节描写和形象的外貌描写。你看，对部族忠诚负责的公刘发现了富庶繁荣的平原，愉悦之情与民心相通，高兴得登上小山，又下走平原，全面考察，工作是多么细致认真！他身上佩戴的是美玉和宝石，玉饰刀鞘挂腰间，外貌又是多么英武精神！

《绵》叙述公刘的十世孙、周文王的祖父古公亶父因受戎狄逼迫迁都岐下（今陕西岐山）、艰苦创业的历史。据《史记·周本纪》记载，这次迁徙规模很大："举国扶老携弱，尽归古公于岐下。"古公在岐山之南发现一片名叫"周原"的肥沃土地，"周原膴膴，堇荼如饴"，便率领周人在这里定居，从此便自称"周人"了。《绵》诗叙事条理分明，结构严谨，达到了相当高的艺术水平。其中筑墙的场面描写，用了许多象声词，反映出热烈的气氛："捄之陾陾，度之薨薨，筑之登登，削屡冯冯，百堵皆兴，鼛鼓弗胜。"那盛土、倒土、捣土、削土的声音，把宏大的鼓声都掩盖住了。

《皇矣》叙述从古公到他的孙子周文王的史事。《大明》叙述了从文王出生到武王伐纣灭商的事迹。这两篇史诗，总体上不及《生民》《公刘》《绵》三篇富有文学意味，但也有写得出色之处。例如，《大明》中描述了历史上有名的牧野之战，写得绘声绘色，雄伟壮观：

殷商之旅，其会如林。矢于牧野："维予侯兴，上帝临汝，无贰尔心！"

牧野洋洋，檀车煌煌，驷騵彭彭。维师尚父，时维鹰扬。凉彼武王，肆伐大商，会朝清明！

既有军阵、军容的描绘，又有战车、战马的形容；既有整体的鸟瞰，又有局部的特写；既写了殷商军队的强大，又突出了武王灭商的武功。动静结合，虚实相生，写出了牧野之战的战斗场面和师尚父的鲜明形象。

《公刘》以下的《绵》《皇矣》《大明》所记的人与事，大都有文献典籍可作印证，牧野之战则有更多的文献记载，总之，都是较为真实可信的。

司马迁写《史记·周本纪》就采用了这些史实。

这五首史诗每一首都有自己的中心人物，相当于传记的传主；又都有围绕中心人物的故事情节，使中心人物具有比较鲜明的人物形象，因而具有传记文学的因素。但这些史诗所写的人物事迹简略，有的偏重赞美而未能着意于刻画人物的个性，所以只能看成传记文学的萌芽。

《生民》和《公刘》的具体创作年代难以考定，但从其实际内容看，从《毛诗公刘序》等提供的线索看，很可能产生在西周初年，即大约在公元前 11 世纪。这是我们今天能见到的关于周人发展的最早史料，先秦具有传记文学特征的作品，没有比这更早的，所以《生民》《公刘》等史诗是我国最早出现的传记文学萌芽。

《生民》等史诗，就早期萌芽状态的传记作品来说，艺术性上也有可取的，对传记文学的发展有良好的影响。这些史诗虽是诗歌形式，但精练而不粗陋，用韵而便于口头流传；人物关系主从分明，时序清晰，结构完整；传人的调子比较庄重；遣词造句上大量使用形容词，形象性很强的叠音形容词更多，比如单是上文所列举的引诗中，就有处处、言言、语语、陾陾、薨薨、登登、冯冯、洋洋、煌煌、彭彭等，显示出经过口头流传而口语化、节奏化的特征，富有韵律美。特别是《公刘》中有多处人物的细节描写，也有外貌描写，《绵》和《大明》中都有人物活动的场面描写，而这三种描写手法，都是后代传记文学常用的描写手法，可见这些周史诗曾产生良好的影响。

《诗经》中除了这些史诗之外，在西周后期的《小雅》中也有一些史诗性的叙事诗，如《出车》《常武》《采芑》《六月》等，但这些诗篇偏于记述史实（包括被当做史实的传说）和颂扬祖先，且故事情节简略，缺乏人物形象，不能算作早期的传记文学作品，充其量只能说其中包蕴着一些传记文学的因素。

有人说，与《大雅》中的《生民》等诗篇追述周部族历史的史诗相并列的，还有“《商颂》中的《玄鸟》《长发》《殷武》等篇，则是追述殷部族历史的史诗”。实际上，这些诗篇都是祭祀祖先的，赞美、抒情多，叙事少，更缺乏人物性格，所以传记文学的因素更少了，自然也不能算作早期的传记文学作品。

第二节　先秦诸子散文和《离骚》中的传记文学因素

一、诸子散文中的传记文学因素

春秋战国之时，社会急剧变化，奴隶主贵族日趋衰落，地主阶级正在兴起，思想界异常活跃，各个阶级、各个派别的代表人物纷纷著书立说，游说诸侯，形成了百家争鸣的局面。每一种先秦诸子散文，虽然内容上主要是谈哲学、政治思想的，有自己的理论体系，是独立的学派，但是这些哲学、政治思想主要是通过记载本学派奠基人或代表人物的言行事迹表现出来的，有时还旁及其他有关人物的言论，写得相当有文学性，所以具有较显著的传记文学因素。《论语》《墨子》《孟子》《庄子》《荀子》《韩非子》等大抵都是如此，同时，早期的诸子散文，由于逻辑思维还不甚发达，著作家往往喜欢运用具体而形象的事例来说明道理，在许多历史的和现实的人物故事中，有些是具备较好的人物形象的，所以在局部的章节里，有时也包蕴着传记文学的因素。试以《论语》《墨子》《孟子》等子书为例，作一说明。

《论语》是孔子的弟子或再传弟子共同编写的一部书，以语录体的形式，记述孔子的言行，也记述孔子的一些弟子和同时代有关人物的言行。形式上大都是简短的谈话、对话和问答，却能把孔子及其弟子和其他有关人物的某些仪态举止、声情口吻、音容笑貌和思想品性描写出来，表现出不同的性格。例如，《论语·先进》篇里的《子路、曾皙、冉有、公西华侍坐》章里，孔子让他们四人各言其志，子路抢先作答，说了一通大话，表现出鲁莽直率、好胜自诩的性格；冉有回答说，只能管理好小范围的百姓富足，表现出谦虚谨慎、不卑不亢的性格；公西华说“非曰能之，愿学焉。……愿为小相焉”，表现出善于辞令、谦恭礼让的性格；最后是对曾皙回答的描述：

> 鼓瑟希，铿尔，舍瑟而作，对曰：“异乎三子者之撰。”子曰：“何伤乎？亦各言其志也。”曰：“莫春者，春服既成，冠者五六人，童子六七人，浴乎沂，风乎舞雩，咏而归。”夫子喟然叹曰：“吾与点也！”

这里以生动的神情语态、故事情节和形象的场景，表现出曾皙机敏、恬淡、旷达潇洒的性格。在这一章里，刻画出孔子是一位循循善诱、和蔼可亲的师长形象，表现出一位大思想家、大教育家的精神风貌。

《论语》就是这样善于通过对人物的神情语态等描述，展示了不少人物形象。如安贫乐道、潜心向学的颜回，是一个品格高尚、学问渊博的学者形象；长沮、桀溺、荷蓧丈人等与孔子持不同意见的人物，是在春秋末期社会动乱中抱不合作态度的隐士形象等等，都包含着一定的传记文学因素。

对传记文学来说，《论语》最可贵的是全书所写的言论、事迹，都以孔子为中心。以表现一个人物为中心的著作，在中国文学史上尚属首次，所以在中国传记文学发展史上有着重要意义，而不仅仅是带动和启发了其他诸子散文的写作。《论语》既是以表现一个真实人物为中心的著作，又有较好的文学性，当然就具有显著的传记文学因素。后来司马迁写《史记·孔子世家》就采用了《论语》中的许多史料。但是，《论语》全书比较散乱，内容没有严格的先后顺序，也没有按照一定的系统编排，又没有记述孔子参与的某些重要的政治活动，所以还不是一本真正的人物传记，也不能说已成为传记文学的雏形，只能说具备较显著的传记文学因素。

《墨子》一书与《论语》有类似之处，也有传记文学因素。

《墨子》是墨子讲学由弟子们平时记录下来然后编辑而成的。墨子名翟，墨家学派的创始人，生活在孔、孟之间。有关墨子的生平行事在《史记·孟子荀卿列传》附记24字：“盖墨翟，宋之大夫，善守御，为节用。或曰并孔子时，或曰在其后。”事迹不详，很难了解墨子其人。我们要了解墨子生平，还要从《墨子》一书找线索，挖掘材料。其实，《墨子》中的《耕柱》《贵义》《公孟》《鲁问》《公输》五篇就提供了关于墨子经历的重要线索与资料，包含有传记因素。

墨子自认为出身“贱人”（《墨子·贵义》），曾经做过造车子的工匠（《墨子·鲁问》）。他在政治思想上提倡“兼爱”“非攻”。他以诸侯国的“王公大人”们作为游说的对象，同时派遣自己的弟子到一些诸侯国任事。他的足迹曾到达北边的齐国，也曾南游卫、楚等国。除了宣传“兼爱”“非攻”等道理之外，他同时采取以实力防御对抗侵略的措施。《史记》中记述他“善守御”，道出了他后半生的主要事迹。

《墨子·公输》记述了墨子止楚攻宋的重要事迹。《公输》是研究《墨子》的重要文献，也是《墨子》中具有传记因素的优秀作品。《公输》与《耕柱》《贵义》《公孟》《鲁问》有显著不同，后四篇只零星记述墨子与弟子及当时一些人的对话和他的行踪，而《公输》记墨子止楚攻宋的故事，首尾完整，故事曲折生动，注意人物形象的塑造，语言也颇有文采。

请看《公输》原文写墨子去楚国劝说公输盘不可攻宋：

> 公输盘为楚造云梯之械，成，将以攻宋。子墨子闻之，起于齐，行十日十夜，而至于郢，见公输盘。
>
> 公输盘曰：“夫子何命焉为？”子墨子曰：“北方有侮臣，愿借子杀之。”公输盘不说。子墨子曰：“请献十金。”公输盘曰：“吾义，固不杀人。”子墨子起，再拜，曰：“请说之：吾从北方闻子为梯，将以攻宋。宋何罪之有？荆国有余于地而不足于民，杀所不足而争所有余，不可谓智；宋无罪而攻之，不可谓仁；知而不争，不可谓忠；争而不得，不可谓强；义不杀少而杀众，不可谓类。”公输盘服。

公输盘虽然在口头上被墨子说服了，但楚王仍以公输盘造了云梯为理由，坚持“必取宋”，墨子决定再见公输盘，通过演习，从实力上战胜公输盘。

于是见公输盘。子墨子解带为城，以牒为械，公输盘九设攻城之机变，子墨子九距之；公输盘之攻械尽，子墨子之守圉有余。

公输盘诎，而曰：“吾知所以距子矣，吾不言。”

子墨子亦曰：“吾知子之所以距我，吾不言。”

楚王问其故。子墨子曰：“公输盘之意，不过欲杀臣；杀臣，宋莫能守，可攻也。然臣之弟子禽滑厘等三百人，已持臣守圉之器，在宋城上而待楚寇矣。虽杀臣，不能绝也。”楚王曰：“善哉！吾请无攻宋矣。”

楚王在墨子揭露了公输盘的暗算，并向楚王告诉自己的弟子已持械在宋城守卫之后，楚王被迫取消攻打宋国的计划。墨子任务完成，也即往回赶路。

墨子止楚攻宋是他一生中最为光辉灿烂并广为传颂的一件事，在《艺文类聚》引录的战国鲁人尸佼的《尸子》、《战国策·宋策》、《吕氏春秋·爱类》、《淮南子·修务训》及《渚宫旧事》，都有情节大同小异的记载，可见此事真实性很大。

《公输》中所塑造的墨子形象，体现了墨家不辞劳苦地为他人排难解纷的利他精神。墨子止楚攻宋事迹完整，但只记这一件事，只可视为传记片断。又，这篇文章不说明事情发生在何年，尚少时间观念。所以此文尚不是成熟的传记文，只能说具有传记因素。

《孟子》《庄子》，也都是以记述一个人物为中心的著作，有些片断更富有文学色彩，能写出中心人物的形象与个性。

《孟子》一书现存7篇，是孟子本人及其弟子万章、公孙丑等人的共同著作。但全书风格比较统一，大概是孟子死后，他的弟子又作了加工。

《孟子》刻画了孟轲这一位仅次于孔子的儒家形象。书中对孟轲的生平行事虽无系统的描写，但比《论语》中对孔子的描写已详细得多，孟轲的性格更为鲜明。《孟子》写孟轲和魏、齐等国的君主的一些对话最引人注意。如这部书的最前面的《梁惠王》上、下篇，即记孟轲与梁惠王、齐宣王的对话颇多。通过这些对话，表现了孟轲的坚持理想、不肯苟合的性格，表现了他的聪明机智和论辩才能。其中，《梁惠王上》中的“齐宣王问齐桓、晋文之事”章最具代表性。当齐宣王向孟轲问春秋时代的齐桓公、晋文公称霸的事时，孟轲撇开霸道和他谈仁政王道。孟轲提出要“王”（统一、统治）天下，首先必须“保民”。怎样才能做到“保民而王”？孟轲向齐宣王提出三点建议，亦即三条措施。首先是需要有“仁术”，即“不忍人之心”，亦即“同情心”；其次是有关百姓的劳动和生活的“制民之产”；再次是对百姓进行“孝悌”的思想教育。这一章文字，充分展现了孟子的仁政思想和他的辩论技巧，刻画出了他好辩善辩的个性。文中比喻生动，语言简练而富有形象性。

《孟子》中写孟轲的个性，不仅通过对话，而且通过写他的一些具体行动表现出来。孟轲为坚持信念，行动上常表现为不肯迁就。《公孙丑下》的“孟子将朝王”章写孟轲坚持不肯应齐王的召见：

> 孟子将朝王。王使人来曰：“寡人如就见者也，有寒疾，不可以风。朝，将视朝，不识可使寡人得见乎？”对曰：“不幸而有疾，不能造朝。”
>
> 明日，出吊于东郭氏。公孙丑曰：“昔者辞以有病，今日吊，或者不可乎？”曰：“昔者疾，今日愈，如之何不吊？”
>
> 王使人问疾，医来。孟仲子对曰：“昔者有王命，有采薪之忧，不能造朝。今病小愈，趋造于朝，我不识能至否乎？”使数人要于路曰：“请必无归，而造于朝！”
>
> 不得已，而之景丑氏宿焉。……

孟轲本要去见王的，但因齐王没有亲自来见他，而是派人来叫他，他就称病不朝，并于次日去吊东郭氏，使得孟轲的哥哥孟仲子干着急。孟仲子要孟轲去朝王，还派人在路上去拦住他不许回家。但孟轲坚持不去朝王，到景丑氏去投宿。从这则小事可见，孟轲的脾气是很倔犟的。类似“齐桓、晋文之事”章、“孟子将朝王”章的片断，在《孟子》中不少见。这些片断记人叙事，可视为具有传记因素。

《庄子》中有关庄周生平行事也有生动的片断记述。但《庄子》一书喜用寓言说理，书中的庄子并不完全等于历史生活中的庄周。如《庄子·秋水》中的“庄子钓于濮水”、“惠子相梁”等故事就是寓言。文中的庄子与楚大夫二人、与惠子的对话已不足据，这些故事难以作为传记片断看待。但《庄子》一书中这些人物故事的记述，对以后的传记文写人叙事积累了艺术经验。如从这个意义上说，《庄子》对后世的传记文也有影响。

总之，诸子散文中记述人物的片断事迹，要有区别的对待，有的可视为有传记因素的传记片断；有的属于寓言，虽生动可读，但不是传记。

二、《离骚》中的自传文学因素

屈原的《离骚》产生在战国末期，是我国第一位大诗人屈原的一首自传式长篇政治抒情诗，也是一首我国古代最长的政治抒情诗。它是诗人一生的思想、品格的直接体现，也是他一生从政、与楚王和党人矛盾斗争的缩影。长诗前半篇侧重对往事的回顾，多描述现实生活的经历；后半篇则着重表现诗人对未来的探索，偏于驰骋想象。

长诗中诗人叙述了自己的世系、出生的年月日，德才兼善的品格以及为楚王“导夫前路”的抱负和理想，回溯了自己在改革弊政过程中受馋被疏的遭遇。同时，认为遭谗被谤是由于自己卓绝的品质和政治道路的不同，因而决意坚持节操和理想，表现了“九死未悔”的坚定信念。用比兴、象征的手法一再表达自己对理想的追求以及为坚持理想而斗争的过程。诗中既有他的服饰、爱好和志趣的描写，又有他的言行和境遇的记述，真率地展现了他的心灵世界，具备了自传文性质的自省精神。因此，《离骚》部分地写出了屈原自己的生平事迹，具有显著的传记文学因素。但是，《离骚》以现实主义为基调，以浪漫主义为特色，重在抒发诗人的理想和感情。因此，全诗以抒情为主，生平事迹比较少，没有具体记述诗人自己的政治活动及其他生活内容，所以还不能完全看做真正的自传文。它也没有形成自传文的雏形。

第三节　先秦史传文中的传记文学雏形（上）

史传文学又称历史文学或历史散文，就是兼具史学和文学两种属性的历史记载。先秦史传文学主要是指《左传》《国语》《战国策》《晏子春秋》等著作。本节就是探讨这些著作中的传记雏形。

一、史传文的演进轨迹

从传记文学的角度来看，先秦史传文有一个渐趋成熟的发展过程。

《尚书》是我国最古老的历史文献资料汇编，它是记言之作，多是誓、诰、命、训等，有记叙，也有议论。其中《商书》的《盘庚》、《周书》的《无逸》等篇还写得相当生动。但是，它们只写了历史上的某一件事，如《盘庚》只写商代盘庚迁都事，《无逸》只写周公对成王的诫辞。由于是记言之作，连所写之事也不尽清楚。比如《盘庚》三篇，虽是盘庚为说服臣民迁都的三次讲话，但迁都原因并没有说得很清楚，重点是放在命令的言辞方面。当时总结历史正处于记言、记事相割裂的阶段。《汉书·艺文志》说："左史记言，右史记事；事为《春秋》，言为《尚书》。"从这两部著作来看，是符合实际的。正如章培恒、骆玉明主编《中国文学史》中所说："古史'记事'与'记言'的区别，在《尚书》和《春秋》之间还是截然分明。"而且所记的都很简略，《尚书》中所记的"言"，只是当时统治者对其政策和措施的简要说明，《春秋》中所记的"事"，也只是历史大事的简要提纲，看不到历史人物的具体生动的活动，无法展现历史人物的思想性格和精神面貌，根本谈不上形成传记文学的雏形。史传文学发展到《左传》《国语》，产生了第一个飞跃，它们把"言"和"事"结合起来写，使历史事件故事化，有些故事还写得有声有色，文学性大大增强，有了传记文学的特征，出现了传记文学的雏形。但它们还是以记事记言为中心，而不是以人物的活动为中心的。这可以说是以记事记言为中心的阶段。到了《战国策》《晏子春秋》，史传文学有了第二个飞跃。这一阶段开始出现以人物为描写中心，记叙了具有相对独立性的人物生活的片断故事，有了更为显著的传记文学雏形。《战国策》全书490余章，有许多章节都是以一个历史人物为中心的，而且写得活灵活现，入木三分。《晏子春秋》全书是围绕着中心人物晏子来写的，具有较强的故事性，其中的每一篇都是由相对独立的生活片断所组成的短小故事。有的小故事也写得相当出色，能体现人物的性格特征。不过，总体上看，这些小故事还只是一些人物速写。因此，《晏子春秋》和《战国策》都没有展现出历史人物系统而完整的一生事迹。只有到了司马迁的《史记》，不但以历史人物为中心，而且写出历史人物的一生事迹，刻画出人物的形象、性格和命运。于是，有了史传文学的第三个飞跃，《史记》标志着我国传记文学的成熟。

二、春秋战国时期产生传记文学雏形的原因

春秋战国时期，随着散文的发展，尤其是随着历史散文的兴起，其中不少篇章写出了相当性格化的人物形象，记叙了人物的生活片断，具备了传记文学的某些本质特征，明显地呈现出传记文学的雏形。这并非是历史的偶然，而是有着深刻的社会原因和文学本身发展的原因。

1. 社会原因

我国古代统治者一向重视历史，重视对历史经验和历史人物言行的总结。春秋之世，人们的天人观念发生转变，由敬神畏天逐步转为重视人事。战国之世是社会大变革的时期，这种大变革从春秋时代已经开始，到了战国时代尤为激烈，直到秦始皇统一中国，才告一段落。这种大变革是由奴隶制向封建制转变的社会急剧变化造成的。社会频繁的变动，促使社会上层人物更加重视总结历史的经验教训，并且越来越认识到人的社会活动对形成社会历史的重要作用。社会大变革也直接影响到社会上对人的评价，包括对历史人物的评价，牵涉到哪些人物成为政治舞台上的主要演员，这

也就关系到哪些人物（包括当代人物和历史人物）成为社会注意的中心。比如春秋之世，先后称霸的五个诸侯齐桓公、晋文公、楚庄公、吴王阖闾、越王勾践和一些著名的大臣、行人，如子产、晏婴、管仲等，这些政治家、外交家都是当时的风云人物，是政治舞台上的主角，自然是人们评论的对象，也是社会注意的中心。这些人物后来都成为《左传》《国语》《晏子春秋》等历史文学中经常出现的主人公。其中有些人物还在诸子散文里多次加以评述，如《论语》里提到子产 3 次，《孟子》中提到管仲 13 次、晏子 6 次、齐宣王 12 次。

此外，在战国时代对社会产生重大影响的人物，除了列国诸侯、太后、政治家、外交家等掌权者以外，社会上士的势力也非常活跃。士有不同专长的类别，士的成分多样而复杂，但大都代表新兴地主阶级的利益，他们要求提高自己的生活待遇与政治地位，《战国策》一书主要就是以各种策士为描写对象的。

由于大变革时代的思想界非常活跃，各个阶级、各个派别的代表人物纷纷著书立说，成为各派别的著名学者。他们为了推行自己的主张，游说诸侯，辩驳对手，党同伐异的现象比比皆是。只是这种评论主要写在诸子散文之中了，如《孟子》称引孔子 81 次、曾子 22 次；《庄子·天下篇》《荀子·非十二子》《韩非子·显学》都对当时的学派进行评论。因此，各学派的代表人物也是当时社会注意的中心，他们也就成为诸子散文中的人物角色。

在社会大变革中出现的这批政治家和各种士人等，大抵属于新兴地主阶级的人物，人们对这批新出现的历史人物的认识、观察还是初步的，正在逐步加深之中，所以反映在战国时代的史传文学中也只能是处在雏形阶段。

2. 文学内部原因

首先，从我国文学传统和史传发展的角度来说，战国时代出现传记雏形自有它的必然性。我国古代学者大都重实际而轻玄想。比如，我国古代被记录下来的神话数量不多，进入阶级社会以后的神话更少，而且所记的神话本身也是重实际的，和农业生产有关的神话（如《羿射十日》《鲧禹治水》《女娲补天》等）比较突出，英雄神多于自然神，甚至把某些自然神和历史传说结合在一起。像洛水和湘江的水神，本应是自然神，却被说成伏羲之女洛神、宓妃和舜之二妃湘君、湘夫人，这就把神话古史化了。重实际就是重视历史（包括历史传说），重视历史人物的言行事迹，所以历史成为我国最早最发达的学科，并为历代统治者所重视，未曾间断。如上文“史传文的演进轨迹”中所述，历史散文从言、行分离状态，沿着自身的发展轨迹，必然产生传记文学的雏形状态。其次，传记雏形也是文学形式的演进适应社会发展的结果。从西周初期到春秋时期是诗歌的时代。《诗经》绝大多数是抒情诗，是歌谣。歌者将个人生活的感受直接地歌唱出来。到春秋战国时期，文学样式由诗歌为主转变为以散文为主，散文得到了蓬勃的发展。这是因为春秋战国时期，社会的大变革引起社会的急剧变化，许多社会问题、人生问题需要人们用理智来回答，许多历史经验与教训也需要人们来记载和整理，原来《诗经》那种以四言为主的抒情诗就难以适应丰富而复杂的新情况新问题，难以充分表现新内容。而散文的形式比较自由、灵活，比较适应叙事、写人的需要，更有利于表达丰富而复杂的新情况新内容。因此，战国时代散文比诗歌发达，而历史散文叙事、写人的发展结果，必然导致传记文学雏形的出现。

三、《左传》中的传记文学雏形

《左传》是战国初期编纂的一部记载春秋时代历史的著作。其内容比《春秋》丰富得多，篇幅为《春秋》的 10 倍（18 万多字）。它以“春秋十二公”的世次作为记事线索，上起鲁隐公元年（前 722 年），下止于鲁悼公四年（前 464 年），记载了 259 年的史实，比《春秋》多 17 年，是我国第一部记事详细而完整的编年史书，也是我国第一部大规模的叙事性作品。

1.《左传》中的传人意识

《左传》的传人意识，在我国历史上有了空前强烈的表现。

第一，《左传》的作者已经开始有意识地考察和传写历史人物。《左传》中写到的历史人物有人名的就在4000以上，其中数以百计的人物给读者留下较为深刻的印象。可以说，凡是活跃在春秋时代政治舞台上的人物，在《左传》中都有比较生动的反映。例如，郑庄公、齐桓公、晋文公、秦穆公、楚庄王、宋襄公、鲁昭公、夫差、勾践、子产、管仲、晏婴、叔向、赵盾、阳虎、伍子胥、范蠡等等，书中对他们的行事、风貌、性格都作了较为翔实而生动的描述。

第二，《左传》中的民本思想大大加深了对"民"的认识。社会的急剧变革，日益引起统治阶层中一些有远见的人对"民"的社会作用的重视，"民惟邦本"的重民思想得到迅速发展。在神与民的关系上，强调民的作用，例如，桓公六年记载了随国贤臣季梁的名言："夫民，神之主也。是以圣王先成民而后致力于神。"虢国太史嚚也有类似的话。在君和民的关系上，也比较重视民的作用，如对于暴虐的卫献公，襄公十四年载师旷的话："卫人出其君不亦宜乎?"肯定了卫国臣民把暴君赶出卫国的正义性。至于《左传》中谈到国君的政治得失、战争胜败都与民心向背有着密切关系的记载就更多了。《左传》作者的民本思想，促使《左传》揭露了秦穆公、晋灵公等统治者残害百姓的罪恶和种种丑行；表彰了一些对国家有贡献的人物，如郑子产，齐管仲、晏婴，晋赵盾、叔向等政治家和齐桓公、晋文公、楚庄王等比较贤明的君主，《左传》以较大的篇幅来记载他们的言行和功绩。民本思想还使《左传》在写大量上层人物的同时，也写了一些臣民、爱国人士，甚至写到野人（农民）、商人、淑女、良母、驭者、卜者等各色民众，从而丰富了《左传》中的人物类型、人物性格和风貌，能更真实地较为全面地反映出春秋时代的社会面貌。

2.《左传》中的传人艺术

与传人意识空前高涨相适应，《左传》的传人艺术也有了突飞猛进。《左传》的作者对春秋时代政治舞台上的风云人物的言行事迹，已经尽可能作了有始有终的描述，并在具体的传人艺术上对传记文学的发展有着多方面的启发和引导，对形成我国传记文学的传统艺术手法产生重大影响。

《左传》的传人艺术丰富多彩，其中主要有以下四点：

第一，长于叙事，故事性强，而且选取了一些典型的历史事件，逐步展示人物形象。《左传》把记“言”和记“事”结合起来，形成较强的故事性，在叙述一般的历史故事和典型的历史事件中，逐步展示人物形象，完成了史传文发展中的第一次飞跃。《左传》的全部人物描写都是如此进行的，体现着以记事为中心的特点。记叙风云人物的哪些历史事件，则主要视其在当时政治生活中的重要程度而定，其中包含着一些典型性。例如，子产是《左传》中占据篇幅最多的人物，从襄公八年到昭公二十年的44年中，几乎年年都有子产事迹的记录。其中且有不少典型事件，如攻盗定乱（写其实际上已登上政治舞台）、坏晋馆垣（表现其维护国家的独立和尊严）、作丘赋和铸刑书（表现其精明干练）、辞郑伯赐邑（写廉洁奉公）、不毁乡校（写虚心纳谏）、不许禳火和不虚荣龙（写勇于破除迷信）等，都是关系到当时郑国内政外交的大事，也是刻画人物形象的典型事件，体现着子产的政治才能和优秀品质。这样，一个杰出政治家外交家子产的形象就完整而生动地展现出来了。《左传》中其他的主要人物如郑庄公、管仲、晋文公、秦穆公等人，也都是运用这种手法来刻画形象的。这种手法到司马迁臻于成熟。选择典型事件来突出人物的性格特征，终于逐渐成为后世传记文学的一个主要传人手法。

第二，以人物自身的言行来表现人物的性格。这在以前的散文中是少见的。《左传》擅长描述战争，虽有一些出色的战场场面描写（如成公二年记齐晋鞌之战），但描述战争的主要文学成就，是在生动记叙整个战争过程中，以战前战后人物自身的言行来表现人物的性格，尤其是其中的语言描写更为精彩。在描述其他历史事件的过程中也是如此。例如，僖公三十三年“秦晋殽之战”中秦穆公、蹇叔、原轸的性格都在自身的言行中显示出来，尤其是原轸的性格更为突出。秦军骄纵轻敌而失败，三名主帅都被俘，但是晋襄公因母亲文嬴的关系放走了三帅，原轸大怒说：“‘武夫力而拘诸原，妇人暂而免之国，堕军实而长寇仇，亡无日矣！’不顾而唾。”原轸在襄公面前直呼其母为“妇人”，并预言晋“亡五日矣”，因而“不顾而唾”，生动地刻画出他爱国、正直、暴躁的形象。又如，庄公十年《齐鲁长勺之战》是早为历史传诵、众所周知之作，作者对曹刿言行生动地描写，刻画出一个老练沉着、机敏周密、足智多谋的形象。这一传人手法，后来成为小说、戏曲等常用的艺术手法，传记文学更是如此。《史记》还把不少人物进一步放在复杂的矛盾冲突之中，以紧张斗争场面中的人物言行，表现其性格特征。总之，这一传人手法也成为后世传记文学的传统手法。

第三，在细节描写中刻画人物性格。《左传》作者吸收了《公刘》等史诗中细节描写的手法，《左传》中的细节描写相当普遍。在大量的言行描写之中就包蕴着不少细节描写，比如上文提到的“不顾而唾”，就是在言行描写中的一个生动细节。僖公二十三年、二十四年记“晋公子重耳之亡”，几乎通篇是用一系列的细节贯串起来的，其中“乞食于野人”、“醉遣桓公”、“自囚请罪”等细节，还饶有趣味。《左传》的生动性，是与细节描写的趣味性密切相关的，正如章培恒、骆玉明的《中国文学史》中所说：“从文学上看，《左传》最值得注意的地方……是常常注意到故事的生动有趣，常常以较为细致生动的情节，表现人物的形象。”这“细致生动的情节”，其实就是生动的细节描写。传记文学的材料不容虚构，不能像小说那样用离奇曲折的情节取胜。传记文学的生动性和人物形象的丰满性，在很大程度上取决于细节描写的成功。因此，细节描写也是后世传记文学传人艺术的传统手法之一。

第四，记述人物事迹流露着爱憎倾向。《左传》不是毫无感情地记述史事，而是对所写人物有褒有贬，爱憎分明。虽然《左传》时有托“君子曰”或“仲尼曰”的议论，也借子产、晏婴、叔向、季札的言论来反映作者的思想倾向，但是就全书来说，对人物的爱憎主要是通过具体的叙事，渗透在字里行间的。宣公二年记“晋灵公不君”之事：“厚敛以彫墙，从台上弹人，而观其辟丸也；宰夫胹熊蹯不熟，杀之，置诸畚，使妇人载以过朝。”还详细描述了两次拒谏。这些事实本身就是对作恶多端的暴君的无比憎恶。至于比较隐蔽些的记事，如隐公元年记“郑伯克段于鄢”，郑庄公表面上顺从母亲，满足弟弟，但骨子里的阴险、毒辣还是在字里行间中透露出来了。又如，对骊姬、齐襄公、齐庄公、陈灵王的言行描述，厌恶之情甚明，作者都无须加以评论了。同样，作者对子产、管仲、弦高、赵盾等一批贤人的褒扬，也都是在具体描述中体现出来的。这一传人手法也深刻地影响着后世的传记文学，《史记》就是如顾炎武所说“不待论断而序事之中即见其指”。其实，成熟的传记佳作无不如此。文艺作品总是要去感染人而发挥社会效益的。所谓感染人，主要是以感情来打动人。章培恒先生认为原有的“文学”定义有缺陷，应增加“以感情来打动人”的字样，提出了新的定义：“文学乃是以语言为工具的、以感情来打动人的、社会生活的形象反映。”（见其《中国文学史·导论》）这是完全正确的，恰好说到文学本质属性的点子上了。以情动人应是一切文学形态的共性。对主要人物和事件都不容许虚构的传记文学来说，尤其要倚重于真切的感情来感染人。传记写真人真事，总要有所褒扬或贬斥的，作者总要先“情灵摇荡”（萧绎《金缕子·立言》），才能在字里行间流荡着波浪起伏的情韵，乃至激起强烈的感情波涛，使读者的心灵受到震撼。因此，寓爱憎之情于记叙，也逐渐成为后世传记文学中一项传统的传人艺术。

以上这些《左传》中的传人艺术都逐渐成为后世传记文学传人的传统手段，说明这些传人艺术都是与已接近人物传记的传记文学雏形的产生相适应的，都是传记文学发展到雏形阶段必然应运而生的。

3.《左传》中传记文学雏形的形态

《左传》是编年体，以记事为本位，但有些人物的事迹写得较集中或较连贯，刻画出较为鲜明的人物形象，已经接近传记体，可称为传记文学雏形。

《左传》中传记文学雏形的形态有两种基本类型：

一是整篇较集中地记叙某个人物的片断事迹，刻画出一定的人物性格，具有相对的独立性。作者主观上是以记事本末体的方式来记叙历史的，但客观上已显示出人物形象，接近于后世人物传记的单传了。例如，《郑伯克段于鄢》，写出了郑庄公的母亲姜氏帮助小儿子叔段向郑庄公争夺政权的全过程。相当生动地刻画出主人公郑庄公表面宽厚而实质是纵容叔段“多行

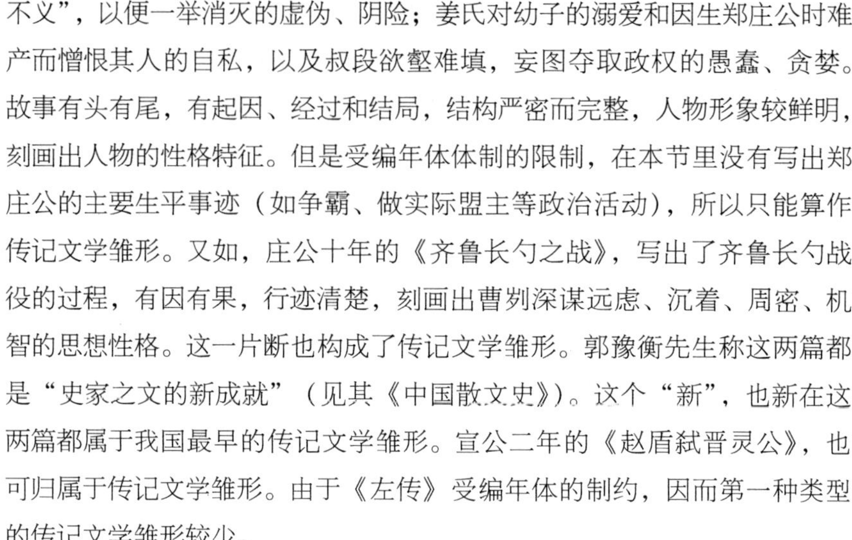

不义”，以便一举消灭的虚伪、阴险；姜氏对幼子的溺爱和因生郑庄公时难产而憎恨其人的自私，以及叔段欲壑难填，妄图夺取政权的愚蠢、贪婪。故事有头有尾，有起因、经过和结局，结构严密而完整，人物形象较鲜明，刻画出人物的性格特征。但是受编年体体制的限制，在本节里没有写出郑庄公的主要生平事迹（如争霸、做实际盟主等政治活动），所以只能算作传记文学雏形。又如，庄公十年的《齐鲁长勺之战》，写出了齐鲁长勺战役的过程，有因有果，行迹清楚，刻画出曹刿深谋远虑、沉着、周密、机智的思想性格。这一片断也构成了传记文学雏形。郭豫衡先生称这两篇都是“史家之文的新成就”（见其《中国散文史》）。这个“新”，也新在这两篇都属于我国最早的传记文学雏形。宣公二年的《赵盾弑晋灵公》，也可归属于传记文学雏形。由于《左传》受编年体的制约，因而第一种类型的传记文学雏形较少。

二是散见于几年的叙事中较连贯地反映出相当完整的人物事迹，具备人物的个性。《左传》的叙事、写人，大多是这种写法，这是由编年体的性质所决定的。例如，僖公二十三、二十四年的《晋重耳之亡》，较连贯地写了晋公子重耳从出逃到返国夺位的19年的经历，尤其是僖公二十三年写重耳周游各国的经过，把多年中发生的言与事都合并在一起写出来，事迹较完整，而且写出了重耳性格的发展过程。重耳出亡时已经42岁，但贵公子的生活，使他还是不大懂得人事，比如，他经过卫国五鹿时，“乞食于野人，野人与之块。公子怒，欲鞭之。子犯曰：‘天赐也。’稽守受而载之”。落难时仍然摆出贵公子架势，欲鞭打田间农民而不考虑后果，在舅父子犯的启发下才接受了土块。到了齐国，娶了妻子，不想走了。妻子姜氏有见识，“姜与子犯谋，醉而遣之。醒，以戈逐子犯”。还是贵公子只顾享乐的劣根性。过曹国、宋国、郑国，都未予礼待。这些碰壁，使他渐渐懂事起来。到了楚国，楚成王有意帮他回国夺位，但先讲报答的条件，重耳回答则不亢不卑，既有礼貌而又坚持原则，不肯丧失晋国的财富和土地，维护了尊严和独立性。这就可以看出重耳渐趋成熟，已经预料到将来势必与楚等其他大国争霸中原，欲做霸主的思想性格已逐渐形成。最后，他到达秦国，在处理与怀嬴的关系时，稍有得罪就自行“降服而囚”；对秦穆公更是“降，拜，稽守”，以便取得秦国的支持，完成复国大业。说明他已懂得利害轻重，政治上老练了。尤其是在归国前后，能及时做好安定内部的工作。当秦兵护送他至黄河时，子犯担心兔死狗烹的下场，欲抽身退隐，重耳立即“投璧于河”，发誓说：“所不与舅氏同心者，有如白水!”这就稳住了一批跟从他 19 年的忠贞老臣，形成了以后图霸业的领导核心。对待宿仇阉人披，重耳不计前嫌；对待心怀两端的留守人员头须，重耳也不咎既往，以便同心协力，共创霸业，显示出政治家的胸怀与气魄。总之，清楚地表现出重耳的成长历程：从一个任性而行、贪图安逸的落魄贵公子，逐步成长为坚毅深沉、有礼有节、诡谲而又老练的政治家。这些事迹如此完整，个性如此鲜明的人物故事，理当属于传记文学雏形。

又如子产，上文已经分析，其事迹分散在 44 年里，连贯起来就构成一个完整而鲜明的政治家外交家的形象，也属于传记文学雏形。

再如，襄公二十五、二十七、二十八年的齐《崔、庆之乱》，虽写了不少人物，但以刻画崔杼、庆封二人的形象为主，可视为合传体雏形。

写子产时，附带出郑国另外两名大臣子皮、子大叔的简略事迹，既互相联系，又有自身的独立性，可作为纪传体附传的滥觞。

但《左传》还不是人物传记，其原因可归纳为三点：一是虽有出色的人物传记片断，但不是他们的一生事迹。二是全书以记事为主，还没有以人物为中心。往往是因事而写人，写人服从于记事。如僖公三十二、三十三年记《秦晋殽之战》，主要记战争的经过，其中有蹇叔、王孙满、弦高、郑穆公、原轸、文嬴、孟明、秦穆公等多人，却没有一人是中心人物，人物处于事件的附庸状态。三是《左传》的编年体决定了它不可能容纳完全形态的人物传记，较复杂的史事只能分年散见，把所写人物的事迹和别人的言行混杂交错地记载在各年之中，难以紧密连贯，也就不可能成为正式的人物传记。

四、《国语》中的传记文学雏形

《国语》是我国第一部分国记载历史的国别体史书，记事年代上起周穆王，下至鲁悼公（约前 1000—前 440），记载了周、鲁、齐、晋、郑、楚、吴、越八国的历史。《国语》以记言为主，正如汉代刘熙《释名·释典艺》云：“《国语》记诸国君臣相与言语谋议之得失也。”但也有不少记事的成分，还有一些故事性很强的篇章。

全书共 21 卷，《晋语》9 卷，《周语》3 卷，《鲁语》《楚语》《越语》各 2 卷，《齐语》《郑语》《吴语》各 1 卷。其中《周语》记西周穆王至东周敬王之间的史实，比较完整；其余各国只是重点记载了个别事件，所以《国语》不是系统而完整的历史著作。

1.《国语》中的传人意识

首先，《国语》中写得比较出色的是几个流传广泛的历史人物故事。作者意识到这些人物引起社会注意，受到人们的赞美或议论，具有某种独特的历史地位和社会作用，所以着力加以描述。比如，《晋语》虽记事最详细，但主要是记重耳出亡的始末；《齐语》则重点记管仲相桓公一段政事；《吴语》重点记夫差不听申胥之谏（不与晋争霸）；《越语》重点记勾践用范蠡之谋等。这也是造成各国记事的时代断限不齐、详略多寡不一的一个重要原因。

其次，和《左传》一样，《国语》也具有民本思想。如《周语上》的《厉王虐》，《鲁语上》的《长勺之役》等片断便是明显的例证，这里把民的重要性放在君、神之上。民本思想也促使作者揭露了桓子（栾武子之子）、骊姬等统治者的种种罪行，赞美了管仲、叔詹等对国家作出重大贡献的人物。这些都是人性的进一步觉醒，也是传人意识增强的表现。

2.《国语》中的传人艺术

总的说来，《国语》不如《左传》富有艺术性，但《左传》中的言行描写、细节描写，在《国语》中也不少，有些写得出色的篇章或段落并不亚于《左传》。《晋语》中的《骊姬之乱》便是突出的例子。骊姬为了让自己的儿子奚齐掌权，从背后指使人设法调离了太子申生和重耳、夷吾出京都，还亲自出面陷害，书中写出了事件的全过程。尤其是陷害的过程写得更为精彩。她夜半而泣，向晋献公进谗言却从申生“甚好仁而强，甚惠而慈于民”的优点说起，又以退为进，说申生“今谓君惑于我，必乱国”，因而可能“强行君”，“盍杀我，无以一妾乱百姓”；进而提出“为国者，利国之谓仁。故长民者无亲，众以为亲”，即申生要利国必要弑父，又假惺惺地要献公把政权交给申生以激怒暴君，献公果然入彀，称“尔勿忧，吾将图之”；此后骊姬又耍了诸如派申生去攻狄、要申生献胙而暗自下毒等一系列的阴谋。在这一连串的言行描写和细节描写中，刻画出骊姬狡诈、阴险、狠毒的人物形象。

《国语》还有自己的传人特色：侧重于记言。《国语》的语言平实晓畅，有时人物对话还颇风趣与幽默，十分传神。例如，晋公子重耳之亡，在齐国娶姜氏，贪于安逸，不想为复国而奔走了，又不听劝告，于是有“醉遣重耳”的描述。《左传》仅以数句记述事件的过程：“姜与子犯谋，醉而遣之。醒，以戈逐子犯。”《国语》则不仅有事件的过程，而且还有详细、风趣的记言：“姜与子犯谋，醉而载之以行。醒，以戈逐子犯，曰：‘若无所济，吾食舅氏之肉，其知餍乎？’舅犯走，且对曰：‘若无所济，余未知死所，谁能与豺狼争食？若克有成，公子无亦晋之柔嘉，是以甘食。偃之肉腥臊，将焉用之？’遂行。”子犯的话寓深意于含蓄的幽默之中，对重耳无疑是颇有启迪的，有利于表现重耳成长的历程。又如，《晋语》中有一个《董叔娶范氏》的故事：“董叔将娶于范氏。叔向曰：‘范氏富，盍已乎！’曰：‘欲为系援（提拔）焉。’他日，董叔祁（董叔之妻范祁）愬范献子（范祁之兄），曰：‘不吾敬也。’献子执（捆）而纺（吊）于槐。叔向过之，曰：‘子盍为我请（请求）乎？’叔向曰：‘求系，既系矣；求援，既援矣；欲而得之，又何请焉！’”语言幽默风趣，对董叔的攀附权贵是一个巧妙而辛辣的讽刺。同时，也表现出叔向机智幽默、为人正直的性格。《国语》就是这样通过人物的语言揭示其心理活动，展现其内心世界，表达其微妙的思想境界，从而生动地刻画出人物形象的。因此，《国语》

通过记言以传人，自有其独到之处。柳宗元虽有《非国语》之作，但批评的同时仍然肯定其文章："参之《国语》以博其趣。"

此外，《国语》中还有一些渲染、铺陈的手法，也是《左传》少见的。如《吴语》中写吴王夫差争霸中原时，曾以白、红、黑三个万人方阵，在诸侯前炫耀武力，就是用一系列的排比句式，加以渲染、铺陈，望去"如荼"、"如火"、"如墨"，晋军"大骇不出"，从而显示出逼人的威势。

3.《国语》中传记文学雏形的形态

《国语》中的传记文学雏形有两种基本形态：

一是把人物的事迹散记于两国或两卷以上的历史之中而形成的传记文学雏形。《国语》记述各国历史，不是系统而完整的叙述，而是记录某些历史片断，所以人物的事迹往往是不完全的。比如，《国语》中夫差和勾践的史事，有《吴语》一卷，《越语》二卷，要把这三篇（如视《越语》上下为一篇，则共为两篇）合起来，才能知道吴、越两国战争的轮廓，看出夫差、勾践的主要事迹和完整的性格特征，构成合作形态的传记文学雏形。柳宗元《非国语》中批评说："吴越之事无他焉，举一国足以尽之，而反分为二篇，务以相乘，凡其繁芜曼衍者甚众。"其实，这是受国别体的制约所造成的。

二是在某一国的一卷中集中记载某个人物的片断事迹而形成的传记文学雏形。《国语》中的一些优秀篇章，具有相对独立性，如《晋语》中《重耳出亡》《优施教骊姬夜半而泣》，《越语上》的《勾践灭吴》等片断，刻画人物很生动，尤其是长于描述人物的言论和对话，语言简练，措辞得体，表现出人物的精神面貌和鲜明形象，自然可作为传记文学的雏形。

但是，无论从全书来说还是从一些优秀篇章而言，都不是人物传记。全书主要是通过记言来记史事的，而不是以刻画人物为中心；人物只有片断事迹，又受到国别体的制约，影响了人物形象的完整性。因此，只能说《国语》中具备了传记文学的雏形。

第四节 先秦史传文学中的传记文学雏形（下）

一、《战国策》中的传记文学雏形

《战国策》是经过刘向整理编定的战国时期各国史料的汇编。它按东周、西周、秦、齐、楚、魏、韩、赵、燕、宋、卫、中山等十二国次序，编订为33卷，共497章。《战国策》是我国继《国语》之后的第二部国别史。《战国策》记事，刘向说是“其事继春秋以后，讫楚汉之起”，具体说是上起智伯之亡，下迄战国末年，还有少量“秦兼天下”以后的事，记载了240年左右的史事。

全书都是相互独立的单篇，其中有史实，也有虚构；有游说之士的策谋，也有传闻；并且写历史不记年月，缺乏系统性和完整性，这是史书体例上的缺陷。

1.《战国策》中的传人意识

首先，《战国策》中记叙的人物转向平民化。《左传》《国语》中也有一些平民阶层的人物，但主要是以贵族集团、高层统治者为记叙对象的；《战国策》却转向了平民出身的谋臣策士为主要记叙对象，肯定和赞赏了他们的某些业绩，也反映了他们的各种真实心态。正如刘向在说明定此书名时所说：“臣向以为：战国时游士辅所用之国，为之策谋，宜为《战国策》。”（见其《战国策叙录》）《战国策》的主要传人对象就是各种“游士”，记叙他们的“策谋”活动，强调游士的作用。策士颜斶甚至提出“士贵耳，王者不贵”，直接宣扬贵士、重士的思想。《战国策》既敢于写出大部分策士“捐礼义而贵战争，弃仁义而用诈谲”，“权谋之徒见贵于俗”（刘向语）那种追求个人名利的人生观和道德观，也写出了像鲁仲连、虞卿等一部分谋臣策士能顾及国家安危、坚持正义、反抗强暴的思想言行。从而在整体上反映出战国时代活跃的士阶层的精神风貌。

其次，《战国策》中有不少单篇都是写一个历史人物的生活片断，开始以一个人物作为描写的中心。《左传》《国语》把“言”和“事”结合起来，使历史事件故事化，成为史传文学的第一次飞跃，但还是以记事记言为中心；《战国策》则开始在一章中以一个人物为中心，描写其片断生活，成为史传文学的第二次飞跃。《战国策》多数篇章以记言为主，但有些是兼及故事发展的，人物的事迹常常构成故事情节，而且故事首尾完整，人物有始有终，开启了后世单传的先河，例如，《秦策一》中的《苏秦始将连横》；《秦策五》中的《吕不韦立君》；《韩策二》中的《聂政刺韩傀》；《燕策三》中的《荆轲刺秦王》等。这些故事和《史记》中相应的人物列传已经很接近了，《史记》中有些篇几乎照录了《战国策》的文字。《史记》中记述战国史事的传记共30篇，采用了《战国策》112章的材料，其中基本不加改动而直接录用的就有58章之多，可见其故事具有相当的完整性，某些章节带有单篇传记的性质已经呈现出来了。

2.《战国策》中的传人艺术

《战国策》的传人艺术有了长足的进步。以人物为描述的中心，固然是传人意识的飞跃，其实也是传人艺术的一大进步。除此之外，《战国策》比以往的史传著作的传人艺术至少还有如下几方面的显著进步：

第一，《战国策》中普遍出现了生动的有声有色的场面描写。周史诗《绵》和《大明》中的场面描写，只是简单的人物活动。《左传》中则出现了精彩的场面描写，但是主要是一些战争场面的描写，总的来说，场面描写并不很多。《战国策》中精彩的场面描写就相当普遍了。比如，《秦策一》的《苏秦始将连横》章，写苏秦相赵归家，家人卑躬迎候的场面，和当初苏秦游说秦王失败归来时家人冷漠的场面，形成鲜明的对照，生动地反映出当时社会的人情世态，表现出家人趋炎附势的丑态。又如，《燕策三》中的《荆轲刺秦王》里有“易水送别”、“殿中行刺”两个场面描写，已成为脍炙人口的杰作。场面描写，对于包括传记文学在内的记叙性文学作品是很重要的，因为场面本身是记叙性文学作品情节发展的基本单位，是人物之间在一定环境中互相发生关系而构成的生动画面，是人物活动的舞台。没有生动、细腻的场面描写，就难以刻画出栩栩如生的人物形象，也就很难写出扣人心弦、引人入胜的传记作品。

第二，《战国策》较好地描写了人物的外部特征和人物的活动环境。描写人物的外部特征是刻画人物性格的重要手段之一，也是传记文学常常使用的基本手法之一。作家塑造人物，往往把描写人物的具体特征和必要的心理刻画结合起来，即以描写外在的容貌、姿态，来揭示内在的思想感情和性格特征。周史诗《公刘》已出现公刘的外貌描写，但只是简描身上佩带的玉饰和刀鞘，概括地涵盖其英姿，其心态不甚分明。《左传》中展示心态的外貌描写还是较少，人物的喜、怒、哀、乐等情绪，大多是直接用喜、怒、哭、惊、惧等抽象的词语来表达。《战国策》则不同，描写人物外貌神态较多，就以上面提到的例子来说，苏秦说秦王连横之计，上书十次而未被采用，费用耗尽，归来时“形容枯槁，面目犁黑”，这就表现出他的困顿和沮丧。又如“易水送别”中，慷慨羽声，“士皆瞋目，发尽上指冠”，表现出包括荆轲在内的所有在场人员的愤激之情，等等。《战国策》也很重视描写人物的活动环境，比如，《赵策四》中的《触龙说赵太后》，在触龙出场前，已写出赵太后和大臣之间的矛盾：秦急攻赵，赵求救于齐，齐必欲以长安君为人质方可出援，太后不肯，且拒谏：“有复言令长安君为质者，老妇必唾其面！”在如此气氛紧张的环境下，触龙出场，先问好、拉家常以缓和紧张的气氛，然后以幼子相托、推己及人、由远及近的办法，一步步地说服了赵太后，表现出他老练多谋的非常才干。若无此环境描述，就显示不出触龙的高妙之处。又如，《荆轲刺秦王》，先写出燕太子丹自秦亡归时，秦军灭韩吞赵、兵临易水的形势，从而更加突出了荆轲行刺的抗暴性质。

第三，策士的语言独具特色：纵横驰骋，铺张扬厉，渲染夸张，明快犀利，气势雄健，富有感情色彩和鲜明的个性。《左传》塑造了不少成功的人物形象，但总的来说，人物语言是较严谨简约、含蓄委婉的；《国语》则大抵平实自然；《战国策》虽偏重记言，但丰富多彩的语言表现力，不能不说是语言艺术的一大发展。例如，《秦策一》中写苏秦始见秦惠王的一段话：

> 苏秦始将连横，说秦惠王曰："大王之国，西有巴、蜀、汉中之利，北有胡貉、代马之用，南有巫山、黔中之限，东有肴、函之固。田肥美，民殷富，战车万乘，奋击百万，沃野千里，蓄积饶多，地势形便，此所谓天府，天下之雄国也。以大王之贤，士民之众，车骑之用，兵法之教，可以并诸侯，吞天下，称帝而治。愿大王少留意，臣请奏其效。"

苏秦为了实施连横说，大肆铺陈秦惠王具备了一系列优越的称帝条件，列举了地理形势的险要，物产的丰富，士民的众多，武备的精良等，一连串排比的句式使文势"如骏马下注千丈坡"，不可阻遏。后来苏秦改为合纵说，在《齐策一》的《苏秦为赵合纵说齐宣王》，也从齐国地理形势的险要说起，再说到地广、粮足、兵众、武强、民富、志壮等，以更多的排比句和强有力的比喻句，铺张扬厉，造成更加雄健的气势，得出"夫以大王之贤与齐之强，天下不能当"的结论。即使观点发生了180度的转变，而滔滔词锋依旧，充分表现出苏秦饶舌雄辩的纵横家语言特色。

起初，当苏秦说秦败归、受家人冷遇时，他说："安有说人主，不能出其金玉锦绣、取卿相之尊者乎！"他经过发愤苦读，终于说赵成功，家人欢迎乃至畏惧时，他说："嗟乎！贫穷则父母不子，富贵则亲戚畏惧，人生世上，势位富贵，盍可忽乎哉！"可谓"放声无惮"，真情坦露，直言不讳地道出了苏秦坚韧的毅力来源于追求富贵、权势、高位的倔犟个性。如此明快坦率的人物语言是《左传》《国语》的文章里所没有的。

《战国策》的人物语言常有渲染夸张，甚至耸人听闻。例如，《秦策三》中的《范雎庭中答秦王》，秦王三问而范雎不答，最后才说：

> 臣非有所畏而不敢言也，知今日言之于前，而明日伏诛于后，然臣弗敢畏也。大王信行臣之言，死不足以为臣患，亡不足以为臣忧，漆身而为厉、被发而为狂，不足以为臣耻。……臣之所悲者，独悲臣

死之后，天下见臣尽忠而身蹶也，是以杜口裹足，莫肯即秦耳。足下上畏太后之严，下惑奸臣之态，居深宫之中，不离保傅之手，终身暗惑，无与照奸，大者宗庙灭覆，小者身以孤危，此臣之所患耳。若夫穷辱之事，死亡之患，臣弗敢畏也。臣死而秦治，贤于生也。

秦王庭迎范雎，范雎却三问不答，故作姿态，说了这段反复渲染、危言耸听、激昂慷慨的话，颇似披肝沥胆，其实是借此来打动秦王，促使秦王整治外戚，表现出范雎沉着、机智、狡黠的性格。

总之，策士的语言，辞意不论是直露的还是反复渲染的，大都明快犀利。论形势，析利害，破敌说，陈己见，无不气势强烈，感情充沛，文雄词隽。这是对先秦诸子散文中“长于辩难”的继承和发展。

《战国策》也继承了先秦诸子散文善用比喻和寓言的特点，以增强游士的说服力。《战国策》中的比喻甚多，如“粟如丘山”、“战却雷电”等等，难以尽举，可谓俯拾皆是，极为普遍。寓言也不少，如《楚策一》中江乙以狐假虎威说楚宣王，《燕策二》中苏代以鹬蚌相争说赵惠王，《齐策三》中苏秦以桃梗和土偶谏孟尝君，《楚策四》中庄辛以蜻蛉、黄雀说楚襄王等，都增强了文章的形象性、趣味性和启发性。

这样看来，《战国策》的人物语言，不是一般的史家记言，而是“有历史散文和诸子散文的综合的特征”（见郭豫衡《中国散文史》上册），其表现力显然比以往大大提高了。

3.《战国策》中传记文学雏形的形态

《战国策》中传记文学雏形的形态可分为两类：

第一类是在一章中以一个人物为中心，记叙其片断事迹，具有相对的完整性和独立性。《战国策》中的人物主要是谋臣策士，尤其是各种士人写得最多，如谋士冯谖，辩士苏秦、张仪，勇士荆轲、聂政，高士鲁仲连，等等。其中有些士人的言论、活动，在一章中较为集中，其片断事迹具有相对的完整性，形象地表现出人物的性格特征。如《齐策四》中的《冯谖客孟尝君》，写冯谖在齐国贵族孟尝君门下做客的一段生活经历，集中描述了“弹铗作歌”、“收债市义”、“复凿二窟”三件事，既能概括地代表他一生的主要事迹，又能显示出他的远见卓识、才智非凡的性格特征。三件事组成一个完整的人物故事，成为传记文学的雏形。《燕策三》中的《荆轲刺秦王》集中写了“请樊於期头”、“迟留不发”、“易水送别”、“殿中行刺”等事件，刻画出荆轲见义勇为、胆大心细的性格特征。故事首尾完整，形象呼之欲出，也成为较好的传记文学雏形。《齐策六》中《齐闵王之遇杀》一章，主要是写君王后的故事，全文如下：

> 齐闵王之遇杀，其子法章变姓名，为莒太史家庸夫。太史敫女，奇法章之状貌，以为非常人，怜而常窃衣食之，与私焉。莒中及齐亡臣相聚，求闵王子，欲立之。法章乃自言于莒。共立法章为襄王。襄王立，以太史氏女为王后，生子建。太史敫曰：“女无媒而嫁者，非吾种也，汙吾世矣。”终身不睹。君王后贤，不以不睹之故，失人子之礼也。襄王卒，子建立为齐王。君王后事秦谨，与诸侯信，以故建立四十有余年不受兵。秦昭王尝使使者遗君王后玉连环，曰：“齐多知，能解此环不？”君王后以示群臣，群臣不知解。君王后引椎椎破之，谢秦使曰：“谨以解矣。”及君王后病且卒，诫建曰：“群臣之可用者某。”建曰：“请书之。”君王后曰：“善。”取笔牍受言。君王后曰：“老妇已忘矣！”君王后死后，后胜相齐，多受秦间金玉，使宾客入秦，皆为变辞，劝王朝秦，不修攻战之备。

全文不长，却颇有故事性。从君王后处理自身婚事、辅佐儿子治国、勇于维护齐国的尊严、临死交代国事等典型事件中勾勒出她识人、理事、治国的智慧和魄力，表现出她诚信、谨慎、尊严、果断的为人气质和深谋远虑的爱国热忱。即使在临死前，还向儿子交代“群臣之可用者某”，而当儿子取笔牍受言时她又说“老妇已忘矣”，暗示此事只宜动脑记言而不宜动手笔录，也是一种为国远虑的慎重之举。文章结尾，写了君王后死后，后胜相齐，改变了齐国的对外政策，暗示出齐国前途的危险，反衬出君王后生前对齐国的贡献。因此，整个故事相当完整，又有个性鲜明的人物形象，是一篇较好的传记文学雏形。此外，《秦策一》中的《苏秦始将连横》、《秦策五》中的《吕不韦立君》等片断均可归入这第一类的传记文学雏形。

第二类是散见于几章中的某个人物言行，组合起来构成较完整的人物事迹，形成传记文学雏形。由于《战国策》中的每一章都是相互独立的，因而各章之间的记事不一定是连贯的，但是可以互相补充，构成较完整的人物事迹，反映出人物的基本风貌及其性格特征。

《战国策》中的人物除了最多的策士外，其次是记各国的国君和太后。上述君王后的故事便是其中一例。对国君和太后的记述，不少是分散在若干章节中的。例如，《齐策四》和《赵策四》中都记载了赵威后（赵太后）的事迹，其中《赵策四》中的《赵太后新用事》章就是著名的《触龙说赵太后》，记事相当详细，但主要是表现触龙的才智卓识的；《齐策四》中的《齐王使使者问赵威后》章才是专写赵威后的，表现了她进步的民本思想，并且以此评论人物，因而“其是非乃不诡于圣”（鲍彪语）。可见，她能迅速地接受触龙的说辞，也是有思想基础的。两章组合起来才能反映出她的主要事迹，写出了她既有眼前天然的母子留恋之情，更有长远为子、为国久立于天下的深情，刻画出她富有感情、目光深邃、锐于决断的坚强性格。

其他如秦昭王、赵武灵王、魏惠王等人的事迹，也是分散在若干章节之中的，组合起来才能反映出较为完整的人物事迹。

《战国策》也往往在不同的章节里多方面叙述某个重要人物的事迹。例如，写苏秦的经历，从“苏秦始将连横”一直写到“苏秦死”，大量记述了苏秦在各国的政治活动和政治言论，有些还是写得相当生动的，综合起来看，写出了苏秦热衷名利、坚韧倔犟的性格，构成一个纵横家的传记文学雏形。其他如张仪、陈轸、公孙衍等主要人物莫不如此。同时，又都能刻画出他们各自的性格特征：如张仪的奸险狡诈，陈轸的圆滑机智，公孙衍的老谋深算等，因而，描写他们事迹的有关章节综合起来也构成各人的传记文学雏形。

《战国策》还不是成熟的传记文学作品。有的章节虽然记叙以人物为中心，但只是人物的片断事迹，并不是人物一生的完整事迹。有的人物事迹分散在若干章节中，记事零散，其间互不衔接，缺乏连贯性，且记事不记年月，难以弄清各事件之间的次序和关系，也就缺乏系统性和完整性。就拿《战国策》中篇幅写得最多的人物苏秦来说，有的事件也是写得不够清楚不够完整的，如苏秦之死，应是重要事件，却只是捎带提到，没有完整叙述。其他人物事迹的完整性就可想而知了。何况《战国策》中还有大量的篇章仍然以记载历史事件为主，其中还有不少是虚构的，更不能成为人物传记了。

二、《晏子春秋》中的传记文学雏形

《晏子春秋》这一书名始见于《史记·管晏列传》，今本凡八卷。《晏子春秋》是记叙春秋时期齐国政治家晏婴思想言行的一部书。晏子，名婴，字平仲，春秋时齐国的贤相，曾在齐灵公、庄公和景公三朝任职。他爱国忧民，敢于直谏，善良朴实，聪明机智，具有杰出的政治、外交才能，在诸侯和百姓中享有崇高的声誉。

《晏子春秋》成书于战国末期至秦统一中国以后的一段时间内。旧题春秋齐晏婴撰，其实，作者不是晏婴，大约是一位熟悉晏子生平事迹和有关民间传闻的人，根据这些材料进行加工整理和局部想象、虚构而成的。

1.《晏子春秋》中的传人意识

《汉书·艺文志》把《晏子春秋》列入《子书·儒家者流》，但是它不像其他子书那样旨在宣扬本学派的思想观点及其理论体系，《晏子春秋》是没有明显的理论体系的，没有其他子书那样富于理论性和思辨性，只是集中记录一个人物的言论和行为。为了在总体上从各个方面表现晏子的形象，必然会多少有点自觉地围绕晏子的形象来搜集材料、编撰故事。由于作者不是重在阐述理论，而是重在集中写好一个人物的言行事迹，所以应当说作者已经出现一种朦胧地为人物立专传、写专集的潜意识了。这种传人意识比起《战国策》来，又大大地往前迈进了。

2.《晏子春秋》中的传人艺术

《晏子春秋》除了运用人物自身言行的描写、细节描写、夸张和虚构等手法来塑造人物形象以外，最重要的是以粗陈梗概来传写人物故事的方法，刻画出作者心目中的艺术形象。例如，《内篇·杂下》中的《晏子使楚》一节：

晏子使楚，以晏子短，楚人为小门于大门之侧而延晏子。晏子不入，曰："使狗国者从狗门入；今臣使楚，不当从此门入。"傧者更道从大门入，见楚王。王曰："齐无人耶?"晏子对曰："临淄三百闾，张袂成荫，挥汗成雨，比肩继踵而在，何为无人?"王曰："然则子何为使乎?"晏子对曰："齐命使，各有所主，其贤者使使贤王，不肖者使使不肖王。婴最不肖，故直使楚矣。"

这是一则富有戏剧性的故事。晏子通过针锋相对的斗争取得了外交上的胜利，维护了自己和国家的尊严。一个临难镇静、随机应变、自尊自强的晏子形象非常鲜明地刻画出来了。《战国策》中也有此类章节，惜为数不甚多，而《晏子春秋》则全由一篇篇相对独立的短小故事所组成。从衣服、饮食、车马、仆从到政治外交上的进退出处，多层面多角度地刻画了晏子的生动形象，这不能不说是传人艺术的一个大进步，对后代传记文学的发展产生很大的影响。如刘向的《新序》《说苑》《列女传》全是短篇故事集，就是直接受《晏子春秋》的影响而亦步亦趋的。《史记》等成熟的传记作品也都注意到生动的故事性。

3.《晏子春秋》中传记文学雏形的形态

《晏子春秋》中传记文学雏形的形态主要有两种：

一是单独一节片断的人物故事，首尾完整，又能刻画出人物的性格特征。如上述的《晏子使楚》一节，便可视为传记文学的雏形。又如《晏子解左骖赎越石父》事：

晏子之晋，至中牟，睹弊冠反裘负刍息于途侧者，以为君子也……遂解左骖以赎之，因载而与之俱归。至舍，不辞而入。越石父怒而请绝。晏子使人应之曰："吾未尝得交夫子也，子为仆三年，吾乃今日睹而赎之，吾于子尚未可乎？子何绝我之暴也?"越石父对之曰："臣闻之，士者屈乎不知己，而申乎知己，故君子不以功轻人之身，不

> 为彼功屈身之理。我三年为人臣仆，而莫吾知也，今子赎我，吾以子为知我矣。向者子乘不我辞也，吾以子为忘；今又不辞而入，是与臣我者同矣。我犹且为臣，请鬻于世。”晏子出见之曰：“向者见客之容，而今也见客之意。婴闻之，省行者不引其过，察实者不讥其辞，婴可以辞而无弃乎？婴诚革之。”乃令粪洒改席，尊醮而礼之。

刻画出越石父重人格、重自尊的鲜明个性，也写出了晏子勇于改过的品质。这一完整的故事，司马迁略作删削就收入《史记·管晏列传》了，可谓一篇较好的传记文学雏形。其他如“二桃杀三士”、“晏子荐御者”等故事，都是单篇的传记文学雏形。

二是整部《晏子春秋》可视为长篇人物专传的传记文学雏形。全书的中心人物是晏子，又写了晏子各方面的言行，总体上能够表现出晏子聪明机智、正直不阿、善良质朴、勇于谏诤的政治家形象。

但是，全书还不是成熟的人物专传。书中的多数人物还不具备鲜明的个性；而且编次混乱，没有按一生的时序编排，缺乏连贯性，还不是系统而完整的艺术形象。至于前一种单独一节传写人物形象的这种形态，只是晏子的片断生活，并且严格地说，大多是简单的人物速写，其文学性是不够的，当然也不是成熟的人物传记。

因此，纪昀在《四库全书总目提要》中的案语肯定此书为“传记之祖”是不妥的。纪昀“案《晏子》一书，由后人摭其轶事为之，虽无传记之名，实为传记之祖也，旧列子部，今移入于此（指史部传记类）”。近人陈直在《晏子春秋集释》附录中反驳说：“案列国以来，‘春秋’名书之义有三：有纪一人之事者，《晏子春秋》是也；有成一家之言者，《虞氏春秋》《吕氏春秋》是也；有纪一时之事者，《楚汉春秋》《吴越春秋》是也。名虽同，而派别微异，此书（指《晏子春秋》）即后代别传之胚胎，实为子部支流，纪昀四库全书提要入于史部，未免循名而失实矣。”其实，纪昀把该书列入传记类还是对的，列入子部或子部支流则未必妥当。因为该书中的人物、事件大都有真实的历史素材作依据，而且全书纯由人物的短篇故事所组成，这当然是归入传记类更为适宜了。《晏子春秋》无论在内容上还是在写法上都与子书类迥异，如前所述，内容上不像子书类那样具有明显的理论体系，形成独立的学派；写法上也不像子书类那样或正面阐述本学派的思想观点，或以驳论的形式和其他学派论辩，而是采用人物故事的写法，以短篇故事的形式从各个方面描述晏子的言论和行事。这和子书自不能同类。“子书支流”当与子书有相似之处，所以似乎也不宜将此书列入“子书支流”。不过，陈直认为此书是“后代别传之胚胎”的观点，无疑是正确的。因为后世的“别传”、“外传”、“外史”之类，大抵是传写人物的遗闻逸事的，而《晏子春秋》一书，正是“由后人摭其轶事为之”，当然是早期的“别传之胚胎”。广而言之，《晏子春秋》也应该是后世“外传”、“外史”的胚胎；或者说，《晏子春秋》就是一部晏子的“外传”或“外史”，只是不及后世那样正式、成熟而已。

第五节　先秦传记文学发展的特点和影响

先秦传记文学从公元前 11 世纪西周初年的《诗经》中出现《生民》、《公刘》诸史诗，可视为传记文学的萌芽；先秦诸子散文和《离骚》中明显地增强了传记文学的因素；到公元前 4 世纪，战国时期的《左传》等历史著作中，进一步发展成为传记文学雏形，从而标志着我国传记文学进入了雏形阶段。在这一进程中，从传人意识、传人艺术到传记文学雏形的形态，都取得了多方面的成就，为汉代传记文学的正式诞生奠定了基础，为我国传记文学的发展方向指引了道路。

一、先秦传记文学发展的特点

文体上由周代的歌谣体转为战国时期的散文体。章学诚《文史通义·

诗教上》中说："盖至战国而文章之变尽，至战国而著述之事专，至战国而后世之文体备。故论文于战国，而升降盛衰之故可知也。"又说："后世之文，其体皆备于战国。"此说也许夸张了，但从文体的历史发展来看，确可见其"升降盛衰之故"，后世传记文学这一体裁就是孕育于战国时期的散文而诞生于汉代《史记》的。

战国时期已出现了作为人物传记的"传"这一名称，但实际上称"传"的作品只有传记小说《穆天子传》，是叙述周穆王周游列国的传奇故事。不过，战国时期虽无"传"或"传记"之名的正式人物传记，但确实产生了具有传记文学某些基本特征的传记文学雏形。这种雏形与一般的历史记载混合在一起，共存于一书之中，总体上说，还没有形成相对独立的实体，处于尚未成熟的孕育阶段。

关于所传人物的身份。在传记文学处于萌芽状态时，人物的身份是部族的祖先或英雄，都是本部族的人物；在传记文学的特征明显增强的先秦诸子散文中，人物的身份主要是本学派的创始人或代表人物；由于地域文化的差异，到战国末期才产生的《楚辞》，其中传记因素显著的《离骚》所传写的是作者本人。在传记文学的雏形阶段，《左传》《国语》以传写国君、太后、将相等贵族和高层统治者为主，而《战国策》《晏子春秋》中既有国君、太后、将相等上层人物，更有行人、谋臣、策士、御者、侠客等各种人物。由此看来，传写的人物对象是由近及远的，由集中于上层人物到兼及、趋向于中下层人物，具有多样化、平民化的发展趋势。

传人意识逐步增强，其中最突出的表现是记载历史逐渐转向以描述人物为中心。《尚书》《春秋》记言和记事分开；到《左传》则把二者结合起来，按年记事，且有的人物连年续载；《国语》按国记事，也有些人物分卷或分国连载；《战国策》的记史体制同于《国语》，也对某些人物在几章中连载其事迹，另外，还在一章内以某个人物为中心，集中写其片断事迹，具有相对完整性，这不能不说是一次写人意识的大飞跃，只是所记的事迹并非是完整的一生而已。《晏子春秋》则有了比诸子散文的传人意识更进一步的为人物立长篇专传的潜意识。

在传人艺术上有了重大的发展。首先，传人的艺术手段有了较全面的进步，日益适应传记文学的写作。《尚书》中已出现一些比喻等修辞手法，有助于表现人物形象。诸子散文则传人手段多样化，大都深于比兴，长于论辩，讲究文采，且有神情语态等描述，出现了具有性格特征的人物形象。《左传》、《国语》、《战国策》则如上文所述，更进一步具备了人物的言行描写、细节描写、场面描写、外貌描写、环境描写。人物语言更趋向个性化并逐步通俗化，与人物的身份、地位、处境和性格相吻合。如果说诸子散文提高了运用人物言行以传人的能力和表述自身思想感情的能力，那么历史散文主要发展了多种手段叙事以传人的能力，二者都必然促进传记文学的发展。其次，对人物的爱憎感情逐渐趋向鲜明化。《春秋》有所谓一字寓褒贬的“微言大义”、“春秋笔法”，含蓄地表示作者的爱憎态度。至《左传》则不仅有借“君子曰”、“仲尼曰”来发表作者评论性的意见，借子产等贤人的言论来表明作者的思想倾向，而且更在具体描写中显示爱憎态度，已在上文的《〈左传〉的传人艺术》一节论述，不赘。《战国策》中也有借他人的话来表现作者的思想倾向，如《赵策四・赵太后新用事》章，篇末引子义的话，对赵太后送子至齐做人质进行议论，肯定了不能无功受禄的正确性。但是《战国策》中爱憎感情特别显著的是全书采用了“放言无惮”、直言不讳的文风，思想感情真率坦露，既不含蓄，也不掩饰，甚至还要加以夸张、渲染，纵横家的言论尤其如此。诸子散文则或为本学派正面立言扬义，或以驳论斥指异学，都富有感情色彩，气势充沛，爱憎分明。

二、先秦传记文学的影响

先秦传记文学对汉代传记文学的发展有直接的影响，尤其对司马迁撰写《史记》中的人物传记给予多方面的启迪，对形成我国传记文学的某些传统也有深远的影响。

先秦传记文学为后人提供了丰富的传记素材，并从中开启了一些写作思路。司马迁写《史记》中秦统一中国前的历史，大量地吸收了《左传》

《国语》《战国策》中的内容，例如，《战国策》一书，被《史记》吸收的历史事件，据宋人洪迈《容斋随笔》统计有93件之多。据今人毕熙燕在《〈史记〉对〈战国策〉的吸收与改造》一文中说：《史记》“共用《战国策》112章”。但是，司马迁并非简单地抄录史事，往往是受史事内容的启示，和自己的人生观、审美观、社会理想结合起来，加以改造、利用。例如，《战国策》中《韩策二》的《韩傀相韩》章，写士为知己者用，重在为勇士、烈女聂政、聂荣姊弟二人扬名。但从全文内容来看，除了给聂荣姊弟扬名外，亦重在宣扬“士为知己者死”的思想，正合乎司马迁的审美理想。于是，《史记》中的“聂政传”就增添了“士固为知己者死”的话，并放在结论性的语言之中，以突出其重要性，并强调“知人得士”的可贵。又如，《战国策》中《秦策一》的《苏秦始将连横》章，写苏秦先说秦失败，穷困落魄而归，受家人冷遇，后发愤苦读，说赵成功。这对司马迁“穷而后工”的人生观审美观当有所启迪。因而《史记·苏秦列传》写苏秦成功后的喟叹词中增添了“且使我有洛阳负郭田二顷，吾岂能佩六国相印乎”，既突出了“穷而后工”的思想，又不违背苏秦追求“势位富贵”的本质特征。如此处理素材，也为他写秦汉之际及汉初的历史带来启迪，作了先导。可以说，《史记》能成为“一家之言”，是和他从先秦史料中获得一定的启迪分不开的。

启迪是多方面的，先秦历史著作以文史结合的形式来反映历史，以人物为中心来驾驭言与事，都是对后人很好的启迪。我国传记文学的雏形主要以文史结合的形式存在于《左传》等历史著作中，它们一般是在叙述历史的发展中来记载人物的片断事迹，刻画人物的形象。《战国策》中的部分篇章更以人物为中心来驾驭史事。司马迁一方面继承前人的办法，文史结合，在叙述历史的发展中来记录人物的生平经历，另一方面则把以人物为中心的片断事迹，扩展为驾驭人物的一生事迹，使人物传记成为完整的成熟的形式。

先秦传记文学雏形的形态对后来传记文学形成不同的形态，也是有影响的。《左传》等史书中的传记文学雏形，都有以写一个人物的片断生活为主的独立篇章，为后来的单篇散传开了先河。《左传》中的《崔、庆之乱》等传记文学雏形，成为后来“合传体”的滥觞。《左传》写子产附带出子皮、子大叔的简略事迹，对产生《史记》中的不少附传，当有直接的启迪。《晏子春秋》以一人的逸事为主，集中刻画晏子的人物形象，不仅开启了后人长篇的人物专传，而且是“后代别传之胚胎”，引发出后世别传的繁荣。

先秦传记文学雏形积累了记人叙事的技巧和手法。直接为《史记》和《汉书》提供了写作经验，并逐渐成为后世传记文学的传统艺术手法。例如，先秦传记文学雏形中常插入一些歌谣来表现人物的内心活动或烘托环境气氛。这种诗文结合的手法，增强了抒情色彩，像《左传》的《郑伯克段于鄢》中郑伯母子在隧道相会时诵赋，《战国策》的《荆轲刺秦王》中荆轲与送别者所唱的悲壮的《易水歌》，《冯谖客孟尝君》中冯谖所唱的《弹铗歌》等，都富有文学意味。后来《史记》中写项羽唱《垓下歌》，刘邦唱《大风歌》等，以及《史记》中引用了许多民歌民谣，显然都是受前人的影响。又如，先秦传记文学雏形中常常运用人物的言行描写、对话描写、细节描写、场面描写来刻画人物的性格，制造环境氛围，展现人物的精神风貌。这些都在《史记》中成为常用的手法，并在后世的传记文学中逐渐成为传统的艺术手法。

先秦传记文学雏形中的语言艺术对后世传记文学也有深远的影响。《左传》中善于用简洁的语言叙事，《国语》擅长写人物的对话，《战国策》的策士语言铺张扬厉，纵横恣肆。这些语言特点不仅多为司马迁所吸收，而且还影响到后代的散文家。尤其是这些历史散文中的传记文学雏形，人物语言符合人物身份，又能吸取当时的口语，生动活泼，通俗易懂。这种语言通俗化的发展趋势，一直影响到后世传记文学；一般都能运用较通俗的词汇，保持传统的生动活泼的散文句法。即使在骈文盛行的南北朝时期，传记文学也还是使用较通俗的散文。

先秦历史散文的作者对传记文学雏形中的人物，一般都有褒贬倾向。

这种倾向对后世传记文学有两方面的影响，一方面影响后世传记文学一般都有论赞，这种论赞是由司马迁在《史记》中创造性地完成的；另一方面影响后世传记文学在记叙人物生平事迹的过程中，一般都蕴涵着或流露着爱憎分明的思想倾向。《史记》就是“于序事中寓论断”的。以情动人，成为后世传记文学的一个写作传统。

第二章

《史记》的诞生和汉代史传文学的辉煌

经过秦汉之际的社会大动荡以后，汉高祖刘邦于公元前206年建立了西汉王朝。从汉高祖到汉武帝时期，西汉王朝形成了封建大一统的局面，出现了中国封建社会的第一个“盛世”。

司马迁适应时代的要求，对先秦以来的文化进行了全面的总结，将自己不朽的巨著《史记》耸立在汉代的文坛上。《史记》作为一部伟大的历史著作，在史学上开创了纪传体的编史体裁；作为一部同样伟大的文学著作，正式诞生了人物传记，标志了传记文学首次登上文学舞台，显示了汉代史传的辉煌成就。与先秦萌芽状态的传记文学相比，司马迁传记文学至少有三方面的突破性发展。首先，司马迁在传记文学创作实践中已形成自己的传记文学思想。其次，司马迁传记文学有博大精深的内容，表达了他对社会与人生、治国与做人的系列理想，尤其侧重体现了他的人格理想和命运哲理。再次，司马迁传记文学在写人艺术、情感力量和语言艺术上更具有审美价值。这一切使司马迁的传记文学成为中国古代传记文学的典范，在中国传记文学史上有无与伦比的地位，可以自傲地列入世界优秀的传记文学之林而无愧色。

继《史记》之后，班固的《汉书》再创辉煌，其他史传、杂传也相继产生。它们的传记文学成就虽不及《史记》，但使传记文学，尤其是其中的史传在中国“正史”中站稳了脚跟。从这个意义上说，汉代是我国传记文学史上一个辉煌的时代。

第一节　司马迁的时代、生平及其传记文学思想

一、司马迁所处的时代

司马迁传记文学的产生不是偶然的文化现象，而是时代的产物。司马

迁生活在西汉前期的汉武帝时代。这个时代有以下几个特点：

首先，汉帝国建立后，政治上相对稳定，经济上得到恢复和发展，文化艺术上较为开放。关于政治上稳定和经济上繁荣，《史记·平准书》写道：

> 汉兴七十余年之间，国家无事，非遇水旱之灾，民则人给家足，都鄙廪庾皆满，而府库余货财，京师之钱累千万，贯朽而不可校。太仓之粟陈陈相因，充溢露积于外，至腐败不可食。

文化上的开放表现为：汉惠帝时废除“挟书律”（《汉书·惠帝纪》）。自汉初以来，汉朝政府注意搜集先秦古书。司马迁说：“百年之间，天下遗文古事，靡不毕集太史公。”（《史记·太史公自序》）这就为司马迁写人物传记提供了资料上的方便。汉初以来的学术思想也较开放。司马迁说：“自曹参荐盖公言黄老，而贾生、晁错明申商，公孙弘以儒显。”（《史记·太史公自序》）武帝虽采纳了董仲舒“罢黜百家，独尊儒术”的主张，但事实上并未立即禁绝百家。信奉黄老的汲黯曾批评武帝“多欲”，事后受武帝赞扬。（《史记·汲黯列传》）这为司马迁对历史人物进行褒贬评价带来一定程度的自由。又武帝时代人才辈出，尤其在文化上出现不少名人。学术著作不断涌现，淮南王刘安组织门客编写了《淮南子》，董仲舒写出了《春秋繁露》，司马谈作了《论六家要旨》，这一切表明一个文化学术上大总结、大发展时代的开始。但武帝时代又是一个西汉由盛转衰的时代。由于武帝对外扩张，国力过度消耗，经济由繁荣走向衰落，思想文化领域也由自由开放、生气勃勃转向专制与僵化。受武帝时代国力强大、文化高涨的鼓舞，司马迁形成了勇于进取，充满自信，充满历史使命感的精神状态。而同时日益暴露出来的政治上的专制，社会矛盾的加剧，又与司马迁的社会、人生理想发生冲突，因而孕育了司马迁的批判精神与民主精神。

其次，西汉前期的社会心理，要求探讨秦何以亡，汉何以兴的社会问题。《史记·陆贾列传》《史记·张释之列传》记载了汉高祖、汉文帝先后称赞陆贾、张释之研究这个问题。汉初的贾谊写了著名的《过秦论》，也是总结秦亡教训的宏文。司马迁不像上述的学者用论说的形式提供治国兴邦的道理，而是通过人物传记的形式发表政治见解。他在《报任安书》中说：“网罗天下放失旧闻，考之行事，稽其成败兴坏之理。”因此他的传记文学创作与思考和当时社会心理一致，是适合了时代的要求。

再次，西汉前期人们对人的历史作用的认识比春秋战国时期更为深切具体。随着人在社会生产中的作用增大，春秋时代已有人对“人”的重视超过了对牲口的重视。孔子的马厩失火，孔子问人有否受伤，而不问马。（《论语·乡党》记载）到了战国，士的阶层在政治生活中的地位得到了提高。孟子提出“贵德尊士”（《孟子·公孙丑》上）。颜斶公然对齐宣王说：“士贵，王者不贵。”（《战国策·齐策四》）到了汉初，经过秦末农民大起义、楚汉相争，人们看到了许许多多的历史人物在政治风浪中翻滚过，对那些杰出人物的作用有了较如实的认识。刘邦把自己手下的张良、萧何、韩信称为“人杰”。对人的历史作用认识的进步，无疑给司马迁的传记文学创作与思想以很大的启发。

最后，先秦传记文学的萌芽，尤其是战国时代的历史散文中的传记片断，不仅给司马迁写《史记》提供了材料，而且也为司马迁写人物传记积累了写人的艺术经验。

上述司马迁所处的时代和历史背景客观上为司马迁写作《史记》的人物传记和对传记文学的思考提供了有利条件。

二、司马迁的生平

司马迁（前145—约前87），字子长，夏阳（今陕西韩城）人。司马迁家世代为史官，这就培养了他对史学的爱好，并且重视继承古代史学的优良传统。他的父亲司马谈有广博的学问，曾作《论六家要旨》，批评儒、墨、名、法和阴阳家，肯定和赞扬道家。司马迁的青少年时代是在故乡度过的，那里就在黄河边上，不太远的地方有传说是太禹开凿过的龙门山，他在《史记·太史公自序》称：“迁生龙门，耕牧于河山之阳。”后来他向当时著名的学者孔安国学习古文《尚书》，又向董仲舒学习公羊派《春秋》，这为他以后写作《史记》打下了理论基础。

司马迁一生有两次大的游历。武帝元朔三年（前126），司马迁20岁，第一次壮游。据《史记·太史公自序》，他向南到过湖南的九嶷山，浙江绍兴的禹陵；向东到过山东的曲阜，以及今安徽、河南许多地方。回长安后不久，他做了郎中，任皇帝的侍从人员，随武帝到外地巡行、祭祀，又到过许多地方。元鼎六年（前111），司马迁35岁，受武帝派遣，到今四川西部和云南、贵州一带视察。这是第二次壮游。这二次壮游，给他了解各地民情风俗，考察山川地理，搜集遗闻旧事，提供了大好机会，为他日后写《史记》积累了广博的社会知识，他也增长了见识和才干。

接受父亲遗命和任太史令，是司马迁一生中的重要大事。元封元年（前110），司马迁36岁。司马谈临终前嘱咐儿子写好"史文"，实际上反映了当时社会的要求。司马迁38岁任太史令，此后他与壶遂等主持制定"太初历"，同时阅读朝廷收藏的图书和档案，为写《史记》做准备。42岁开始著《史记》。

李陵之祸是司马迁一生中受到的最大打击。天汉二年（前99），司马迁47岁，已埋头写作《史记》六年，忽然大祸临头。这年发生李陵兵败投降匈奴事件。司马迁在武帝面前说了自己的看法，惹怒了武帝，次年对他处以腐刑。事情经过，司马迁自己详写于《报任安书》，司马迁受刑后放弃了自杀的想法，发愤著书。到征和二年（前91），司马迁55岁，即给任安写信时，《史记》已基本完成。他的卒年，说法不一。据王国维《太史公行年考》，司马迁约卒于汉武帝末年。如与武帝同年死，则在后元二年（前87），司马迁已59岁。司马迁的生平经历与生活感受在他的传记文学创作和传记文学思想上打下了深深的烙印。

三、司马迁的传记文学思想

司马迁虽没有专文阐述他的传记文学思想，但他对先秦以来史传文学的经验总结，自己在传记文学创作实践中所升华的理性认识，就是他的传记文学思想。《史记》人物传记就是在司马迁逐渐形成的传记文学思想指导下写成的。其主要观点见于《史记·太史公自序》、《屈原列传》、《史记》部分序赞，以及《报任安书》，归纳起来大致有以下几点：

第一，传记文学的创作目的与创作追求。司马迁当时还没有传记文学的概念，但在写《史记》时已认识到要再现历史生活应以人物为中心，所以《史记》是以人物传记为主体。他写《史记》与创作传记文学的目的是一致的。但目的多重而非单一。司马迁曾用不同的语句几处表述他的创作目的。《报任安书》有一段总的表述：

> 仆窃不逊，近自托于无能之辞，网罗天下放失旧闻，考之行事，稽其成败兴坏之理，上记轩辕，下至于兹，为十表，本纪十二，书八章，世家三十，列传七十，凡百三十篇，亦欲以究天人之际，通古今之变，成一家之言。

这段话的大意亦见于《史记·太史公自序》。这段话包含了三层意思：第一层，指全书内容。《史记》记述上起黄帝，下至于司马迁当代的历史，广泛搜集材料，考核历史事实，探索（朝代或个人的）成功失败、兴盛灭亡的道理。第二层，指全书的体例和篇数。第三层，说明总的创作目的，是为了研究天道与人事的关系，弄通古今的演变，成为自己一家的言论。这一层三句话重点落在最后一句"成一家之言"，这是他创作的最大目的。这就表示，司马迁写历史，创作传记文学，从根本上说是为了表达自己的思想主张，寄托自己对社会与人生的理想。

司马迁传记文学创作目的，具体说包含以下几点：

其一，实现父亲遗愿，歌颂当代"明主贤君忠臣死义之士"。（司马谈临终遗言，见《史记·太史公自序》。）司马迁接受这一意见，所以他写《史记》重当代史，多写汉朝建立以来的君臣事迹。

其二，继《春秋》，惩恶劝善，具有教育目的。司马迁在《史记·太史公自序》中暗示写《史记》是效法孔子作《春秋》。他引董仲舒的话高度评价《春秋》褒善贬恶的作用，借此表明《史记》也要达到劝善惩恶的目的。《史记·高祖功臣侯者年表序》说："居今之世，志古之道，所以自镜也。”在《报任安书》中说：“述往事，思来者。”可见他写史，作传记文学是给当代人、后代人看，而首先是教育统治者，主要是针对现代的统治者，教育他们处理好治国兴邦的事情。当然，也教育一般的人从传记中吸取行己立身的经验教训，但不一定都与政治生活有关。如《史记·太史公自序》说作《游侠列传》“义者有取焉”；作《货殖列传》“智者有采焉”。一般人都可从传记文学中取得借鉴。

其三，为普通人“欲砥行立名者”立传，直接为了使他们流传后世。司马迁在《伯夷列传》中感叹普通人留名的不易，所以也鼓励普通人立名重节。

司马迁传记文学创作追求的目标是“史文”结合。《史记·太史公自序》及《史记·三代世表序》都出现“史文”一词。史文，原意指历史文献或历史资料。司马迁写《史记》就是司马谈所要求他论著的“史文”，已是历史与文学结合的产物。他的传记文学创作要求达到历史的真实性与文学的形象性的统一。他在《史记·伯夷列传》开头就提出“考信”的主张，即指要核实材料的可靠性、真实性。他在《报任安书》中说“鄙没世而文采不表于后也”。“文采”这里当是指文学才能和文学成就。司马迁的传记文学就是既讲究“考信”，又要有“文采”，达到历史与文学的紧密结合。

第二，传记文学的写作对象与形式选择。

司马迁传记文学的写作对象主要是那些扶持正义有卓越才干的人。《史记·太史公自序》说：“扶义俶傥，不令己失时，立功名于天下，作七十列传。”“俶傥”是卓越杰出的意思。能进入列传的人，应是非常杰出而能建功立名的人。这是司马迁写人的心史、选择传主的重要标准。他在《史记·张丞相列传》声明，那些虽然位在丞相列侯的当代大官，因“为丞相备员而已，无所能发明”，虽“功名有著于当世”，也不给他们立传。他所说的“俶傥非常之人”，也指那些人生事迹有特殊性的历史人物。司马迁爱奇，他的传记文学多传奇性人物。

《史记》中人物传记形式有本纪、世家、列传三种体裁。这是司马迁的创造。三种体裁，也是三种规格。《史记·太史公自序》点明三种体裁各有含义。司马迁说："著十二本纪，既科条之矣。"本纪是纲纪天下政事的意思，立本纪的人物即是主宰天下的人。它以记帝王、天子为主，又不局限于帝王、天子。十二本纪取法《春秋》十二公，寓《史记》继《春秋》而作。司马迁又说："二十八宿拱北辰，三十辐共一毂，运行无穷，辅拂股肱之臣配焉，忠信行道，以奉主上，作三十世家。"世家，即世代承家的意思。立世家的人物以诸侯为主，又不局限于诸侯。如陈涉、孔子不是诸侯，也立世家。世家规格比本纪低一等。三十世家寓有三十辐共一毂之意，象征君臣关系像众星环绕北极星。列传，即众多人物之传，表示人臣拱卫主上，专给那些扶持大义而有杰出才干的人作的传记，规格比世家低一等。但司马迁很钦佩列传中的不少人，如屈原、韩信、李广等。列传最后一篇是《太史公自序》，既是司马迁的自传，又是《史记》全书的序文，概括了全书的基本内容。《史记》中的十表八书，不是传记体裁，但这两种体裁对了解传记人物的时代背景和典章制度极为有用。《史记》共有五种体裁，形成一个严密的结构体系。单就传记形式的本纪、世家、列传三者关系而言，犹如儒家经书中经与传的关系。本纪如经，记大事纲要；世家和列传正如与经相对的传，写具体的人与事，是对本纪的注解。又世家对本纪说，地位如经书中的传；对列传说，它又如经，处在经与传之间。三种规格反映了司马迁的等级观念，也体现了褒贬之意。这种体例形式形象地反映了封建社会的等级秩序，故为后世纪传体史著所采用。

《史记》七十列传形式上又可分为专传、合传、类传、附传四种类型。专传，即一人一传。合传则二人以上，有某种联系故合在一起。同时代人合传，如《廉颇蔺相如列传》；不同时代人合传，如《屈原贾生列传》。类传是把同一类人集中在一起而以类作标题的传记，如《酷吏列传》《游侠列传》。附传是附在专传、合传或类传中的人物小传，一般是因事因类而相及。形式的选择运用，往往包含了司马迁的褒贬寓意。

在每篇传记的结尾都有一段"太史公曰"的文字，这也是司马迁对传记形式的创造。在"太史公曰"前的传记正文一般对历史人物作客观的记叙，而在“太史公曰”以下较短的文字，除补充人物有关材料，一般是发表作者对人物的评价和抒发感情。这样的处理，容易使传记作品既保持史实的客观性，又保留作者个人的主观见解和感情倾向。

第三，传记文学写作的重要动力：发愤著书。

司马迁受李陵之祸后遇到了生与死的考验，关系到是否将《史记》写完的大问题。他终于经受住了这场严峻的考验，他并不因受宫刑的奇耻大辱而自杀，而是忍辱著书。司马迁从自己的不幸遭遇，联系到历史上的著述现象，使他产生了一个伟大的思想，即在《报任安书》中说的一段话：

> 盖西伯拘，而演《周易》；仲尼厄，而作《春秋》；屈原放逐，乃赋《离骚》；左丘失明，厥有《国语》；孙子膑脚，兵法修列；不韦迁蜀，世传《吕览》；韩非囚秦，《说难》《孤愤》；《诗》三百篇，大抵圣贤发愤之所为作也。此人皆意有所郁积，不得通其道，故述往事，思来者。

这段话亦见于《太史公自序》，可见司马迁很重视很欣赏自己发现的这个思想。尽管这段话中有的与史实不符（如吕不韦组织门客著《吕氏春秋》当时宣布已久，并不是等他迁蜀以后才流传），司马迁只是借以表达自己“发愤著书之义”而已。对司马迁这个思想，唐代刘知幾在《史通·杂说上》最早标出是“发愤著书之义”。

“发愤著书”思想的出现不是偶然的。“发愤”，即发泄愤懑的意思。这个词最早见于屈原《九章·惜诵》：“惜诵以致愍兮，发愤以抒情。”其次即司马迁在上述一段话说：“《诗》三百篇，大抵圣贤发愤之所为作也。”司马迁总结了前人的著述情况，包括文学创作，认为都是“发愤”而作的。这种思想最早可溯源到孔子说过的“诗可以怨”（《论语·阳货》）。汉代孔安国注为“怨刺上政”。即诗歌可以抒发作者怨的感情以讽刺不良政治。司马迁又在《史记·屈原列传》中认为“屈平正道直行，竭忠尽智，以事其君，谗人间之，可谓穷矣。信而见疑，忠而被谤，能无怨乎？屈平之作《离骚》盖自怨生也”。不言而喻，司马迁写《史记》，创作传记文学当然也可抱怨。但仅如此理解还是表面的。

司马迁的发愤著书思想有丰富的含义。虽然司马迁自己对此未加阐发，但联系其创作实践，可以体会有以下几层意思。

其一，坚定自己完成著述的意志。古代政治上遭挫折或身体残废的人能写出大著作，自己遇李陵之祸也应以坚强的毅力完成已定的著述。全书130篇，其中112篇是传记作品。

其二，强化自己的爱憎感情。司马迁由于自身的不幸遭遇，在创作中同情历史上那些生活道路坎坷而能发愤有为的人物。在范雎、蔡泽、季布、虞卿、伍员，乃至货殖、游侠诸传的评赞中，都流露出自己的深意。由于有强烈鲜明的爱憎，司马迁的传记文学带有浓郁的抒情色彩，以至于鲁迅称其为“史家之绝唱，无韵之《离骚》”（《汉文学史纲要》）。

其三，深化自己对历史与现实的理性认识。李陵之祸后，司马迁的思想变得更深沉，对历史、对现实、对人生几乎都重新作了理性的思考。《报任安书》说自己原来“日夜思竭其不肖之才力，务壹心营职，以求亲媚于主上。而事乃有大谬不然者”。李陵之祸给他当头一盆冷水，使司马迁清醒地认识到现实中帝王的专制，“全躯保妻子之臣”的可恶，“左右亲近不为壹言”的势利，封建法制的弊病，等等。由此去理解历史上统治阶级的内部斗争，封建社会的人际关系，是非更清楚了。对自己人生道路的回顾，更认清了自己的方向。总之，司马迁的发愤著书思想成了他进行传记文学创作的一个重要动力。

司马迁对传记文学的创作目的和追求的目标、传记文学的写作对象和形式选择、传记文学写作的动力等方面已有较系统的观点，这在古代传记文学理论特别贫乏的情况下出现是非常宝贵的，它给后代的传记文学创作以及对一般文学创作都有启迪意义。

司马迁意识到传记文学以人物为中心，但传记文学观念还是朦胧的。对传记文学创作目的只强调政治、教育目的，而对审美作用有所忽视。对传记形式的分等，也存在着人为的局限。这些都是时代和他个人的局限。

第二节 司马迁传记文学重要主题之一：弘扬人格理想

德国的歌德曾经说："在艺术和诗里，人格确实就是一切。"（爱克曼《歌德谈话录》，朱光潜译）司马迁的《史记》传记文学就是如此。《史记》里显示了作者自己伟大悲壮的人格精神，又在作者精心塑造的众多传主形象中寄托了自己的人格理想，并且由于作者重视描写传主的人格，提高了他的传记文学的品位。弘扬人格理想是司马迁传记文学的重要主题之一。

一、司马迁的伟大人格

从伦理学角度说，人格指人的一种自我意识，他意识到人应有区别于动物的特有的品格和行为。而人格理想则是指某个人，或某个团体或某个阶级的人们所期望的高尚的人格境界。司马迁写《史记》，创作传记文学作品，其最大目的是要"成一家之言"，表达他对社会、人生的理想。这就包括了他所期望的人格理想。而司马迁在《史记》中首先就显示了自己伟大悲壮的人格精神，给后世读者树立了一个伟大人格的榜样。司马迁本人的人格精神在《史记》中至少表现为两个方面：

第一，在人生态度和个人品格上，他有伟大的抱负，坦荡的胸襟，不屈的意志。这从《史记·太史公自序》可见。《太史公自序》是《史记》的第70篇列传，既是作者的自传，也是全书的总序。写作时间应在《史记》全书完成之日，约在武帝征和二年（前91）。自序叙述了作者的家世生平，写《史记》的动机，受李陵之祸后忍辱写书的毅力，以及全书各篇的基本内容和体例规模。这是《史记》中的重要传记作品。近人李景星评论说："盖《自序》非他，即史迁自作之列传也。无论一部《史记》，总括于此，即史迁一人本末，亦备见于此。”“又史迁以此篇教人读《史记》之法也。凡全部《史记》之大纲细目，莫不于是粲然明白。未读《史记》以前，须将此篇熟读之；既读《史记》之后，尤须以此篇精参之。文辞高古庄重，精理微旨，更奥衍宏深，是史迁一生出格大文字。”（《史记评议》）司马迁的一生与《史记》的写作联系在一起。他的抱负，就是接受父亲遗命，写作《史记》。而写《史记》是一个继孔子作《春秋》的大事业。自序中说：“先人有言：‘自周公卒五百岁而有孔子。孔子卒后至于今五百岁，有能绍明世，正《易传》，继《春秋》，本《诗》《书》《礼》《乐》之际?’意在斯乎！意在斯乎！小子何敢让焉。”孔子是先秦文化，也是中国古代文化的第一号代表人物。而《春秋》一书在《太史公自序》中作者借壶遂之口称“当一王之法”。司马迁写《史记》是继孔子作《春秋》的大事，他的抱负在当时够伟大了。事实上，司马迁在中国文化史上确实成了继孔子之后的第二号中国古代文化的代表人物，而《史记》也成了史学、文学，尤其是传记文学的不朽之作。司马迁有坦荡的胸怀，这在《报任安书》中自述李陵事件经过有充分的表现。当汉武帝召问他对李陵的看法时，他不像朝廷里那些“全躯保妻子之臣”在李陵失败前后有不同的态度，而是如实说出了自己的看法。他与李陵的关系只是同事关系，而且“素非能相善也”，而他对汉武帝则“欲效款款之愚”，倒是表示了一片忠心。但“事乃有大谬不然者”！出于司马迁的意料之外，司马迁的坦荡胸怀和对武帝的忠心，竟被武帝戴上了“诬上”的大帽子，进而被打入蚕室而受腐刑。面对如此天大的冤屈，司马迁身心受到了残酷的打击。他在《太史公自序》中写道：“是余之罪也夫！是余之罪也夫！身毁不用矣。”但司马迁在经历了万分悲痛之后，战胜了自我，他没有因此而轻生，而是表现了不屈的意志，用顽强的毅力终于完成了《史记》，光辉地走完了自己悲壮的人格历程。

第二，在《史记》的写作中，对待传记人物，尤其是对当代统治者敢于揭露与批判，大胆实录，表现了一个伟大传记文学家的最大勇气。先秦时代曾出现过敢于直笔的良史，如《左传·宣公二年》记载，孔子曾赞扬

"董狐，古之良史"；《左传·襄公二十五年》记载齐太史四兄弟坚持直笔，前仆后继的无畏精神。司马迁继承了古代史官实录的传统，并且加以发扬。司马迁对汉兴以来的"明主贤君忠臣死义之士"（《太史公自序》语）的历史功绩作了充分的肯定，但对他们之中的身为开国皇帝的汉高祖，当今天子的汉武帝，直至武帝时的丞相田蚡以及一批酷吏，都毫不留情地揭露了他们的种种恶行。如《汉高祖本纪》对汉高祖刘邦的描述：

> （高祖）为泗水亭长，廷中吏，无所不狎侮。好酒及色，常从王媪、武负贳酒。……
>
> 未央宫成，高祖大朝诸侯群臣。置酒未央殿前，高祖奉玉卮，起为太上皇寿曰："始大人常以臣无赖，不能治产业，不如仲力。今某之业所就，孰与仲多？"殿上群臣皆呼万岁，大笑为乐。

刘邦当了皇帝仍改不掉无赖流氓的本性。司马迁照样把他如实写上。除了《汉高祖本纪》，司马迁还在《史记》的其他传记中不断揭示刘邦的真面目。如在《项羽本纪》、《樊郦滕灌列传》（其中的《夏侯婴列传》）记下了刘邦在军败之际急于逃命，多次把亲生子女从车上推下去，而驾车的夏侯婴多次把其子女拉上车。这可见刘邦自私到了极点。又如在《郦生陆贾列传》中记载："沛公不好儒，诸客冠儒冠来者，沛公辄解其冠，溲尿其中，与人言，常大骂。"这也可见刘邦粗俗不文明的表现。在司马迁的笔下，披在刘邦身上作为开国皇帝的神圣外衣被撕去了，而让他露出了丑恶的本相。对当今的天子汉武帝，司马迁既肯定其文治武功，又在《酷吏列传》等篇中，揭露了他任用酷吏、推行暴政的种种行径。正是由于司马迁的大胆实录，使《史记》传记文学具有了批判精神。在汉武帝后期，封建专制统治已经建立，司马迁对历史人物，尤其是对汉朝统治者的揭露，显然需要以极大的勇气，才能还历史以真相。司马迁出于对历史的高度负责，基于自己坚定的人格，从而在《史记》传记文学中表现了大无畏的人格精神。

二、司马迁传记文学中的人格理想

司马迁不仅以自己的亲身行动表现了伟大的人格，而且更进一步在

《史记》传记文学中寄托了自己的人格理想。他的人格理想在《史记》中突出表现为他所赞赏的四种人格类型：

第一，自尊型。自尊即是人对自我尊严的意识。司马迁所肯定和赞赏的具有自尊型人格的人物，不是有一般的自尊心，而是有强烈的自尊心。即在自尊心受到伤害时主体会作出异常激烈的反应。有一种人为维护自己的人格尊严而不惜自杀。《项羽本纪》中的项羽是个失败了的英雄。他本可重振旗鼓，东山再起，但他最后没有渡江而自刭了。他死的理由是：无面目见江东父老。这是一种惭愧心理，是一种道德信念，更是英雄自尊心的表现。《李将军列传》写了汉代名将李广，一生与匈奴作战，但最后因受卫青的排挤，“终不能复对刀笔吏”，而“引刀自刭”。他的死，表示了对朝廷赏罚不公的无声抗议，也是为了捍卫自己的人格尊严。《循吏列传》写了晋文公的狱官李离，因“过听杀人”，自己“伏剑而死”。他的死是自觉执法，也是强烈自尊心的表现。另外如《史记》中所写的田横的死，王陵母亲的死，等等，他们的自杀，都是自我意识到维护个人的人格尊严比保留生命更重要。另一种人为了维护自己的人格尊严而奋起反抗暴政。如《陈涉世家》记述了陈胜和吴广反秦起义的过程。他们受暴秦统治的迫害，为了保持做一个人的起码的生存权，被迫走上反抗道路。正如陈涉吴广起义前的谋划：“今亡亦死，举大计亦死，等死，死国可乎？”他们不想无意义的死去，宁可为国而死。

第二，自强型。自强一词，来源于《易经乾卦·象传》：“天行健，君子以自强不息。”意为天体运行不止，君子也应主动地努力向上，绝不懈怠。《史记》中有一类人物在生活的道路上严重受挫，人格上受到莫大的侮辱，但他们没有自杀，而是发愤有为，表现了奋力进取的精神。司马迁由于自己有过同样不幸的遭遇，因而尤为赞赏自强型人格。这种自强型人格，早在夏禹身上就体现出来了。《夏本纪》中记述禹的父亲鲧治水不成功，被舜殛于羽山。禹承父业，“劳身焦思，居外十三年，过家门不敢入”，全身心投入治水事业，终于取得成功。继承夏禹自强人格的人，司马迁首推越王勾践。《越王勾践世家》记述了勾践经过二十二年奋斗，灭吴称霸的事迹，司马迁称勾践“有禹之遗烈”。

司马迁笔下的伍子胥、虞卿、范雎、蔡泽、韩信、季布、栾布等人物，他们都曾在人格上遭受严重的侮辱，但他们都能忍辱奋斗，终成大事。他们也都是自强型人格的典型。其中如虞卿原是战国时赵国的相，后因事被困在魏国，写成《虞氏春秋》。司马迁在《平原君虞卿列传》和《范雎蔡泽列传》中都写到他，并在本传赞语中称：“然虞卿非穷愁，亦不能著书以自见于后世云。”像虞卿这种人仕途上虽受挫了，而能专心于著述，既见知于后人，又对中国文化作出贡献，这是中国古代文人的一个好传统，也是自强型人格在中国文人身上最好的体现。虞卿如此，司马迁何尝不如此。

第三，侠义型。侠，是指仗义的人，见义勇为的人。义是指人际关系中一种抽象的道德义务，行为准则。侠义型人格也是司马迁的一种人格理想。《游侠列传》中的朱家、郭解一类游侠是一些好交游而勇于急人之难的人，就是具有侠义型人格的人物。司马迁称赞他们的人格：“今游侠，其行虽不轨于正义，然其言必信，其行必果，已诺必诚，不爱其躯，赴士之厄困。既已存亡死生矣，而不矜其能，羞伐其德，盖亦有足多者焉。”这段话的中心点是：言信行果，舍身救人，这是游侠的道德观，也是游侠的人格写照。为避免对游侠人格的曲解，司马迁在该传的序言中特别指出两点。其一，游侠的行义受到当时社会人们广泛的称颂。“且缓急，人之所时有也。”“侠客之义又曷可少哉!”司马迁自己就遇到过急难。其二，真正行义的游侠与欺凌孤弱的土豪恶霸不能混为一谈。汉代的朱家、郭解一类人是布衣之徒，是受压迫者的支持者。而欺弱逞强的恶霸，是统治者的帮凶，与侠义无关。

此外，《季布栾布列传》中的栾布，虽非游侠，但也有侠义精神。当刘邦杀功臣时，彭越被害。栾布无视刘邦的禁令，竟敢哭祭彭越，替彭越诉冤。司马迁在该传末称赞说：“栾布哭彭越，趣汤如归者，彼诚知所处，不自重其死。虽往古烈士，何以加哉?”栾布的行为，当属侠义型人格。

《刺客列传》所记春秋战国时代五位刺客，不完全与游侠相同，要具体分析。专诸刺吴王僚，豫让替智伯报仇，聂政刺杀韩相侠累，此三人均替知己者报个人之仇，虽勇而不义，并不足取。曹沫劫齐桓公，荆轲刺秦王，其事出于抗暴，其行为促张正义，可属侠义精神。故刺客之行为，不能一概而论。

第四，爱国型。当一个人自我意识到个人与国家命运紧紧相关时，愿为维护国家尊严而献身，这是一种崇高的爱国精神，是一种爱国型的人格。《史记》中有一些著名的具有爱国型人格的人物，为司马迁所高度推崇。《廉颇蔺相如列传》写了战国时代赵国的蔺相如，在“完璧归赵”、“渑池之会”事件中为捍卫赵国的尊严，与秦王抗争，表现了大无畏精神。后来与廉颇冲突，自觉意识到“先国家之仇而后私仇”，以自己的高风亮节感动了廉颇，实现了“将相和”。他们的故事成为历史上的佳话，他们的高尚人格受到司马迁的高度景仰。《屈原列传》所写的屈原是中国文学史上爱国诗人的典型。屈原强烈的爱国热忱以诗的形式反复多次地抒发出来，正如司马迁在他的本传中阐发《离骚》主旨所说：“其存君兴国而欲反覆之，一篇之中，三致志焉。”屈原忠君但不愚忠，他是把“存君”与“兴国”联系在一起的。但楚王昏庸，终不觉悟，屈原不禁产生怨恨，甚至加以抨击。司马迁所赞赏的正是屈原这种清醒的爱国人格精神。

自尊、自强、侠义、爱国四种类型的人格各有侧重，但也互有联系。自尊是人格的基础，自强是人格的动力，侠义是自我与别人关系中人格的利他意识，爱国是自我与国家关系中人格的责任意识。这四种人格类型都是司马迁所着重叙写的，并且寄托了他自己的人格理想。

上述人格类型都从正面表现了人性美的一面，他们自尊、自强、利他、爱国。同时，司马迁在《史记》传记文学中还写了那些丧失了人格的人物，他们表现了人性丑恶的一面。《李斯列传》写了战国时代协助秦始皇统一中国的李斯，他助秦统一天下有功，位至丞相。但在传记中，司马迁侧重写的是李斯丑恶的灵魂，人格的失落。传记开头写了李斯为郡小吏时观鼠的情节：

（李斯）见吏舍厕中鼠食不洁，近人犬，数惊恐之。斯入仓，观仓中鼠，食积粟，居大庑之下，不见人犬之忧。于是李斯乃叹曰："人之贤不肖譬如鼠矣，在所自处耳！"

李斯比较了"厕中鼠"与"仓中鼠"的两种生活条件，决心要做人中的"仓鼠"。所以在年轻时候，李斯已暴露了他卑下的人格。后来为了保住自己的地位，竟害死了同学韩非。秦始皇死后，他参与了赵高、胡亥改写遗诏、谋害扶苏及蒙恬的罪恶活动。不久他又被胡亥、赵高所害，"腰斩咸阳"，并被诛灭三族。司马迁在这篇传记的赞语中指出了李斯"持爵禄之重，阿顺苟合"的恶劣本性，实际上暗示了人格卑污者的可耻可悲的下场。司马迁还在不少篇传记中揭露或讽刺了人性恶的人物，如《魏其武安侯列传》中的田蚡，《春申君列传》中的李园，《张耳陈余列传》中的张耳、陈余等等，这些人物都暴露了自己人性中自私丑恶的一面，同样也表现了正常人格的丧失。司马迁对这些人都表示了极大的反感。从司马迁对前述四种人格类型的赞赏，到对人格丧失者的反感，无不表现了司马迁人格理想的光芒。

三、人格理想与传记文学品位

由于司马迁在《史记》传记文学中寄托了人格理想，注意描写传主的人格，使他的传记文学提高了品位。这突出地表现在以下三点：

第一，由于寄托作者的人格理想和描写人格，加强了作品主题的严肃性和深刻性。如《淮阴侯列传》写韩信的一生，多次描写他的人格表现。传记开头写韩信为平民时三件小事：他为亭长妻"不为见食"而怒；对漂母"进食"，他表示日后要重报；受淮阴屠中少年胯下之辱，他竟忍耐。这些早期的人格表现正为韩信日后的人格表现作铺垫。他亡楚归汉；拒绝武涉、蒯通的劝反，一再表示忠于汉王；刘邦多次猜疑他，并一再夺兵削权，他一再忍耐，直至被害。这后面的三次人格表现几乎与早期的人格表现完全一致，都形象地显示出他的人格高尚的一面。其中尤其表现他拒绝劝反，含蓄地显露他以谋反罪被杀的冤屈。这篇传记的主题是记述韩信佐汉破楚的巨大历史功绩，同时为其被害的结局曲示冤屈。这就给读者提出一个严肃的问题：韩信对汉朝的建立在军事上做出过最大的功勋，在人格上又那么忠于汉王，而刘邦、吕后为何还要迫害他至死呢？答案可能有多个，其中之一，不妨说作品通过韩信前半生的建功和后半生的被忌被害，深刻地反映了韩信所处的汉初社会已由楚汉相争转为汉朝统治阶级的内部矛盾，揭示了当时君臣关系的某些实质。这篇作品的主题的严肃性与深刻性同对韩信的人格描写有一定的关系，同作者对韩信人格的同情有关系。又如《李将军列传》对李广人格的描写，加深了作品的悲剧性，同时也增强了主题的严肃性和深刻性。

第二，由于寄托了作者的人格理想和描写人格，加强了人物的榜样性和启示性。司马迁笔下的传记人物，如亲临治水的夏禹、尝胆灭吴的越王勾践、礼贤下士的信陵君、爱国诗人屈原、将相和好的廉颇蔺相如、执法不阿的张释之、抗匈名将李广等等，在封建社会里都是闪耀着光芒的人格榜样。如《魏公子列传》所写的信陵君是司马迁极赞赏的人物。司马迁在该传赞语说：“天下诸公子亦有喜士者矣，然信陵君之接岩穴隐者，不耻下交，有以也。名冠诸侯，不虚耳。”又在《太史公自序》中说：“能以富贵下贫贱，贤能诎于不肖，唯信陵君为之，作《魏公子列传》。”司马迁赞赏信陵君最根本的一点就是礼贤下士。这既是司马迁的一个重要社会理想，也是司马迁的一项人格理想。人要有自尊的人格，同时也应尊重别人的人格。信陵君身为公子，能放下公子的架子，尊重下层人物侯嬴、毛公、薛公等人的人格，这才获得了他们的信任，使他们把信陵君奉为知己，甚至可以为他献出生命。信陵君这样的人物对后世仍有启示性。社会在发展，历史上的人格榜样今天不能成为榜样了，但他们仍能启示当代的读者。比如人应该如何尊重别人的人格，处理好人际关系。

第三，由于《史记》寄托了作者的人格理想，注意描写人格，有助于刻画人物性格的艺术手法，表现出多样性和创造性。人格主要是一种人的自我意识，因此写人格，自然要写人物的人格心理，要运用心理描写的手法。如《李斯列传》写人物的特点，既不是靠铺写场面，也不是靠描写紧张情节，而是集中力量刻画人物的心理情态，李斯的个性主要在细致生动的心理刻画中表现出来。司马迁以李斯的先后五次自叹，揭示李斯患得患失的人格心理，刻画出他性格中自私自利的一面。

写人格可以用详记大事之法，写出人物在大事面前的人格表现；也可以专记其小事，同样写出人物的人格表现。《廉颇蔺相如列传》中司马迁写蔺相如，详记其完璧归赵、渑池之会两件大事，表现其在外交场合不仅维护了自己的人格，而且捍卫了国格。而写廉颇，没有详写他如何作战。梁启超说："因为这些战术战功是良将所通有，不足以表现廉颇的人格。"倒是详写他与蔺相如的冲突与和好等小事，让人知其"为人短处在褊狭，长处在重意气识大体"。(《饮冰室专集》)

写人物的人格，必然要牵涉到人物之间的关系，所以也可以用写与他人的关系来刻画人物的性格。清人吴见思评《汲郑列传》中司马迁对汲黯的写法说："汲长儒在汉廷是第一流人物，其戆直犯颜处，极好铺张，史公偏借武安侯、借庄助、借大将军、借张汤、借公孙弘、借淮南王、借司马安，反从他人身上形容出来。而汲长儒意思性情，气概节谊，无不全现，反强于只写一汲黯。如画家写像，绝无神气也。此所谓绿叶扶花之法也。"总之，司马迁在传记文学中寄托人格理想，注意描写人格，使作品的主题加强了严肃性和深刻性，使作品中的传主更具有榜样性和启示性，也使作品的艺术手法更有多样性和创造性，从而提高了他的传记文学的思想品位和艺术品位。

第三节　司马迁传记文学重要主题之二：揭示人物的命运哲理

传记文学是融合了历史与文学的一种独特文学形式。而文与史之有益于世，不外一为可观，二则可思。历史事件及其成败兴亡，固然可观可鉴，而历史人物的命运尤为读者所关注。《史记》是对3 000年社会全景式的各色真实历史人物命运全过程进行观照审视的书，从这个意义上说，它是最可深思之书，是最富有生命力的伟著，亦是古代内涵最为丰富的一部生命交响乐。揭示人物的命运哲理，是司马迁传记文学的又一个重要主题。司马迁在《史记》传记文学中怀疑天善论，探讨悲剧命运的原因，强调了人对命运的积极态度，为传记文学写人的命运开了先路。

一、怀疑天善论

司马迁在《史记》人物传记中蕴涵命运哲理，与其著述目的有关。他作《史记》之目的是“究天人之际，通古今之变，成一家之言”。“究天人之际”的落足点是在人，研究天命、天道，是为了人事、人道。“通古今之变”，弄通古今历史变化规律，也离不开人，因历史是由人的活动造成和积累起来的。“成一家之言”，表达独家对社会、人生的看法，更是离不开人。梁启超说：“《史记》其最异于前史者一事，曰以人物为本位。”（《中国历史研究法》第二章）《史记》以人物为本位，不仅体现在著述形式上以人物传记为主，在内容上亦以探讨历史人物的人生哲学为重点，而其中尤为重要的表现为探讨人物的命运哲理。

天命、命运是什么？古代人把天当做神，称天神的意旨为天命，这是殷周以来人们的观念。如《诗·大雅·大明》说：“有命自天，命此文王。”“笃生武王，保右（佑）命尔，燮（协和）伐大商。”说周国的文、武二王受上天之命，灭掉殷国。周代殷，是天命决定。而所谓命运，古人指人的生死、贫富、寿夭等是生来就已决定的，人是无可奈何的。因天命、命运都可指支配人的生死、祸福的一种超自然的力量，所以两者有一致性。只是天命偏重指天的意志，命运则主要指影响人的前途、结局的一种盲目必然性。

从春秋战国到西汉初年，天命、命运像一个无形的幽灵一直困扰着人们，无论在思想意识或现实生活中都难以回避它。孔子和他的学生承认天命和命运。孔子自称“五十而知天命”（《论语·为政》）。还说“君子畏天命”（《论语·季氏》）。“道之将行也与，命也；道之将废也与，命也”（《论语·宪问》）。孔子的学生子夏听人说：“死生有命，富贵在天”（《论语·颜渊》）。但孔子一生热心救世，自己在实际行动上也不全受天命和命运的束缚。墨子讲天志而不相信命运，观点见于《墨子·天志中》和《墨子·非命下》。庄子主张宿命论，提倡“安之若命”（《庄子·人间世》）。荀子则否认天命是天的意志的表现，主张“制天命而用之”（《荀子·天论》）。可见先秦时代，肯定与否定天命和命运的两种态度都存在。汉初的贾谊，作《鹏鸟赋》，受命运论的影响，把鹏鸟入室与主人寿不得长相联系。董仲舒则主张“天人感应”，认为天可以降下灾异来谴告君主，君主也可以采取措施，使天下太平，从而使天感动除去灾异。可见汉初人的这些主张或陷于迷信，或夸大天的威力，对认识人的命运缺少积极意义。

司马迁对历史人物的个人命运有自己的看法。《史记》的首篇《伯夷列传》在叙述伯夷、叔齐的故事的同时，又以总序的形式叙述了司马迁对命运的看法，与末篇《太史公自序》相呼应。司马迁在《伯夷列传》中对天道提出了疑问：

> 或曰“天道无亲，常与善人”，若伯夷、叔齐，可谓善人者非邪？积仁絜行如此而饿死！……余甚惑焉，傥所谓天道，是邪非邪？

司马迁在此叙述个人被无法预知的命运所左右，对“天道”的存在感到困惑，表示了怀疑。“天道无亲，常与善人”原是《老子》第79章提出的，认为天无所偏袒，但常和善人交好。认为天是善的，会帮助善人，这是一种对天的幻想，是一种“天善论”。司马迁对天道论，或者说对天善论的怀疑，从正面意识到了包括汉帝国在内的专制统治与个人命运之间的关系。而在《太史公自序》中司马迁自叙了个人的家世、志向、李陵之祸的遭遇后，感叹说：“是余之罪也夫！是余之罪也夫！”这是对自己获罪的否认，对无法预知的命运的抗议，也是对汉帝国的专制统治的不满。

司马迁有命运感，但又不是宿命论。尽管有无法预知的命运支配着人的生死祸福，但人还应活下去，反抗命运的支配。司马迁在《陈涉世家》等传记中以事实否定“死生有命，富贵在天”的说法。陈胜吴广以起义反抗秦朝，证明死生不是由命决定的。陈胜自立为王，又以事实证明王侯将相是没有种的，富贵也不是天定的。又如《货殖列传》写了一系列以商致富的富人，如陶朱公、子贡、白圭、寡妇清等，有的可“与王者埒富”；有的因为富有了，以致“礼抚万乘，名显天下”。他们的富贵也不是命中注定的，而是个人自己努力经营的结果。《郦生陆贾列传》写郦食其、陆贾二人同是楚汉战争时期帮助刘邦的有口辩士，然而郦生被齐王田广烹死，陆贾则竟以寿终。他们俩死的结局完全不同，并不是什么天意主宰或命运安排，而是与两人性格有关。“郦以负气鼎烹，陆以委蛇寿考。”（清人姚苎田《史记菁华录》）

司马迁对一些自认为获罪于天而死的人物也表示了不同的看法。如众所周知的在《项羽本纪赞》中批评项羽：“身死东城，尚不觉悟而不自责，过矣。乃引天亡我，非用兵之罪也，岂不谬哉!”在《蒙恬列传赞》中批评蒙恬：“阿意兴功，此兄弟遇诛，不亦宜乎！何乃罪地脉哉?”这些传记均可说明司马迁否定天善论、否定宿命论的倾向。

但司马迁在《史记》中确实承认了命运感。显著的例子，如《外戚世家序》中说：“人能弘道，无如命何? ……孔子罕称命，盖难言之也，非通幽明之变，焉能识乎性命哉?”又如在《留侯世家赞》说：“学者多言无鬼神，然言有物。至如留侯所见老父予书，亦可怪矣。高祖离困者数矣，而留侯常有功力焉，岂可谓非天乎?”这说明司马迁在遇到一些无法解释的人事现象时仍归之于天和命。但这并非芸芸众生的宿命论，“而是一个‘好学深思’者在一个更高品位上对一种无限本体的困惑感受。对命运的困惑与否定这两相结合正显示了司马迁历史理性的震荡与重建，显示了他在克服重重矛盾中表现出的主体的英勇意志与探求精神。”（程世和《史记——伟大人格的凝聚》，陕西人民教育出版社）

二、探讨悲剧命运的原因

司马迁传记文学多写悲剧人物，而且多写悲剧英雄人物。据韩兆琦先生统计，《史记》全书共130篇，其中写人物的传记作品共112篇，在这当中有57篇是以悲剧人物的姓字标题的，此外还有近20篇虽然不是用悲剧人物的姓字标题，但其中写到了悲剧人物。《史记》全书写悲剧人物大大小小有120多个(《史记评议与赏析》，内蒙古人民出版社)。而这些悲剧人物其命运也自然有悲剧色彩，其中许多人物是自杀或被杀，以悲惨命运结局。《项羽本纪》写项羽曾是“力拔山兮气盖世”的英雄，最终是被刘邦打败，自刎乌江边。《陈涉世家》写陈涉在秦末首先发难，自封陈王，最后被他的车夫庄贾所杀。《绛侯周勃世家》记周勃之子周亚夫“为河内守”时，有人给他看相，说他以后要饿死。周亚夫后封为条侯。平定吴楚之乱立有大功。后来亚夫儿子为父买葬器甲盾五百具，被人诬告谋反，被捕后“不食五日，呕血而死”。《伯夷列传》记伯夷叔齐因反对周武王伐纣而饿死在首阳山。《孙子吴起传》写吴起相楚，“南平百越，北并陈蔡，却三晋，西伐秦。”功劳卓著，但终被楚之贵戚所害。《商君列传》记商鞅佐秦孝公变法，“行之十年，秦民大悦”，然“宗室贵戚多怨望者”。孝公死后，秦惠王车裂商君。《白起王翦列传》写秦将白起为秦昭王战胜攻取者七十余城。在长平之战中，坑杀赵降卒45万人。后与秦王意见分歧，“秦王乃使使者赐之剑自裁”。《屈原贾生列传》写屈原忠诚爱国，终自沉而死。《淮阴侯列传》写韩信为刘邦打天下，战必胜，攻必克，然而遭吕后等谋害。《李将军列传》写汉将李广与匈奴战斗一生，最终受人排挤，愤而自杀。以上项羽、陈涉、周亚夫、伯夷、吴起、商鞅、白起、屈原、韩信、李广等十人即可视为《史记》中悲剧命运的代表人物。他们或是英雄，或是改革家，或是爱国者，生前几乎都轰轰烈烈，然而最终死得悲惨。司马迁在写这些历史人物的生平经历时，似乎在思考、在探求他们遭遇悲剧命运的原因，绝不是无意识地记录下悲剧人物的结局。那么，是什么原因使这些历史人物走向非正常死亡，走向悲剧命运呢？

各人的具体情况不同，但归纳起来，司马迁对笔下的历史人物造成悲剧命运的原因，大致从三方面去探讨。

第一方面，是社会原因。司马迁当时并不明白是黑暗的社会制度造成了许多人的悲剧命运，但司马迁已看到了人的命运与社会际遇、时势有密切的关系。时与势，使有些人升官晋爵，而使有些人遭遇悲剧命运。

“时”，就是指时代、时机。这是人物活动的时间背景。从社会纵向发展某一大段说是时代；从人物具体活动的时间说，是时机。古人已认识到“时”对一个人的命运前途有关。《管晏列传》中管仲说：“吾尝为鲍叔谋事而更穷困，鲍叔不以我为愚，知时有利不利也。吾尝三仕，三见逐于君，鲍叔不以我为不肖，知我不遭时也。”春秋时代的管仲已认识到“时有利不利”，感叹自己“不遭时”。这里说的“时”指时机。《李将军列传》写汉文帝评李广说：“惜乎，子不遇时。如令子当高帝时，万户侯岂足道哉!”这里说的“时”指时代的意思。确实，在文帝、景帝直至武帝三代与高祖时代不同了。但时代的不同，不是没有了立功封侯的机会。李广一生与匈奴战斗，没有封侯，最后自杀。表面看，他没有遇时。但文帝的话，令人深思。李广的不遇时，实与封建帝王对功臣的不公正态度直接有关。所以造成悲剧人物命运的时机、时代的原因，实与封建帝王的态度分不开。司马迁在《佞幸列传序及赞》说：

〔序〕谚曰：“力田不如逢年，善仕不如遇合”，固无虚言。非独女以色媚，而士宦亦有之。

〔赞〕太史公曰：“甚哉爱憎之时！弥子瑕之行，足以观后人佞幸矣。虽百世可知也。”

司马迁借谚语说明做官的人得到君王知遇的重要，实际是说佞幸（皇帝身边因谄佞得宠的人）是否得到皇帝宠幸，决定着他们的命运。佞幸邓通，文帝时得宠，可以自己铸钱。景帝不喜欢他，邓通“竟不得名一钱，寄死人家”。所以司马迁在赞语中说，了解皇上爱憎的时机太重要了。春秋时卫灵公的宠臣弥子瑕，由于君王爱憎不同，前后遭遇也不同，这就足以知道后代侫幸的人的命运了。这里司马迁实际上对专制帝王提出了批评。

“势”，这里指事势。《史记》中既可指人物活动所处的时代的历史发展的总的趋势，也指具体的人或事的发展趋势。司马迁重视事势对天下存亡起重要作用，同时对人物命运也有重大影响。如《项羽本纪赞》称项羽“非有尺寸，乘势起陇亩之中”，项羽参加反秦起义，后来成为西楚霸王，这与当时陈胜起义的事势分不开。他顺应了当时历史发展的总趋势，为推翻秦王朝起了重大的作用。司马迁称赞他：“三年，遂将五诸侯灭秦，分裂天下，而封王侯，政由羽出，号为‘霸王’，位虽不终，近古以来未尝有也。”但灭秦后的事势不同了，他在与刘邦争夺天下的楚汉相争中，在策略和个人性格上都犯了错误，在人谋上不及刘邦，终归失败。造成项羽悲剧命运的原因虽有多方面，但与他灭秦后不能利用当时有利的事势也有关。

具体的事势可以直接影响人的命运。司马迁在《魏其武安侯列传赞》中指出：

> 魏其之举以吴楚，武安之贵在日月之际。然魏其诚不知时变，灌夫无术而不逊，两人相翼，乃成祸乱。

这里司马迁特别指出了魏其侯窦婴不知时变，不懂得事情因时而变化。“时变”指窦太后死，王太后临朝。随时间变化，窦婴所处的境遇也起了变化。窦太后在时，窦婴是窦太后的堂侄，势力显赫。武帝在位时，窦婴只是祖母的外戚，而武安侯田蚡则是武帝母亲王太后的同母异父弟，是国舅。魏其此时势必争不过田蚡，硬要和灌夫一起与田蚡相争，终为田蚡所害。所以，从上述李广、邓通、项羽、魏其等人的悲剧命运看，其造成的原因多与社会因素有关。而这社会因素，司马迁认为是与“时”、“势”直接相关。

第二方面，是人性原因。司马迁在《史记》一些人物传记中已感到人性之恶是造成某些人物悲剧命运的原因。人性之恶的表现有多种，诸如自私、妒忌、阴险、色淫、残酷等等。《老庄申韩列传》中写韩非“与李斯俱事荀卿，斯自以为不如非”，后来韩非入秦，李斯在秦王前毁谤韩非，并“使人遗非药，使自杀”。李斯出于自私、妒忌害死了老同学韩非。又《孙

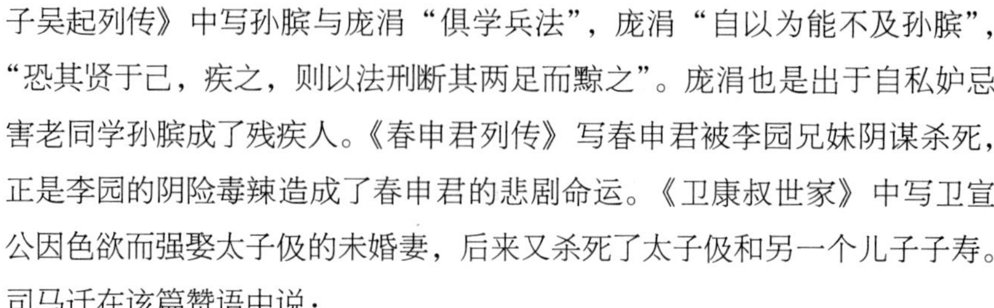
子吴起列传》中写孙膑与庞涓“俱学兵法”，庞涓“自以为能不及孙膑”，“恐其贤于己，疾之，则以法刑断其两足而黥之”。庞涓也是出于自私妒忌害老同学孙膑成了残疾人。《春申君列传》写春申君被李园兄妹阴谋杀死，正是李园的阴险毒辣造成了春申君的悲剧命运。《卫康叔世家》中写卫宣公因色欲而强娶太子伋的未婚妻，后来又杀死了太子伋和另一个儿子子寿。司马迁在该篇赞语中说：

> 余读世家言，至于宣公之太子以妇见诛，弟寿争死以相让，此与晋太子申生不敢明骊姬之过同，俱恶伤父志，然卒死亡，何其悲也！或父子相杀，兄弟相灭，亦独何哉？

太子伋和子寿之死，根源显然在宣公之好色淫乱。《酷吏列传》则写了一批汉代酷吏如义纵、王温舒之流，以杀人为能，更暴露人性之残酷。

人性之恶者固然给别人造成了悲剧，但为恶者有不少以害人始，而以害己终，他们自己也逃脱不了悲剧命运。李斯被腰斩，庞涓被孙膑设计而自刭。酷吏义纵被弃市，王温舒畏罪自杀。由此，我们可见司马迁既探讨了人性之恶是造成悲剧命运的原因之一，同时也告诫人性之恶者，性恶者没有好下场。

第三方面，是个人原因。司马迁笔下人物导致悲剧命运的个人原因，因人而异。司马迁指出其个人原因有三：其一，个人品德操行不好导致悲剧命运。《楚世家赞》：“楚灵王方会诸侯于申，诛齐庆封，作章华台，求周九鼎之时，志小天下；及饿死于申亥之家，为天下笑。操行之不得，悲夫！”这是说楚灵王不注意修养个人的操行，是他造成自我悲剧的重要原因。《史记》中的李斯、庞涓等人也属此种情况。其二，没有自知之明导致悲剧命运。典型的如韩信，善于替刘邦谋划，并为刘邦夺取天下，但不善于自谋，不明自己的处境，终为人所害。《春申君列传》写春申君也有类似情况。司马迁在该传赞语中评论说：“春申君之说秦昭王，及出身遣楚太子归，何其智之明也！后制于李园，旄矣。语曰：‘当断不断，反受其乱。’春申君失朱英之谓邪？”这是说春申君当初上书谏秦昭王止伐楚，以及挺身而出掩护楚太子归国，他的智慧多么高明！后来受李园控制，变得昏乱到了极点。俗话说，该做决断时不果断，反过来就受祸患。春申君不用朱英的计谋，正是如此。其三，个人性格上的弱点导致悲剧命运。如司马迁在《平原君虞卿列传赞》中批评平原君“利令智昏”，出于贪利，听了冯亭的邪说，使赵国长平之战覆没四十多万大军，邯郸也差点陷落。又如《孙子吴起列传赞》引俗语曰：“能行之者未必能言，能言之者未必能行。”指出“孙子筹策庞涓明矣，然不能蚤救患于被刑。吴起说武侯以形势不如德，然行之于楚，以刻暴少恩亡其躯。”孙膑、吴起各有性格上的弱点，从而不能超越自我而逃脱悲剧命运。

司马迁大致从社会的、人性的、个人的三方面去探讨造成人物悲剧命运的原因，但三方面并不孤立，多是几种原因纠缠在一起。这更应引起后人的注意，引为鉴戒。

三、对命运的积极态度

司马迁在《史记》中写了许多人物的悲剧命运，也探讨了造成悲剧命运的原因，对人生并没有失去信心，而是对人物命运采取积极的态度。具体说有四点：其一，为抵抗人性之恶，司马迁在《史记》中同时大力弘扬人性之美，以克服悲剧命运。如在《游侠列传》中，司马迁肯定并赞赏助人急难的游侠精神。在《管晏列传》中司马迁热烈叙写了管仲与鲍叔的友谊。在《万石张叔列传》中，司马迁记述了御史大夫张叔为官待人，保持与人为善的本性：“自欧（张叔名欧）为吏，未尝言案人，专以诚长者处官。官属以为长者，亦不敢大欺。上具狱事，有可却，却之；不可者，不得已，为涕泣面对其封之。其爱人如此。”最后一句，即是司马迁对张叔的赞扬。还有如《张释之列传》中写张释之坚持按法办事，也是与人为善，避免了错判重判给当事人造成悲剧命运。

其二，司马迁在《史记》中突出地写了敢于向命运挑战的两种人：一种是面对际遇，敢于抓住不放的人。最著名的当推《平原君列传》中的毛遂。毛遂勇于自荐，终于脱颖而出。《廉颇蔺相如列传》中的蔺相如原来只是赵国宦者令缪贤的舍人，但他愿替赵国出使秦国，果然做到“完璧归赵”。出使有功，他本人的地位当然得到了改变。还有一种是面对挫折，敢于发愤图强的人。《史记》中所写的伍子胥、虞卿、孙膑、季布、栾布等人，他们在生活道路上都受到某种严重挫折，但他们都能激励奋发，获得某种成功，改变了自己的命运。

其三，讥刺迷信妄为的人。司马迁在《秦始皇本纪》中记载秦始皇派人求不死之药，结果不可得。在《孝武本纪》中记汉武帝迷信方士，不断被方士所骗，也就是讽刺其迷信妄为。

所以司马迁对命运的态度，总起来说，怀疑天善论，对所谓命运的神秘性作了探索，尤其可贵的是探讨了造成悲剧命运的各方面原因，并从正面弘扬优秀人性，赞颂积极有为，讥刺妄为的倾向。这就是司马迁《史记》人物传记中所蕴涵的命运哲理。

司马迁以自己巨大的智慧在中国古代传记文学中第一次对人的生死、贫富、吉凶、祸福这类属于所谓命运的问题，用文学形式做出了较系统而深刻的描述与思考，虽然他不可能解释一切有关命运的问题，但在当时已达到了先进的思想水平。因为人的生活中客观上有许多偶然因素，主观上也有许多非理性因素，这些都会对人的前途和命运起作用。在当时的社会里，人们实际上还不可能掌握自己的命运。而司马迁对命运哲理的探讨已远远超过了先秦诸子的观点。《史记》人物传记对人物命运的描述与解释，为后人提供的不仅仅是几条哲理，几种解释，几个告诫，而是多条广阔的思路。司马迁所提供的丰富的历史人物的命运实例，将启示人们继续对人的命运进行思考。

第四节 司马迁传记文学的写人艺术

司马迁传记文学的艺术成就集中体现在写人艺术上。《史记》全书记录4000多个人物，其中有100多个人物够得上是传记文学形象。这些人物形象有强烈的历史感和时代感，有较完整的生平叙述和鲜明的个性刻画，伴随这些人物形象都有生动的故事和传奇色彩，并且创造性地用了多种写人方法，给人以巨大的艺术感染，以美的享受。在一本著作中集中塑造这么多具有历史真实性和文学性的人物形象，不仅在中国传记文学史，而且在整个中国文学史上也是空前的。

《史记》在写人艺术上的成就，分别说有以下四点。

一、历史感和时代感

首先，《史记》每篇人物传记在叙述传主生平的开始或中间，一般交代历史背景，将人物置于一个历史时代的横截面上，并不给人以孤立的感觉。如《项羽本纪》开头：

> 项籍者，下相人也，字羽。初起时，年二十四。其季父项梁，梁父即楚将项燕，为秦将王翦所戮者也。……秦始皇帝游会稽，渡浙江，梁与籍俱观。籍曰："彼可取而代也。"……秦二世元年七月，陈涉等起大泽中。

这段叙述，即将项羽置身于秦末陈涉起义的历史背景中，可见项羽家与秦有世仇，项羽年轻时即有取秦的壮志，而陈涉起义为项羽举兵创造了有利的时势。再如《魏公子列传》的开头：

> 是时，范雎亡魏相秦，以怨魏齐故，秦兵围大梁，破魏华阳下军，

走芒卯。魏王及公子患之。……当是时，诸侯以公子贤，多客，不敢加兵谋魏十余年。……是后魏王畏公子之能，不敢任公子以国政。

这段叙述一开头就将魏公子信陵君置于魏国内外形势都极为险峻的背景下，秦兵围魏国首都大梁，魏王又不信任他，可见他将要开展的政治活动是很困难的。

由于《史记》全书各篇往往互相关联，传主生活的历史背景，除本传提供的情况外，其他有关篇章的情况共同构成更为广阔的历史背景。如战国四公子排列一起，苏秦与张仪蝉联，互相可补充战国时人物活动背景。又如《项羽本纪》《高祖本纪》《萧相国世家》《留侯世家》《淮阴侯列传》，从中可见楚汉相争和汉初的局势。《史记》全书主要记战国至秦汉（直至武帝时期）的历史，而这段历史中，建功立业，积极进取是时代精神，因而《史记》中所写的人物也多具这种时代特色。

其次，传主的历史感来自于叙述个人生平与记述重大历史事件紧密结合。《史记》中所选的传主多有一定的代表性，或是某一重大历史事件的关键人物，因而人物本身与历史原是分不开的。如《秦始皇本纪》《李斯列传》《蒙恬列传》集中反映了秦统一天下至灭亡的历史；《陈涉世家》《项羽本纪》《高祖本纪》又集中记述了秦汉之际的历史。由于人物与重大历史事件有关，故能从该人物的传记中了解相关的重大历史事件。如从《陈涉世家》中可详见秦末陈涉起义直至失败的全过程。《淮阴侯列传》，“通过韩信的生平，写出了当年局势由汉开始拜将定策、到楚汉对峙、到汉兴楚灭的历史发展过程，写出了楚汉对抗的矛盾到汉统治集团内部矛盾的转化。”（白寿彝《司马迁寓论断于序事》，见《北京师大学报》1961 年第 4 期）

再次，由于《史记》传记文学所选传主的广泛性，一些小人物传主的细事末节也反映了当时多种历史内容，因而这些小人物仍有历史感。如《滑稽列传》记述齐国的淳于髡、楚国的优孟、秦国的优旃三个乐伎，他们分别以滑稽幽默的言辞促使他们的统治者在政治上得到改进或做出一点善事。虽言轻事小，但可见当时宫廷中优人（乐伎）的活动。《扁鹊仓公列传》记述了古代医生诊病的病案，可见当时的医疗水平。这些传记虽与重大历史事件无关，但同样具有丰富的历史内容。因此，《史记》传记文学中的传主人物形象都有很强的历史感和时代感。

二、人物类型和人物性格

《史记》传记文学人物塑造的成功，最突出的是对人物性格的刻画。司马迁并未对笔下所有的人物用同样的力气，而是大致分三种类型。其一，记述了人物一生中一两个重要片断，刻画了人物性格中某一重要特点，类似人物雕塑中的半身像，形象虽不完整，但个性鲜明。如信陵君、廉颇、蔺相如、鲁仲连、田单、张汤、叔孙通、季布、魏其侯窦婴、武安侯田蚡等，这类人物在《史记》中最多。其二，按时间先后组织材料，尽可能写出人物一生的立身行事，对人物性格进行较全面的刻画，类似人物雕塑中的全身像，形象较完整，性格较丰富，具有一定的典型性。如商君、伍子胥、屈原、项羽、刘邦、吕后、陈涉、萧何、张良、韩信、李广等。这一类人物在《史记》人物形象塑造中居第二位。其三，《史记》中还有一些人物只写其一生中一些枝节片断，或遗闻逸事，如人物画中的素描速写之类。这类人如《管晏列传》中的管仲、晏婴，《循吏列传》中的子产等人，形象不完整，用笔又不多，但也注意刻画其个性。上述所举人物当然不是《史记》人物塑造的全部，仅举代表性例子而已。

《史记》人物性格刻画有以下特点：

1. 突出表现人物的个性特征。《史记》中人物形象的不同最根本的是个性的区别。日本人斋藤正谦说：“子长同叙智者，子房有子房风姿，陈平有陈平风姿；同叙勇者，廉颇有廉颇面目，樊哙有樊哙面目；同叙刺客，豫让之与专诸，聂政之与荆轲，才出一语，乃觉口气各不同。《高祖本纪》见宽仁之气动于纸上，《项羽本纪》觉喑噁叱咤来薄人。读一部《史记》，如直接当时人，亲睹其事，亲闻其语，使人乍喜乍愕，乍惧乍泣，不能自止。”（《史记会注考证》引）试就引文中同是智者的张良与陈平的不同风姿作一比较。二人外貌不同：张良“状貌如妇人好女”（《留侯世家》）。陈平“为人长，美色。人或谓陈平曰：‘贫何食，而肥若是’”？（《陈丞相世家》）二人同为汉室谋士，都善用权术，但谋略大小有异。宋人黄震说张良：“利啖秦将，旋破峣关，汉以是先入关；劝还霸上，固要项伯，以是脱鸿门；烧绝栈道，激项攻齐，汉以是还定三秦；败于彭城，则劝连布、越；将立六国，则借箸销印；韩信自王，则蹑足就封，此汉所以卒取天下。劝封雍齿，销变未形；劝都关中，垂安后世；劝迎四皓，卒定太子，又所以维持汉室于天下既得之后。凡良一谋一画，无不系汉得失安危，良又三杰之冠也哉！”（《黄氏日抄》）陈平在刘邦生前出过不少奇计：间疏楚君臣，夜出女子2000人荥阳城东门；劝汉王伪游云梦，立执韩信；使单于阏氏解高祖平城之围。刘邦死后，陈平与周勃合谋诛诸吕，立孝文帝。二人相比，张良之谋更具战略性，深远些，比陈平高一着。陈平的智谋更带有“阴谋”的性质。二人在晚年都求全身免祸，但张良的退路比陈平早，入关时已注意自保，其做法与借口比陈平更隐蔽。可见司马迁同写智者，因人而异。

2. 注意写人物性格的复杂性。《史记》中刻画人物的性格已不只是停留在刻画单一的个性，而是写出人物性格的复杂性。所谓性格复杂性指人物性格整体从横线看含有多方面矛盾性格因素，从纵线看可能性格上前后也有变化。《史记》为传记文学代表作，尤其是《项羽本纪》《高祖本纪》《淮阴侯列传》等都有这种特点。如以项羽为例，当代著名学者钱钟书说：“‘言语呕呕’与‘喑噁叱咤’，‘恭敬慈爱’与‘剽悍滑贼’，‘爱人礼士’与‘妒贤嫉能’，‘妇人之仁’与‘屠坑残灭’，‘分食推饮’与‘玩印不予’，皆若相反相违，而既具在羽一人之身，有似两手分书，一喉异曲，则又莫不同条共贯，科以心学性理，犁然有当。《史记》写人物性格，无复综如此者。”（《管锥编》第一卷）项羽身上的这些同时存在的矛盾的性格因素，在《项羽本纪》多有描写。此外在《淮阴侯列传》《高祖本纪》中对项羽的性格也有互见。尽管项羽身上性格因素多方面且互相之间有矛盾，但作者在注意其性格复杂性时，仍然能把握其性格的主导倾向，即气盖天下的英雄本色。司马迁笔下的刘邦，也是一种复杂性格：既仁而爱人，又残忍好杀；既有长远的谋略，善于用人，善于听取别人的意见，表现出大政治家的风度，同时又会表现出一个贪财好色、卑怯自私的无赖伎俩。显然，其主导倾向还是突出刘邦谋虑宏远，善于御人的一面。

《史记》中有一部分传记已较完整地记述了传主的一生，比先秦历史散文所记人物生平经历要完整多了。在写人物经历较完整的传记作品中，作者注意到了有的传主随时间的推移，性格上出现了变动。《陈涉世家》写陈涉对故人的态度在起义称王前后有不同。《魏其武安侯列传》写田蚡当丞相得势前后，对魏其的态度也有了巨大的改变。司马迁注意人物性格随环境与地位的变化而变化，说明了人随境迁的道理。但人物性格的变动性只是人物性格复杂性的一种表现，与此相联系，人物性格仍有统一性的一面。如陈涉对故人的态度虽前后不同，但统一于他本人骄傲而看不起故人的固有个性。田蚡对魏其态度前后改变，前恭后仇，但又统一于田蚡为了扩大自己的势力，巩固自己地位的野心。所以性格变动性与统一性两者既对立又统一。司马迁对人物性格整体的全面把握，使《史记》传记文学在人物性格刻画上比前代历史散文有了一大进步。

3.《史记》中有一部分人物已具有了一定的典型性。文学作品中典型的塑造有各种不同的方式，其中有一类作品，作者直接根据真人真事，把他们的经历和事迹、遭遇和命运，经过艺术的概括和加工，塑造成生动的艺术形象。传记文学中的形象乃至典型的塑造就是通过这种方式来达到的。由于这些真人真事的本身，就深刻地反映了生活中某些本质的矛盾，因而由他们塑造的形象，也具有很大的普遍性和典型性。《史记》中的人物都是作者选择过的，所选人物包括上至帝王将相、皇亲国戚、文武大臣，下至学者、平民、商人、妇女、游侠、卜者、倡优、农民领袖等等，比先秦历史散文所写的人物更广泛，也更具有代表性。而其中一部分人物已具有一定的典型意义。这里所说的典型意义包含两个层面：第一，指某些人物既具有鲜明的个性，又能代表社会上某一类人，反映某种社会现象，因而这些人物是某种类型人物。如以汉初功臣“三杰”为例，萧何、张良、韩信，都是汉初杰出人物。刘邦称赞张良能“运筹帷帐之中，决胜千里之外”，萧何能“镇国家，抚百姓，给馈馕，不绝粮道”，韩信能“连百万之军，战必胜，攻必克”，“此三人，皆人杰也”。(《高祖本纪》）其中萧何是“后勤”类型人物的代表，张良是“谋士”类型人物的代表，韩信则是大将类型人物的代表。第二，指某些人物的某种性格很突出，在社会上有一定的代表性。如刘邦的狡诈、无赖，项羽的豪爽、直率，伍子胥的忍辱复仇，范蠡的功成身退，等等。《史记》中这些具有典型意义的人物形象不仅给读者以鲜明深刻的印象，而且给后世塑造同类型人物以启发。

三、故事性和传奇性

《史记》中塑造成功的人物，不仅是性格刻画的深入，而且往往与精彩的故事、戏剧性的情节、传奇色彩联系在一起。先秦史传如《左传》中郑庄公、重耳，《战国策》中的冯谖、荆轲等人物事迹也都有故事性。但他们各因受编年体和分国体的编写体例在时空上的限制，事迹不能集中，故事还不多。《史记》打破了编年与分国体各自在时空上的束缚，相对扩大了叙述的自由，为叙写更多的故事创造了条件。所谓故事性，指人物事迹具有一系列为表现人物性格和展示主题服务的有因果联系的事件，这些事件有连贯性和生动性。如《范雎蔡泽列传》中范雎在魏国时，受魏相魏齐的鞭打几乎至死，逃离魏国后投奔秦国，游说秦昭王，任了秦相，恩怨必报，构成了曲折的故事。由于人物故事中矛盾尖锐而集中，描写细致，又构成戏剧性的情节。如范雎与须贾在秦廷的见面情节：原来，须贾是魏国的中大夫，曾带范雎出使齐国，“以为雎持魏国阴事告齐”而受齐馈赠，因此向魏相魏齐告发。范雎因此遭魏齐的笞打。雎佯死逃出，改名张禄，任秦相。后来魏国派须贾出使秦国。范雎先以敝衣见须贾，答应须贾，介绍他去见秦相。而须贾见到的秦相就是范雎，范雎盛帐之下面责须贾之罪。范雎身份地位的变化以及与须贾的重新见面，都富有戏剧性。又如《赵世家》中程婴、杵臼救赵氏孤儿的故事，情节扣人心弦，也极富戏剧性。

《史记》传记文学部分人物事迹取材自人物的奇异壮举、奇闻逸事，甚至是一些离奇的传说，因而人物亦具有传奇色彩。《田单列传》写战国时齐国田单在即墨城以火牛阵大破燕军，终使“齐七十余城皆复为齐”，齐国得以复建。且看司马迁怎样描写田单的火牛阵：

> 田单乃收城中得千余牛，为绛缯衣，画以五彩龙文，束兵刃于其角，而灌脂束苇于尾，烧其端。凿城数十穴，夜纵牛，壮士五千人随其后；牛尾热，怒而奔燕军，燕军夜大惊。牛尾炬火，光明炫耀。燕军视之，皆龙文，所触尽死伤。五千人因衔枚击之，而城中鼓噪从之，老弱皆击铜器为声，声动天地。燕军大骇，败走。

近人李景星评《田单列传》说：“盖单之为人奇，破燕一节其事奇，太史公又好奇，遇此等奇人奇事，哪能不出奇摹写?”（《史记评议·田单列传》）这段评论已指出田单人奇，火牛阵事奇，而司马迁也摹写得出奇的精彩，有声有色，如亲见亲闻一般。又如《吕不韦列传》写吕不韦这个战国时代大商人的发迹亦有传奇性。吕不韦到赵国邯郸经商，发现秦国质子子楚，以为“奇货可居”，设计让子楚回秦，成为秦庄襄王，吕不韦竟当上了丞相，封为文信侯。由于《史记》人物有故事，有传奇性，使《史记》传记文学增加了可读性。

四、人物描写和互见法

《史记》传记文学人物形象比先秦史传人物要丰满，人物性格刻画趋向多侧面立体化，故事性得到加强，这与描写人物方法多样化和运用互见法密切相关。其具体方法择其要者有五种。

1. 抓人物的特征。每个人有各种特征，如性格特征、外貌特征、职业特征，人品、爱好、特长等特征。司马迁善于抓住人物各种特征进行描写，使人物逼真活动起来。最用力的当然是写人物的性格特征，如本文前述张良、陈平的智，刘邦的谋虑宏远，项羽的气盖一世的英雄本色等。外貌特征，如写李广“广为人长，猿臂”，又记作者亲见李广后的印象：李广“悛悛如鄙人，口不能道辞”（《李将军列传》）。又如前文已述，写张良、陈平的不同外貌。司马迁也偶写与人物外貌有关的服饰，如叔孙通原穿儒服，为讨刘邦喜欢，改服短衣(《刘敬叔孙通列传》)。职业特征，如夏侯婴的职业原为“沛厩司御”。刘邦起义后为沛公，夏侯婴为太仆，给刘邦驾车。以后又给惠帝、吕后、文帝当“太仆”，仍干老本行。他一生立功受封均与驾车相联系。《樊郦滕灌列传》中的《夏侯婴传》，作者有意用“太仆”二字为线索贯串全文，传中用“太仆”字共13次，“奉车”字5次，“以兵车趣攻战疾”共4次。再如萧何的职业原为“沛主吏掾”，后随刘邦打天下，仍显出原职业的特色。“沛公至咸阳，诸将皆争走金帛财物之府分之，何独先入收秦丞相御史律令图书藏之。”萧何接收的秦朝的档案图书资料，使刘邦“具知天下阸塞，户口多少强弱之处，民所疾苦者”(《萧相国世家》)。司马迁还常在传记开头以几个字或一二句话概括介绍传主的为人及爱好如何。如写公孙弘“为人恢奇多闻，常称以为人主病不广大，人臣病不俭节”(《平津侯主父偃列传》)。汲黯“为人性倨少礼，面折，不能容人之过，合己者善待之，不合己者不能忍见”(《汲郑列传》)。吴起“好用兵”(《吴起列传》)。王翦“少而好兵”(《王翦列传》)。抓住人物的各种特征，对描写人物形象常常起到传神的作用，甚至对叙述人物事迹起提纲挈领的作用。

2. 选用个性化的人物语言。《史记》中由于选用个性化的人物语言对话或独白，常能使人如闻其声，如见其人。写好对话，使古人立时活现在今人的眼前。描写对话，对表现人物性格起重要作用，这是司马迁写活人物的一条成功经验。如《张仪列传》写张仪被楚相门下怀疑盗璧挨了打，释放后有一场夫妻对话：

> 其妻曰：“嘻！子毋读书游说，安得此辱乎？”张仪谓其妻曰：“视吾舌尚在不?”其妻笑曰：“舌在也。”仪曰：“足矣。”

这场夫妻家庭对话，妻子先是埋怨后是笑，张仪的话更是非常幽默，足以表现出他的辩士的身份与个性。他靠三寸不烂之舌游说，舌在自可放心了。《史记》中个性化的独自亦多，如项羽观秦始皇游会稽说：“彼可取而代也!”(《项羽本纪》)刘邦在咸阳观秦始皇则喟然叹息说:“嗟乎,大丈夫当如此也!”(《高祖本纪》)二人出身不同,个性有别,各自一句独白就亮了相。

3. 细节描写。《史记》固然多写历史人物的重大事件,表现人物在重大事件中的作用,但也不忽视足以表现人物性格的细节描写,使人物形象有血有肉。《史记》中常见的细节描写,多为小事情、小动作、神态变化等。名例如李斯观鼠(《李斯列传》),张汤儿时审鼠(《酷吏列传》),这两件小事都展示他们各自的性格特色,影响以后的人生道路。又如《淮阴侯列传》中写张良、陈平蹑足汉王的小动作,使刘邦改变主意,由骂韩信欲自立为王改为马上立韩信为齐王。这一个生动的细节描写,同时展现了四个人的个性:张良、陈平的机智和会耍阴谋,刘邦善于纳言并敏捷地做出反应,韩信虽未出场,则暴露出其追求王位而被人利用埋下最后致死的祸根。

4. 比先秦史传增加了心理描写。如安排人物的独白、人物的歌唱都可写出人物的心理活动。《项羽本纪》中在“垓下之围”的一段,作者写项羽自白三次“天之亡我”,表示他失败并不服气,也不认识失败的原因。他唱《垓下歌》,流露出他对妻子永别前的无可奈何的心情。《史记》中还有时直接写人物的心理变化。如《吕后本纪》写道:“惠帝崩,发丧,太后哭,泣不下。”后经张良的儿子张辟强揭示,陈平采取了辟强之计,结果“太后悦,其哭乃哀”。由起初的“泣不下”到“悦”,到“哀”,写出了吕后心理的变化。

5. 创造了“互见法”。司马迁在《史记》中为突出人物的某种个性和避免叙事的重复,独创了“互见法”。就写人说,即将人物的主要性格和经历的重要事件写在本人的传记中,次要性格写在相关的别人的传记中。从全书说,人物的性格仍然完整。如《项羽本纪》突出写项羽的主要性格,作为英雄本色表现出作战勇猛,为人豪爽直率等。他一生重大事件是巨鹿之战、鸿门宴、垓下之围。至于他性格中其他弱点,则见于《高祖本纪》和《淮阴侯列传》。就记事说,一事牵连几人,在某人传记详写,其余则略。如同时参加鸿门宴的有数人，详记在《项羽本纪》中，其他人传记则略。

《史记》传记文学中人物形象的塑造和性格刻画在古代传记文学中确是典范，它代表了汉代史传的最高成就。但由于传记文学还处在正式创立时期，写人的艺术经验积累有限，又受到同时代审美意识的限制，《史记》中的人物塑造总的说还是粗线条的，类似汉代的大型石雕，有大致的轮廓，有气魄，但少精雕细刻。人物的生动故事比人物的细腻心理给人留下更深的印象。

第五节　司马迁传记文学的情感力量

司马迁传记文学具有巨大的情感力量，使《史记》作品特别富有艺术感染力，并使它明显地超越先秦史传，也不同于后世一般的历史传记。司马迁写《史记》人物传记不只是纯客观地叙述传主生平，而是让自己也进入角色，把自己对历史考察的认识，对历史人物的爱憎，特别是把自己痛苦的生活体验和真挚情感凝注在作品中。司马迁传记文学情感力量的形成与它的抒情渊源、抒情内容、抒情方式、抒情效果分不开。

一、抒情渊源

继承先秦史学和文学的抒情传统，也是司马迁出于忧患意识和自身经受不幸遭遇而对历史与现实生活所产生的情感释放。司马迁在《太史公自序》中极其推崇《春秋》，而《春秋》记事中的褒贬笔法本身就包含有情感评价。司马迁在《孔子世家》中对《春秋》的褒贬笔法作了举例说明："(《春秋》) 上至隐公，下讫哀公十四年，十二公。据鲁，亲周，故殷，运之三代。约其文辞而指博。故吴楚之君自称王，而《春秋》贬之曰'子'；

践土之会实召周天子，而《春秋》讳之曰‘天子狩于河阳’。”可见孔子修订《春秋》时情感倾向，是站在鲁国的立场，亲近周朝，推尊周天子的。《左传》叙事同样也有感情因素，如《左传·隐公元年》记“郑伯克段于鄢”，作者在叙述庄公兄弟夺权斗争中，对庄公先有意一再放纵其弟共叔段，然后待机给以讨伐，客观上揭露了庄公的阴险。又对庄公开始发誓不见母亲，而后来在地道中与母亲相见一事进行了讽刺。《春秋》和《左传》等先秦史传中作者的情感色彩明显存在，但不很强烈，也不流露作者本人的身世感情。

先秦文学以《诗经》和《楚辞》为代表的纯文学一直有抒情的传统。司马迁认为：“屈原放逐，乃赋《离骚》。”“诗三百篇，大抵贤圣发愤之所为作也。”（《报任安书》）又说：“屈原之作《离骚》，盖自怨生也。”（《屈原列传》）司马迁对《诗经》和《离骚》的作者的创作动机都认为是出于“发愤”和“怨”，表明他已明确体味到《诗经》和《楚辞》中“怨”和“愤”的感情。司马迁对《诗经》和《离骚》有高度的评价，而《诗经》《离骚》也给司马迁以极大的启发和影响。《诗经》是六经之一。司马迁曾说：“孔子修旧起废，论《诗》《书》，作《春秋》，则学者至今则之。”（《太史公自序》）可见《诗经》是学者至今可以效法的。而《离骚》“其称文小而其指极大”，“推此志也，虽与日月争光可也。”（《屈原列传》）清人刘熙载评论说：“学《离骚》得其情者为太史公”，“离形得似，当以史公为尚。”（《艺概》）

司马迁本人是位历史学家和传记文学家，却富诗人气质，有丰富的感情。他读古人书，每有所感，常会废书而叹，甚至为之流涕。如《孟子荀卿列传序》曰：“余每读《孟子》书，至梁惠王问‘何以利吾国’，未尝不废书而叹也。”《儒林列传序》曰：“余读《功令》，至于广厉学官之路，未尝不废书而叹也。”《屈原列传赞》云：“余读《离骚》《天问》《招魂》《哀郢》，悲其志。适长沙，观屈原所自沉渊，未尝不垂涕，想见其为人。”司马迁受李陵之祸遭到腐刑，认为是人生最大的耻辱，《报任安书》说：“最下腐刑，极矣。”又说：“仆以口语遇遭此祸，重为乡党戮笑，以污辱先人，亦何面目复上父母之丘墓乎？虽累百世，垢弥甚耳！是以肠一日而九回，居则忽忽若有所亡，出则不知其所往。每念斯耻，汗未尝不发背沾衣也。”他把自己的内心郁结，都倾注在著作中，渗透在传记文学中，他又说：“仆诚已著此书……则仆偿前辱之责，虽万被戮，岂有悔哉！然此可为智者道，难为俗人言也。”司马迁受辱而不屈的内心痛苦，成了《史记》传记文学情感力量的源泉之一。

二、抒情内容

司马迁在《史记》传记文学中的抒情内容很丰富，概括说大致有两类：一是在历史人物的褒贬中表达自己的爱憎；二是在叙述或评价历史人物中寄寓自己的身世感慨。司马迁根据自己的价值判断，对历史上有过贡献的各种人物，上自帝王将相、官吏贤士，下至游侠、货殖、医生、倡优，都热情地加以讴歌。对其中一些政治、德行、学术上尤为崇高伟大的人则更表示热爱、敬仰，甚至寄托了自己的政治和道德理想。他赞美黄帝与尧舜：“维昔黄帝，法天则地，四圣遵序，各成法度；唐尧逊位，虞舜不台；厥美帝功，万世载之。”（《太史公自序》）他歌颂汉文帝行德治仁政：“汉兴，至孝文帝四十有余载，德至盛也。”“呜呼，岂不仁哉！”（《孝文本纪赞》）他对孔子表示无限的景仰：“《诗》有之：‘高山仰止，景行行止。’虽不能至，然心向往之。余读孔氏书，想见其为人。适鲁，观仲尼庙堂车服礼器，诸生以时习礼其家，余祗回留之不能去云。”（《孔子世家赞》）司马迁高度评价蔺相如“名重泰山，其处智勇，可谓兼之矣”。（《廉颇蔺相如列传赞》）赞赏张释之“守法不阿”。（《张释之列传赞》）赞扬李广“彼其忠实心诚信于士大夫也”。（《李将军列传赞》）司马迁对历史人物中残暴、奸邪、阴险的各种人物则非常痛恨。在《吕后本纪》中揭露吕后残杀戚夫人的暴行，并通过惠帝之口痛斥了吕后的非人道行为。司马迁憎恨统治集团内部的互相残杀，在《魏其武安侯列传》中特别讽刺田蚡害死窦婴和灌夫之后不久自己也病死。田蚡、公孙弘、张汤在位时都互相勾结，尤其是公孙弘与张汤，司马迁常把他们两人连在一起。在《儒林列传》里通过辕固生、董仲舒对公孙弘严加鞭挞。公孙弘“曲学阿世”，喜在背后整人。司马迁在《平津侯列传》揭露公孙弘“为人意忌，外宽内深。诸尝与弘有私郤者，虽详与善，阴报其祸。杀主父偃、徙董仲舒于胶西，皆弘之力也”。在这种种深刻的揭露中明显透露了作者对公孙弘的强烈反感。

司马迁在《史记》传记文学中结合有关传主生平抒发自己的身世感慨也有两种情况：一是表明自己受辱不死、隐忍苟活是为了发愤写完《史记》，因而对历史上遭遇不幸而能发愤有为的人物特别表示同情和赞许；二是从李陵失败前后公卿王侯的不同态度以及自己遭李陵之祸后交游莫救的事实，因而对历史人物的类似遭遇引起共鸣，对社会的世态炎凉、不合理的人际关系发出强烈的悲叹。司马迁自己有明确的生死观，他对自己“伏法受诛”或受腐刑之辱的结果及出路作了充分的比较与考虑：“假令仆伏法受诛，若九牛亡一毛，与蝼蚁何异？而世又不与能死节者比。”“且勇者不必死节，怯夫慕义，何处不勉焉！仆虽怯懦，欲苟活，亦颇识去就之分矣，何至自沉溺缧绁之辱哉？”“所以隐忍苟活，幽于粪土之中而不辞者，恨私心有所不尽，鄙没世而文采不表于后世也。”（《报任安书》）司马迁由于自己一生的经历极为痛苦，对历史上同样“隐忍苟活”，而有作为的人自然特别容易理解并表赞许。请看：

> 吴既赦越，越王勾践反国，乃苦身焦思，置胆于坐，坐卧即仰胆，饮食亦尝胆也。曰：“女忘会稽之耻邪？”身自耕作，夫人自织……与百姓同其劳。……终灭强吴……勾践可不谓贤哉！（《越王勾践世家》）
>
> 向令伍子胥从奢俱死，何异蝼蚁。弃小义，雪大耻，名垂后世，悲夫！……故隐忍就功名，非烈丈夫孰能致此哉！（《伍子胥列传赞》）
>
> 然虞卿非穷愁，亦不能著书以自见于后世云。（《平原君虞卿列传赞》）

另外如《魏豹彭越列传赞》说他们“及败，不死而虏囚，身被刑戮，何哉？……彼无异故，智略绝人，独患无身耳。得摄尺寸之柄，其云蒸龙变，欲有所会其度，以故幽囚而不辞云”。《季布栾布列传赞》说季布“可谓壮士，然至被刑戮，为人奴而不死，何其下也。彼必自负其材，故受辱而不羞，欲有所用其未足也，故终为汉名将”。司马迁对勾践、伍子胥、虞卿、魏豹、彭越、季布等人忍辱而有为的赞扬，所用的词汇几乎与《报任安书》中对自己“隐忍苟活”的辩解相似！赞扬笔下这些“隐忍苟活”的人，显然是抒发作者自己的胸臆。

李陵之祸使司马迁对汉代上层社会的人际关系的阴暗面有了切身的体验。他对封建社会人际关系自然加深了认识，并表示出不满。“陵未没时，使有来报，汉公卿王侯皆奉觞上寿。”而李陵“举事壹不当，而全躯保妻子之臣随而媒孽其短，仆诚私心痛之”。而司马迁自己“拳拳之忠，终不能自列，因为诬上，卒从吏议。家贫，货赂不足以自赎，交游莫救，左右亲近不为壹言。……悲夫！悲夫！”（《报任安书》）司马迁从自己的这种切身体验出发，痛恨历史上那些以市道交的势利小人，并把他们的丑恶嘴脸无情地加以揭露：

> 廉颇之免长平归也。失势之时故客尽去，及重用为将，客又复至。廉颇曰：“客退矣。”客曰：“吁！君何见之晚也。夫天下以市道交，君有势，我则从君；君无势，则去。此固其理也。”（《廉颇蔺相如列传》）
>
> 主父偃当路，诸公皆誉之；及名败身诛，士争言其恶，悲夫！（《主父偃列传赞》）

司马迁从现实到历史看到了上层社会人际关系势利的一面，深感可悲可叹。同时他从现实与历史中也看到了人际关系中相助的事例，则大加称赞。他在《游侠列传》中对游侠的赞扬就表示了对人际关系中有难相助的愿望。在《管晏列传》中对晏子慧眼识拔越石父和御者二人，更加佩服。司马迁在该传赞语中说：“假令晏子而在，余虽为之执鞭，所忻慕焉。”他对晏子的激动倾倒之情已溢于言表。

三、抒情方式

由于传记文学文体性质决定，其抒情方式不可能离开叙述传主生平的基本任务而单独孤立地去进行。传记文学属叙事文学的范畴，只有在记人叙事的基础上才允许抒发作者的感情。司马迁的抒情方式是以史触情和以理节情两者组成。

以史触情，即由于历史人物的具体个性和情节，触发作者的感情，作者将个人的感情抒发在人物传记中。由于历史人物的不同，而对作者感情的触动大小不一，因而在《史记》中各篇人物传记的抒情分量也不一样。《史记》中整篇抒情气氛较浓的是《伯夷列传》《屈原列传》《魏公子列传》《李将军列传》《游侠列传》等。有一些传记中则有较浓郁的抒情段落，如《项羽本纪》写垓下之围，项王悲歌慷慨，美人和之；《高祖本纪》记高祖过沛自为歌诗，慷慨伤怀；《刺客列传》叙荆轲易水诀别。一般情况下，司马迁总是在传记正文中较客观地叙述传主的生平事迹，而在序赞中则较集中地加以抒情。故本文引用的司马迁的抒情言辞多见于序赞“太史公曰”。具体的抒情方式又可分为几种：其一，直抒胸臆。往往多用语气词或用“悲夫”一词直接表感叹。常用语气词有：夫、也、哉、矣、乎、焉、云、邪等八个。用“悲夫”一词抒情，如《伍子胥列传赞》《平津侯主父偃列传赞》《吴起列传赞》《汲郑列传赞》等。为了加重感情的分量和引起读者的注意，司马迁将抒情语句重复，如《张释之冯唐列传赞》：“冯公之论将率，有味哉！有味哉！”又如《太史公自序》：“意在斯乎！意在斯乎！小子何敢让焉。”其二，叙述、议论与抒情相结合。如《屈原列传》：“屈平疾王听之不聪也，谗谄之蔽明也，邪曲之害公也，方正之不容也，故忧愁幽思而作《离骚》。《离骚》者，犹离忧也。夫天者，人之始也；父母者，人之本也。人穷则反本，故劳苦倦极，未尝不呼天也；疾痛惨怛，未尝不呼父母也。”叙述屈原作《离骚》的动机和原因，议论《离骚》的题旨，抒发对屈原政治遭遇不幸的同情。《李将军列传》叙述李广自刭前与其麾下的讲话，以及自刭后广军和百姓的痛哭，也是将叙述、议论与抒情紧密结合，在叙事中抒发了作者对李广遭遇的深深同情，对大将军卫青的处置不公表示不满。《游侠列传序》则以较多的议论代替一般的抒情。其三，《史记》中常引用歌谣诗赋来增强抒情性。传主本人所作的诗歌由本人歌唱出来，用以传达传主的感情，展示传主的复杂心理，表现传主的人情味。如项羽作《垓下歌》，刘邦作《大风歌》，荆轲唱《易水歌》，伯夷作《采薇歌》，赵王友作《挨饿歌》，等等。传主所作的赋篇收入传文中，如屈原的《怀沙》，贾谊的《吊屈原赋》《鹏鸟赋》等，其中也富抒情色彩。非传主所作而被司马迁搜集引来的民间歌谣，用来对历史人物表示赞美或讽刺，如《曹相国世家》引民谣赞美曹参：

萧何为法，颟若画一。曹参代之，守而勿失。载其清净，民以宁一。

又《淮南厉王列传》引民歌讽刺汉文帝与淮南厉王兄弟之间的矛盾：

一尺布，尚可缝；一斗粟，尚可舂。兄弟二人，不能相容。

从上可见，《史记》中具体的抒情方法是多样变化的，而借用民间歌谣抒情，使引文中散文与诗相结合，所抒之情更有群众基础。

以理节情，即司马迁在传记文学中抒情时，能自觉地以理性控制感情。具体表现之一，是比较恰当地处理好感情与史实的关系，使传记文学的抒情性与真实性得到统一。司马迁个人主观上对历史人物有鲜明的爱憎感情，但并不妨碍对历史人物事迹作客观真实的叙述。如司马迁热爱魏公子、李将军，但仍写了他们各自的缺点或错误：魏公子的不纳虞卿、魏齐；李广军中杀霸陵尉。他憎恨酷吏张汤和“从谀”武帝的公孙弘，但也不抹杀他们各自还可肯定的优点：张汤死时“家产值不过五百金，皆所得奉赐，无他业”（《张汤列传》）；公孙弘“用节衣食为百吏先”（《太史公自序》）。司马迁同情李广，讥评卫青、霍去病，尤其恨卫青处置不公，直接导致李广自杀。但在《卫将军骠骑列传》中，对卫、霍与匈奴多次作战所取得的战绩还是如实记叙。以上事实说明，司马迁能将客观史实与主观好恶区别开来。

以理节情具体表现之二：司马迁褒贬历史人物，大致褒扬多于贬抑，用于赞扬歌颂的言辞说得明朗，而对贬抑讽刺的用语较为含蓄。如对蔺相如、鲁仲连、刺客（曹沫、荆轲）、李广等人，“太史公曰”的赞语说得明确肯定。而卫青、公孙弘、石奋、叔孙通等人是司马迁不喜欢的人，这从传记中对他们的讽刺可知。但在这些人传末的“太史公曰”中的赞语又较含蓄曲折。《卫将军骠骑列传赞》，司马迁自己没有直接表态，而引苏建的话“吾尝责大将军至尊重，而天下之贤士大夫毋称焉”，似有批评之意。天下贤士大夫不称赞卫青，而李广得到部下和天下人的爱戴，相比之下，司马迁的感情倾向是容易看出来的。《平津侯列传赞》说：“公孙弘行义虽修，然亦遇时。”后一句“遇时”，含意颇深。如联系《李将军列传》加以比较，李广一生坎坷是因“不遇时”，而公孙弘之“遇时”，暗讥他善于“从谀”而得时。故司马迁抒情中褒扬明朗，讽刺含蓄，是理性抒情的结果。

四、抒情效果

司马迁在传记文学中的抒情艺术既写人物之情，又抒作者自己之情，最大的艺术效果是使作品产生强烈的艺术感染力。明代茅坤说：“姑取司马子长之大者论之。今人读《游侠传》，即欲轻生；读《屈原贾谊传》，即欲流涕；读《庄周》《鲁仲连传》，即欲遗世；读《李广传》，即欲立斗；读《石建传》，即欲俯躬；读《信陵》《平原君传》，即欲养士。若此何者？盖各得其物之情，而肆于心故也，而固非区区句字之激射者也。”（《茅鹿门集》卷三）文学作品对读者的感染力随时代与读者的不同而不同，《史记》也不例外。《史记》对今天读者的感染力不会与明代茅坤相同是肯定的。但说《史记》让读者“得物之情而肆于心”是道出了《史记》的艺术效果，正是因读者体会到了人物的感情和作者的感情，才在自己的心里引起共鸣。

《史记》抒情艺术效果表现之一：感情与形象的结合，使人物形象更能感人。以李广与卫青、霍去病比，作者从历史角度叙述，显然卫、霍战功比李广大。但从作品艺术效果看，李广更令人同情，给人的印象更深。宋人黄震说：“看《卫霍传》，须合《李广》看。卫霍深入二千里，声振夷夏，今看其传，不值一钱。李广每战辄北，困踬终身，今看其传，英风如在。史公抑扬予夺之妙，岂常手可望哉?”（《黄氏日钞》卷47）这其中的原因正是作者对李广与卫、霍感情不同产生的结果。文学是以情动人的。正是情感的力量产生上述不同的艺术效果。

抒情效果表现之二：抒情影响到文风，《史记》中由于作者的抒情，使部分文字带有诗味和韵味。如前述《屈原列传》中“屈平疾王听之不聪也”至“未尝不呼父母也”一节，十六句中共用九个“也”字煞尾，外在的音韵是舒缓而悠长，而内在的情韵则表现为忧愁幽思。音韵和情韵的结合，使这节文字产生了诗味。此外如《循吏列传赞》《滑稽列传赞》各用相似的句式，而且注意押韵，含义深长，亦有诗味。

抒情效果之三：传记作品强烈的抒情不仅从感情上打动人，而且留下余味，发人深思。这是因为司马迁的经历具有丰富的情感体验，他的感情是真挚的；他个人的感情与当时人民的感情多有相通之处，如对李广的同情，对韩信蒙冤被害的不平，使他在《史记》中所抒之情是正义的；正由于他所抒之情是经过理性的过滤，他的感情又是严肃而深沉的。

也必须指出，司马迁由于个人的感情因素还有导致对历史人物评价失当之处。如在《吴起列传赞》说吴起“以刻暴少恩亡其躯”，《晁错列传赞》说晁错“后擅权，多所变更”，“语曰‘变古乱常，不死则亡，岂错等谓邪!”这些评价都是不当的。

总之，《史记》传记文学巨大的情感力量的产生有深远的渊源，它蕴蓄着丰富的内涵，用以史触情与以理节情相辅相成的方式抒发出来，达到了以情感人的极佳艺术效果，使《史记》的传记文学增强了文学性，这是《史记》具有不朽的艺术生命力的一个重要因素，也是使《史记》不同于其他古代史传的重要特征。

第六节 班固《汉书》及汉代其他传记

班固的《汉书》是《史记》之后第一部可与《史记》媲美的史传文学著作。自晋代张辅评论班固、司马迁优劣(《晋书·张辅传》所记）以来，几乎历代都有人将“班马”并称，“史汉”共举，说明班固与司马迁，《汉书》与《史记》学术上关系密切。从传记文学发展说，《汉书》从总体上看不如《史记》，但也各有短长。《汉书》对《史记》有继承，也有改革与发展。汉代还有褚少孙的补《史记》人物传记之作，刘向编写过《列女传》，无名氏作《东方朔别传》等。为节省篇幅，《汉书》及汉代其他传记合并为一节，附于《史记》之后介绍。

一、班固的生平与著作

班固（32—92），字孟坚，东汉扶风安陵（今陕西咸阳东）人。班固的父亲班彪，字叔皮，当过司徒掾（丞相属官）、望都长。在王莽末年，班彪写了《王命论》，论说刘邦得天下是天命所归。汉运未终，必当复兴。实际上是劝说占据天水（今属甘肃）一带的豪强隗嚣拥戴刘秀做天子。文中宣扬的汉朝以刘氏为正宗的思想，对班固后来写《汉书》有影响。班固将此文收进《汉书·叙论》。班彪博学多才，善于著述。他见《史记》从武帝太初以后空缺无记录，别人的增补又很鄙俗，自撰《史记后传》65 篇(据唐代刘知幾《史通·古今正史》之说)。这些文章自然成了班固写《汉书》的依据。所以班固正是继承了父亲事业写《汉书》的。

班固幼年时就聪明，9 岁能作文。“及长，遂博观载籍，九流百家之言，无不穷究。所学无常师，不为章句，举大义而已。性宽和容众，不以才能高人，诸儒以此慕之。”(《后汉书·班固传》)据该传注引谢承《后汉书》说：

固年十三，王充见之，拊其背谓彪曰："此儿必记汉事。"

王充是东汉著名的思想家，他到过洛阳班固的家里。他拍着班固的背，对班彪说，这孩子将来一定要著汉书。可见他对少年班固的敬慕。他的预见后来果然成为事实。这也说明编著西汉一代历史是当时学术界的共同愿望，是时代要求。

光武帝建武三十年（54），班固23岁时，其父病逝。他回家居丧，并研读父亲遗作，认为父亲的《史记后传》不够详尽，决心完成父亲未竟之业。于是他大力搜集资料，改订体例，在《史记后传》的基础上开始写《汉书》。在明帝永平五年（62）时有人向朝廷上书，告发他私自改作"国史"，班固因而被捕入狱。其弟班超赶到京都洛阳，上书为兄辩白，说明班固作《汉书》的本意。明帝看了被地方查抄送上的书稿，非常赞赏班固的才能。班固被"召诣校书郎，除兰台令史"[①]（《后汉书·班固传》）。兰台为汉代宫廷藏书处。班固在此掌管宫廷藏书，并与人一起写成《世祖本纪》。不久，班固被提升为秘书郎，一边典校秘书，一边写国史。这期间，明帝命他继续写班彪未完成的《史记后传》，即《汉书》。可见班固写《汉书》有个从私撰到奉诏的过程。既奉诏而作，写作有了合法性。经过班固二十余年的努力，到汉章帝建初年间，《汉书》大体完成[②]。

班固58岁那年（和帝永元元年，89），他随大将军窦宪征伐匈奴。永元四年（92），窦宪被革职，畏罪自杀。班固也因之被牵连入狱。洛阳令种兢因曾被班固家奴醉骂，趁机以报私仇，在狱中折磨班固。班固竟冤死狱中，卒年61岁。班固一生二次入狱，尤其是后一次，竟以悲剧结局。追其个人原因，与他追随窦宪和不约束家奴有关。班固除作《汉书》外，还写过著名的《两都赋》等赋作。还曾撰《典引》，认为汉承尧后，所以论述汉德以续《尧典》。（《典引》见《文选》卷48）

班固死后，还留下8表及《天文志》未完成（据《后汉书·列女传》"曹世叔妻"之说）。和帝令班固妹妹班昭完成。班昭死后，朝廷又令马续最后完成。故《汉书》一书由班氏一家三人和马续共同完成，但以人物传记为主的部分全是班固所作。

《汉书》是中国第一部纪传体断代史，全书分12纪、8表、10志、70列传，共100篇，记载从高祖元年（前206）至王莽地皇四年（23）共229年的历史。其中武帝前的人物传记多取材自《史记》，武帝后的人物传记则为班固创作。班固写成《汉书》，“当世重其书，学者莫不讽颂焉”。（《后汉书·班彪列传》）

二、《汉书》传记文学的思想倾向

班固作《汉书》的年代正处在东汉前期国力强盛的明帝、章帝时代，是封建社会处于继续西汉的上升时期。这种有利的社会环境促使班固受诏以后安心著述，并形成自己写作《汉书》的指导思想。班固在《汉书·叙传》中说：“固以为唐虞三代，《诗》《书》所及，世有典籍。故虽尧、舜之盛，必有典谟之篇，然后扬名于后世，冠德于百王。故曰：‘巍巍乎有其成功，焕乎有其文章也！’汉绍尧运，以建帝业，至于六世，史臣乃追述功德，私作本纪，编于百王之末，侧于秦项之列。太初以后，阙而不录。故探纂前记，缀辑所闻，以述《汉书》，起元高祖，终于孝平王莽之诛，十有二世，二百三十年，综其行事，傍贯五经，上下洽通，为春秋考纪、表、志、传凡百篇。”这段话中有两点值得注意：第一，尧、舜之盛，有典谟之篇扬名颂德。而“汉绍尧运，以建帝业”。那么写《汉书》就应像典谟之篇颂扬尧舜一样，颂扬汉朝的功德。第二，在《汉书》写作中要“傍贯五经，上下洽通”，意为要贯彻儒家经典的精神，使汉史上下通顺。所以，宣传汉德，贯彻儒家观点便是班固写《汉书》的指导思想。这种指导思想，继承了班彪《王命论》“汉德承尧”的思想，与同时代王充《论衡》一书中《宣汉》篇提出的宣扬汉德的思想完全一致[③]，也与班固在写作《汉书》期间，永平十七年（74）所作《典引》一文自述著作目的为“光扬大汉”是同一思想。在宣扬汉德，贯彻儒家观点的指导思想下，《汉书》传记文学在人物评价的思想倾向方面有以下特点：

1. 对西汉一代的帝王功业多加肯定和颂扬。《汉书·高帝纪》评论刘邦说："初，高祖不好文学，而性明达，好谋能听，自监门戍卒，见之如旧。初顺民心作三章之约。天下既定，命萧何次律令……又与功臣剖符作誓，丹书铁契，金匮石室，藏之宗庙。虽日不暇给，规摹弘远矣。"这段话歌颂刘邦性格上的优点，肯定刘邦好谋能听，初顺民心，建立各种法律制度，与功臣合作。虽众事繁多，但立下制度作出规范，意义深远。《汉书·景帝纪》赞语则赞美文帝景帝的功业："汉兴，扫除烦苛，与民休息。至于孝文，加之以恭俭。孝景遵业，五六十载之间，至于移风易俗，黎民醇厚。周云康成，汉言文景，美矣。"班固称西周有成、康之世，而汉朝有文、景之世，将"文景"与"成康"并称，颂扬了文景之治。《汉书·武帝纪》赞语则充分肯定了武帝的卓越才能和当时文化上的成就。面对当时政治上的阴暗面只作了含蓄的批评，并且有意不提他的武功。赞语称扬武帝"雄才大略"，评价较为公允而恰当。班固还在《汉书·东方朔传》中记述了武帝经过内心斗争处死犯法的女婿（又是外甥）昭平君，受东方朔的赞扬。

2. 歌颂了一批爱国英雄和耿直奉公的官员。《汉书》中所写的爱国英雄首推苏武。《苏武传》记述苏武出使匈奴，被匈奴扣留19年，终返汉朝的事迹。他不为利诱所动，大义凛然，充分体现了那个时代坚持民族气节的爱国思想和崇高品德。其中写苏武牧羊一段尤为感人：

> （卫律）知武终不可胁，白单于。单于愈益欲降之，乃幽武置大窖中，绝不饮食。天雨雪，武卧啮雪与旃毛并咽之，数日不死，匈奴以为神，乃徙武北海上无人处，使牧羝，羝乳乃得归。别其官属常惠等，各置他所。
>
> 武既至海上，廪食不至，掘野鼠去屮实而食之。杖汉节牧羊，卧起操持，节旄尽落。

汉节，是表示汉朝使者身份的一种信物。苏武杖汉节牧羊，可见他一直坚持汉臣的气节操守，艰苦的环境并不能使他屈服变节。苏武的爱国思想更表现在他痛斥汉朝降臣卫律，以及拒绝另一个降臣李陵的劝降上。卫律的威迫利诱，李陵的动情劝说，都不能使苏武改变爱国大义，反而把苏武的爱国精神映衬得更鲜明而有光彩。

《汉书·霍去病传》记述武帝时与匈奴作战，屡建战功的大将霍去病能爱国忘家："上为治第。令视之，对曰：'匈奴未灭，无以家为也。'"表现了霍去病爱国的壮志。《汉书·张骞传》记张骞出使西域月氏，"经匈奴，匈奴得之"，"留骞十余岁，予妻，有子，然骞持汉节不失"。张骞后来从匈奴逃出，西至大宛、康居、月氏、大夏，再经匈奴回汉，也是一位了不起的爱国英雄，为西汉王朝沟通西域作出贡献。

班固笔下还有不少奉公尽职的官员，狂狷正直之士。《汉书·循吏传》中的文翁是汉景帝末年的蜀部太守，他"仁爱好教化"为发展蜀郡地区的教育事业，培养地方人才做出政绩。他"选郡县小吏开敏有材者张叔等十余人亲自饬厉，遣诣京师，受业博士，或学律令"。"数岁，蜀生皆成就还归，文翁以为右职，用次察举，官有至郡守刺史者。""又修起学官于成都市中，招下县子弟以为学官弟子"。"至武帝时，乃令天下郡国皆立学校官，自文翁为之始云。"文翁重教的做法在武帝时被推广到了全国。《汉书·循吏传》中的龚遂在宣帝时任渤海太守，安定当地因饥荒引起的动乱局面，使"民安土乐业"。还鼓励"民有带持刀剑者，使卖剑买牛，卖刀买犊"。能使"吏民皆富实，狱讼止息"。

《汉书·杨胡朱梅云传》将所谓狂狷正直之士的杨王孙、胡健、朱云、梅福、云敞五人合传，这些人都是平民出身或担任过下级官员，但他们都有积极进取而又傲岸正直的品格，班固为他们立传表彰。如杨王孙提倡裸葬，反对厚葬，亲身实践。他的行为看似激进，但他的主张是值得赞扬的。他说："吾以是裸葬，将以矫世也。夫厚葬诚无益于死者，而俗人竟以相高，靡财殚币，腐之地下。"他针对当时厚葬之风气，特别是俗人的互相攀比厚葬的风气，提倡薄葬，于国于民均有益。该传中的朱云，平民出身，年轻时任侠，40 岁以后学习《易经》，又学习《论语》，兼通文武。汉元帝时有人推荐他可当御史大夫，遭太子少府匡衡的反对。又有人推荐他与汉元帝贵幸的《易经》专家五鹿充宗辩论，竟取胜，成为博士。至汉成帝时，朱云更有惊人之举。他上书求见，在朝廷上当着皇帝的面，要求皇上赐给他一把上方剑斩一个腐败官僚。原来他要斩的人竟是皇帝的老师、丞相张禹。皇帝大怒要杀朱云。“御史将云下，云攀殿槛，槛折。”后来由于左将军辛庆忌以死相争，朱云才免死。朱云此后不再做官，老死乡间。像朱云这样的刚直之士，冒死直谏，谏得有理，班固特予详写表扬，使他青史留名。

3. 给一批持禄保位，腐朽无能的封建官僚曝光。《汉书·匡张孔马传》写了匡衡、张禹、孔光、马宫四个以治儒家经学出身而当了高官的人物，其中匡衡、张禹、孔光都当上丞相，马宫当了大司徒。这些人身居高位却只图保住自己的富贵利禄，而对国家不负责任。班固在赞语中说这些人“咸以儒宗居宰相位，服儒衣冠，传先王语，其酝藉可也，然皆持禄保位，被阿谀之讥。彼以古人之迹见绳，乌能胜其任乎！”班固对这些腐朽官僚的揭露，说明西汉自武帝实行独尊儒术政策以来，一部分靠儒家经学爬上高位甚至掌了宰相大权的儒者并不能为国家办实事，而已堕落为持禄保位的无耻之徒。而这些腐朽官僚与前述爱国英雄、奉公尽职的官员和正直之士相比，更显出他们的丑恶。

班固因受汉代儒学的影响，特别是受封建正宗思想的影响，在《汉书》的思想倾向上留下明显的局限。突出表现在《汉书》中的《高帝纪》和《游侠传》。《汉书·高帝纪》赞语中宣扬“汉承尧运”的观点，编造一套从唐尧至刘邦的世系，借以神化汉王朝。这种观点他父亲班彪在《王命论》中已开始显露，班固自己在《典引》一文中又加以论说，而到《高帝纪》更加发挥，目的是想证明东汉光武帝的统治也是天授的。《汉书·游侠传》序文与司马迁的《史记·游侠传》序文观点不同。司马迁肯定游侠的个人品德。但游侠并不能解决社会问题，是社会的一种不安定因素。班固不赞成游侠，对游侠表示了痛恨，甚至说：“况于郭解之伦，以匹夫之细，窃杀生之权，其罪已不容于诛矣。”班固从维护封建统治秩序出发对游侠全部加以否定，表明了他浓厚的正宗思想。

三、《汉书》传记文学的艺术特色

在历代“正史”的传记文学中，《汉书》的写人艺术仅次于《史记》。它弘扬了《史记》在写人艺术上的实录精神，在人物塑造上善于作较具体细致的描写，语言上趋向简洁规范，也形成自己特有的风格。分别而言：

1. 弘扬写人的实录精神。所谓实录精神，原是班固在《汉书·司马迁传》中用来评价司马迁的，肯定司马迁叙事写人能“不虚美，不隐恶”，符合历史真相。班固在自己写《汉书》中也贯彻并发扬了实录精神。他在实际写作中严格审核材料，对人物描写更注意整体和大节，更注意保留与人物有关的文献。《汉书·张汤传》赞语说：“冯商称张汤之先与留侯同祖，而司马迁不言，故阙焉。”冯商曾补写《史记》，说张汤与张良同一个祖先。但司马迁没有说过，班固不用冯商的说法，可见他尊重司马迁的记述。《汉书·晁错传》的赞语与《史记·晁错列传》的赞语相比，《汉书》更公正地肯定了晁错坚决削藩的大节。《史记》的赞语没有肯定晁错削藩的进步作用，而《汉书》的赞语说“晁错为国远虑，而不见身害”，“错虽不终，世哀其忠”，比《史记》要明确地肯定其为国尽忠的功绩。

《汉书》对人物的描写和评价也注意不虚美，不隐恶。《汉书·霍光传》记述西汉中期权臣霍光的事迹，既写其拥戴昭帝、废刘贺、立宣帝，忠于汉室的一面；又写其贪图个人的物欲权欲，不学无术，暗于大理的一面。

《汉书》还多收与人物有关的重要文献，有助于全面介绍人物，且增加了学术价值。如《汉书·贾谊传》比《史记》中的《屈原贾生列传》多收了《陈政事疏》一文，反映出贾谊作为政治家的面目。

2. 《汉书》在人物塑造上比《史记》更注意对人物作具体细致的描写。应该说《汉书》传记文学吸取了《史记》写人艺术的经验，如注重刻画人物个性，注意选材的典型性，运用对话、细节描写、心理描写以刻画人物等。但在写人记事上《汉书》写得更细。《苏武传》写苏武牧羊之具体已见前述。《汉书·霍光传》写霍光性格是：“沉静详审”，即沉着镇静，精细慎重。这在他处理废刘贺一事中有充分的表现。刘贺是霍光自己迎立为帝的，马上要废掉，霍光自己面子上过不去。因此他先向亲信田延年讨主意，再召集大臣开会，群臣在武力威胁下只得顺从。接着报告太后，由太后出面主持废除刘贺的仪式。霍光对废刘贺布置周密，干得彻底，又符合礼法。废刘贺的过程不仅表现了霍光的个性，而且生动逼真地写出了严肃的场面，写出了群臣的唯唯，刘贺的昏庸，以及其他人的反应。

《汉书·朱买臣传》写朱买臣拜官的故事，也是非常具体细致。朱买臣拜了会稽太守后，仍穿了老衣服到会稽守邸吃饭，素来看不起他的守邸者发现他露出太守的印绶，大家都排队到中庭向他拜谒。然后朱买臣坐上来迎接他的专车离去。这里写出了朱买臣的故作姿态，以及炫耀自己的地位已改变的内心活动，同时也写出守邸者们趋炎附势，欺下怕上的丑态。

《汉书·陈万年传》写陈万年教子一节简直是个绝妙的小品。且看作品的具体描写：

> 万年尝病，召咸教戒于床下，语至夜半，咸睡，头触屏风。万年大怒，欲杖之。曰："乃公教戒汝，汝反睡，不听吾言，何也？"成叩头谢曰："具晓所言，大要教咸谄也。"万年乃不复言。

陈咸头触屏风的动作，陈万年的大怒以及陈咸直率的回答，形象地刻画出一个只会谄谀媚上而不知羞耻的官僚形象。

3.《汉书》的语言风格简洁规范，凝练典雅，与《史记》语言的朴拙生动有明显的不同。《史记·陈丞相世家》的"太史公曰"用93字（标点不计）：

> 陈丞相平，少时，本好黄帝老子之术。方其割肉俎上之时，其意固已远矣。倾侧扰攘楚、魏之间，卒归高帝。常出奇计，救纷纠之难，振国家之患。及吕后时，事多故矣。然平竟自脱。定宗庙，以荣名终，称贤相，岂不善始善终哉！非知谋，孰能当此者乎？

而《汉书·张陈王周传》赞语关于陈平的部分只用39字：

陈平之志，见于社下，倾侧扰攘楚、魏之间，卒归于汉，而为谋臣。及吕后时，事多故矣，平竟自免，以智终。

这段文字不像《史记》中那样句子长短变化较大，也不带口语语气，而是多用四字句，显得更为简洁典雅。

《史记》《汉书》两书不仅语言风格文风上有不同，而且整体上处理文史关系有别。《史记》文史处理好，既讲史的真实，又重文采；而《汉书》更偏重于史的方面，与《史记》相比，少了点文采。《史记》中文情并茂，而《汉书》除《苏武传》《李陵传》等动情，一般感情上较冷静。

四、汉代其他的传记文学

汉代传记文学除《史记》《汉书》传记文学以外，较为重要的，西汉有褚少孙补续《史记》的史传作品，刘向编写的杂传《列女传》，以及无作者姓名的《东方朔别传》，东汉王充的自传《论衡·自纪》等。

褚少孙是最早的《史记》补续者。据《史记·孝武本纪·索隐》："张晏云：'褚先生，颍州人，仕元、成间。'韦棱云：'《褚颉家传》：褚少孙，梁相褚大弟之孙，宣帝时为博士，寓居沛，事大儒王式。故号先生，续《太史公书》。'刘孝绪亦以为然。"可知褚少孙生活在西汉后期，是大儒王式的弟子，当过博士。他不仅博学多识，且爱好《史记》。《史记·三王世家》："褚先生曰：臣幸得以文学为侍郎，好览观《太史公》之列传。"又《史记·龟策列传》："褚先生曰：臣以通经术，受业博士，治《春秋》，以高弟为郎，幸得宿卫，出入宫殿中十有余年，窃好《太史公传》。"

褚少孙所补作品附在《史记》里，以"褚先生曰"标出的有十篇：《三代世表》《建元以来侯者年表》《梁孝王世家》《三王世家》《田叔列传》《滑稽列传》《曰者列传》《龟策列传》《陈涉世家》《外戚世家》。这十篇中《陈涉世家》虽称"褚先生"，但徐广所见本一作"太史公"，当存疑。另《史记·孝武本纪·集解》引张晏曰："武纪，褚先生补作也。"所以若去掉《陈涉世家》，加上《孝武本纪》，与褚先生有关的仍是十篇。褚少孙所补续的传记，以《滑稽列传》中补作的东方朔、西门豹等人物小传最有传记文学价值，尤其是西门豹治邺的故事写得很有文学趣味。清人吴见思《史记论文》评论说："褚先生文笔，较之史公，虽稍曼弱，然外戚中金王孙一段，与此篇西门豹一段，序耒楚楚如生，历历如画，读之如亲见其事，若再加劲肆，当不失史公之后尘。"

褚少孙之后补续《史记》者，据刘知幾的《史通·古今正史》篇所记尚有十五人，可惜其作品已散佚。另外就是班彪续作《史记后传》。

汉代史传以外，同时产生了杂传。所谓杂传，指纪传体正史以外的独立成书的人物类传。较有成就的有刘向的《列女传》。该书分为母仪、贤明、仁智、贞慎、节义、辩通、孽嬖七类，列记古代著名妇女105人，每人都有赞语。作者旨在借古代妇女故事宣扬封建礼教。但其中写了一些有通才卓识、奇节异行的女子。如《节义传》中的《珠崖二义》，写后母与前妻之女在临难时都要求牺牲自己，保全对方。书中描写她们各自的隐情很感人。这部书叙事简约，文笔朴素。因为它是《史记》之后保存下来最早的专以女性为传主的独立传记集，对以后史书为妇女设类传有影响。范晔《后汉书·列女传》即系在刘向《列女传》影响下产生的。

汉代还产生独立于史书之外的单行个人传记，叫别传，意谓有别于正史的传记。最早的别传是产生在西汉不知作者姓名的《东方朔别传》。清代姚振宗《隋书经籍志考证》卷20，认为这篇作品产生在西汉。近人逯钦立、张舜徽亦有同说。（逯钦立《汉魏六朝文学论集》，陕西人民出版社。张舜徽《史学三书平议》）《东方朔别传》现在见到的只是《太平御览》《北堂书钞》等古书所引的残篇。褚少孙补东方朔等传可能采自《东方朔别传》，而班固《汉书·东方朔传》又钞而录之。《东方朔别传》在西汉末年流传，已是一篇脍炙人口的传记。另外有《后汉书·钟离意传》注所引的《钟离意别传》。在《文选》《太平御览》中亦有引用《钟离意别传》残篇。又如《三国志·庞淯传》注引皇甫谧《列女传》的《庞娥亲传》，也是东汉人所作（姚振宗《后汉艺文志》认为作者"或当是献帝时人"）。这些早期的别传作品，生动、活泼，富于形象刻画，为以后魏晋别传的兴起开了先路。

东汉王充《论衡·自纪》篇，是全书最后一篇，即该书的自序，一方面自叙身世简历，一方面简述全书纲领。前一方面实为王充的自传，但重在表达个人的个性和志向。其中有些志向和处世态度，仍值得我们借鉴。他的自传重在述志，对以后的自传文学偏向述志抒情有影响。

［注］

①《后汉书·班超传》："永平五年，兄固被召诣校书郎。"可知班固为写《汉书》遭遇变故发生在永平五年。

②班固写《汉书》的时间，据《后汉书·班固传》："固自永平中始受诏，潜精积思二十余年，至建初中乃成。"又据《后汉书·列女传·曹世叔妻》，当时部分志表尚未完成。

③陈其泰《再建丰碑——班固和〈汉书〉》指出："《论衡》和《汉书》这两部典籍，在思想上是息息相通的。"（三联书店 1994 年版第 57 页）

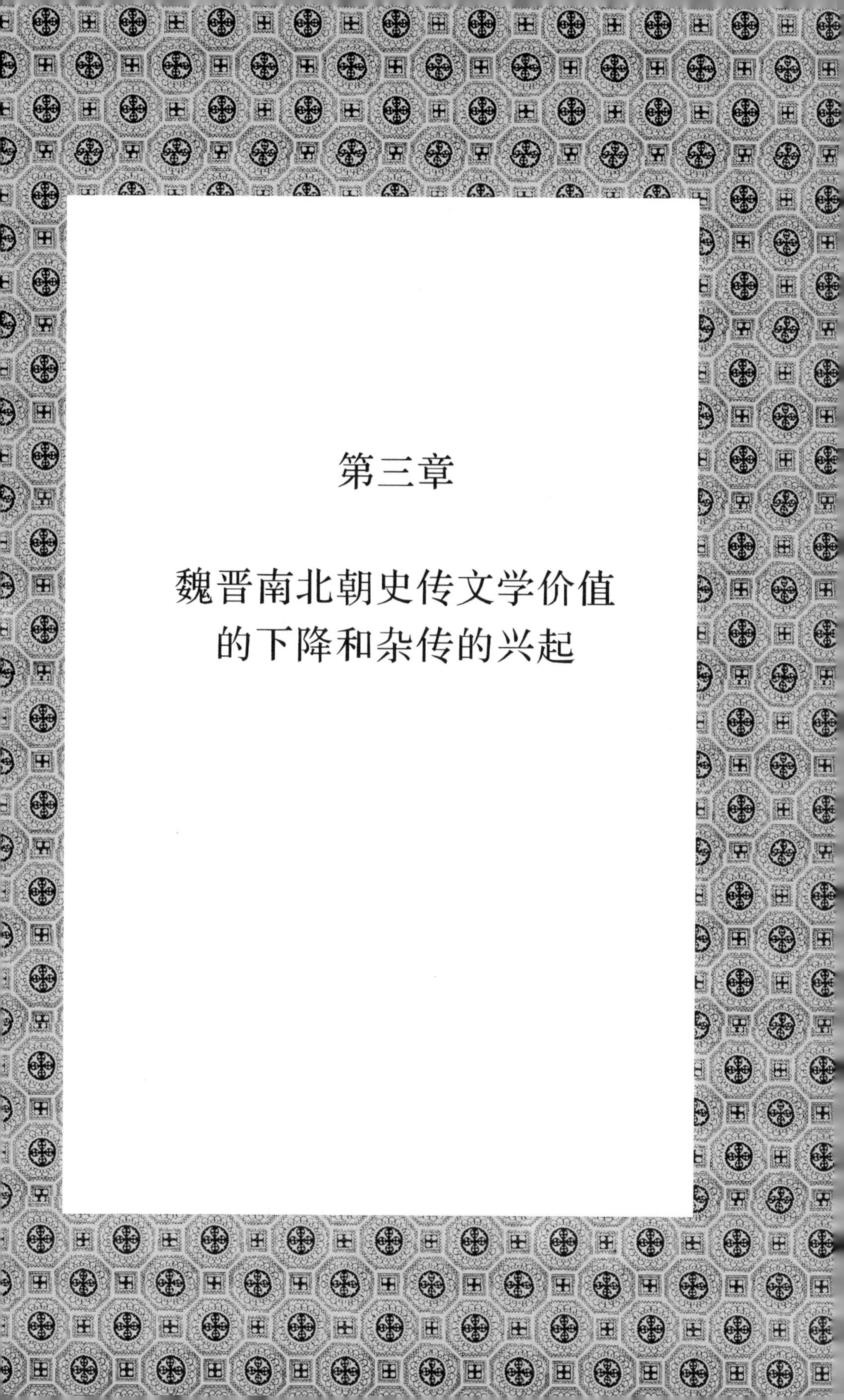

第三章

魏晋南北朝史传文学价值的下降和杂传的兴起

魏晋南北朝时期（220—589），除西晋短暂统一中国外，国家长期处于南北分裂，战争不断，政权频繁更迭的不稳定状态。汉代儒学由于其本身的繁琐和受东汉末年农民起义的冲击，从东汉后期日趋衰落，而老、庄思想则在知识分子中抬头。干宝《晋纪总论》概括魏晋时期的社会思想风气说："学者以老庄为宗，而黜六经；谈者以虚薄为辩，而贱名检。"（清代严可均辑《全晋文》卷127）同时由于统治者的提倡，劳动人民也要精神寄托，佛教迅速流行，道教也同时创立。在社会动乱和思想意识领域的相对自由之下，这个时期的传记文学可谓呈现出杂传起而史传落的态势，同时也使此期传记文学打下了深深的时代烙印。

首先，史传数量激增，文学价值却呈下降趋势。当时先后出现了《三国志》《后汉书》《宋书》《南齐书》和《魏书》等一批史传著作。在写人艺术上这些史传均不及《史记》《汉书》。由于统治者对史传写作控制日严，史家个人意志难以发挥；文史分流的发展，使史家重记叙而轻阐述，人物成为史事的附庸，传记传人的功能受到削弱。

其次，杂传兴起于汉末，至魏晋而渐盛，显示出强大的生命力。杂传以类传的形式成书，离史独立，作者率尔而作，比之正史在传主的选择、世风世貌的传载上，具有更大的自由度和更广的涵盖面。如反映知识分子"狂狷"个性的皇甫谧的《高士传》，张骘的《文士传》，分别记载男女僧尼的惠皎的《高僧传》、宝唱的《比丘尼传》等，都有一定的史料和文学价值。与此同时，散传，即正史和杂传以外的单篇个人传记，亦得到蓬勃发展。其中，尤以别传和自传的文学价值较高。如《赵云别传》《法显传》等，当时的杂传、散传就整体说，大多只是粗陈人物生平梗概，还缺乏对人物的多侧面的深入的刻画，但从传记文学发展意义上说，杂传、散传离史独立，有利于传记文学走上独立发展的道路，有利于更有效地发挥其写人的功能。

再次，传记文学的理论与批评在本时期亦有较大的发展。史传、杂传、别传等传记文体在本时期被学者们所确认所注意。传记内容的真实性，传主形象的塑造，传记文辞、论赞的问题，被学者们所论述。这些无疑会对传记文学的发展产生影响。

第一节 《三国志》传记文学

《三国志》是史学上著名的“前四史”(《史记》《汉书》《三国志》《后汉书》)之一，也是继《史记》《汉书》之后，有较大影响和较高传记文学价值的史传文学作品集。今本《三国志》，大多与裴松之的注文连在一起。裴注极大地丰富了三国人物的传记资料，提高了《三国志》在传记文学中的地位。

《三国志》一书，涵盖了汉末至晋初近百年历史。作者陈寿（233—297)，字承祚，巴西安汉（今四川南充市）人，西晋史学家。少时受学于同郡古史学家谯周，“聪警敏识，属文富艳”。(《华阳国志·陈寿传》)在蜀汉政权下，做过官。入晋后，任著作郎等职。“吴平后，寿乃鸠合三国史，著魏、吴、蜀三书六五篇，号《三国志》”。(《华阳国志·陈寿传》)陈寿死后一百三十多年，裴松之奉刘宋文帝之命为《三国志》作注。裴松之(372—451)，字世期，河东闻喜（今山西闻喜县）人。宋初，官中书侍郎。奉诏作注后，即“鸠集传记，增广异闻，既成，奏上。上善之，曰：‘此为不朽矣’”。(《宋书·裴松之传》)三国时期，英雄辈出，人才济济。《三国志》及其注中共载有四千多历史人物，构成了一组雄伟浩瀚的人物长廊。今天看来，对《三国志》的观照，无论是思想特征、写人艺术，还是裴松之的注释体例，对于传记文学的研究，都具有重要的价值。鲁迅曾说：“历史上都写着中国的灵魂，指示着将来的命运。”这是中国史传文学“察往”而“观来”的优良传统的表现。

一、《三国志》传记文学的思想倾向

《三国志》是一部纪传体的三国史，全书仅有纪、传，而无表志。其思想特征主要有以下几点：

1.《三国志》作者主观上的亲蜀倾向。

陈寿在蜀国出生，并曾历任过蜀国东观秘书郎、散骑黄门侍郎等职。他对蜀汉政权在情感上有着较强的故土依恋情结，因而主观上更倾向于蜀国，力图抬高蜀国的地位。陈寿对蜀国，上至君主，下至人臣，皆推崇备至，赞誉有加。对于刘备，《先主传》一开头就点出他非同一般的出身："汉景帝子中山靖王胜之后也。"以证其正统地位。之后，用奇特的外貌来渲染他的不凡："身长七尺五寸，垂手下膝，顾自见其耳。"在写天下之争时，更是通过他人之口，对他的雄才武略着力铺扬："今天下英雄，唯使君与操耳。"（《先主传》曹操语）"非刘备不能安此州也。"（《先主传》陶谦语）以及"况刘豫州王室之胄，英才盖世，众士慕仰，若水之归海"（《诸葛亮传》诸葛亮语）等等。这些赞美之词，与刘备实际成就的霸业相比，是有距离的。与之相辅，陈寿为蜀汉政权塑造了一批"强挚壮猛"之辈，也是为蜀国壮大声势。其中尤以关羽、张飞为甚。千百年后读来，犹有天神之气概，令人瓣香供奉，神往心仪。但也因此，使得这些人物失去了真实的血性之气，缺少鲜活的灵性之美。

陈寿在为蜀国摇旗呐喊的同时，也没忘了自己正身处西晋统治之下。为了个人生存着想，不得不对曹魏和司马氏多有回护。这不仅使《三国志》本身的真实性大打折扣，且对后世的史传有了非常不利的影响。清人赵翼在《廿二史札记》中就曾指出："自陈寿作《魏本纪》，多所回护，凡两朝革易之际，进爵封国，赐剑履，加九锡，以及禅位，有诏有策，竟成一定书法。以后《宋》《齐》《梁》《陈》诸书悉奉为成式，直以为作史之法固应如是。"

写到晋朝之事，陈寿总是力图为司马氏遮掩暴行。司马师废齐王芳，司马昭杀高贵乡公，实际是司马集团篡位的前奏曲。而在陈寿笔下，齐王芳、高贵乡公的死却成为罪有应得，是理之所至、道之所归。陈寿在回护司马氏的同时，也不忘对隔朝的曹魏之事，多作讳饰。曹操征讨陶谦，其原因陈寿在《武帝纪》中写道：“初，太祖父嵩，去官后还谯，董卓之乱，避难琅邪，为陶谦所害，故太祖志在复仇东伐。”可是，在韦曜《吴书》中却记载着：“太祖迎嵩，辎重百余两。陶谦遣都尉张闿将骑二百卫送，闿于泰山华、费间杀嵩，取财物，因奔淮南。”由此可见，曹嵩被杀，并非陶谦本意，只是手下将士贪财所致。况且，陶谦也非嗜利忘害之徒，曹操此前并不曾攻打过陶谦，他又怎会贸然行动，得罪当时正横扫天下、威不可挡的曹操呢？不难发现，陈寿如此替曹操讳辩，是为了替曹操攻打陶谦时，“死者万数，泗水为之不流”(《陶谦传》)的暴行找个借口而已。

由此可见，陈寿思想上的矛盾、情感上的倾斜，表现在人物传记写作上，则“或揄扬太过，或贬损失当，顾此失彼，捉襟见肘”（李祥年《汉魏六朝传记文学史稿》)。这无疑将削弱《三国志》的传记文学价值。并且，这种思想倾向，直接影响到以后的小说《三国演义》。

2. 作者重视传主个人价值的实现。

首先，《三国志》传载了一大批追求功名、立志在当世有所建树的英雄人物。陈寿不唯对当时各国功臣、名将作了积极的肯定和歌颂，且对那些不懈努力、却因种种原因未能遂愿的历史人物倾注了满腔的同情和关注。

曹植在曹丕即位后，多次受贬徙都，几近性命难保。而曹植在此厄境之下，犹“自愤怨，抱利器而无所施”。《陈思王传》中记述了曹植上疏求自试一文，内写道：

> 若使陛下出不世之诏，效臣锥刀之用，使得西属大将军，当一校之队，若东属大司马，统偏舟之任，必乘危蹈险，骋舟奋骊，突刃触锋，为士卒先。虽未能禽权馘亮，庶将虏其雄率，歼其丑类，必效须臾之捷，以灭终身之愧，使名挂史笔，事列朝策。虽身分蜀境，首县吴阙，犹生之年也。

曹植虽希望能被试用，肝脑涂地也在所不惜，但终未成，做了“圈牢之养物”，而“怅然绝望”。这是当时政治压迫所致。但我们从这篇疏中，分明聆听到曹植希望能驰骋边疆，建功立业、名垂青史的声声呐喊，感受到“天行健，君子以自强不息”的刚毅情怀，触摸到三国时英雄们激烈跳动的脉搏。

其次，《三国志》对人才、谋略的突出描绘，也反映了陈寿重视个人价值的兑现。通览《三国志》，不难发现，三国之主都有一个非同一般的智囊团。曹操有荀彧、荀攸、程昱、郭嘉等一批杰出人才；而刘备在他47岁之后，能一举创建蜀国，自然离不开诸葛亮、关羽、张飞、赵云等人的苦心扶持；孙权能三分天下，也因有鲁肃、张昭等将士的出色谋划。这些谋士的得失在某种程度上直接决定了三国事业的成败。而《三国志》的人物传记几乎每篇都围绕着人与人谋的问题而展开。三国之主对人才是极为重视的，“大概曹操以权术相驭，刘备以性情相契，孙氏兄弟以意气相投，后世尚可推见其心迹也”。(清·赵翼《廿二史札记》)

《三国志》中写人才，突出表现在《蜀书·诸葛亮传》中。诸葛亮，人称卧龙。当天下分裂，军阀混战时，诸葛亮避难于荆州，目的是“待时凤翔”。当时各路英豪，或归依“挟天子以令诸侯”的曹操，或南奔正气势旺盛、准备西征的孙权。诸葛亮此时能出山辅佐年已半百却无大业的刘备，这本身可见刘备善于启用人才。刘备当上了蜀国皇帝后，更清楚地知道了诸葛亮的作用。及至临终托孤，对诸葛亮说：“若嗣子可辅，辅之；如其不才，君可自取。”这和孙策托孤于张昭如出一辙。这不仅是刘、孙两人充分信任手下将士的表现，也是借此来坚定诸葛亮、张昭为国尽忠、为统一大业奋斗的信念。三国之主非凡的将驭、利用人才的手段，如今读来，依然令人拍案叫绝。此外，徐庶荐举诸葛亮、周瑜力荐鲁肃，也从一个侧面反映了魏晋时期重视人才、重视功利的世风。

3. 反映了东汉末年至三国时期儒学式微，老庄思想活跃的特有社会现象。

统治阶级为了统一的霸业，有时可以弃传统道义于不顾。曹操在急需将才辅助自己打天下时，就推行过超道德的用人标准。《武帝纪》中就记载了曹操多次下的求贤令。如建安十五年，下令曰：

> 自古受命及中兴之君，曷尝不得贤人君子与之共治天下者乎！及其得贤也，曾不出闾巷，岂幸相遇哉？上之人不求之耳。今天下尚未定，此特求贤之急时也。“孟公绰为赵、魏老则优，不可以为滕、薛大夫。”若必廉士而后可用，则齐桓其何以霸世！今天下得无有被褐怀玉而钓于渭滨者乎？又得无盗嫂受金而未遇无知者乎？二三子其佐我明扬仄陋，唯才是举，吾得而用之。

建安十九年十二月，再次下令曰：

> 夫有行之士未必能进取，进取之士未必能有行也。陈平岂笃行，苏秦岂守信邪？而陈平定汉业，苏秦济弱燕。由此言之，士有偏短，庸可废乎！有司明思此义，则士无遗滞，官无废业矣。

由于连年战争，皇权崩溃，传统的礼教往往被当权者玩弄于股掌之上。在曹操看来，天下未定，有才之士可不论其品行节操，一律用之。只要对霸业、对自身有利，曹操可以把传统的礼教完全踩在脚下。当有人怀疑他有“不逊之志”时，他对妻妾说：“顾我万年后，汝曹皆当出嫁。欲令传道我心，使他人皆知之。”（《武帝纪》裴松之注引《魏武故事》）这是多么“叛逆”的思想，多么大胆的言论！

但我们不能据此而认为曹操完全背弃了传统的封建道德思想。在他认为有必要时，他依旧会用传统的礼教道义为自己的暴行找托词的。在曹操削平群雄、势位已定时，一大批有功之臣都被他以违反封建礼义为幌子，一一加以杀害。《崔琰传》后就附有：“初，太祖性忌，有所不堪者，鲁国孔融、南阳许攸、娄圭，皆以恃旧不虔见诛。”《刘桢传》中写刘桢受刑，是由于“不敬”。何为不敬呢？裴松之注引《典略》中说：“太子尝请诸文学，酒酣坐欢，命夫人甄氏出拜。坐中众人咸伏，而桢独平视。太祖闻之，乃收桢，减死输作。”刘桢只因“平视”了甄氏，就被曹操论罪，这与他“汝曹皆当出嫁”的豪语是多么大的反差呀！其虚伪可见一斑。

4. 部分传记有受佛教思想影响的印迹。

在西汉末、东汉初传入中国的佛教，到晋代开始勃兴。陈寿耳濡目染，受佛教的潜移默化影响自是在所难免的。陈寅恪先生就曾认为：“实则《三国志》本文往往有佛教故事，杂糅附益于其间。”（《寒柳堂集》）

《邓哀王冲传》中载有曹冲称象的故事：“冲曰：‘置象大船之上，而刻其水痕所至，称物以载之，则校可知矣。’”可是，曹冲死于建安十三年，孙权在建安十五年做交州刺史时，方可得到巨象。这就与故事中孙权献象给曹操，曹冲称之，不相符合。邵晋涵在《南江杂记》中就疑此事为妄饰。可在北魏吉迦夜共昙曜译的《杂宝藏经》中却记有与之相似的故事：“天神又问，此大白象有几斤？而群臣共议，无能知者。亦募国内，复不能知。大臣问父，父言，置象船上，著大池中，画水齐船，深浅几许，即以此船量石著中，水没齐画，则知斤两。即以此智以答天神。”《杂宝藏经》在三国时虽未翻译，却已经口述流传至中国，陈寿以此附会为曹冲的故事，是为了突出他的聪慧才智。

此外，《华佗传》中，华佗用麻沸散麻醉病人，开肠剖腹，一月即愈之事，也是陈寿受佛教影响而写成的。试想，在三国时又怎会有如此高明的医术呢？在后汉安世高译的《㮈女耆域因缘经》中，就写有神医耆域治病的故事，与华佗治病有着明显的雷同之处。如治拘啖弥长者子病，说他取利刀破肠，披肠结处。并且，耆域治迦罗越家女病，用刀破头，悉出诸虫，与华佗治陈登病，令其吐出赤头虫，何其相似！

所谓“汉魏法微，晋代始盛”（《宏明集后序》），在这样的时代氛围中，《三国志》自然不可避免地会受到印度佛教思想的影响。

二、《三国志》传记文学的写人艺术

《三国志》总体上说，记事比较简略，文采不足，缺少《史记》那种汪洋恣肆的气势，许多篇章，描写不够形象、生动。但也有部分传记人物流光溢彩，充满动人的魅力。

1. 动人情怀的个性描写

《张昭传》中，张昭作为托孤之臣，不仅对孙权忠心耿耿，“志在忠益，毕命而已”，而且敢于直谏，不惜犯“冒上”之罪。其中，写孙权因未听张昭之劝，致使张弥、许晏二使被公孙渊杀害，孙权颇有悔意，而张昭也因此对孙权心怀不满一段，人物个性鲜亮触目：

> 昭忿言之不用，称疾不朝。权恨之，土塞其门，昭又于内以土封之。渊果杀弥、晏。权数慰谢昭，昭固不起，权因出过其门呼昭，昭辞疾笃。权烧其门，欲以恐之？昭更闭户。权使人灭火，住门良久；昭诸子共扶昭起，权载以还宫，深自克责。昭不得已，然后朝会。

作为人臣，张昭无疑是以全副生命为孙权护持薪火，因而才会冒死直谏；但作为“人”，他也有自己的秉性、脾气，并不一味地委曲求全，在令人窒息的王权空间中力求自由呼吸。陈寿通过孙权用土塞门，而张昭于内封之；孙权派人烧门，而张昭于内闭户这两件事，把一个倔犟刚直的老人刻画得形神备至。同时，孙权这一人物，也在从痛恨臣子无礼到谢罪责己的情感变化中具有了独特的个性魅力和审美韵味。

刘备听从庞统的计谋，突袭刘璋成功。但庞统也因之内心有些愧疚。在刘备设下的庆功宴上，不由流露出来。《庞统传》中写道：

> （刘备）于涪大会，置酒作乐，谓统曰：“今日之会，可谓乐矣。”统曰：“伐人之国而以为欢，非仁者之兵也。”先主醉，怒曰：“武王伐纣，前歌后舞，非仁者邪？卿言不当，宜速起出！”于是统逡巡引退。先主寻悔，请还。统复故位，初不顾谢，饮食自若。先主谓曰：“向者之论，阿谁为失？”统对曰：“君臣俱失。”先主大笑，宴乐如初。

庞统心既内疚，又闻刘备称乐之言，不由率性而答，脱口道出了对刘备的不满。但他毕竟对刘备心怀敬意，很想维护他的尊严。一句“君臣俱失”既使局面豁然开朗，又暗含刘备有过之意。庞统聪慧的天性、过人的胆识，不卑不亢、从容自若的个性风度，得到了极好的展示。人物富有一种流动的生命气韵。

2. 洗练的人物勾画与精彩的细节描写

陈寿的文笔向以“质直”、简洁著称。《三国志》中部分传记虽人物刻画不假藻饰，但淡淡的几笔也已现了人物的风韵神姿。正如李少雍在《从古史及“四史”看史传文学的发展》(《文学评论》1996年第四期）一文中所说：“《三国志》即较好地继承了《史记》这种颊上益三毛式的传神写意的手段。”

关羽、张飞是三国时期勇武的化身，且“身后数百年，亦无人不震而惊之。威声所垂，至今不朽”（清·赵翼《廿二史札记》)。然而，陈寿也只寥寥数语，就把他们的勇姿呈现在世人面前。《关羽传》中，关羽斩颜良一段，写得出神入化：

> 羽望见良麾盖，策马刺良于万众之中，斩其首还，绍诸将莫能当者，遂解白马围。

刺敌于万军之中，那是多么的威不可当呀！《张飞传》中，张飞长阪拒敌一段，同样写得骇世惊俗：

> 先主闻曹公卒至，弃妻子走，使飞将二十骑拒后。飞據水断桥，瞋目横矛曰：“身是张益德也，可来共决死！”敌皆无敢近者，故遂得免。

仅一句“身是张益德也，可来共决死”就把张飞的威武刚猛演绎得触目惊心，荡人心魂。关、张的勇猛，除在本传中的几笔淡描外，在别的人物传记中也偶尔略加点染。如周瑜称关、张是“熊虎之将”；程昱赞他们为“万人敌”。这更能突出关、张两人的飒爽英姿、雄壮气魄！

此外，刘备失箸和曹操落笔这两个细节描写也十分传神。《先主传》中，写到刘备打了败仗逃至曹操手下暂居时，有这样一段描写：

> 曹公从容谓先主曰：“今天下英雄，唯使君与操耳，本初之徒不足数也。”先主方食，失匕箸。

刘备在曹操手下，韬光养晦，以待来日东山再起。却不料仍被曹操看破。这失箸之举，把他内心的惊慌暴露无遗。《鲁肃传》中，则与之相应，写了曹操的一个细节。当刘备

> 诣京见权，求都督荆州，唯肃劝权借之，共拒曹公。曹公闻权以土地业备，方作书，落笔于地。

陈寿把曹操当时眼见要功亏一篑的心惊形象地刻画了出来。这两个细节，千百年来，一直被史学家引传，可见陈寿“白描”笔力之深厚。

3. 诙谐风趣的艺术描写

自范頵上表，说《三国志》“虽文艳不若相如，而质直过之”，后人便以为《三国志》只有“质直”而无“文采”。其实不然。如《诸葛恪传》开头，写诸葛恪才思敏捷一段，就颇能引人发笑：

> 恪父瑾面长似驴，孙权大会群臣，使人牵一驴入，长检其面，题曰诸葛子瑜。恪跪曰：“乞请笔益两字。”因听与笔。恪续其下曰：“之驴。”举坐欢笑，乃以驴赐恪。他日复见，权问恪曰：“卿父与叔父孰贤？”对曰：“臣父为优。”权问其故，对曰：“臣父知所事，叔父不知，以是为优。”权又大嚎。命恪行酒，至张昭前，昭先有酒色，不肯饮，曰：“此非养老之礼也。”权曰：“卿其能令张公辞屈，乃当饮之耳。”恪难昭曰：“昔师尚父九十，秉旄仗钺，犹未告老也。今军旅之事，将军在后，酒食之事，将军在先，何谓不养老也？”昭卒无辞，遂为尽爵。

陈寿描写诸葛恪在续字、智答、劝酒三件逸事上所表现出的从容意态、急智利齿，无疑用的是文学家的生花之笔。形象的描写、幽默的叙述和诙谐对话融为一体，使人读后如临其境、如闻其语。

《先主传》中，亦有一段写得颇耐人寻味。

> 先主少孤，与母贩履织席为业。舍东南角篱上有桑树生高五丈余，遥望见童童如小车盖，往来者皆怪此树非凡，或谓当出贵人。先主少

时，与宗中诸小儿于树下戏，言："吾必当乘此羽葆盖车。"叔父子敬谓曰："汝勿妄语，灭吾门也！"

其中，对桑树的描绘："童童如小车盖"，既雕镂出树的形状，使文章充满生活情趣，又暗含契机，预示着刘备不凡的命运。

由此可见，陈寿并非没有"文艳"。虽《三国志》全文叙述简洁，辞藻不够华美，但也有一些传记是"文"胜于"质"的。

4. 跌宕精妙的结构安排

《三国志》中，部分传记结构安排精当，既有利于突出传主的性格特征，又使《三国志》整体上有参差错落跌宕之美。

如《诸葛亮传》，结构很是奇特。近人李景星《四史评议》说："前载隆中一对，见三分之大势在其胸中；中载出师一表，见一生之精诚溢于纸上。尤其用意处，则于后幅备列《诸葛氏集》目录及其表上之言。因其推崇之至，故为此破格之文，所谓不可无一，不能有二也。"《方技传》是由七小篇人物传记构成的，其中行文结构又不尽相同。《华佗传》中，写华佗治一病，则一病愈；《管辂传》中，写管辂占卜一事，则灵验一事；而《朱建平传》先总地叙述他相了几个人，然后又总地叙述每个被相的人以后怎样一一征验。这样就使得《方技传》整体读来，形式灵活，结构多变，艺术价值高。

刘勰《文心雕龙·史传》篇说："及魏代三雄，记传互出。《阳秋》《魏略》之属，《江表》《吴录》之类，或激抗难征，或疏阔寡要。惟陈寿《三志》，文质辨洽，荀、张比之于迁、固，非妄誉也。"

三、《三国志》裴注的特点

现行中华书局版陈寿的《三国志》原文，与裴松之的注是印在一起的。裴松之的注文，引用当时240种原始著作，它与正文互为补充，提高了《三国志》的传记文学价值，大大丰富了三国人物的传记资料。这些材料，著录在隋、唐《经籍志》中的已经不到四分之三，唐、宋以后就十不存一了。并且，裴松之所引的材料，均首尾完整，考证辨析精确，对于古代资料的保存，起了巨大的作用。《四库全书总目提要》上就说："考证之家，取材不竭，转相引据者，反多于陈寿本书焉。"

裴松之注释的重点在事实的增补和考订上，其体例，在他的《上三国志注表》中，主要提到以下四个方面：

1. 补缺。应书而不书的补上。即"寿所不载，事宜存录者，则罔不毕取以补其阙"。如《曹爽传》中，写曹爽向宣王"归罪请死"，宣王赦免了他，只一句"遂免爽兄弟，以侯还第"。丝毫不见宣王迫害之迹。裴松之的注释中引《魏末传》，写道：

> 爽兄弟归家。敕洛阳县发民八百人，使尉部围爽第四角，角作高楼，令人在上望视爽兄弟举动。爽计穷愁闷，持弹到后园中，楼上人便唱言"故大将军东南行!"爽还厅事上，与兄弟共议，未知宣王意深浅，作书与宣王曰："贱子爽哀惶恐怖，无状招祸，分受屠灭。前遣家人迎粮，于今未反，数日乏匮，当烦见饷，以继旦夕。"宣王得书大惊，即答书曰："初不知乏粮，甚怀踧踖。令致米一百斛，并肉脯、盐豉、大豆。"寻送。爽兄弟不达变数，即便喜欢，自谓不死。

这就把宣王狡诈、虚伪的本相暴露无遗，使得以后公孙爽的被诛也在情理之中，不足为怪了。裴注把传主的命运发展清晰地勾勒出来。

又如《郭淮传》中，写到郭淮进封阳曲侯时，也只有一句："邑凡二千七百八十户，分三百户，封一子亭侯。"很是简洁平淡。裴松之注引《世说新语》，载了一个动人的故事：

> 淮妻，王凌之妹。凌诛，妹当从坐，御史往收。督将及羌、胡渠帅数千人叩头请淮表留妻，淮不从。妻上道，莫不流涕，人人扼腕，欲劫留之。淮五子叩头流血请淮，淮不忍视，乃命左右追妻。于是追者数千骑，数日而还。淮以书白司马宣王曰："五子哀母，不惜其身；若无其母，是无五子；无五子，亦无淮也。今辄追还，若于法未通，当受罪于主者，觐展在近。"书至，宣王亦宥之。

母子之情、父子之情，溢于言表，读来令人心潮澎湃！传主在这款款深情中，得以拂去历史的尘埃而发出熠熠的光彩，驻入读者心间。

2. 备异。同一事记法不一，一并收入，以备异闻。即“同说一事而辞有乖离，或出事本异疑不能判，并皆抄纳以备异闻”。

《吕布传》中，写吕布被杀之景为：

> 遂生缚布，布曰：“缚太急，小缓之。”太祖曰：“缚虎不得不急也。”布请曰：“明公所患不过于布，今已服矣，天下不足忧。明公将布，令布将骑，则天下不足定也。”太祖有疑色。刘备进曰：“明公不见布之事丁建阳及董太师乎！”太祖颔之。布因指备曰：“是儿最叵信者。”于是缢杀布。

吕布到底死于谁人之口，历来并无定论。陈寿认为是刘备进谏之故，但当时也另有说法。裴松之一并注出。引《英雄记》说：

> 布谓太祖曰：“布待诸将厚也，诸将临急皆叛布耳。”太祖曰：“卿背妻，爱诸将妇，何以为厚？”布默然。

引《献帝春秋》说：

> 布问太祖：“明公何瘦？”太祖曰：“君何以识孤？”布曰：“昔在洛，会温氏园。”太祖曰：“然。孤忘之矣。所以瘦，恨不早相得故也。”布曰：“齐桓舍射钩，使管仲相；今使布竭股肱之力，为公前驱，可乎？”布缚急，谓刘备曰：“玄德，卿为坐客，我为执虏，不能一言以相宽乎？”太祖笑曰：“何不相语，而诉明使君乎？”意欲活之，命使宽缚。主簿王必趋进曰：“布，勍虏也。其众近在外，不可宽也。”太祖曰：“本欲相缓，主簿复不听，如之何？”

吕布自然是死于曹操之手。曹操是因自己痛恨而杀之，还是因听了刘备或王必等旁人的劝谏而杀他，却难以推断了。裴松之不偏听旁信，一一注出，有利于后代史学家考证析别。

3. 纠谬。纠正原文错误。即“纰缪显然，言不附理，则随违矫正以惩其妄”。

司马师废齐王芳，《三少帝记》中说太后是事先知情的，即是司马师与太后合谋的，且借太后之口诉齐王芳荒淫无道，使其被废成为大快人心之事。但事实并非如此。裴松之注引《魏略》加以矫正：

> 景王将废帝，遣郭芝入白太后，太后与帝对坐。芝谓帝曰：“大将军欲废陛下，立彭城王据。”帝乃起去。太后不悦。芝曰：“太后有子不能教，今大将军意已成，又勒兵于外以备非常，但当顺旨，将复何言！”太后曰：“我欲见大将军，口有所说。”芝曰：“何可见邪？但当速取玺绶。”太后意折，乃遣傍侍御取玺绶著坐侧。芝出报景王，景王甚欢。文遣使者授齐王印绶，当出就西官。帝受命，遂载王车，与太后别，垂涕，始从太极殿南出，群臣送者数十人，太尉司马孚悲不自胜，余多流涕。王出后，景王又使使者请玺绶。太后曰：“彭城王，我之季叔也，今来立，我当何之！且明皇帝当绝嗣乎？吾以为高贵乡公者，文皇帝之长孙，明皇帝之弟子，於礼，小宗有后大宗之义，其详议也。”景王乃更召群臣，以皇太后令示之，乃定迎高贵乡公。是时太常已发二日，待玺绶于温。事定，又请玺绶。太后令曰：“我见高贵乡公，小时识之，明日我自欲以玺绶手授之。”

这就把司马师用武力相威胁，逼迫齐王芳退位；而太后初不知情后又心长力短，无法力挽狂澜这段历史昭示天下。其中，太后与司马师之间的矛盾斗争写得很是精彩。司马师怕太后反对自己废帝，陈兵宫外，“以备非常”。太后也担心司马师篡夺帝位，三次拒绝给司马师玺绶。可见，当时宫廷斗争有多激烈。裴注对传中各种人物关系的交代起到了很好的补充、说明作用。

4. 评论。以案语形式评论陈寿原文得失。即“时事当否及寿之小失，颇以愚意有所论辩”。

《法正传》写刘备听从法正的策略，打败夏侯渊。曹操听说是法正出的计谋时，说："吾故知玄德不办有此，必为人所教也。"曹操这句话明显地流露出瞧不起刘备的心态。裴松之认为曹操这句话不妥当："臣松之以为蜀与汉中，其由唇齿也。刘主之智，岂不及此？将计略未展，正先发之耳。夫听用嘉谋以成功业，霸王之主，谁不皆然？魏武以为人所教，亦岂劣哉！此盖耻恨之余辞，非测实之当言也。"

又如《周瑜传》中，写曹操打败刘表，准备攻打孙权。孙权手下将士一味惧曹，都劝孙权投降。唯独周瑜力排众议，坚决要求与曹操一决雌雄，且马上请命，带兵拒曹。但裴松之认为事实并非如此，陈寿有"小失"。因而，在注文中写道：

> 臣松之以为建计拒曹公，实始鲁肃。于时周瑜使鄱阳，肃劝权呼瑜，瑜使鄱阳还，但与肃暗同，故能共成大勋。本传直云，权延见群下，问以计策，瑜摆拨众人之议，独言抗拒之计，了不云肃先有谋，殆为攘肃之善也。

裴松之认为拒曹之计，出于鲁肃，周瑜只是应和之人。陈寿只写周瑜的劝辞，而不提鲁肃，是夺了鲁肃的功。这也是"一家之言"，有利于后人更真实、更全面地了解传主，剖析传记人物。

裴松之广泛搜辑各种史料，以此补充陈寿的《三国志》。所谓"绘事以众色成文，蜜蜂以兼采为味"（裴松之《上三国志注表》），裴松之的注释在一定程度上弥补了陈寿著文记事简略、文味欠浓的缺憾，使得三国时期的人物形象更具风采。

第二节 《后汉书》传记文学及同时期其他史传

《三国志》问世一百多年后，出现了范晔的《后汉书》。范晔（398—

445)，字蔚宗，顺阳（今河南淅川）人，南朝刘宋时史学家。据《宋书》本传记载，范晔“少好学，博涉经史，善好文章”。宋文帝元嘉元年(424)，因得罪彭城王刘义康，被贬为宣城太守。正是在此任上，范晔开始“删众家后汉书，为一家之作”。元嘉二十二年（445)，因知刘义康阴谋政变而未检举，竟以谋反罪被杀。

据清人王先谦《后汉书集解述略》统计，在范晔之前，记载东汉历史的史书，已有18家20种，计有一千多卷。其中，尤以东汉刘珍等人编撰的《东观汉记》最负盛名，时人已将之与《史记》《汉书》相提并论，合称为“三史”。但范晔“详观古今著述及评论，殆少可意者”（《狱中与诸甥侄书》)。他博采众家之长，以独特的见解与文笔，使其《后汉书》凌越各家后汉史书之上，腾誉学林。且在传记文学史上，也有其显著的地位。

范晔的《后汉书》，赅括了东汉197年的历史。上起新莽灭亡（23)，下至汉献帝建安二十五年（220)，共有本纪10篇，列传80篇。

一、《后汉书》传主的重点：功臣和名士

范晔作《后汉书》的目的是：“欲因事就卷内发论，以正一代得失。”(《狱中与诸甥侄书》) 借东汉史实，通过传记以寄托自己的政治理想。他把传主的重点放在功臣与名士上。

1. 为国忘家、死而后已的功臣名将

以《史记》《汉书》为先范，范晔高扬爱国主义旗帜，热情歌颂了一批功勋卓著的功臣名将。他们之中，有以邓禹、贾复、冯异、耿弇等人为代表的“中兴二十八将”。他们跟随刘秀驰骋沙场，建立东汉王朝。作者极其推崇他们的英雄气概，笔酣墨饱地为之一一立传；有一代名将马援，其“丈夫为志，穷当益坚，老当益壮”（《马援列传》）的豪言壮语，一千多年后，依然字字千金，掷地有声，令人读来回肠荡气，感佩不已；而《班超列传》中的传主，则是作者树立的爱国主义的典型形象。

班超是东汉著名的外交家、军事家。他自永平十六年开始“北击匈奴，西使外国”，至永元十四年回归故里，在西域31年，使“西域五十余国悉

皆纳质内属”，改变了“匈奴独擅西域，寇盗河西，永平之末，城门昼闭”的局面，推动了中西经济和文化的交流。班超的爱国情怀，在传记的开头就以一种磅礴大气跳脱而出：

> 永平五年，兄固被召诣校书郎，超与母随至洛阳。家贫，常为官佣书以供养。久劳苦，尝辍业投笔叹曰：“大丈夫无他志略，犹当效傅介子、张骞立功异域，以取封侯，安能久事笔砚间乎?”左右皆笑之。超曰：“小子安知壮士志哉!”

班超以傅介子、张骞为榜样，决心为国立功，毅然投笔从戎。以后，在异域的31年间，他的的确确把自己整个地献给了祖国的外交事业。不论是在鄯善的“不入虎穴，不得虎子”，还是在同僚的诋毁下，避嫌弃妻，以至年老体衰时向朝廷奏疏求归，他都以国家利益为重，而无暇顾及个人的恩怨得失。在他的求归奏疏中，他依然想的是，不要因自己的年迈而使国家利益有所损害：“蛮夷之俗，畏壮侮老”，字里行间，充斥着他对祖国的深切怀念，对故土的无限眷恋之情。

2. 激浊扬清、摧惑显宗的气节之士

作者以类传的形式，为东汉后期的气节之士写了一系列的传记，以此激励刘宋士人。东汉后期，宦官们“手握王爵，口含天宪”（《宦者列传》），致使“主荒政缪，国命委于阉寺”（《党锢列传》）。在这关系国家存亡的危急关头，一批正直的官吏士人挺身而出，与之进行殊死的斗争。并且，“当时荐举征辟，必采名誉，故凡可以得名者，必全力赴之，好为苟难，遂成风俗。”（清·赵翼《廿二史札记》）范晔对这些轻生尚气的气节之士，充满敬意，特设《逸民列传》《独行列传》《党锢列传》等传记，加以赞颂。在正史中，对“浮游尘埃之外”（《史记·屈原传》）的逸民和“举世皆浊我独清，众人皆醉我独醒”（《楚辞·渔父》）的独行者进行肯定、表彰，范晔是第一个。此外，《党锢列传》中的传主，即当时称誉天下的“三君、八俊等三十五人”，作者为之用笔最多、用情最深，其传主形象也因此最能感人肺腑。范滂是其中尤为令人仰慕的传主。他一生疾恶如仇，“奏刺史、二千石权豪之党二十余人”，与宦官作不屈不挠的斗争，最终惨遭杀害。《范滂传》中，母子诀别一场，写得甚是感人，读来催人泪下：

> 其母就与之诀。滂白母曰：“仲博孝敬，足以供养，滂从龙舒君归黄泉，存亡各得其所。惟大人割不可忍之恩，勿增感戚。”母曰：“汝今得与李、杜齐名，死亦何恨！既有令名，复求寿考，可兼得乎？”滂跪受教，再拜而辞。顾谓其子曰：“吾欲使汝为恶，则恶不可为；使汝为善，则我不为恶。”行路闻之，莫不流涕。

母子一别成永诀本已令人感到揪心裂肺，而白发人“送”黑发人的哀痛又岂是旁人能想象的呢？滂母没有与儿子抱颈痛哭，也没有怨天尤人、悲悲戚戚，而是把殷红的血泪化作简短的话语告诉儿子：为了令名舍弃生命又有何恨呢？范滂受此教诲，转而告诫儿子要行善勿为恶。从这悲壮的辞行中，我们感触到了人类生命中蕴藏着的英雄的灼人热血，看到了天地之间荡漾着的勇士的凛凛正气。这“子伏其死而母欢其义”的动人事迹，一千多年来，不知鼓舞着多少人舍身殉义！

范晔所处的刘宋王朝，自立国以来，政局动荡、国势险恶。正如李祥年在《汉魏六朝传记文学史稿》一书中所说：“生活在黑暗时代中的传记家们，往往试图从前代的历史中去寻找那一缕可以照亮时代迷雾的烛光，以获得对本时代的启悟。”范晔对支撑着“乱而不亡”东汉历史的志士仁人，充满敬佩之情，并对之作了高度评价。在《左周黄列传》中写道：

> 及孝桓之时，硕德继兴，陈蕃、杨秉处称贤宰，皇甫、张、段出号名将，王畅、李膺弥缝衮阙，朱穆、刘陶献替匡时，郭有道奖鉴人伦，陈仲弓弘道下邑。其余宏儒远智，高心洁行，激扬风流者，不可胜言。而斯道莫振，文武陵队，在朝者以正议婴戮，谢事者以党锢致灾。往车虽折，而来轸方遒。所以倾而未颠，决而未溃，岂非仁人君子心力之为乎？呜呼！

一针见血地道出了东汉末年，前仆后继的气节之士力挽狂澜的历史真实。在《陈蕃传》中，也称赞陈蕃“功虽不终，然其信义足以携持民心。汉世乱而不亡，百余年间，数公之力也”。由此可见，在范晔看来，东汉乱而不亡的历史，与这批轻身重义的士人，息息相关。清人赵翼也认为，正是因为东汉有了这些具有“卓特之行”的义士，“故国家缓急之际，尚有可恃，以搘拄倾危。”（《廿二史札记》）范晔为之立传，就是“在积极地指出在艰难困苦之中，人生的正当态度。……这样的态度，是入世的，不是出世的；是积极的，不是消极的；是儒家的，不是道家的。这是一个理想。范晔在历史中探寻实现这个理想的模范人物”（朱东润《后汉书考索》见《史记考索》，华东师范大学出版社）；就是希望能激励刘宋士人，出现一批能“搘拄倾危”的士人，其用心可谓良苦。

3. “脱心志于俗谛之桎梏”的狂狷之士

《后汉书》记载并肯定了一批无视儒家礼教、不肯附就流俗的狂狷之士。以此体现了作者别具一格的传记审美原则。

“汉末魏晋六朝是中国政治上最混乱、社会上最苦痛的时代，然而却是精神史上极自由、极解放，最富于智慧、最浓于热情的时代。”（宗白华《美学散步·论〈世说新语〉和晋人的美》）在这特定的氛围中，出现了一批敢于触犯传统礼教、任性使气的“狂人”。据《宋书》本传记载，范晔本人就是桀骜不驯、我行我素的一介狂生。元嘉九年冬，彭城太妃去世，而范晔竟敢“夜中酣饮，开北牖听挽歌为乐”。因而，范晔对同样狂放不羁的祢衡，有着强烈的惺惺相惜之情。《祢衡传》说其“尚气刚傲，好矫时慢物”。其中，“祢衡击鼓”一段，写得既生动有趣，又引人深思：

融既爱衡才，数称述于曹操。操欲见之，而衡素相轻疾，自称狂病，不肯往，而数有恣言。操怀忿，而以其才名，不欲杀之。闻衡善击鼓，乃召为鼓史，因大会宾客，阅试音节。诸史过者，皆令脱其故衣，更著岑牟单绞之服。次至衡，衡方为《渔阳》参挝，蹀躍而前，容态有异，声节悲壮，听者莫不慷慨。衡进至操前而止，吏呵之曰：

“鼓史何不改装，而轻敢进乎?”衡曰：“诺”。于是先解袒衣，次释余服，裸身而立，徐取岑牟、单绞而著之，毕，复参挝而去，颜色不怍。操笑曰：“本欲辱衡，衡反辱孤。”

祢衡“以狂狷来反抗这乡原的社会，反抗这桎梏性灵的礼教和士大夫阶层的庸俗，向自己的真性情、真血性里掘发人生的真意义、真道德”（宗白华《美学散步·论〈世说新语〉和晋人的美》）。范晔对此予以积极的肯定和赞颂；但在封建统治时代，这无异于以卵击石，孤抱苦持的结果必是人生悲剧的上演，祢衡最终也没能逃脱厄运的降临，这无形中道出了刘宋王朝的狰狞面目，发人深省。

二、《后汉书》传记艺术的长处：注重细节和文采

1. 细节描写的大量运用

《后汉书》中部分传记的人物在细微的艺术显影下颇具灵气，性格鲜明突出。在“中兴二十八将”中，贾复是范晔最为激赏的将帅之一。他一生勇猛善战，充满着高昂的斗志。作者通过请兵击郾一事的描写，把传主的性格入木三分地刻画出来。

更始郾王尹尊及诸大将在南方未降者尚多，帝召诸将议兵事，未有言，沈吟久之，乃以檄叩地曰：“郾最强，宛为次，谁当击之?”复率然对曰：“臣请击郾。”帝笑曰：“执金吾击郾，吾复何忧！大司马当击宛。”

一个“率”字，把贾复知难而进的个性，清晰地镂刻出来。“沈吟久之”与“笑曰”，则把光武帝前后不同的心情表现出来，反衬出贾复的能征善战。《梁冀传》中，传主的暴恣、贪婪，比比皆是。而其中“废质帝”这一细节写得尤为精彩：

冲帝又崩，冀立质帝。帝少而聪慧，知冀骄横。尝朝群臣，目冀曰：“此跋扈将军也。”冀闻，深恶之，遂令左右进鸩加煮饼，帝即

日崩。

质帝年幼真率，仅一句实话，就被梁冀毒死，由此可见梁冀的飞扬跋扈！比之费尽心机、以种种冠冕堂皇的借口弑帝夺权的司马师、司马昭，梁冀有过之而无不及。人类丑相的描摹在此浓缩为长长的悲叹，至今不绝。

此外，《冯异传》《耿恭传》《马援传》等传记中，都运用了简洁生动的细节描写，犹如画龙点睛之笔，使得传主形象立体感更为强烈。《后汉书》的细节描写，虽缺少《三国志》中“刘备失箸”、“曹操落笔”那样的经典之作，但它运用得更广泛，因而使整部《后汉书》的人物形象比《三国志》更丰满、动人。其文学价值自然也略高一筹。

2. 处处可见的民间歌谣

《后汉书》大量采收歌谣以美刺人物，较好地烘托了传主的品性特征。《后汉书》人物传记中的歌谣可归为四类，即“歌颂良吏清官”、“讽刺贪官暴吏”、“赞扬学者经师”、“赞扬名士风骨”（据臧云浦《范晔〈后汉书〉研究二题》，见《徐州师范学院学报》1993 年第 1 期）。这些歌谣或一语中的地道出人物的性格特点，如《陈蕃传》中“车如鸡栖马如狗，疾恶如风朱伯厚（朱震）”，《朱晖传》中“强直自遂，南阳朱季（朱晖），吏畏其威，人怀其惠”；或既叙特征又兼评述，如《党锢列传》中“天下模楷李元礼（李膺），不畏强御陈仲举（陈蕃），天下俊秀王叔茂（王畅）”，《樊晔传》中“游子常苦贫，力子天所富，宁见乳虎穴，不入冀府寺。大笑期必死，忿怒或见置，嗟我樊府君（樊晔），安可再遭值”；或纯评述的，如《荀爽传》中“荀氏八龙，慈明（荀爽）无双”，《丁鸿传》中“殿中无双丁孝公（丁鸿）”。它们既言简意赅又生动风趣，既从侧面描写了传主的人品，又使《后汉书》行文活泼流畅。由此可见，《后汉书》中歌谣的运用，对于中国古代传记文学的发展，有一定促进作用。

3. 论、赞的文采魅力

《后汉书》独具文采的论、赞，不仅凸显了传主的个性特征，而且增强了传记的可读性。范晔所说的“欲因事就卷内发论，以正一代得失”中的“论”，主要是指散见于《后汉书》各卷的“序”和“论”。刘知幾在《史通·序例》中解释“序”为“叙作者之意”的文字，而各卷的“论”则是用以“辩疑惑，释凝滞”。因而《后汉书》的“论”是蕴涵着作者的思想、观点的，且“论”是以骈为主，骈散结合，写得颇有气势。如《逸民列传》的“序”云：

> 《易》称“《遁》之时义大矣哉”。又曰：“不事王侯，高尚其事。”是以尧称则天，不屈颍阳之高；武尽美矣，终全孤竹之洁。自兹以降，风流弥繁，长往之轨未殊，而感致之数非一。或隐居以求其志，或回避以全其道，或静己以镇其躁，或去危以图其安，或垢俗以动其概，或疵物以激其清。然观其甘心畎亩之中，憔悴江海之上，岂必亲鱼鸟乐林草哉，亦云性分所至而已。故蒙耻之宾，屡黜不去其国；蹈海之节，千乘莫移其情。

全段四六文参差相杂，错落有致。借着层层相叠的排比句式，以廓大气象凸显了“逸民”于暮色苍茫的“末世”中力求捍卫人格之尊与生命之美的孤往精神，对于下文各逸民的传记起了很好的铺垫作用。且行文一气旋折，形成“骏马下注千丈坡”之势，酣畅感人。

又如《马援列传》传后的“论曰”，亦写得气势雄伟，令人回肠荡气。

> 论曰：马援腾声三辅，遨游二帝，及定节立谋，以干时主，将怀负鼎之愿，盖为千载之遇焉。然其戒人之祸，智矣，而不能自免于谗隙。岂功名之际，理固然乎？夫利不在身，以之谋事则智；虑不私己，以之断义必厉。诚能回观物之智而为反身之察，若施之于人则能恕，自鉴其情亦明矣。

范晔在“论”中，对马援葬不归墓的悲惨结局进行了一番深入细致的探讨，虽不甚正确，但对我们深入了解传主的生平及其时代的人情风貌，是有一定帮助的。

与《后汉书》的“论”相对的，是其各传末的“赞”。范晔对其

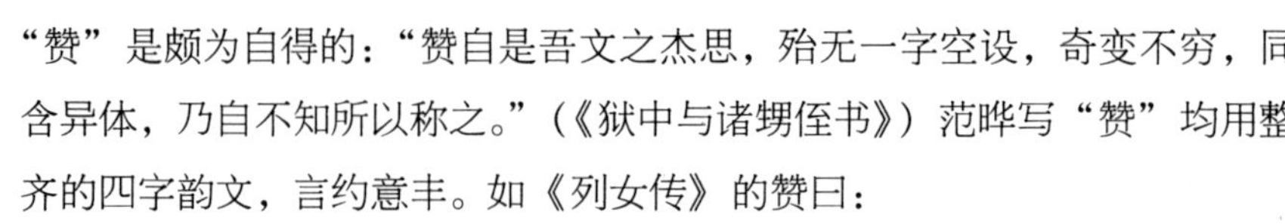

“赞”是颇为自得的：“赞自是吾文之杰思，殆无一字空设，奇变不穷，同含异体，乃自不知所以称之。”（《狱中与诸甥侄书》）范晔写“赞”均用整齐的四字韵文，言约意丰。如《列女传》的赞曰：

端操有纵，幽闲有容。区别风烈，昭我管彤。

虽只四句，但也余韵十足。而《光武帝纪》中的“赞”则是别有一番滋味：

炎正中微，大盗移国。九县飙回，三精雾塞。人厌淫诈，神思反德。光武诞命，灵贶自甄。沉几先物，深略纬文。寻、邑百万，貔虎为群。长毂雷野，高锋彗云。英威既振，新都自焚。虔刘庸、代，纷纭梁、赵。三河未澄，四关重扰。神旌乃顾，递行天讨。金汤失险，车书共道。灵庆既启，人谋咸赞。明明庙谟，赳赳雄断。于赫有命，系隆我汉。

这磅礴的气势、和谐流畅的音韵，如瀑布般一泻千里，震人心魄、馨人心肺，有力地渲染了传主光武帝的气势和尊严。

4. 行文结构的独特营造

别具匠心的剪裁结构，使得《后汉书》的人物容量大大增加，且传主的性格刻画亦更为清晰、明确。范晔秉承《史记》《汉书》以类相从立传的传统，又根据本时代的特点，增加了七个新的类传：《党锢列传》《宦者列传》《文苑列传》《独行列传》《方术列传》《逸民列传》和《列女传》。这些新设的类传，大都具有鲜明的时代烙印，每一个类传均突现了一组性质相近的历史人物，从一特定角度再现了东汉时期的社会面貌和历史现象。如《逸民列传》就是东汉“隐居待仕”风气特别浓烈的产物。

《后汉书》除类传外，其以生平相似而并的“合传”，能使我们一目了然地知晓传主的人生经历。如《王充王符仲长统列传》中的传主都是淡于名利，却有佳作传世的“不朽之人”；《张曹郑列传》中的张纯、曹褒、郑玄则均是精通经学的儒生。范晔对于传主所涉及的人物，只要有共同的特点，都用类叙法附在传末。如《班彪列传》后附了班固，是因为两人均是一心想修史立传之人；《李固传》末附有郭亮、董班的小传，是由于两人与李固一般，是“以名显当世”的义士。这众多个性突出的传主，极大丰富了《后汉书》的人物画廊。

王鸣盛评《后汉书》说：“今读其书，贵德义，抑势力，进处士，黜奸雄，论儒学则深美康成，褒党锢则推崇李杜，宰相多无述而特表逸民，公卿不见采而推尊独行。立言若是，其人可知。”（《十七史商榷》61 卷）虽是赞誉略过，但也不无道理。

三、同时期其他史传

近人梁启超在《中国历史研究法·过去中国之史界》一文中说：“两晋六朝，百家荒芜，而治史者独盛。”的确，魏晋南北朝时期除《三国志》《后汉书》外，《宋书》《南齐书》和《魏书》。这三部史传也相应问世，可谓著述丰厚。虽然这三部史传，无论是记事的“实录”精神，还是写人的文学色彩，与“前四史”均无法相提并论，但它们对中国古代传记文学的发展仍有一定的积极作用，主要表现在以下几个方面：

1. 家传形式的创立。与“前四史”相比，《宋书》才真正开始注重家族史的完整性记载。不仅有事迹可载的子孙被大量附在传主之后，如《宋书·刘穆之传》，在传主之后附录其子孙的若干事迹，包括其长子虑之、虑之子邕、穆之中子式之、式之子瑀、穆之少子贞之、穆之女婿蔡佑等人的史事；而且并无典型业绩可言的子孙名字也开始被罗列在传主之后，如《宋书·檀祗传》传末记有：“子献嗣，元熙中卒，无子，祗之次子朗绍封。朗卒，子宣明嗣。宣明卒，子逸嗣。”继《宋书》之后，《魏书》具有更加鲜明的家传色彩，已颇似后世所谓的家谱。如《穆崇列传》共记有穆氏家族 66 人的名姓。家传的创立，既有利于人们了解魏晋南北朝时期门阀士族的演进轨迹，又有利于分析传主个性形成发展的家族背景，使我国古代传记文学在形式结构上向前迈进了一大步。

2. 独到的传记手法的运用。在“前四史”的“互见法”、“类比法”

等基础上，六朝时期出现了新的传记手法。首先是《宋书》中“带叙法”的成功运用。即在某人传内，附带叙一不必专为之立传的人的履历，而下文仍叙某传主之事。如《王义真传》，传主从关中逃回，躲于草丛中，适逢段宏来寻，方才得脱。于是，本传便带叙段宏其事，而下文又重叙王义真事迹，以完本传。这种带叙法，“既省多立传，又不没其人”（清·赵翼《廿二史札记》）。其次，《南齐书》受《史记》影响，运用了“于序事中寓论断”的手法。清人顾炎武《日知录》卷二十六说：“古人作史，有不待论断而于序事之中即见其指者，惟太史公能之。”今人白寿彝在《司马迁寓论断于序事》一文（《北京师范大学学报》1961 年第 4 期）对此作过进一步分析。史家在叙事中表达褒贬有多种方法。作者对传主的评价通过史事的对比表现出来，而不直接在传记中发表议论，就类似《史记》中这种方法。清人赵翼评《南齐书》中的《褚渊传》《王晏传》《萧谌传》等传记时说：“此数传皆同一用意，不著一议，而其人品自见。”（《廿二史札记》）这种作家隐藏于文本之后，让文本直接与读者对话的手法，对于当代传记人物的创作，仍有极大的借鉴作用。

3. 耐人寻绎的个性韵味。部分篇章传主个性突出，颇具文学色彩，在传记文学史上留下了绚烂的一笔。《宋书·王镇恶列传》对传主复杂的个性进行多方面的剖析，使得人物血肉丰满、栩栩如生。王镇恶是刘裕手下的大将，作战机智勇猛。在他身上，善与恶、美与丑同时并存。一方面作者赞其知恩图报，是性情中人：

> 尝寄食渑池人李方家，方善遇之。谓方曰：“若遭遇英雄主，要取万户侯，当厚相报。”

显达之后，果然如此：

> 造故人李方家，升堂见母，厚加酬赉，即版授方为渑池令。

另一方面，作者也不掩饰其贪婪的本性。特别是那段写他攻下长安、杀了姚泓后的举措的文字，甚是形象生动：

> 是时关中丰全，仓库殷积，镇恶极意收敛，子女玉帛，不可胜计。……时有白高祖以镇恶既克长安，藏姚泓伪辇，为有异志。高祖密遣人觇辇所在，泓辇饰以金银，镇恶悉剔取，而弃辇于垣侧。高祖闻之，乃安。

作者通过这件事，把王镇恶的贪性刻画得淋漓尽致。这种从多方面把握传记人物的写法，使得传主立体地、丰满地站在读者面前，读来颇有余味。

《宋书·谢灵运传》对传主“为性褊激，多愆礼度”亦刻画得有声有色。传记一开头就点明他的与众不同：

> 性奢豪，车服鲜丽，衣裳器物，多改旧制，世共宗之，咸称谢康乐也。

而“临海登山”一段，则把其放荡不羁的本性推到了最高点：

> 灵运因父祖之资，生业甚厚，奴僮既众，义故门生数百。凿山浚湖，功役无已。寻山陟岭，必造幽峻，岩嶂千重，莫不备尽。登蹑常著木履，上山则去前齿，下山去其后齿。尝自始宁南山伐木开径，直至临海，从者数百人。临海太守王琇惊骇，谓为山贼，徐知是灵运，乃安。

这就使我们对谢灵运的个性有了直观的把握，对传主最终难逃劫数也有了深刻的理解。

《南齐书》与《宋书》相比，其人物传记更为简洁质朴，但也有个别传记中细节刻画得绘声绘色。如《谢朓传》的收笔：

> 朓初告王敬则，敬则女为朓妻，常怀刀欲报朓，朓不敢相见。及为吏部郎，沈昭略谓朓曰：“卿人地之美，无忝此职，但恨今日刑于寡妻。”朓临败，叹曰：“我不杀王公，王公由我而死。”

把谢朓临终悔恨交织的复杂心理写得曲折动人，由此可见传主的个性特征。

《孔稚珪传》中描写传主闲情逸志的细节亦写得韵味十足：

稚珪风韵清疏，好文咏，饮酒八斗，与外兄张融情趣相得。又与琅邪王思远、庐江何点、点弟胤并款交，不乐世务。居宅盛营山水，凭几独酌，傍无杂事。门庭之内，草莱不剪，中有蛙鸣。或问之曰："欲为陈蕃乎？"稚珪笑曰："我以此当两部鼓吹，何必期效仲举。"

孔稚珪清高孤傲的个性跃然纸上，令人读来颇有呼之欲出的感受。

《魏书》的人物传记，由于作者把个人的好恶投射于传主身上，使得对传主的描写不够客观公允。但其中有些人物传记依然写得较有文采。如《石虎列传》用层层深入的方法揭示传主的残忍个性。石虎17岁时：

游猎无度，能左右射，好以弹弹人，军人甚患之。

18岁时：

而酷害过差，军中有壮健与己齐者，因猎戏谑，辄杀之。……至于降城陷垒，不复断别善恶，抗斩士女，甚少有遗类。

发展到最后，竟连亲生儿子也不放过。

（杀子）遂及其男女二十六人，一棺埋之，诛其官臣支党二百余人。

"虎毒不食子"，石虎却视子如蚂蚁，随心所欲地把他"踩死"了，其残忍可见一斑。作者把传主性格发展的过程一步步揭示出来，使得人物富有动感，惟妙惟肖。

《魏书》中偶而也运用幽默之笔，如《杨大眼列传》中叙大眼妻一段：

大眼妻潘氏，善骑射，自诣军省大眼。至于攻阵游猎之际，大眼令妻潘戎装，或齐镳战场，或并驱林壑。及至还营，同坐幕下，对诸僚佐，言笑自得，时指之谓人曰："此潘将军也。"

杨大眼幽默的话语，对人物个性的刻画无疑起到了很好的渲染作用，也使整部《魏书》的文学色彩得到了一定程度的加强。

毫无疑问，《宋书》《南齐书》和《魏书》这三部史传作品，虽对中国古代传记文学的发展有一定的贡献，但由于它们在统治阶级日益严密的控制之下，已沦丧为御用工具，其真实性、文学性都大打折扣。因而，我们说“六朝的史传创作，继《三国志》《后汉书》以后，便再也无力在中国古代传记文学的发展进程中担负其主导的作用”。（李祥年《汉魏六朝传记文学史稿》）

第三节 魏晋南北朝杂传的兴起

一、什么是杂传

传记文学发展到魏晋南北朝，在史传之外，杂传开始异军突起、大量涌现。《隋书·经籍志·杂传类》小序对杂传的源流及其含义始作说明：

> 又汉时，阮仓作《列仙图》，刘向典校经籍，始作《列仙》《列士》《列女》之传，皆因其志尚，率尔而作，不在正史。后汉光武，始诏南阳，撰作风俗，故沛、三辅有耆旧节士之序，鲁、庐江有名德先贤之赞。郡国之书，由是而作。魏文帝又作《列异》，以序鬼物奇怪之事，嵇康作《高士传》，以叙圣贤之风。因其事类，相继而作者甚众，名目转广，而又杂以虚诞怪妄之说。推其本源，盖亦史官之末事也。载笔之士，删采其要焉。鲁、沛、三辅，序赞并亡，后之作者，亦多零失。今取其见存，部而类之，谓之杂传。

摒弃其中“杂以虚诞怪妄之说”，就是我们所要研究的杂传，即指离史单独成书的类传，真人真事是其充要条件。据姚振宗《隋书经籍志考证》，汉隋之际杂传类书有470部，其中只有少数几种为汉人所作，其余均是魏晋南北朝作品。

杂传与史传相比，它少了一份“钦定”的束缚。作者“因其志尚，率尔而作”，对历史中生命个体的把握多了一份主观情感，在展示传主的命运、人性时，往往注入自身对人生的感喟。因而，魏晋南北朝的杂传在探究当时知识分子的理想精神，反映社会发展动向，洞察世风世貌上，具有独到的价值。

二、杂传的思想特征

1. 灼灼燃烧的人性之光

魏晋知识分子高扬“狂狷”的大旗，追求个性解放，传统儒家思想遭到嘲笑与唾弃，而老、庄思想则深入人心。其对生命个体的重视，对理想人格的追求，具有空前的激进性。

其一，“叙圣贤之风”，为前代遁世归隐、标榜无为的高洁之士作传，以抒发作者追求独立人格的心态。如皇甫谧的《高士传》、阮孝绪的《高隐传》、嵇康的《高士传》等，均属此类作品。皇甫谧在其序中明确表示：“谧采古今八代之士，身不屈于王公，名不耗于始终，自尧至魏凡九十余人。虽执节若夷、齐，去就若两龚，皆不录也。”可见其传主的选择别具风格。如《高士传·焦先》：

> 世莫知先所出。或言生乎汉末，自陕居大阳，无父母兄弟妻子。见汉室衰，乃自绝不言。及魏受禅，常结草为庐于河之湄，独止其中。冬夏恒不着衣，卧不设席，又无草蓐，以身亲土，其体垢污皆如泥漆，五形尽露，不行人间。或数日一食，欲食则为人赁作，人以衣衣之，乃使限功受直，足得一食辄去，人欲多与，终不肯取，亦有数日不食时。行不由邪径，目不与女子逆视。口未尝言，虽有惊急，不与人语。遗以食物皆不受。……
>
> 彼行人所不能行，堪人所不能堪，犯寒暑不以伤其性，居旷野不以恐其形，遭惊急不以迫其虑，离荣爱不以累其心，损视听不以汙其

耳目，舍足于不损之地，居身于独立之处，延年历百，寿越期颐，虽上识不能尚也。自羲皇已来，一人而已矣！（《三国志·魏书·张至存传》注引）

作者对焦先在内圣之不修而亟亟于外王的混浊之世，独居旷野，不与统治者同流合污的高尚品德予以极力推崇，称其为“自羲皇已来，一人而已矣”！可谓倾心之极，由此可以察知作者内心深处祈求一方净土的避世之念。

在叙历代圣贤高洁品质的同时，魏晋知识分子也不忘为当时的文人作传点评。张骘著的《文士传》为魏晋一大批优秀文人立传，其中很大一部分就是恣情纵欲、寄情山水、激厉清白的文人，直接披露了魏晋文人“非梧桐不止，非练实不食，非醴泉不饮”的高洁人格。如《文士传·张翰》：

张翰字季鹰，父俨，吴大鸿胪，翰有清才美望，博学善属文，造次立成，辞义清新。大司马齐王冏，辟为东曹掾。翰谓同郡顾荣曰：“天下纷纷未已，夫有四海之名者，求退良难。吾本山林间人，无望于时久矣。子善以明防前，以智虑后。”荣捉其手，怆然曰：“吾亦与子采南山蕨，饮三江水尔！”翰以疾归，府以辄去除吏名。（《世说新语·识鉴篇》注引）

其二，贞孝观在魏晋时期有着独到的阐释。如皇甫谧的《列女传》，饱含深情地为那些为国尽忠的“巾帼英雄”立传，为她们的凌凌傲骨击节叹赏。如《三国志·杨阜列传》注中所引的姜叙的母亲：

姜叙母者，天水姜伯奕之母也。建安中，马超攻冀，害凉州刺史韦康，州人凄然，莫不感愤。叙为抚夷将军，拥兵屯历。叙姑子杨阜，故为康从事，同等十余人，皆略属超，阴相结为康报仇，未有间。会阜妻死，辞超宁归西，因过至历，候叙母，说康被害及冀中之难，相对泣良久。姜叙举室感悲，叙母曰：“咄！伯奕，韦使君遇难，岂一州之耻，亦汝之负，岂独义山哉？汝无顾我，事淹变生。人谁不死？死

> 国，忠义之大者。但当速发，我自为汝当之，不以余年累汝也。”因敕叙与阜参议，许诺，分人使语乡里尹奉、赵昂及安定梁宽等，令叙先举兵叛超，超怒，必自来击叙，宽等因从后闭门。……及超入历，执叙母，母怒骂超。超被骂大怒，即杀叙母及其子，烧城而去。阜等以状闻，太祖甚嘉之，手令褒扬，语如本传。

这与范滂母子“子伏其死而母欢其义”有着异曲同工之妙。同样，对于“孝”的含义，魏晋知识分子亦赋予其特定的内涵，“将其视作一种不受世俗所拘的超迈品性来加以接受”（李祥年《汉魏六朝传记文学史稿》）。如萧广济写的《孝子传》中的《杜孝传》：

> 杜孝，巴郡人也。少失父，与母居，至孝称。役在成都。母喜食生鱼，孝于蜀截大竹筒，盛鱼二头，塞之以草，祝曰：“我母必得此。”因投中流。妇出汲，见筒横来触岸，异而取视，有二鱼，含笑曰：“必我婿所寄。”熟而进之，闻者叹骇。(《初学记》卷十七引)

虽这一故事带有神异味，人物也有神化色彩，但“孝”在这里俨然与“君君臣臣、父父子子”中的伦理孝道是有区别的。比之西汉时，以纯粹宣传、颂扬封建的贞孝观，抑制人性健康发展的刘向的《列女传》，自是大大地向前迈进了一步。

2. 家传和地方人物传的大量涌现

受魏晋门阀制度的影响，人们开始注重以个体为中心，向四周发散，挖掘其氏族、地郡的人物源流，涌现了大量家传和地方人物传。《文心雕龙·史传篇》说：“观夫左氏缀事，附经间出，于文为约，而氏族难明。及史迁各传，人始区分（据杨明照《校注拾遗》补），详而易览，述者宗焉。”可见，古人为人物立传的一个重要目的是明“氏族”，使得“人始区分，详而易览”。家传，无疑是最适宜达到这一目的的。魏晋士族大家，往往自编家传，出现了《裴氏家传》《荀氏家传》《王朗家传》《邵氏家传》等一系列的传记。这些家传或夸耀本家中的先贤名流，如《会稽邵氏家传》：

邵畴字温伯，时为诞功曹。诞被收，惶遽无以自明。畴进曰："畴今自在，畴之事，明府何忧?"遂诣吏自列，云不白妖言，事由于己，非府君罪。吏上畴辞，皓怒犹盛。畴虑诞卒不免，遂自杀以证之。临亡，置辞曰："畴生长边陲，不闲教道，得以门资，厕身本郡，逾越侪类，位极朝右，不能赞扬盛化，养之以福。今妖讹横兴，干国乱纪，畴以噂喈之语，本非事实，虽家诵人咏，不足有虑。天下重器，而匹夫横议，疾其丑声，不忍闻见，欲含垢藏疾，不彰之翰笔，镇躁归静，使之自息。愚心勤勤，每执斯旨，故诞屈其所是，默以见从。此之为愆，实由于畴。谨不敢逃死，归罪有司，唯乞天鉴，特垂清察。"吏收畴丧，得辞以闻，皓乃免诞大刑，送付建安作船。畴亡时，年四十。皓嘉畴节义，诏郡县图形庙堂。(《三国志·三嗣主传》注引)

或旨在说明本家族非同寻常的门第和超乎寻常的强大势力，以此自我标榜。如《荀氏家传》：

荀貌除太原榆次令，为政以德，人怀之，时有凤凰，晋武帝下诏褒美，太始三年卒，吏人如丧亲戚，为之树碑，其序曰："俾之如日月，敬之如神明，爱之如父母，乐之如时雨。"(《太平御览》卷 268 引)

这些家传中虽有些过分地为本家族脸上贴金，但也从侧面反映了魏晋士族的强盛。

与此相辅，东汉末年出现了地方人物传，即指某郡国长官或名流为表扬本郡历史人物而作的地区性人物传记。如《陈留耆旧传》《汝南先贤传》《益部耆旧传》《交州人物志》等，今只散见于《三国志》注、《世说新语》注、《后汉书》注、《文选》注以及几部主要的类书中。作者通过追溯地方上"耆旧""先贤"的名士风范，借以抒发自己的地方自豪感，以显郡望。如《陈留耆旧传·高靖》：

靖高祖父固，不仕王莽世，为淮阳太守所害，以烈节垂名。固子慎，字孝甫。敦厚少华，有沉深之量。抚育孤兄子五人，恩义甚笃。琅邪相何英嘉其行履，以女妻焉。英即车骑将军熙之父也。慎历二县令、东莱太守。老病归家，草屋蓬户，甕缶无储。其妻谓之曰："君累经宰守，积有年岁，何能不少为储畜以遗子孙乎?"慎曰："我以勤身清名为之基，以二千石遗之，不亦可乎!"子式，至孝，常尽力供养。永初中，螟蝗为害，独不食式麦，圉令周强以表州郡。太守杨舜举式孝子，让不行。后以孝廉为郎。次子昌，昌弟赐，并为刺史、郡守。式子弘，孝廉。弘生靖。(《三国志·韩崔高孙五传》注引)

又如《益部耆旧传·杜真》:

杜真字孟宗，广汉绵竹人也。少有孝行，习《易》《春秋》，诵百万言，兄事同郡翟酺。酺后被系狱，真上檄章救酺，系狱笞六百，竟免酺难，京师莫不壮之。(《后汉书·翟酺列传》注引)

作者在褒彰本地区历史人物的同时，无形中亦抬高了自身的地位。这与魏晋重门望尚名节的世风是息息相关的。

3. 僧侣传记的接踵问世

佛教在魏晋的兴盛，使得僧人激增，促使大量的僧人传记问世。如惠皎的《高僧传》、宝唱的《比丘尼传》和《名僧传》、裴子野的《众僧传》等。这些僧人传记，既有利于我们了解魏晋时期佛教的发展情况，又为后人传下了一幅佛门弟子的众僧百相图。如《高僧传》一书就有高僧257人，且附见者亦多达239人，可谓蔚为大观。其中，写高僧们对佛教事业的执著追求特别感人肺腑。如《昙无竭传》写昙无竭带领僧人，效法高僧法显西行求法一段，生动细致:

初至河南国，仍出海西郡。进入流沙，到高昌郡，经历龟兹、沙勒诸国。登葱岭，度雪山，瘴气千重，层冰万里，下有大江，流急若箭。东西两山之胁，系索为桥。十人一过，到彼岸已，举烟为帜，后人见烟，知前已度，方得更进，若久不见烟，则知暴风吹索，人堕江

> 中。复过大雪山。悬崖壁立，无安足处。石壁皆有故栈孔，处处相对。人各执四栈，先拔下，右手攀上，展转相攀，经三日方过。及到平地相待，料检同侣，失十二人。

作者撷取传主身处极度恶劣的自然环境之中的一段感人事迹，加以细致刻画，以此突出传主不畏艰险、舍身忘害的敬业精神。

与《高僧传》相映成趣的是宝唱的《比丘尼传》，这也在一定程度上反映了魏晋佛教的广为流传。《比丘尼传》共载有自东晋至梁代六十五位皈依佛门的女性。其中，也有部分传记，人物生动形象。如《司州西寺智贤尼传》：

> 智贤，本姓赵，常山人也，父珍，抚柳县令。贤幼有雅采，感慨贞立，及在缁衣，戒行修备，神情凝远，旷然不杂。太守杜霸，笃信黄老，憎疾释种，符下诸寺，克日简汰。制格高峻，非凡所行，年少怖惧，皆望风奔骇。唯贤独无惧，从容兴居自若，集城外射堂，皆是耆德。简试之日，尼众盛壮，唯贤而已。霸先试贤以格，格皆有余。贤仪观清雅，辞吐辩丽，霸密挟邪心，逼贤独住，贤识其意，誓不毁戒法，不苟存身命，抗言拒之。霸怒以刀斫贤二十余创，闷绝躃地，霸去乃醒。……(《比丘尼传》卷一)

这就将一位不畏强权，洁身自好，笃信佛教，敢于以有限的个体向黑暗的社会抗争的佛门女性形象鲜明地凸显出来，人物饱满传神。

三、杂传的艺术特色

魏晋南北朝的杂传，虽不被当时看重，认为是“史官之末事”，艺术上多较粗糙，但也有其自身的艺术特色。

1. 对比手法的普遍运用

杂传作为类传，特别注意此篇与他篇中传主的性格差别，使得传主既有作为一类的相通之处，又有作为个体的人物自身神采风貌。例如，皇甫谧的《高士传》中，同是“不徵”的先贤，胡昭与成公，两人就各有特色。成公是完全脱离世俗，与统治阶级断袖绝义。《高士传·成公》写道：

成公，成帝时人，自隐姓名，常诵经，不交世利，时人号曰成公。成帝出游，问之，成公不屈节。上曰："朕能富贵人，能杀人，子何逆朕?"成公曰："陛下能贵人，臣能不受陛下之官；陛下能富人，臣能不受陛下之禄；陛下能杀人，臣能不犯陛下之法。"上不能折。

而胡昭则不同，他用自己的方法"入世"。《高士传·胡昭》记道：

初，晋宣帝为布衣时，与昭有旧。同郡周生等谋害帝，昭闻而步陟险，邀生于崤、渑之间，止生，生不肯。昭泣与结诚，生感其义，乃止。昭因与斫枣树共盟而别。昭虽有阴德于帝，口终不言，人莫知之。信行著于乡党。建安十六年，百姓闻马超叛，避兵入山者千余家，饥乏，渐相劫略，昭常逊辞以解之，是以寇难消息，众咸宗焉。故其所居部落中，三百里无相侵暴者。

由此可见，胡昭与成公虽都有峻洁的情操，但在对现实问题的处理上是截然不同的。二位传主彼此烘托，个性突出。

2. 精彩的对话描写

部分杂传人物对话精彩，有利于揭示人物内心活动，镂刻人物性格。如《文士传·刘桢》传主机敏的对白，今天看来依然颇有见地：

桢性辩捷，所问应声而答。坐平视甄夫人，配输作部，使磨石。武帝至尚方观作者，见桢匡坐正色磨石。武帝问曰："石何如?"桢因得喻己自理，跪而对曰："石出荆山悬岩之巅，外有五色之文，内含卞氏之珍，磨之不加莹，雕之不增文，禀气坚贞，受之自然，顾其理，枉屈纡绕而不得申。"帝顾左右，大笑，即日赦之。(《世说新语·言语篇》注引)

刘桢以石自喻，表明自己"禀气坚贞，受之自然"，终于说得曹操也笑而赦之。可见其思维之敏捷、口齿之伶俐，而其个性也符合他那句诗："岂不罹凝寒，松柏有本性。”（《赠从弟》之二）千百年后读来，传主依然棱角分明、个性突出。

《高僧传·鸠摩罗什传》中鸠摩罗什与其师盘头达多辩难一段，亦写得饶有生趣：

> 师谓什曰：“汝于大乘，见何异相，而欲尚之？”什曰：“大乘深净，明有法皆空；小乘偏局，多滞名相。”师曰：“汝说一切皆空，甚可畏也。安舍有法而爱空乎？如昔狂人令绩师绩绵，极令细好。绩师加意，细若微尘，狂人犹恨其粗。绩师大怒，乃指空示曰：‘此是细缕！’狂人曰：‘何以不见？’师曰：‘此缕极细，我工之良匠，犹且不见，况他人耶？’狂人大喜，以付绩师，师亦效焉，皆蒙上赏，而赏无物。汝之空法亦由此也。”什乃连类而陈之，往复苦至，经一月余日，方乃信服。师叹曰：“师不能达，反启其志，验于今矣。”于是礼什为师，言：“和尚是我大乘师，我是和尚小乘师矣。”

这一段描写，不仅把鸠摩罗什与其师盘头达多虔诚学佛、刻意钻研的精神表现出来，而且其中狂人和绩师的对白也生动地雕镂出两人的性格特征，人物栩栩如生，跃然纸上。

四、散传与别传

散传，在魏晋南北朝传记史上，也是不容忽视的一部分。所谓散传，是指正史和杂传以外的单篇个人传记。这里，我们以别传和自传为代表，评述魏晋散传对中国古代传记文学的贡献。

别传，是指“传文分别于正传以外”，“主于续事正传，搜遗重录”（清·王兆芳《文体通释》）的传记。据清人章宗源《隋书经籍志考证》，统计《三国志》《后汉书》《世说新语》《水经注》《文选》《艺文类聚》等书注引，共有184种。自传，既有只短短百余字的《五柳先生传》，又有长篇大论的《让县自明本志令》《法显传》等。其中，部分传记善于抓住人物在生活中富有个性特征的细节加以描刻，折射人物与众不同的光晕，且故事性、趣味性浓厚，文笔洗练俊雅，具有较高的传记文学价值。

《赵云别传》通过一件小事，充分体现了赵云渴望建功立业、统一国家的坚定信念：

> 从平江南，以为偏将军，领桂阳太守，代赵范。范寡嫂曰樊氏，有国色，范欲以配云。云辞曰："相与同姓，卿兄犹我兄。"固辞不许。时有人劝云纳之，云曰："范迫降耳，心未可测；天下女不少。"遂不取。范果逃走，云无纤介。(《三国志·赵云传》注引)

由此可见，赵云时时保持清醒的政治头脑，考虑问题周详细致，不以眼前利益为重，具有英雄本色。

《荀粲别传》记传主娶妻不以才智为主，而强调以色见重一段，亦写得很具生活气息：

> 粲常以妇人者，才智不足论，自宜以色为主。骠骑将军曹洪女有美色，粲于是娉焉，容服帷帐甚丽，专房欢宴。历年后，妇病亡，未殡，傅嘏往唁粲，粲不哭而神伤。嘏问曰："妇人才色并茂为难。子之娶也，遗才而好色，此自易遇，今何哀之甚?"粲曰："佳人难再得！顾逝者不能有倾国之色，然未可谓之易遇。"痛悼不已，岁余亦亡，时年二十九。(《世说新语·惑溺》注引)

荀粲别具一格的择妻标准，且为情而亡的独特经历，体现了传主不拘礼法的个性，时代色彩鲜明。

《司马徽别传》一连用了四个小故事来体现传主的思想个性，读来另有趣味：

> 徽字德操，颍川阳翟人，有人伦鉴识。居荆州，知刘表性暗，必害善人，乃括囊不谈议。时人有以人物问徽者，初不辨其高下，每辄言"佳"。其妇谏曰："人质所疑，君宜辩论，而一皆言'佳'，岂人所以咨君之意乎！"徽曰："如君所言，亦复佳。"其婉约逊遁如此。尝有妄认徽猪者，便推与之；后得其猪，叩头来还，徽又厚辞谢之。

刘表子琮往候徽，遣问在不，会徽自锄园，琮左右问：“司马君在邪？”徽曰：“我是也。”琮左右见其丑陋，骂曰：“死佣！将军诸郎欲求司马君，汝何等田奴，而自称是邪！”徽归，刘头著帻出见琮，左右见徽，故是向者翁，恐，向琮道之。琮起，叩头辞谢。徽乃谓曰：“卿真不可。然吾甚羞之，此自锄园，唯卿知之耳。”有人临蚕求簇箔者，徽自弃其蚕而与之。或曰：“凡人损己以赡人者，谓彼急我缓也，今彼此正等，何为与人？”徽曰：“人未尝求己，求之不与，将惭。何有以财物令人惭者？”（《世说新语·言语》注引）

通过这四个小故事中，司马徽大智若愚，“婉约逊遁”的品性生动地溢于字里行间，读来颇有余味。对于今天的传记写作亦有借鉴之处。

部分散传的语言很具特色。如陶渊明的《五柳先生传》，全文不足200字，但人物的品性、气质已鲜明地呈现在读者面前。

先生不知何许人也，亦不详其姓字。宅边有五柳树，因以为号焉。闲静少言，不慕荣利。好读书，不求甚解；每有会意，便欣然忘食。性嗜酒，家贫不能常得。亲旧知其如此，或置酒而招之。造饮辄尽，期在必醉；既醉而退，曾不吝情去留。环堵萧然，不蔽风日。短褐穿结，箪瓢屡空，晏如也。常著文章自娱，颇示己志。忘怀得失，以此自终。

全文以一“不”字贯穿始终，文字洗练顺畅，把“自己对世间的一切无所措意、无所执著，只是任情率真地生活”（章培恒、骆玉明《中国文学史》）表达得淋漓尽致，其顺乎自然而拔乎流俗的胸襟不知感染了多少后学子弟。

《法显传》中写过雪山一段，也是字字是金，掷地有声：

法显等三人南度小雪山。雪山冬夏积雪，山北阴中遇寒风暴起，人皆噤战。慧景一人不堪复进，口出白沫，语法显曰：“我亦不复活，便可时去，勿得俱死。”于是遂终。法显抚之悲号：“本图不果，命也奈何！”复自力前，得过岭。

法显一句“本图不果，命也奈何！”把传主内心悲而不伤、哀而不怨的复杂心理充分表现出来，读来尽管苍凉，犹见亢奋，令人不禁扼腕感叹。

无疑，与杂传相比，散传别具一番浓浓的生活气息，却少了些气势。

第四节 魏晋南北朝传记文学的理论与批评

传记文学的理论与批评，在魏晋南北朝并没有形成系统的、具有一定规模的专著，而只零星地散见于当时的一些文学批评文章中。如曹丕《典论·论文》、裴松之《三国志》注释、范晔《狱中与诸甥侄书》、刘劭《人物志》、陆机《文赋》，以及刘勰《文心雕龙·史传》等篇。较之先秦两汉，这时期的传记理论与批评是大大地向前迈进了一步。不论是在传记文体的认识、内容的真实性、传主形象的塑造，还是在传记文辞论赞方面，都有了较鲜明的观点论述。这些一鳞半爪的理论批评，主要可归为以下几点：

一、传记文体被确认

这个时期文人学者在划分文体时，开始自觉或不自觉地注意到传记这种体裁。曹丕《典论·论文》把“文”分为四种：

> 夫文，本同而末异。盖奏议宜雅，书论宜理，铭诔尚实，诗赋欲丽。

其中，“铭诔”实为散传的一种。《文心雕龙·诔碑》写道：

> 详夫诔之为制，盖选言录行，传体而颂文，荣始而哀终，论其

人也。

> 夫属碑之体，资乎史才，其序则传，其文则铭。

据此可知，“铭诔”是属传记体裁。且曹丕对文章功能的概括：

> 盖文章，经国之大业，不朽之盛事。年寿有时而尽，荣乐止乎其身。二者必至之常期，未若文章之无穷。

标志着文学自觉的开始，即是追求个人声名的自我意识在文学中的反映。而自传即是将自己声名自传于后的一种文学体裁。曹丕就写了《自叙》（见《三国志·魏志·文帝纪》注）。而从自传扩大为亲友写传则是很合情理的事。如钟会替母，嵇喜为弟嵇康，管辰为兄管辂，顾恺之给父顾悦作传，因此不少杂传的作者是传主的亲属。

陆机《文赋》在对文体进行分类的同时，亦注意到各文体不同的体貌风格：

> 诗缘情而绮靡，赋体物以浏亮。碑披文以相质，诔缠绵而凄怆。铭博约而温润，箴顿挫而清壮。颂优游以彬蔚，论精微而朗畅。奏平徹以闲雅，说炜晔而谲诳。

陆机此处谈到的十科，其中，碑、诔、铭也属散传。

而萧统的《昭明文选》虽把经子史排斥在文之外，但把史传中“赞论之综缉辞采，序述之错比文华”看做了文学散文。且把文学散文细分为36类，包括了墓志、行状、诔文等散传。

至刘勰的《文心雕龙》前25篇则是完整的文体论，“分别论述了多种杂体传记的特点，尤其对史学著作与传记作品的文体特点有明确的分析。”（朱文华《传记通论》）《文心雕龙》对诔碑、史传都列专题进行论述，特别是“史传”篇，虽不是专对传记文学而发论，但它是第一次把“史传”作为文体加以探讨。至于杂传文体的提出和确定，可参见《隋书·经籍志·杂传》小序：“普通中，有处士阮孝绪……更为《七录》，一曰经典录，记六艺，二曰记传录，记史传……”在“记传录”下，史部著述又被分为 12 类，其中有“杂传”一类，这是“杂传”首次以传记类名出现，作为一项独立的著述门类，从此与“正史”分庭抗礼。

由此，我们不难发现，魏晋南北朝传记理论，首次从文体上开始对传记这种体裁予以注意，特别是对杂传、散传的充分重视，与当时它们创作的繁荣是相映成趣的。

二、强调传记文学的真实性

这个时期的评论家，从传记内容的真实可信角度，对传记文学进行批评。裴松之《三国志·武帝纪》注释中写道：

> 臣松之以为史之记言，既多润色，故前载所述有非实者矣，后之作者又生意改之，于失实也，不亦弥远乎！

明确提出史传之文不能“失实”，这与司马迁的“实录”是一脉相承。《三国志·后妃传》中，裴松之对陈寿写甄皇后之死之文，也有一段精彩的言论：

> 臣松之以为《春秋》之义，内大恶讳，小恶不书。文帝之不立甄氏，及加杀害，事有明审。魏史若以为大恶邪，则宜隐而不言，若谓为小恶邪，则不应假为之辞，而崇饰虚文乃至于是，异乎所闻于旧史。推此而言，其称卞、甄诸后言行之善，皆难以实论。

孔子写《春秋》，主张“尊贤隐讳”、“奸慝惩戒”（《文心雕龙·史传》），以儒家的伦理道德为标准，划分奸贤，以此决定作者的态度是“隐讳”还是“惩戒”，这与传记要求写人叙事真实可信是相违背的。但这一观点影响了后世许多史学家、批评家。裴松之虽也受了一定的影响，但他在评论文章时，还是基本上做到了去讳就实，如上评甄后之死一文就是实例。

刘勰的《文心雕龙·宗经》篇指出，评价作品思想内容要依据三个标准，即“情深而不诡”、“事信而不诞”、“义直而不回”。这“事信”、“义直”都是要求作品中所用的事必须真实而含义正直。刘勰在《文心雕龙·

史传》篇中称扬《史记》“实录无隐”，且指出：

> 盖文疑则阙，贵信史也。然俗皆爱奇，莫顾实理。传闻而欲伟其事，录远而欲详其迹，于是弃同即异，穿凿傍说，旧史所无，我书则传，此讹滥之本源，而述远之巨蠹也。至于记编同时，时同多诡，虽定哀微辞，而世情利害。勋荣之家，虽庸夫而尽饰；迍败之士，虽令德而嗤埋，吹霜煦露，寒暑笔端，此又同时之枉，可为叹息者也。故述远则诬矫如彼，记近则回邪如此，析理居正，唯素心乎！（据周振甫注《文心雕龙注释》）

刘勰在此指陈了写史作传不据实而书的种种恶劣迹象，提出“素心”说。但他也同样受到了孔子写《春秋》的“圣旨”影响，紧接上文而提出：

> 若乃尊贤隐讳，固尼父之圣旨，盖纤瑕不能玷瑾瑜也；奸慝惩戒，实良史之直笔，农夫见莠，其必锄也。若斯之科，亦万代一准焉。

这明显是与司马迁的实录精神背道而驰的。刘勰的这一“隐讳”“惩戒”的主张，是与其写史目的“表征盛衰，殷鉴兴废”的见解相一致的。我们应该发现，在刘勰的批评中，据实而书是占主导地位的。下面一段文字写得更明白晓畅：

> 至于寻繁领杂之术，务信弃奇之要，明白头讫之序，品酌事例之条，晓其大纲，则众理可贯。然史之为任，乃弥纶一代，负海内之责，而赢是非之尤，秉笔荷担，莫此之劳。

由此可知，“务信弃奇”是刘勰的史传论主旨所在。

三、关于人物形象塑造的理论

这个时期文人学者，开始从理论上探讨传主形象的塑造，注重人物形貌描绘。从总体上说，魏晋南北朝时期的传记理论与批评，对人物形象的描绘是注意不够的。《后汉书》中，虽也有一系列传主被描摹得栩栩如生、神采飞扬，但作者范晔对此并不多加评论。在《狱中与诸甥侄书》中，只对自己写的传记的序、论、赞表示满意，却一字不提书中传主的塑造问题。刘勰衡量当时作品的文学价值，也主要是从骈文角度考察其语言之美，“他所谓文章之美，着重体现在语言（特别是骈文语言）方面，而描写人物、叙述事件，一般都用散体文。他认为散体文缺乏骈文语言之美，因此对着重写人物、艺术成就颇高的作品也不加称道。例如《左传》《史记》《汉书》的一部分篇章写人物形象鲜明生动，《史记》尤为突出；他对这三部史书虽颇赞美，但并没有在这方面加以肯定。”（王运熙、杨明《魏晋南北朝文学批评史》）

但可幸的是，在当时品评人物的世风的感召下，出现了一些关于如何刻画人物形象的文章。《三国志·陈群传》裴松之注释中有一段写道：

> 凡记言之体，当使若出其口。辞胜而违实，固君子所不取，况复不胜而徒长虚妄哉？

裴松之已注意到了传记人物的语言必须符合其身份，“若出其口”，才能使人觉得传记人物的可信性，才能谈得上人物的形象性。汉末魏初刘劭的《人物志》提出：

> 夫色见于貌，所谓征神。征神见貌，则情发于目。

主张通过观察人的眼睛去体验其精神世界。可见对于人物形象的刻画，已将外在的描绘与内心世界的活动相结合。东晋顾恺之则更明确地点明了眼睛的描摹对于人物塑造的重要性。《世说新语·巧艺》说：

> 顾长康画人，或数年不点目睛。人问其故，顾曰：“四体妍蚩，本无关于妙处；传神写照，正在阿堵中。”

《世说新语·贤媛》中，亦指出眼睛的可贵：

> 王尚书尝看王右军夫人，问：“眼耳未觉恶不？”答曰：“发白齿落，属乎形骸；至于眼耳，关于神明，那可便与人隔？”

不难发现，当时世人是十分注重眼睛中传达的人物精神面貌，把之与“神明”相联。而当时作家在刻画人物时，也的的确确多用妙笔点睛，以使人物形神备至。《世说新语·容止》有一段描绘：

> 裴方公有俊容姿，一旦有疾，至困，惠帝使王夷甫往看。裴方向壁卧，闻王使至，强回视之。王出，语人曰：“双眸闪闪若岩下电，精神挺动，体中故小恶。”

由此可知，魏晋南北朝人已开始在人物传记中，有意识地运用画龙点睛之笔塑造人物形象。

四、关于传记文辞、论赞的评论

对传记文辞、论赞的极度重视，既影响到对人物形象的注意，又在一定程度上增强了作品的文学色彩，可读性强，具有一种逼人的气势。上文已提到，范晔对于自己的论赞颇为自诩，《狱中与诸甥侄书》中写道：

> 详观古今著述及评论，殆少可意者。班氏最有高名，既任情无例，不可甲乙辨，后赞于理近无所得，唯志可推耳。博赡不可及之，整理未必愧也。吾杂传论，皆有精意深旨，既有裁味，故约其词句。至于《循吏》以下及六夷诸序论，笔势纵放，实天下之奇作。其中合者，往往不减《过秦篇》。尝共比方班氏所作，非但不愧之而已。欲遍作诸志，《前汉》所有者悉令备。虽事不必多，且使见文得尽；又欲因事就卷内发论，以正一代得失，意复未果。赞自是吾文之杰思，殆无一字空设，奇变不穷，同含异体，乃自不知所以称之。此书行，故应有赏音者。纪传例为举其大略耳，诸细意甚多。自古体大而思精，未有此也。

在范晔看来，整部《后汉书》的精华所在即是它的序论赞，而人物传记亦是为此服务的。可见他对序论赞的重视、偏爱到了何种地步。

刘勰对历代史书、传记，亦多由其论赞、文辞的优劣为核心去评价它的价值。对于优秀的传记巨作《史记》，刘勰赞其文辞“博雅宏辩”。而对班固《汉书》也只推崇：“其十志该富，赞序弘丽，儒雅彬彬，信有遗味。”可见，刘勰对《汉书》的语言是相当首肯的。关于陈寿的《三国志》，刘勰评曰：“陈寿《三志》，文质辨洽，荀、张比之于迁、固，非妄誉也。”其实，陈寿语言简练质朴是实，但与司马迁相比，在传记文学人物刻画的形象生动、语言的趣味多韵上，都是不能相媲美的。刘勰此处因只注重文辞，才会给予如此高的评价。

又如沈约《宋书·王韶之传》称王韶之所撰史书“议论可观”；萧琛赞裴子野《宋略》中的评论“可与《过秦》《王命》分路扬镳”（《南史·裴子野传》），这都体现了魏晋南北朝人对史论赞、对文辞的高度重视。

魏晋南北朝的传记理论与批评，观其全貌，还是很不成熟的。既有自相矛盾处，如刘勰对史传真实性的评论；又有疏阔简陋之处，如对人物形象塑造问题的探讨。但仍有不可磨灭的功绩，不论是对当时传记创作，还是对后代的传记创作及理论批评，都有着不同程度的影响和作用。

第四章

唐代史传文学和碑志传记的繁荣

公元589年隋文帝统一全国，结束了南北朝时期南北对峙的局面。但隋朝第二代君主隋炀帝荒淫腐败，隋王朝于公元618年灭亡，存在时间不到40年。隋王朝在传记文学发展过程中没有留下显著的痕迹。

代隋建立的唐朝，从618年建国到907年灭亡，有近300年的历史，是中国封建社会最繁荣的时代，也是古代传记文学发展变化的又一个重要阶段。唐代的传记文学各体得到全面的繁荣，从总体上说有以下几个特点：

第一，唐朝国力全面强盛，唐初君主特别重视总结亡隋的教训，重视编修纪传体史书。在中国古代，以一个朝代编修正史的数量说，唐初八史（《晋书》《梁书》《陈书》《北齐书》《周书》《隋书》《南史》《北史》），占了所谓二十四史的三分之一，在历代中是最多的[①]，其中又多是官修的。

第二，唐朝统治者，尤其是初唐君主，对儒道佛三教都加以提倡，思想较开明，反映儒道佛思想的传记作品都能发展。著名的《慈恩传》即是佛教传记。颜真卿《张志和碑铭》中的张志和则是具有道家色彩的文人。

第三，中唐时期以韩愈为代表提倡的古文运动，促进了古文的发展，同时也带动了传记文学的发展。韩愈、柳宗元就是中唐最有成就的传记作家，他们的传记作品在思想性与文学性上都比前代有所提高。

第四，唐代以诗歌为主的文学艺术的全面繁荣，浓郁的文化氛围，文体之间，如在传奇与传记之间的互相影响，丰富了传记文学的艺术性。

第五，唐代传记文学除唐初的史传以外，碑志、传状、自传等各体都相当的繁荣。

第一节　唐初八史的传记文学成就

唐初的统治者以唐太宗李世民为代表，十分重视纪传体史书的编撰。如开始建立定型的写史组织机构，即设馆修史，这对纪传体史书和史传文学产生了正负面同时存在的两种影响。唐初所修八史在思想倾向上重视总结亡隋的教训，同时彰善瘅恶，提倡忠孝的封建道德。在文学成就上唐初八史已不能与前四史相比，但在八史中文学成就也有高低之别，其中以《晋书》《隋书》《南史》《北史》较好，部分优秀传记在表现人性的深刻性，刻画人物个性，以及加工已有的史料方面都取得了一定的进步。下面分别就唐初设馆修史对史传文学的影响，唐初八史的思想倾向及其文学成就加以具体阐述。

一、唐初设馆修史对史传文学发展的利弊

中国历史上从后汉明帝时置兰台令史 18 人，开始写史传，史馆由此起源。而正式的设馆修史制度，建立于唐太宗李世民时代。从东汉到唐初，虽有设馆修史的事实，但未能成为有职守有组织的定型机构。据《旧唐书·职官志》记载："历代史官，隶秘书省著作局，皆著作郎掌修国史。武德因隋旧制。贞观三年闰十二月，始移馆于禁中，在门下省北。宰相监修国史，自是著作郎始罢史职。"唐太宗贞观三年（629 年），因高祖武德年间萧瑀等修史未成，才改组史馆，建立制度，把史馆移到皇帝直接控制之下的门下省，修史统由宰相领导，这才正式建立设馆修史制度。

唐初设馆修史的成果具体体现在八史上：即姚思廉编《梁书》《陈书》，李百药编著《北齐书》，令狐德棻等人编《北周书》，魏征等人编修《隋书》。这五种史书都在贞观十年（636 年）完成。唐太宗见了这五种史书十分高兴地说："朕睹前代史书，彰善瘅恶，足为将来之戒。""将欲览前王之得失，为在身之龟镜。"（《册府元龟》卷 554"国史部·恩奖"）《晋书》是由房玄龄等人编撰，于贞观二十年（646 年）完成。其中《宣帝纪》《武帝纪》《陆机传》《王羲之传》四篇末尾的"论"，是唐太宗撰的，可见唐太宗对《晋书》的重视。《南史》《北史》是李延寿私撰，于高宗显庆四年（659 年）完成。这两种书为李延寿一人编成，但他在贞观三年（629 年）也进入史馆，也得着史馆参考之便，与史馆有联系。

唐初官修正史对史传文学的发展具有有利的一面：第一，文献资料充

分。因为官修史书，所需文献资料，上自国家藏书，各种文件档案，下至私人著述，都可利用。第二，人才齐备。朝廷可调集各类人才，众手合作，因而成书速度也较一人私修为快，成果也多。第三，史官待遇优厚，增加了他们的荣誉感，有利于修史的顺利完成。唐代刘知幾说：修史的史馆“馆宇华丽，酒馔丰厚，得厕其流者，实一时之美事。”（《史通·史官建置》）但是，官修正史对史传文学的发展也有不利的一面：第一，不利于发挥作者个人的才能。因为修史者首要遵守皇帝的旨意，还要听命于监修的大员，作者的个性被湮灭。第二，官修必然受到朝廷意旨的影响，因而使史传文学削弱了对人物性格的刻画，而只注重贯彻朝廷规定的指导思想。第三，由于官修要贯彻长官意志，又是众手联作，作者的感情不能像司马迁写《史记》那样抒发其中了，使作品削弱了感染力。唐初修史的利弊得失，对我们今后编写大型传记文学作品或其他著述仍有借鉴意义。

二、唐初史传文学的借鉴倾向

唐初所修的八部正史，其中《晋书》和《隋书》是当时真正成于众手的官修之作，不同于唐以前私撰的史书，因而是官修正史的代表作。而《南史》《北史》则仍是私撰，也有自己的特色。它们大都有借鉴前朝亡国和教化的思想倾向。

第一，突出亡国之君的历史教训，为后世提供治国的借鉴。唐初官修的第一批五部正史都体现了唐太宗关于修史在“览前王之得失，为在身之龟镜”的宗旨。当时著名宰相魏征亲自主持修了《隋书》，并给《梁书》《陈书》《北齐书》写了总论。他主张“鉴国之安危，必取于亡国”（《贞观政要》），强调从已亡的朝代吸取教训。于是在《隋书》等唐初第一批编撰的正史中对统治集团的内部矛盾，尤其是亡国之君的昏庸无能、荒淫残暴、争权夺利等等，都作了比较充分的揭露。如对隋炀帝的罪行在《隋书·炀帝纪下》作了综述：

初，上自以藩王，次不当立，每矫情饰行，以钓虚名，阴有夺宗之计。……又常私入宫掖，密谋于献后，杨素等因机构扇，遂成废立。自高祖大渐，暨谅暗之中，烝淫无度，山陵始就，即事巡游，以天下承平日久，士马全盛，慨然慕秦皇、汉武之事。乃盛治宫室，穷极侈靡，召募行人，分使绝域。……帝性多诡谲，所幸之处，不欲人知。每之一所，辄数道置顿，四海珍羞殊味，水陆必备焉，求市者无远不至。郡县官人，竞为献食，丰厚者进擢，疏俭者获罪。奸吏侵渔，内外虚竭，头会箕敛，人不聊生。……黎庶愤怨，天下土崩，至于就擒，而犹之未寤也。

这段文字将隋炀帝自夺位至于就擒的全过程作了概括的叙述。作者告诉读者，隋炀帝的亡国，责任不在朝臣，更不在将士，而是他本人造成的。

《隋书·文四子传》写杨勇受杨广的诬陷，终于无罪而死，也是寄寓隋亡的教训。隋朝开国之君隋文帝（高祖）有五个儿子，皆为文献皇后所生。原来的长子杨勇是太子，开始是受文帝信任的。后来次子杨广利用杨素等人一再诬陷杨勇，终于使文帝废除杨勇，另立杨广为太子。文帝生病时，杨广入侍医药，并奸乱宫闱。当文帝发觉枉废杨勇，为时已晚，文帝接着暴死。传记结尾，修史者以史臣的名义发表评论，认为隋文帝对杨勇“恩宠既变，谗言间之，顾复之慈，顿隔于人理，父子之道，遂灭于天性。隋室将亡之效，众庶皆知之矣”。作者写杨勇之死，沉痛委曲。杨勇之死，主要是杨广诬陷造成，但与文帝对杨勇看法的变化也有重要的关系。文帝偏听杨广、杨素的言论，而不听杨勇的申冤，废嫡立庶，最后自己也被杨广害死。其教训是够深刻的。

隋文帝扶植杨广，导致自己覆亡。杨广是个暴君，又导致隋朝的灭亡。前朝亡国的教训还有陈后主，他是一个昏君，稀里糊涂地把陈朝葬送了。魏征在《陈书·后主本纪》的“史臣曰”揭示了陈亡原因：“后主生深宫之中，长妇人之手，既属邦国殄瘁，不知稼穑艰难”，又“昵近群小”，“无骨鲠之臣”，终使国家灭亡。这些亡国教训，都足供后世统治者借鉴。

第二，探索帝王将相在中国统一事业成败中的作用。《晋书》是唐初所修的第二批正史的代表作。唐太宗李世民为《晋书》写了四篇传论。“何以李世民偏要选择《晋书》来写史论呢？这主要是因为西晋是个统一的王朝，它结束了三国时期几十年的分裂局面。然而它的统一又是短暂的，不久就发生了中原地区的大混战，此后便形成了东晋和十六国、南朝和北朝的长期对立。李世民作为统一的唐朝的创业之君，很想对于晋朝的治乱兴亡进行一番探索，作为借鉴。”（中华书局编辑部《晋书出版说明》）李世民为之写过史论的宣帝司马懿是西晋王朝的奠基人，武帝司马炎则是西晋统一事业的完成者；而陆机和王羲之则主要着眼于他们在文学艺术上的成就。《晋书》对西晋的两个开国人物司马懿和司马炎多取批评态度，认为他们本人存在的问题使西晋政权根基不稳。

司马懿一生经历了曹魏的四代人，他在汉末为曹操发现并启用，魏文帝曹丕把他当做萧何。魏明帝时，他智斩反将孟达，击败诸葛亮，平定辽东太守公孙渊的叛乱。齐王曹芳时，他与曹爽共同辅政，又杀了曹爽，使军政大权转归司马氏。他为人“内忌而外宽，猜忌多权变”。《宣帝纪》写他假装老病糊涂，骗取曹爽放松对他的戒备，可见他“权变”之术：

> （正始八年）五月，帝（司马懿）称疾不与政事。……
>
> 九年春三月，黄门张当私出掖庭才人石英等十一人，与曹爽为伎人。爽、晏（何晏）谓帝疾笃，遂有无君之心，与当密谋，图危社稷，期有日矣。帝亦潜为之备，爽之徒属亦颇疑帝。会河南尹李胜将莅荆州，来候帝。帝诈疾笃，使两婢侍，持衣衣落，指口言渴，婢进粥，帝不持杯饮，粥皆流出霑胸。胜曰：“众情谓明公旧风发动，何意尊体乃尔！”帝使声气才属，说：“年老枕疾，死在旦夕。君当屈并州，并州近胡，善为之备。恐不复相见，以子师、昭兄弟为托。”胜曰：“当还忝本州，非并州。”帝乃错乱其辞曰：“君方到并州。”胜复曰：“当忝荆州。”帝曰：“年老意荒，不解君言。今还为本州，盛德壮烈，好建功勋！”胜退告爽曰：“司马公尸居余气，形神已离，不足虑矣。”他日，又言曰：“太傅不可复济，令人怆然。”故爽等不复

设备。

结果曹爽麻痹大意，司马懿突然发动袭击，杀了曹爽，夺取了魏国的一切大权。李世民批评他“前忠而后乱”，说他“以未成之晋基，逼有余之魏祚”，他本人最终未能得到皇帝的宝位。《晋书》的编写者在《宣帝纪》末记述了东晋时明帝与王导谈论司马懿创业之始，及文帝末高贵乡公事。明帝说：“若如公言，晋祚复安得长远！”这就暗示司马懿夺取曹魏权力中所表现的猜忌与残忍，使后来晋朝的皇位不能保持长远。《晋书》编写者写司马懿可能只从帝王个人的政治品质与皇位的关系着眼，但我们从司马懿的政治表现中确实看到了他的人性中的伪善残忍的一面。

至于司马炎，李世民在《晋书·武帝纪·制曰》中，指出他“不知处广以思狭”，“居治而忘危”，“以新集易动之基，而无久安难拨之虑”。可见对司马炎也采取批评态度。《武帝纪》最后对司马炎一生事迹有一段综述，认为他刚从曹氏手里夺得皇位时，尚注意节俭，讲求法度。待至统一全国后，他很快走上了历代统治者腐败的老路，“怠于政术，耽于游宴，宠爱后党，亲贵当权，旧臣不得专任，彝章紊乱，请谒行矣”。司马炎死后，西晋内乱外患的发生，实为司马炎生前种下的祸根。

西晋灭亡后，东晋政权偏安南方，一批有识之士或积极要求收复失地，或参加了保卫东晋王朝的斗争。《晋书》肯定与歌颂了一批为保卫东晋政权，为国家统一而奋斗的英雄人物。

祖逖是东晋初期立志北伐并一度收复黄河以南大批失地的英雄人物。《晋书·祖逖传》记述了他一系列的生动事迹：

> 祖逖与司马刘琨俱为司州主簿，情好绸缪，共被同寝。中夜闻荒鸡鸣，蹴琨觉曰：“此非恶声也。”因起舞。逖、琨并有英气，每语世事，或中宵起坐，相谓曰：“若四海鼎沸，豪杰并起，吾与足下当相避于中原耳。”
>
> 及京师大乱，逖率亲党数百家避地淮泗，以所乘车马载同行老疾，躬自徒步，药物衣粮与众共之。又多权略，是以少长咸宗之，推逖为

行主。达泗口，元帝逆用为徐州刺史，亲征军谘祭酒，居丹徒之京口。

逖以社稷倾覆，常怀振复之志。……时帝方拓定江南，未遑北伐，逖进说曰："晋室之乱，非上无道而下怨叛也。由藩王争权，自相诛灭，遂使戎狄乘隙，毒流中原。今遗黎既被残酷，人有奋击之志，大王诚能发威命将，使若逖等为之统主，则郡国豪杰必因风向赴，沈溺之士欣于来苏，庶几国耻可雪，愿大王图之。"帝乃以逖为奋威将军、豫州刺史，给千人廪，布三千匹，不给铠仗，使自招募。仍将本流徙部曲百余家渡江，中流击楫而誓曰："祖逖不能清中原而复济者，有如大江！"辞色壮烈，众皆慨叹。屯于江阴，起冶铸兵器，得二千余人而后进。

祖逖的"闻鸡起舞"，表现了一种奋发有为的精神，他的"中流击楫"，更具体表现了他收复失地的决心。范文澜《中国通史简编》称赞祖逖是东晋"最识大体、最有才能的杰出人物"。

《晋书·谢玄传》记述了东晋中期谢玄在淝水大破前秦国苻坚的辉煌胜利，赞颂了谢玄在保卫东晋政权，抵抗北方民族南侵中所作出的重大贡献。苻坚集中百万之众进攻江南的东晋，而东晋的谢玄只带着 8 万人在淝水抗敌。苻坚的军队因受骗而后退造成了混乱，谢玄趁机以 8000 人渡水进击，结果是：

坚众奔溃，自相蹈藉投水死者不可胜计，淝水为之不流。余众弃甲宵遁，闻风声鹤唳，皆以为王师已至，草行露宿，重以饥冻，死者十七八。

由于谢玄以少胜多，使晋军由劣势转为优势，从此以后的几十年内北方民族再也没敢向南方发动进攻。

第三，唐初所修史传多宣扬"孝道"。唐初的统治者为了巩固已取得的统治地位，开始对被魏晋南北朝时期因社会大动乱而受到冲击的封建伦理重加整顿，其突出表现之一就是在修史中提倡"孝道"。唐修八部正史除《北齐书》外，其余七部都有《孝友列传》，或《孝行列传》，或《孝义列传》。唐明皇为带头鼓吹孝道，亲自注释了《孝经》。唐初八史中以《晋书》宣扬孝道最严重。在它的列传中都提到传主如何孝。如《何曾传》说何曾“性至孝”，《阮籍传》说阮籍“性至孝”，《张翰传》说张翰“性至孝”等，仿佛晋代人比任何时代人都更孝顺似的。其实，史传编写者们宣扬孝，还是为了宣扬对统治阶级的忠。一个人在家庭内讲孝，在国家里就会忠。因此，《晋书》中又有《忠义传》，把一些所谓“忠义”的人物编起来加以称扬。这是唐初史传中一种突出的思想麻醉。

《晋书》中宣扬“孝”，在有的传记篇章中达到了极其荒唐可笑的程度。如《王祥传》写道：

> 祥性至孝。早丧亲，继母朱氏不慈，数谮之，由是失爱于父，每使扫除牛下，祥愈恭谨。……母常欲生鱼，时天寒冰冻，祥解衣将剖冰求之，冰忽自解，双鲤跃出，持之而归。母又思黄雀炙，复有黄雀数十飞入其幕，复以供母。乡里惊叹，以为孝感所至焉。有丹柰结实，母命守之，每风雨，祥辄抱树而泣。其笃孝纯至如此。

上述王祥解衣剖冰求鱼的故事，到后世被列入《二十四孝图》，变成了“卧冰求鱼”。这样异想天开的故事实在是欺骗人。

三、唐初史传的文学成就

第一，唐初史传中《晋书》《隋书》《南史》《北史》，尤其是《晋书》具有突出的故事性和趣味性，有“小说”色彩。《晋书》取材不少来自笔记小说。古代学者往往从历史的角度对《晋书》取材提出批评。唐代刘知幾《史通·采撰》说：“晋世杂书，谅非一族，若《语林》《世说》《幽明录》《搜神记》之徒，其所载或诙谐小辩，或神鬼怪物。其事非圣，扬雄所不观；其言乱神，宣尼所不语。皇朝新撰《晋史》，多采以为书。……虽取悦于小人，终见嗤于君子矣。”清代《四库全书总目提要》也说它“其所褒贬，略实行而奖浮华；其所采择，忽正典而取小说，披靡不返，有自来矣。”但若从传记文学的角度看，史传吸取其他文学样式写人的方式方法，而不损害其本身的真实性，则是可取的。如《世说新语》中通过记言、记行写人的优势，被《晋书》吸收，使《晋书》人物传记增加了故事性和趣味性。如《王羲之传》记王羲之的一些生活逸事：

王羲之字逸少，司徒导之从子也。时太尉郗鉴使门生求女婿于导，导令就东厢遍观子弟。门生归，谓鉴曰："王氏诸少并佳，然闻信至，咸自矜持。惟一人在东床坦腹食，独若不闻。"鉴曰："正此佳婿邪！"访之，乃羲之也，遂以女妻之。

性爱鹅，会稽有孤居姥养一鹅，善鸣，求市未能得，遂携亲友命驾就观。姥闻羲之将至，烹以待之，羲之叹惜弥日。又山阴有一道士，养好鹅，羲之往观焉，意甚悦，固求市之。道士云："为写《道德经》，当举群相赠耳。"羲之欣然写毕，笼鹅而归，甚以为乐，其任率如此。……

又尝在蕺山见一老姥，持六角竹扇卖之。羲之书其扇，各为五字。姥初有愠色，因谓姥曰："但言王右军书，以求五钱邪。"姥如其言，人竞买之。他日，姥又持扇来，羲之笑而不答。其书为世所重，皆此类也。

此传中"东床坦腹"故事即取自《世说新语·雅量》篇，这件逸事再现了王羲之平时做人自然大方，而不矫揉造作的风貌，同时也反映了郗鉴择婿的准确。另外两件逸事写王羲之爱鹅和题扇，为《晋书》作者所增加，表现了大书法家王羲之与普通百姓的友好交往，颇有趣味。

其他唐修正史的传记中也多有这种逸事的记载，如《周书·柳庆传》记柳庆破案：

有贾人持金二十斤，诣京师交易，寄人停止。每欲出行，常自持管钥。无何，缄闭不异而失之。谓主人所窃，郡县讯问，主人遂自诬服。庆闻而叹之，乃召问贾人曰："卿钥恒置何处?"对曰："恒自带之。"庆曰："颇与人同宿乎?"曰："无。""与人同饮乎?"曰："日者曾与一沙门再度酣宴，醉而昼寝。"庆曰："主人特以痛自诬，非盗也。彼沙门乃真盗耳。"即遣吏逮捕沙门，乃怀金逃匿。后捕得，尽获所失之金。

柳庆不靠逼供讯问，而是冷静地查问失主，结果发现了线索，一举破案。

李延寿的《南史》《北史》从杂史中补充史料，使其中人物传记增加了故事性，人物形象更加生动。如《南史》的《何佟之传》，《北史》的《斛律金传》《尔朱荣传》等。

第二，唐初史传中部分作品不仅仅停留在故事性、趣味性上，还注意通过逸事刻画传主的个性。如《晋书·周处传》写周处除三害而自新：

> 处自知为人所恶，乃慨然有改励之志，谓父老曰："今时和岁丰，何苦而不乐耶?"父老叹曰："三害未除，何乐之有?"处曰："何谓也?"答曰："南山白额猛兽，长桥下蛟，并子为三矣。"处曰："若此为害，吾能除之。"父老曰："子若除之，则一郡之大庆，非徒去害而已。"处乃入山射杀猛兽，因投水搏蛟，蛟或沉或浮，行数十里，而处与之俱，经三日三夜，人谓死，皆相庆贺。处果杀蛟而反，闻乡里相庆，始知人患己之甚，乃入吴寻二陆。

周处勇于改过自新的故事见于《世说新语·自新》篇，而在《晋书·周处传》中其生平更详细，其个性更完整。周处接受陆云教诲，励志好学。后为官强直，忠烈果毅，在与氐人齐万年战斗中以身殉国。此传写出了一个人由坏变好的过程。周处改过自新很有典型意义。人是环境的产物，人的个性是可以改变的。

《隋书·贺若弼传》写贺若弼因出言不慎而被害，从中也表现其个性。但作品开头是从贺若弼父亲在北周为宇文护所害写起：

> 临刑，呼弼谓之曰："吾必欲平江南，然此心不果，汝当成吾志。且吾以舌死，汝不可不思。"因引锥刺弼舌出血，诫以慎口。

父亲的遗教对贺若弼是起了作用的，开始他说话很谨慎。可是后来功劳越来越大，说话就不注意了。当隋炀帝还是太子时曾让他评论杨素、韩擒虎、

史万岁三个隋将，贺回答：“杨素是猛将，非谋将；韩擒虎是斗将，非将领；史万岁是骑将，非大将。”自己则俨然以大将自居。后来炀帝嗣位，贺又与人“私议得失”，结果和他父亲一样以封口不密而被杀。

《南史·王彧传》前大半部分写传主官职的升迁，但后半部写王彧为刘宋明帝所害，尤其写其死的沉着，则将宋明帝的“为身后计”的残忍，王彧的“为我百口计”的忍辱自杀，表现得淋漓尽致。原来王彧与宋明帝刘彧的名相同，王彧的妹妹是明帝的皇后。明帝考虑自己的太子及诸皇子都小，“为身后计”，先杀了一批不能奉幼主的将帅。明帝到自己病重时，又虑任扬州刺史的王彧可能在身后当宰相，还是先赐王彧死。王彧在扬州接到皇帝手诏是在晚上，正在与客人下棋。王彧看了诏令仍放在棋下，“神色怡然不变”。等下完子，将棋收拾好，才对客人说：“奉敕见赐以死。”当门客尚想鼓励王彧反抗时，王彧却考虑“为我百口计”，而谢诏仰药。王彧为身后太子尚小而赐门族强盛的王彧自杀；王彧为百口家属的生命安全而放弃反抗，安心饮下毒酒。双方的个性都得到了一定的表现。

第三，《晋书》取材注意加工和想象，为史传创作留下了可鉴的经验。《晋书》多取材自《世说新语》，而《世说新语》语言生动、流畅隽永。《晋书》吸取了它的优点，但并非照搬，而是有所加工。试比较两书各写谢安的一段文字：

> 谢公与人围棋，俄而谢玄淮上信至，看书竟，默然无言，徐向局。客问淮上利害，答曰：“小儿辈大破贼。”意色举止，不异于常。
>
> ——《世说新语·雅量》
>
> 玄等破坚，有驿书至，安方对客围棋，看书既竟，便摄放床上，了无喜色，棋如故。客问之，徐答曰：“小儿辈遂已破贼。”既罢，还内，过户限，心喜甚，不觉屐齿之折，其矫情镇物如此。
>
> ——《晋书·谢安传》

淝水之战是关系东晋生死存亡的大问题，谢安在前线的侄儿谢玄今天打赢了，谢安内心的喜悦是可想而知的，但是他为了表示自己的“雅量”，却故意装出一种“意色举止，不异于常”的样子。《世说新语》的记述似在赞赏他。而《晋书》接着写了他下完棋回里屋时的一个动作，由于他内心的激动，以至于过门槛不小心把木屐齿折断了，可见他在人前时是多么装腔作势。这样一来，作者对他的表现不再是赞赏，而是讽刺了。

再比较两书写嵇康之死的文字：

> 嵇中散临刑东市，神气不变，索琴弹之，奏《广陵散》。曲终，曰：“袁孝尼尚请学此散，吾靳固不与，《广陵散》于今绝矣！”太学生三千人上书，请以为师，不许。文王亦寻悔焉。
>
> ——《世说新语·雅量》

> 康将刑东市，太学生三千人请以为师，弗许。康顾视日影，索琴弹之，曰：“昔袁孝尼尝从吾学《广陵散》，吾每靳固之，《广陵散》于今绝矣！”时年四十，海内之士，莫不痛之。帝寻悟而恨焉。初，康尝游于洛西，暮宿华阳亭，引琴而弹。夜分，忽有客诣之，称是古人，与康共谈音律，辞致清辩，因索琴弹之，而为《广陵散》，声调绝伦，遂以授康，仍誓不传人，亦不言其姓字。
>
> ——《晋书·嵇康传》

《晋书》所记与《世说新语》稍有不同，记太学生请愿事在弹琴之前，在嵇康弹琴前比《世说新语》增加了“顾视日影”的动作，弹琴后又增加了“时年四十”等三句话，写出了嵇康被杀的社会反响，表示了作者对嵇康的同情。《晋书》在记嵇康死后，又补记带有神秘色彩的《广陵散》的来源，更突出了人们对嵇康被害的惋惜之情。

类似的例子，还有如《世说新语》和《晋书·陆机传》都写了陆机之死，而《晋书》所记比《世说新语》更详细。如增加了陆机出兵牙旗折断、夜里梦见黑幰绕车，手决不开等情节，又补写陆机在牵秀来逮捕他时“释戎服，著白帢，与秀相见，神色自若”等细节，增加了神秘色彩和悲剧气氛。可见《晋书》作者在吸取《世说新语》之类的现成材料时，发挥了文学的想象，进行了大胆的加工，从而使人物性格更鲜明，故事情节更清晰、更充实，语言也更生动、更形象。

［注］

①纪传体史书至清代有二十四史：《史记》《汉书》《后汉书》《三国志》《晋书》《宋书》《南齐书》《梁书》《陈书》《魏书》《北齐书》《周书》《隋书》《南史》《北史》《旧唐书》《新唐书》《旧五代史》《新五代史》《宋史》《辽史》《金史》《元史》《明史》。

第二节　《慈恩传》的传记文学价值

《大慈恩寺三藏法师传》，简称《慈恩传》，是记叙唐代佛教圣人玄奘生平事迹最早最详细的传记作品，也是我国现在能见到的最早的保持完整面貌的中篇单行个人传记。全书共有 8 万余字，分为 10 卷，前 5 卷主要记述玄奘早年生活及其旅游印度求学、讲学的经过，后 5 卷则是记叙玄奘学成回国，从事译著的经过。

《慈恩传》的作者有两人。前 5 卷由玄奘的弟子慧立于唐高宗麟德元年（664）玄奘逝世后写成。慧立是幽州照仁寺的住持，俗姓赵，是隋朝起居郎司隶从事赵毅之子。他曾和玄奘一道参加译经工作达 20 年，因“睹三藏之学行，瞻三藏之形仪，钻之仰之，弥坚弥远，因循撰其事”，以表达他对师尊的敬意。文章初稿写成之后，他怕有所遗缺，便藏于地穴中。直到他临终时，才叫弟子从地穴中取出，公于世人。到武则天垂拱四年（688），玄奘另一弟子彦悰在整理前 5 卷的基础上又补撰后 5 卷，合成现在所见的 10 卷。

《慈恩传》历来为学者所推崇。梁启超在《支那内学院精校本玄奘传书后》中曾说它在古今所有名人谱传中，“价值应推第一”。中华书局点校本“说明”中也说它是一部我国古代传记文学的名著。从历史价值说，该书是研究唐代中西交通史、佛教史的重要资料。从文学，尤其是从传记文学的价值说，该书在塑造佛教圣人形象，发展传记文学的写人艺术，开拓传记文学的新题材方面，将古代单行的个人传记，特别是僧人传记提高到了一个新的水平。它是第一个以唐僧取经为题材的文学作品，因此该书在唐代文学和传记文学史上应有一定的地位。

玄奘（602—664），通称三藏法师，俗称唐僧。本姓陈，名祎，洛州缑氏（今河南偃师缑氏）人。他是唐代的佛教圣人、旅行家、翻译家。唐太宗贞观三年（629）赴天竺求学，经历17年回长安译经。

《慈恩传》的传记文学价值主要有以下几点：

一、佛教圣人的新形象

据作品描写，玄奘早在西游求法取经以前，已受长安常、辩二大德的嗟赏。他们对玄奘说过："汝可谓释门千里之驹，其再明慧日当在尔躬，恨吾辈老朽恐不见也。"玄奘在印度期间曾向印度的各著名佛教寺院的高僧学习。他对印度佛教各派的学术观点都深有领会，受到了当地国王及僧众的高度推崇。有一次他在戒日王发起举行的曲女城五印度佛教学术大会上辩论获胜，戒日王请玄奘乘大象，在贵臣陪卫下，"巡众告唱，表立义无屈"。当地大乘教徒称他为"大乘天"，小乘教徒称他为"解脱天"。玄奘从印度游学回国后，受到京城官民的盛大迎接，唐太宗在洛阳宫接见了他。唐太宗甚至劝玄奘还俗从政，辅佐自己。在作者的笔下，玄奘是一个舍身求法受人尊敬的佛教圣人。他既不同于一般的俗人，也卓然高出于当时的僧人。他幼年时即"聪悟不群"，"非雅正之籍不观，非圣哲之风不习；不交童幼之党，无涉阛阓之门。"出家做和尚学习佛教经典，"皆一遍而尽其旨，经目而记于心"（《慈恩传》卷一）。对佛学理论的领悟力记忆力特别强。以后在印度游学时参加佛学辩论，所以能屡战屡胜，就是因为广博的学问帮助了他。他的性格主要表现为：

大慈大悲。他不重财物，常将所得的施舍送给他人。他对人宽容大度，当他路经飒秣建国，正当国王要将一个犯了罪的胡人剁去双手时，玄奘不忍，赶紧将他救了下来。他在那烂陀寺曾与一个“顺世外道”的人辩论取胜，按预先约定，失败的一方要被砍头，但由于玄奘的大慈大悲，又将其恕免了。

大彻大悟。他少年时便出了家，并有大志：“意欲远绍如来，近光遗法。”出家后他对人生的遭遇看得很透彻，处世很乐观。在西行途中，有一次他与众人一起被盗抢劫。众人因失了财物而痛苦，唯独他“笑而无忧戚”。同侣问他：“法师何因不共忧之，倒为欣笑？”他回答说：“居生之贵，唯乎性命。性命既存，余何所忧。小小衣资，何足忧吝。”

大智大勇。他不畏艰难，坚毅顽强，这是他性格中最突出的方面。这表现在他西行取经途中，也反映在回国译经工作中。当他要去印度取经时，尽管唐朝政府不给他发公文，但他还是不顾艰险地独自出发了。当他出了玉门关，到了第一烽时，他对校尉王祥表示，他要“无贪性命，不惮艰危，誓往西方遵求遗法”。他在高昌国，高昌王苦苦恳求他留下，他坚定地说：“只可骨被王留，识神未必留也。”他一路上长途跋涉，要渡过河流，越过沙漠，翻过雪山；还有许多人为的危难，诸如多次遇到盗贼等。这一切艰难险阻都没能挡住玄奘，玄奘以一种虔诚的宗教信仰所激发出来的精神力量支持着。而当他学成欲归的决心一定，又是那么的坚决。在印度，戒日王劝他留下，鸠摩罗王也殷勤地劝他说：“师能在弟子处受供养者，当为师造一百寺。”玄奘不为印度的厚遇所动，毅然归国。回国后，他又专务译经，“每日自立课程，若昼日有事不充，必兼夜以续之。遇乙之后方乃停笔。摄经已，复礼佛行道，至三更暂眠，五更复起，读诵梵本，朱点次第，拟明旦所翻。”他共翻经、论合 74 部，总 1335 卷。其用功之刻苦，成绩之巨大，均非唐代前后新旧译家所能比。

作者通过他塑造的这位玄奘形象突出地体现了一种舍命求法的精神，它向读者展现了一个普通和尚如何成为一个佛教圣人的过程。它告诉人们，一个人一旦为了自己的信仰，为了社会某种需要，为了实现自我价值去锲而不舍地追求，就可能会达到目的。玄奘取经译经的成功，显示了一个普通人意志和毅力的胜利。献身于自己的理想，勇敢地战胜自我，使玄奘由一个普通和尚上升为佛教圣人。我们并不信佛，但我们被玄奘舍命求法的精神所感动，我们可以从玄奘舍命求法的经历中吸取其积极的进取精神，这种积极的进取精神，与唐代上升时期人们追求建功立业的精神是一致的，对后世也有积极而深远的影响。玄奘的取经活动有以下积极影响：

其一，他取经的原因是在国内“遍谒众师，备餐其说，译考其义，各擅宗途，验之圣典，亦隐显有异，莫知适从，乃誓游西方以问所惑，并取《十七地论》以释众疑，即今之《瑜伽师地论》也”。他是要去印度直接学习《瑜伽师地论》，来贯通国内所传的各种异说。他回国后的一系列译述工作，果然对印度佛教学说的源流、传承及其发展，作了全面而系统的介绍。给当时的佛学思想界带来了新的活力，促进了唐代佛教的开宗立派。

其二，他西游印度，求学又讲学，这是一次很好的中印文化交流。他一方面广泛学习了印度佛学，遇有名师，不分大乘、小乘，总是前往参学，兼收并蓄，不限于一隅；与此同时，他也向印度人介绍了中国文化。如有一次，他与戒日王对话：

> 王又问：“师从支那来，弟子闻彼国有《秦王破阵乐》歌舞之曲，未知秦王是何人？复有何功德，致以称扬？”
>
> 法师曰：“玄奘本土见人怀圣贤之德，能为百姓除凶剪暴，覆润群生者，则歌而咏之。……秦王者，即支那国今之天子也。未登皇极之前，封为秦王。……王以帝子之亲，应天策之命、奋威振旅，扑剪鲸鲵，杖钺麾戈，肃清海县，重安宇宙，再耀三光。六合怀恩，故有兹咏。”（《慈恩传》卷五）

玄奘的回答既介绍了《秦王破阵乐》，又宣扬了唐太宗的德政。他在文化交流中既敢于吸取外来文化，又能自豪地宣扬中国文化，显示了唐代人的民族气魄。

其三，他在印度学习结束之后，随即谢绝了当地国王与僧人的挽留，启程东归。因为他想到“本土诸贤思渴诚深”。他牢记“本土”并回归本土，这不能不说是一种爱国精神。所以玄奘的取经精神实际蕴涵了求真精神、文化交流精神和爱国精神，正是这种取经精神使玄奘形象高出于一般僧人形象，成为古代“中国人的脊梁”之一。

二、艺术手法的新进步

其一，它将人物的鲜明个性与普通的人性描写相结合，使人物性格更为真实和丰富。玄奘是个僧人，他虔诚信佛，一遇到危难就念经，求菩萨保佑，而且能立刻消除灾难。迦毕试国的一座由汉天子质子造的寺院里藏有大量的珍宝，别人去发掘时，“地便大动”，而玄奘命人去掘时，则“夷然无患”。他去灯光城一窟中礼拜如来佛影，本来“三年已来人往多不得见”，可是玄奘“至诚而礼”，“更二百余拜，遂一窟大明，见如来影皎然在壁”，如此等等。这些当然都是玩弄的宗教玄虚，是一种可笑的骗人的把戏。但作品同时也写了玄奘所具有的普通人的行为和思想感情，如作者写玄奘于显庆二年（657 年）随从高宗回洛阳家乡，“游览旧廛，问访亲故”的情景。当时他家中“惟有姊一人”，玄奘为父母扫墓、改葬，“尽儿子之孝”。随后他在给高宗的奏表中说：“日月不居，已经四十余载，坟陇颓毁，殆将湮灭。追惟平昔，情不自宁。”（《慈恩传》卷九）表现了玄奘与普通人一样，也有天伦之情。做了 40 余年和尚，还完全没有断绝对亲人故旧的思念。

其二，作者刻画人物性格时注意环境描写与心理描写相结合，注意揭示人物在特定环境中的复杂心理，使人物形象更为丰满与传神。如作品写玄奘西行途中的一段经历：

> 从此已去，即莫贺延碛，去八百余里，古曰沙河，上无飞鸟，下无走兽，复无水草。是时顾影惟一，心但念观音菩萨及《般若心经》。

莫贺延碛就是大戈壁沙漠，在这广无人烟的大沙漠上行进，玄奘心里念经以鼓励自己。他走了 100 余里，不幸迷路，途中又不慎将水袋打翻。接下去有一段精彩的描写：

> 又路盘回，不知所趣，乃欲东归还第四烽。行十余里，自念我先

> 发愿，若不至天竺终不东归一步，今何故来？宁可就西而死，岂归东而生！于是旋辔，专念观音，西北而进。是时四顾茫然，人鸟俱绝。夜则妖魑举火，烂若繁星；昼则惊风拥沙，散如时雨。虽遇如是，心无所惧，但苦水尽，渴不能前。是时四夜五日无一滴沾喉，口腹干焦，几将殒绝，不复能进，遂卧沙中默念观音，虽困不舍。(《慈恩传》卷一)

这里，作品以环境的险恶烘托了人物对宗教的虔诚和其坚韧不拔的精神，这样的性格描写在以前的中国传记文学中是少见的。

其三，作者注意写活次要人物，发挥次要人物对主要人物的衬托作用。这篇传记中出现的有姓名的人物很多，如热心指点路途的第一烽校尉王祥，笃信佛教的高昌王，异国装束的突厥叶护可汗，印度的戒日王、鸠摩罗王，那烂陀寺住持戒贤法师，还有唐太宗、唐高宗等等，其他更有许多不知名的次要人物。作品让玄奘置身于如现实生活的一般人际关系中，从而给人一种真实感。如作品写玄奘到伊吾（今新疆维吾尔自治区之哈密）时的情景说：

> 既至伊吾，止一寺。寺有汉僧三人，中有一老者，衣不及带，跣足出迎，抱法师哭，哀号哽咽不能已，言："岂期今日重见乡人！"法师亦对之伤泣。(《慈恩传》卷一)

俗话说："老乡见老乡，两眼泪汪汪。"作者在这里把伊吾老和尚那种长年累月积累下来的孤独寂寞之情一下子倾泄而出了。这里说的是伊吾老僧，难道玄奘自己就不是这样吗？两个和尚在这里迸发出了一般世俗人的真挚之情，这样的描写是感人的。

三、传记题材的新开拓

具体表现为：

其一：它将传记与游记两种体裁结合在一起。它以写人为主，但也有许多人物旅途见闻的生动描写。尤其是对自然景物和异国风情的描写比产生在东晋时代的《法显传》丰富多了。如作品描写玄奘行经凌山的情景说：

至凌山，即葱岭北隅也。其山险峭，峻极于天。自开辟以来，冰雪所聚，积而为凌，春夏不解，凝冱汗漫，与云连属，仰之皑然，莫睹其际。其凌峰摧落横路侧者，或高百尺，或广数丈，由是蹊径崎岖，登涉艰阻。加以风雪杂飞，虽复履重裘不免寒战。将欲眠食，复无燥处可停，唯知悬釜而炊，席冰而寝。七日之后方始出山，徒侣之中冻死者十有三四，牛马逾甚。

这里写冰山的既寒又高，比宋玉《招魂》写北方寒冷的“增冰峨峨，飞雪千里些”要具体形象多了。慧立当初听过玄奘的描述，所以才写得如此逼真。作者写过雪山，虽“途路艰危，倍于凌碛之地”，但作者略写自然景物，而详写了玄奘克服艰危险阻的精神，使用了详略穿插、虚实互补的艺术手法。至于描写异国风情，我们可以看玄奘在素叶城受到西突厥肆叶护可汗款待时的情景：

可汗身著绿绫袍，露发，以一丈许帛练裹额后垂。达官二百余人皆锦袍编发，围绕左右。自余军众皆裘褐毳毛，槊纛端弓，驼马之骑，极目不知其表。……可汗居一大帐，帐以金华装之，烂眩人目。诸达官于前列长筵两行侍坐，皆锦服赫然，余仗卫立于后。……命陈酒设乐，可汗共诸臣使人饮，别索蒲萄浆奉法师。

又如作品描写了印度人在殑伽河（即恒河）源沐浴的情景：

又河东行八百余里，至殑伽河源，广三四里，东南流入海处广十余里，其味甘美，细沙随流，彼俗书记谓之“福水”。就中沐浴，罪孽销除；啜波嗽流，则殃灾殄灭；没而死者，即升天受福。愚夫愚妇常集河滨，皆外道邪言，无其实也。

这里的玄奘比至今那些佛门和非佛门的善男信女们还要明智1000倍，读来真叫人感到痛快！同时作品中还写了不少印度佛教的礼节仪式，如描写玄奘应戒日王之请参加曲女城大会时的情景：

> 法师自冬初共王逆河而进，至腊月方到会场。五印度中有十八国王到，谙知大小乘僧三千余人到，婆罗门及尼乾外道二千余人到，那烂陀寺千余僧到。……兼有侍从，或象或舆，或幢或幡，各自围绕，峨峨岌岌，若云兴雾涌，充塞数十里间，虽六齐之举袂成帷，三吴之挥汗如雨，未足方其盛也。

描写各地国王、僧人浩浩荡荡赴会的人众之多，景象之盛，作品借用了《战国策》形容齐国临淄繁华热闹的语句，立即唤起了读者的联想。

其二，《慈恩传》吸取了西域及印度的民间传说，使我国重视实录传统的传记文学适当镶嵌了一些富有浪漫色彩的生动故事，增强了传记作品的趣味性。该书在写玄奘西游途中遇到的某些地名、景物时，随即插叙与这些地名、景物有关的生动的民间传说。如其中写到了阿耆尼国（今新疆维吾尔自治区焉耆回族自治县）阿父师泉的故事：

> 泉在道南沙崖，崖高数丈，水自半而出。相传云：旧有商侣数百在途水尽，至此困乏不知所为。时众中有一僧，不裹行资，依众乞活。僧曰："汝等欲得水者，宜各礼佛，受三归五戒，我为汝等登崖作水。"僧教曰："吾上崖后，汝等当唤'阿父师为我下水'，任须多少言之。"其去少时，众人如教而请，须臾水下充足，大众无不欢荷，师竟不来。众人上观，已寂灭矣。

故事宣扬礼佛的效验，自然是荒唐的，但僧人舍己为人、行善积德的行为，却受到了大众的欢迎。此外作品还记述了瞻波国（瞻波原为孟加拉的古国鸯加的首都，位于瞻波河及恒河岸）石人的故事。相传先佛未出世时，有一个放牛的人在林中放牧着数百头牛，后来他跟着一头牛进入了一个石孔：

> 可行四五里，豁然大明，林野光华，多异华果，烂然溢目，并非俗内所有。见牛于一处食草，草色香润，亦人间所无。其人见诸果树

> 黄赤如金，香而且大，乃摘取一颗，心虽贪爱，仍惧不敢食。……后日复随牛入，还摘一颗，怀欲将归，鬼复遮夺，其人以果内于口中，鬼复撮其喉，人即咽之。果既入腹，自遂洪大，头虽得出，身犹在孔，竟不得归。后家人寻访，见其变形，无不惊惧，然尚能语，说其所由。家人归还，多命手力欲共出之，竟无移动。国王闻之自观，虑为后患，遣人掘挽，亦不能动。年月既久，渐变为石，犹有人状。

故事的意思可能是告诫人们不要贪吃鬼神的禁果，而其中描写石洞中的林野景色又仿佛是学的《桃花源记》，景色似幻似真，颇能引起读者的兴趣。

从总体上看，《慈恩传》前5卷文学性较强，后5卷则因大量采录书启、奏表，虽增加了史料，但削弱了文学形象的塑造。但《慈恩传》所塑造的玄奘形象及其体现的取经精神具有典型意义。其中，刻画人物性格的艺术手法，对传记文学题材的开拓，以及语言上的骈散结合，都提高了单行传记的文学价值，把魏晋以来历史性的僧人传记发展成了文学性传记。

《慈恩传》在唐代文学中应有一席之地，它是中国传记文学单行传记发展史上的一个里程碑。《慈恩传》对以后唐僧取经的故事有着深远的影响，它与宋元间无名氏《大唐三藏取经诗话》，元代吴昌龄《唐三藏取经杂剧》，明吴承恩《西游记》小说都有着直接的渊源关系。

关于玄奘的传记，除《慈恩传》外，尚有冥祥《玄奘法师行状》一卷（见《大藏经》卷五十），道宣《续高僧传》卷四《玄奘传》，《旧唐书》中《方伎传·玄奘传》。这些有关玄奘的传记，其传记文学价值皆不及《慈恩传》。

第三节　韩愈、柳宗元传记文的生命力

韩愈（768—824），字退之，河南河阳（今河南孟县）人。他的传记

文体裁主要有碑志和序、传。据马其昶《韩昌黎文集校注》载，有碑志70余篇，以“传”为题的传记4篇，行状2篇。

柳宗元（773—819），字子厚，河东（今山西永济）人。据《柳河东集》，他的传记文有墓志近50篇，以“传”为题的传记8篇，行状3篇。

韩愈、柳宗元同是中唐时代杰出的文学家、思想家，他们又同是当时古文运动的倡导者，他们对唐代的传记文学都作出了重要的贡献。相比而言，韩愈的碑志传记在数量质量上超过柳宗元，而柳宗元带有政论性的传记文较多于韩愈。值得我们注意的是，他们的传记文多有很强的艺术生命力，这与其作品强调安定的社会环境，重视悲剧人物的人格价值，肯定下层人物的品格和技能，以及艺术上的创新分不开。

一、人物的命运与国家统一息息相关

韩、柳各有一部分传记写了唐代一些与割据叛乱势力作斗争而牺牲的烈士和一批怀才不遇的知识分子；韩愈的部分传记还写了不少在艰难的处境中取得了成就的文学家。这许多传主的命运都和国家的统一、政治的清明息息相关。有关这三类人的传记分论如下：

1. 歌颂烈士的传记，反映了韩、柳维护中央集权，关心国家统一，反对藩镇割据的思想。韩愈的《张中丞传后叙》是其中很著名的一篇。这篇文章的文体性质，既可视为一篇杂感，又可看做史传的变体。韩愈看了李翰在50年前写的《张巡传》，于元和二年（807）写了这篇文章。此文热情地歌颂张巡、许远在安史之乱中死守睢阳的历史功绩和为国英勇牺牲的精神，对诬蔑张巡、许远的谬论进行了义正词严的驳斥。文章主要分两部分。前一部分根据李翰的《张巡传》所记的事实，批驳社会上小人对张巡、许远的诬蔑，肯定守睢阳的卓越功勋和他们的英雄品格。请看作者议论张巡、许远守城意义及驳斥谬论的一段：

> 守一城，捍天下，以千百就尽之卒，战百万日滋之师，蔽遮江淮，沮遏其势，天下之不亡，其谁之功也？当是时，弃城而图存者，不可

一二数；擅强兵坐而观者，相环也；不追议此，而责二公以死守，亦见其自比于逆乱，设淫辞而助之攻也。

作者把张巡在安史之乱中死守睢阳的重大意义，提高到保卫唐王朝的高度来认识。因睢阳（在今河南省商丘市南）地处重要的战略地位，守住了睢阳，使叛军不能向长江、淮河地区推进。而长江、淮河地区是当时唐王朝、唐军粮食来源地。守住睢阳，使唐军仍有粮源，所以这对保卫天下（唐王朝）直接有关。韩愈所处的时代仍然是藩镇割据、军阀混战，统一和分裂的社会矛盾严重存在。韩愈歌颂为维护国家统一而流血牺牲的英雄，抨击那些“自比于逆乱，设淫辞而助之攻”的小人，显然在当时有现实意义。若就此文前一部分而论，偏重议论，是杂感性质。而文章后一部分，则以叙述为主，补叙李翰所作《张巡传》没有记载的史实。这一部分仿史传写人的方法，因此可作史传的变体读。其中南霁云乞师和张巡就义两段，写得尤为悲壮动人。请看张巡部将南霁云向贺兰乞师之经过：

南霁云之乞救于贺兰也，贺兰嫉巡、远之声威功绩出己上，不肯出师救。爱霁云之勇且壮，不听其语，强留之，具食与乐，延霁云坐。霁云慷慨语曰：“云来时，睢阳之人不食月余日矣！云虽欲独食，义不忍；虽食，且不下咽。”因拔所佩刀，断一指，血淋漓，以示贺兰。一座大惊，皆感激为云泣下。云知贺兰终无为云出师意，即驰去，将出城，抽矢射佛寺浮图，矢著其上砖半箭，曰：“吾归破贼，必灭贺兰，此矢所以志也！”

南霁云拔刀断指、矢砖显志表现了他的疾恶如仇、慷慨重义的性格。后文又写了南霁云英勇就义。南霁云的英勇之举正代表了张巡、许远死守睢阳的决心。再看张巡之死：

及城陷，贼缚巡等数十人坐，且将戮。巡起旋，其从见巡起，或起或泣。巡曰：“汝勿怖！死，命也！”众泣，不能仰视。巡就戮时，颜色不乱，阳阳如平常。

张巡也是从容就义，最后表现了英雄气概。宋代黄震评此文："补记载之遗落，暴赤心之英烈。千载之下，凛凛生气。"（《黄氏日钞》卷59）韩愈为烈士们伸张了正义，同时也抨击了那种为割据势力张目的荒谬舆论。此文中的张巡、许远、南霁云都是为维护国家统一而牺牲的英雄人物，他们的命运与国家的统一联系在一起。他们的事迹为后人所传颂，睢阳地方为他们建"双庙"来纪念。韩愈此文补记他们的史实，为他们辩诬，在内容和艺术上都受到后人的高度评价，正显示其生命力。

韩愈还在《给事中清河张君墓志铭》中写了痛骂叛军而壮烈牺牲的张彻，表达了同上文一致的反对军阀叛乱的思想。

柳宗元的《段太尉逸事状》是一篇关于段秀实的传记性质的文章。段太尉，名秀实，唐玄宗时任泾州（治所在今甘肃泾川县北）刺史。唐德宗建中四年（783），段秀实以朝笏猛击叛乱称帝的朱泚之额，最后遇害。后追赠太尉。此文记述段秀实三件逸事：智斗不法，勇服郭晞；代民交税，羞死焦令谌；拒收财物，对朱泚早有戒备。作者通过对三件逸事的描写，表现了段秀实勇于任事，不畏强暴；仁爱百姓，关心人民疾苦；廉洁自律，富有远见的优秀品质，同时也反映中唐时代藩镇拥兵自重，对百姓横行霸道，对地方官颐指气使的社会现象。

作品所写段秀实三件逸事以第一件事最精彩。郭晞是中唐名将郭子仪之子。郭子仪平定安史之乱有功，代宗时兼关内、河东副元帅，河中节度、观察使。郭晞在平定安史之乱时也有战功，大历中加检校工部尚书。郭晞纵容士卒横行霸道，残杀人民。地方官因郭子仪的缘故不敢说。段太尉自荐担任邠宁节度使白孝德府中的执法官。任职一个月，对在市上害民的郭晞部下17人断头示众。段太尉执法动真格，引起郭晞军营大噪。白孝德震恐。而段秀实只带一跛足老兵牵马到郭晞门下，向郭晞晓以大义，谕以利害：

> 太尉曰："副元帅勋塞天地，当务始终。今尚书恣卒为暴，暴且乱，乱天子边，欲谁归罪？罪且及副元帅。今邠人恶子弟以货窜名军

> 籍中，杀害人，如是不止，几日不大乱？大乱由尚书出，人皆曰‘尚书倚副元帅，不戢士。’然则郭氏功名，其与存者几何？”言未毕，晞再拜曰：“公幸教晞以道，恩甚大，愿奉军以从。”

在一触即发的紧张气氛中，段秀实只身进入军营，经过他的晓谕，使郭晞心悦诚服。柳宗元通过段秀实平时这些敢作敢为的逸事，着意表现出段秀实最后奋击朱泚绝非一时冲动的偶然行为，而是他清廉正直的性格的必然发展的结果。歌颂段秀实的伟岸精神，表现了作者维护中央集权，渴望政治清明的思想。韩、柳这些传记受后人的极大重视。宋代宋祁修《新唐书》写《张巡传》和《段秀实传》，就分别采用了韩愈的《张中丞传后叙》和柳宗元的《段太尉逸事状》。

2. 批判世态炎凉，同情怀才不遇。世态炎凉，怀才不遇，这是任何时代都有的，但作为一种倾向，不同时代的政治氛围，必有其不同性质的世态炎凉与不同内容的怀才不遇。韩、柳都有一些传记写了一批怀才不遇的知识分子。请看韩愈的《太学生何蕃传》，何蕃人品如何呢？

> 欧阳詹生言曰：蕃，仁勇人也。或者曰：蕃居太学，诸生不为非义，葬死者之无归，哀其孤而字焉，惠之大小必以力复，斯其所谓仁欤！蕃之力不任其体，其貌不任其心，吾不知其勇也。欧阳詹生曰：朱泚之乱，太学诸生举将从之，来请起蕃，蕃正色叱之，六馆之士不从乱，兹非其勇欤？

但就是这样一个有同情心，有侠义感，尤其是在朱泚叛乱称帝时能义正词严成为中流砥柱，致使六馆同窗不致从逆失节的人竟中不了进士。何蕃在太学中“学成行尊，自太学诸生推颂不敢与蕃齿，相与言于助教、博士，助教、博士以状申于司业、祭酒，司业、祭酒撰次蕃之群行焯焯者数十余事，以之升于礼部而以闻于天子”。何蕃学问、道德、人缘威信都好，中下层人士的推荐也够尽力，但到底还是不行。为什么呢？就因为“公卿大夫知蕃者比肩立，莫为礼部，为礼部者率蕃所不合者”。这些高层官僚们为什么压制何蕃呢？我们只要联想一下张巡许远死后的遭遇，就可知是某些官僚们的政治病在作怪。韩愈气愤，但无可奈何，只好安慰何蕃说：“故凡贫贱之士必有待，然后能有所立，独何蕃欤！”

韩愈的《国子助教河东薛君墓志铭》写了薛公达的文才和他高超的射技：

> 君少气高，为文有气力，务出于奇，以不同俗为主。始举进士，不与先辈揖，作《胡马》及《圆丘》诗，京师人未见其书，皆口相传以熟。及擢第，补家令主簿，佐凤翔军。军帅武人，君为作书奏，读不识句，传一幕以为笑，不为变。
>
> 后九月九日大会射，设标的，高出百数十尺，令曰：“中，酬锦与金若干。”一军尽射，莫能中。君执弓，腰二矢，挟一矢以兴，揖其帅曰：“请以为公欢。”遂适射所，一座皆起，随之。射三发，连三中，的坏不可复射。中辄一军大呼以笑，连三大呼笑，帅益不喜，即自免去。
>
> 后佐河阳军，任事去害兴利，功为多。拜协律郎，益弃奇，与人为同。今天子修太学官，有公卿言，诏拜国子助教，分教东都生。元和四年年四十七，二月十四日疾暴卒。

别人给写好发言稿，还念不成句子的人，照样充当方面大员，有文才、有武艺的念书人，被压抑于下僚。而且他越有才华，就越是遭到顶头上司的怨恨，以至于中年暴卒。这是什么道理？类似这样的事情在中唐时代已不是个别现象，于是一种对个别人的同情就在韩愈那里转为了对知识分子群体的悲哀。作品的写法也很奇特：“薛君才品殊绝，又不屑于见长求用，是其气高务奇不同俗处：如诗之工也，未尝广佈之于书，而自传于人口；如射之工也，亦未尝预陈之下帅，而偶展于大会。”（清代林云铭《韩文起》卷11，转引自吴文治《韩愈资料汇编》第三册，中华书局）尤其作品写射箭比赛的场面有声有色，它以校军场军士们的三次欢呼烘托了薛公射技的无比神奇，笔下鼓舞，力透纸背。而这种场面又和后面薛公的悲剧下场构成鲜明对比，突出了文章的批判性。

说到柳宗元，他对当时材不为世用的现实就更有切身的体会了。他的《凌君权厝志》就是为参加永贞革新而被贬的八司马之一的凌准写的，他深为凌准“有道而不明白天下”而痛心。

3. 歌颂了同时代作家们在艰难的处境中所取得的文学成就。韩愈与柳宗元是至交，柳宗元死后，韩愈为他写了祭文、墓志铭、庙碑三篇纪念性的文章，其中又以有传记性质的《柳子厚墓志铭》最出色。韩愈在这篇文章中概括了柳宗元坎坷的一生，评述了柳宗元的人品、政绩和文学成就。柳宗元“虽少年，已自成人，能取进士第，崭然见头角”，“议论证据今古，出入经史百子，踔厉风发，率常屈其座人”。为官从政也有一定政绩。但由于他参加永贞革新，先被贬为永州司马，后再贬为柳州刺史，死于穷裔。韩愈对他的遭遇非常同情。但因为韩愈对永贞革新有看法，所以他避开柳宗元的政治活动，在这篇墓志中主要肯定了柳宗元被贬永州司马后的文学成就：

> 居闲，益自刻苦，务记览，为词章，泛滥停蓄，为深博无涯涘，而自肆于山水间。……衡湘以南为进士者，皆以子厚为师，其经承子厚口讲指画为文词者，悉有法度可观。……材不为世用，道不行于时也。使子厚在台省时，自持其身已能如司马刺史时，亦自不斥；斥时，有人力能举之，且必复用不穷。然子厚斥不久，穷不极，虽有出于人，其文学辞章，必不能自力以致必传于后如今无疑也。虽使子厚得所愿，为将相于一时，以彼易此，孰得孰失，必有能辨之者。

柳宗元被贬后，面对不利处境，仍能积极有为，他自己搞文学创作，又指导当地读书人的写作。韩愈不仅肯定了柳宗元的文学成就，更进一步肯定了这种活动的生命价值。最后他说假设柳宗元一生仕途顺利，则肯定不会取得如今的文学成就，而现在他文学成就的价值是比当一阵子大官更高的。这里当然也有自我解嘲，但韩愈对柳宗元的评价和对其未来影响的预测还都是极其准确的。近代吴闿生说：“韩、柳至交，此文以全力发明子厚之文学风义。其酣恣淋漓，顿挫盘郁处，乃韩公真实本领。”（《古文范》评语

卷3，转引自《韩愈资料汇编》第四册）

韩愈在《南阳樊绍述墓志铭》中表彰了其好友樊宗师的文学和学术成就。这篇墓志一开头即列出樊氏各种著述的数量，然后赞叹说：

> 多矣哉！古未尝有也。然而必出于己，不袭蹈前人一言一句，又何其难也。必出于仁义，其富若生蓄，万物必具，海含地负，放恣横从，无所统纪，然而不烦于绳削而自合也。呜呼！绍述于斯术，其可谓至于斯极者矣。

樊的文章今只存《越王楼诗并序》和《绛守居园池记》两篇。韩愈对他的文学成就为何评价那么高？因为这篇文章作于韩愈的晚年，韩愈正是借赞扬樊氏之机，倾吐了自己一生文学创作的甘苦，提出了自己关于写文章的一系列主张，如文学语言贵在创新，要“不袭蹈前人一言一句”，文章思想要“出入于仁义”，即他在《争臣论》《原道》篇中提倡的“文以明道”，等等。

韩愈还在《贞曜先生墓志铭》中赞美了他的朋友孟郊的诗歌成就，说他“及其为诗，刿目鉥心，刃迎缕解，钩章棘句，掏擢胃肾，神施鬼设，间见层出”。孟郊的诗，艰涩难读。韩愈以“钩章棘句，掏擢胃肾”来形容其构思之苦，又以“神施鬼设，间见层出”称赞其一些意味深长、刻画工整的好句子。对这篇墓志铭，明代茅坤说：“一篇交谊之情。按孟东野是昌黎生平极厚交，而其志铭处，亦不妄许一字。”（《唐宋八大家文钞·韩文》评语卷15）

二、人物的悲剧性和人生价值

韩愈有一部分墓志，也属传记范畴，其墓主是悲剧性人物，作品具有悲剧色彩。如《登封县尉卢殷墓志》中的饥寒而死的诗人卢殷，《唐朝散大夫赠司勋员外郎孔君墓志铭》中为批评上司而受上司之害的孔戡，《唐故河南令张君墓志铭》中坚持为法而遭上司迫害的张署，《处士卢君墓志铭》中为了与上司不法行为作斗争而死的卢贻等。这些人物是作者的同时代或略早的现实人物，他们所追求的事业和道德信念都被冷酷的现实否定了，结局都很悲惨。我们说这些人物具有悲剧性，因为按照近代西方美学家科恩的看法，悲剧性指“一个有价值的人格所遭受的苦难，他纵然不幸，但仍然保存着高贵的品质”（转引自〔英〕李斯托威尔著、蒋孔阳译《近代美学史评述》，上海译文出版社）。悲剧主要而突出的特征之一，是巨大而又异乎寻常的不幸。这种不幸，其特点是身体的死亡或精神的毁灭。特征之二，是人格的伟大，即脱离粗俗与凡庸。韩愈同情和惋惜这些墓主的悲剧命运，他为他们撰写墓志，肯定这些悲剧人物的人格价值，这不仅是对死者的安慰，更是对生者的激励。且看《登封县尉卢殷墓志》中的诗人卢殷：

> 君能为诗，自少至老，诗可录传者，在纸凡千余篇。无书不读，然止用以资为诗。与谏议大夫孟简、协律孟郊、监察御史冯宿好，期相推挽，卒以病不能为官。在登封尽写所为诗，抵（投）故宰相东都留守郑公余庆。留守数以帛米周其家。书荐宰相，宰相不能用，竟饥寒死登封。

清代储欣评此文说：“凄绝。据此，虽谓诗能穷人也亦宜。”（《韩愈资料汇编》第三册）但韩愈对其诗作毕竟是肯定的，对其流露出惋惜的语气。

韩愈的墓志中有一些是为正直不阿的下级官吏写的。这些下级官吏为坚持自己的道德信念与上司的不法行为作斗争，结果受迫害致死。这方面我们看《唐朝散大夫赠司勋员外郎孔君墓志铭》所写的孔戡的遭遇：

> 昭义节度卢从史有贤佐曰孔君，讳戡，字君胜。从史为不法，君阴争，不从，则于会肆言以折之，从史羞，面颈发赤，抑首伏气，不敢出一语以对，立为君更令改章辞者，前后累数十。坐则与从史说古今君臣父子之道，顺则成福，逆辄危辱诛死，曰：“公当为彼，不得为此。”从史常耸听喘汗。居五六岁，益骄，有悖语，君争，无改悔色，则悉引从事空一府往争之。从史虽羞，退益甚。君泣语其徒曰：“吾所为止于是，不能以有加矣！”遂以疾辞去，卧东都之城东，酒食伎乐之

> 燕不与。当是时，天下以为贤，论士之宜在天子左右者，皆曰“孔君、孔君”云。
>
> 会宰相李公镇扬州，首奏起君，君犹卧不应。从史读诏，曰：“是故舍我而从人耶!”即诬奏君前在军有某事。上曰：“吾知之矣。”奏三上，乃除君卫尉丞，分司东都。诏始下，门下给事中吕元膺封还诏书。上使谓吕君曰：“吾岂不知戡也，行用之矣。”明年，元和五年正月，将浴临汝之汤泉，壬子，至其县，食遂卒，年五十七。公卿大夫士相吊于朝，处士相吊于家。

清代林云铭评论说：“卢从史乃督将。既得志，渐骄恣，孔君佐之，于其不法而能力争，及屡争不改而能引疾辞去，可谓得进退之义，所以天下皆以为贤。”“从史初听其去而不加害，量彼一解职卧病之夫，不足轻重，姑度外置之耳。忽读诏书，知为李相国奏起，因私念平日种种不法，孔君既用，势必上闻，不得不思所以夺其官。”“若谓将浴汤泉，县食遂卒，非从史私人所为，其谁信之?”（《韩愈资料汇编》第三册）孔戡为爱护上司而批评上司，结果却受上司之害。他死后，公卿大夫士、处士都去吊念，这表明孔戡的人格受到当时许多人的肯定。

《唐故河南令张君墓志铭》所写的张署也是因坚持为法不害民而遭上司迫害的：

> 君方质有气，形貌魁硕，长于文词。为幸臣所谗，与同辈韩愈、李方叔三人俱为县令南方。
>
> （张署）改澧州刺史。民税出杂产物与钱，尚书有经数，观察使牒州征民钱倍经。君曰：“刺史可为法，不可贪官害民。”留噤不肯从，竟以代罢。观察使使剧吏案簿书，十日不得毫毛罪。改河南令，而河南尹适君平生所不好者，君年且老，当日日拜走，仰望阶下，不得已就官。数月，大不适，即以病辞免。公卿欲其一至京师，君以再不得意于守令，恨曰：“义不可更辱，又奚为于京师间。”竟闭门死，年六十。

清代林云铭评论说："'方质有气'四字，是张君一生大得力，亦是张君一生大受病。""是篇把张君事迹，略点在虔州一段。其余自始至终，总写其方柄入凿，迍邅坎坷之况，见得世风污下，小人道长。即此不容于流俗处，便是疾风劲草，人不能及。"(《韩愈资料汇编》第三册）韩愈与张署同官南方，对其了解深切，又正好同病相怜，故笔下凄清动人。林云铭的评论抓住了张署一生的可贵处，正在人格上的"方质有气"四字。

韩愈的《处士卢君墓志铭》记处士卢于陵的父亲卢贻也是为了与上司的不法行为进行斗争而死的：

> 父贻为河南法曹参军。河南尹与人有仇，诬仇与贼通，收掠取服。法曹曰："我官司也，我在不可以为是！"廷争之以死。河南怒，命卒捽之。法曹争尤强，遂并收法曹，竟奏杀仇，籍其家，而释法曹。法曹出，径归卧家，念河南势弗可败，气愤弗食，呕血卒。东都人至今犹道之。

总括以上，卢殷饥寒死，孔戡被不明不白害死，张署闭门死，卢贻呕血死，还有如柳宗元"穷死边裔"，他们都是一些正直刚强，有能力有才干的人，但遭遇如此不幸，这一方面引起人们对悲剧人物人格价值的重视，对他们命运的同情；另一方面更引起人们对迫害、摧残他们致死的那种黑暗社会的愤慨与痛恨。

柳宗元的传记文与一般史传文不同，多是借题发挥，即通过描写一些市井细民和工农群众，借为他人立传，反映中唐时代封建政治的黑暗和穷人的痛苦，而抒发自己的感慨和政见。如《梓人传》写一个名叫杨潜的建筑师，借以说明为相之道。《种树郭橐驼传》写一个住在长安善于种树的郭姓驼背，借以抨击当时的吏治。《宋清传》写一个在长安经营药材的商人，能讲信誉，远取利，通过对比，抨击士大夫的虚伪与丑恶。《童区寄传》写一个英勇机智的少年英雄，借以揭露当时南方地区人口买卖的罪恶事实。这些传记的重心并不放在传人上，因为传主的生平不完整，往往只记述传主某种才能或品质。它的重心实际放在议论上，所以说这类传记是一种政论性的传记文。有人说它们是寓言，则又不像。因为这些传记中的主人公或有名有姓，如杨潜，是作者亲目见过的；或是有人讲给他听的，如童区寄的事迹，是“桂部从事杜周”对他说的；宋清、郭橐驼也不似寓言人物，他们的住处，或为“长安西部药市”，或为“其乡曰丰乐乡，在长安西”，皆言之凿凿。但对标以某某传的作品，确不能都当做人物传记。柳宗元的《蝜蝂传》，韩愈的《毛颖传》真的都是寓言，因为传主非人，而是虫或物。

值得我们注意的是，暂不去评价柳宗元政论性传记文中所发表的政见的是非高下，倒是作者在这些传记中发现和肯定了下层人物的某种高贵品质或某种高超的技能，这是很难得的。宋清积有善药，病者虽不持钱也同样给予，债券堆积如山也不向人讨。年终，考虑病者不能还债，就把债券烧掉。别人或说他蚩妄，或说他有道。宋清自己说：“清逐利以活妻子耳，非有道也。然谓我蚩妄者，亦谬。”他回答得很实在。实际上表现了宋清在经营药业中的高尚品德。童区寄以一个少年原本手无寸铁，被两个人口贩子劫持，他却机智地杀死了人口贩子。他出于自卫而杀人，在当时他那样做是出于不得已。这足以表现出他的机警与聪明。郭橐驼种树成活率高，有一套自己总结出来的成功经验，即“能顺木之天，以致其性焉尔”。梓人杨潜手艺很高，他自称：“吾善度材，视栋宇之制，高深圆方短长之宜。吾指使群工役焉，舍我众莫能就一宇。”他能“画宫于堵，盈尺而曲尽其制，计其毫厘而构大厦”。这说明他能设计建筑图，能指挥施工。柳宗元发现和肯定这些下层人物的技艺和品格，将他们定格在传记文中，这本身就是对传记文的一个贡献。

三、传记艺术的继承和创新

韩、柳传记文已不是以人传史，以记录历史事实为主的史传文，也不是纯粹的应用文，而是倾向于传人为主的文学性散文，它已正式进入了文学范畴。韩、柳在传记艺术上既有继承，又有创新。

1. 塑造人物形象采用了重点记叙与具体描写相结合的方法。韩、柳的传记文，尤其是韩愈的传记文多是墓志，篇幅很短，一般只几百字到千余字。在短小的篇幅内要全面记叙人物的生平事迹，面面俱到，势必不行。司马迁在《史记》中塑造人物形象善用人物关键性的事件和典型细节加以重点记叙和具体描写，韩愈继承了这种表现手法并灵活地进行了运用。韩愈的碑志给人的印象是没有雷同的。宋人李塗说："退之诸墓志，一人一样，绝妙。"又说："退之墓志，篇篇不侗，盖相题而设施也。"（《文章精义》）如其《试大理评事王君墓志铭》写王适的生平：

君讳适，姓王氏。好读书，怀奇负气，不肯随人后举选。见功业有道路可指取，有名节可以戾契致，困于无资地，不能自出，乃以干诸公贵人，借助声势。诸公贵人既志得，皆乐熟软媚耳目者，不喜闻生语，一见，辄戒门以绝。上初即位，以四科募天下士。君笑曰："此非吾时邪?"即提所作书，缘道歌吟，趋直言试。既至，对语惊人，不中第，益困。

久之，闻金吾李将军年少喜士，可撼。乃蹐门告曰："天下奇男子王适，愿见将军白事。"一见，语合意，往来门下。卢从史既节度昭义军，张甚，奴视法度士，欲闻无顾忌大语，有以君生平告者，即遣官钩致。君曰："狂子不足以共事。"立谢客。李将军由是待益厚，奏为其卫胄曹参军，充引驾仗判官，尽用其言。将军迁帅凤翔，君随往。改试大理评事，摄监察御史，观察判官。栉垢爬痒，民获苏醒。居岁余，如有所不乐。一旦载妻子入阌乡南山不顾。中书舍人王涯、独孤郁，吏部郎中张惟素，比部郎中韩愈日发书问讯，顾不可强起，不即荐。明年九月，疾病，舆医京师。某月某日卒，年四十四。十一月某日，即葬京城西南长安县界中。……妻上谷侯氏处士高女。

高固奇士，自方阿衡、太师，世莫能用吾言。再试吏，再怒去，发狂投江水。初，处士将嫁其女，慭曰："吾以龃龉穷，一女怜之，必嫁官人，不以与凡子。"君曰："吾求妇氏久矣，唯此翁可人意，且闻其女贤，不可以失。"即谩谓媒妪："吾明经及第，且选，即官人。侯翁女幸嫁，若能令翁许我，请进百金为妪谢。”诺许，白翁。翁曰：“诚官人邪？取文书来。”君计穷吐实。妪曰：“无苦，翁大人，不疑人欺我，得一卷书粗若告身者，我袖以往，翁见未必取视，幸而听我。”行其谋。翁望见文书衔袖，果信不疑，曰：“足矣！”以女与王氏。

这篇墓志前半篇重点写了王适“怀奇负气”的性格特点和一生不得志的遭遇，后半篇具体写其骗婚的逸事，从而塑造出一个“天下奇男子”的形象。他不想通过一般的考试，而想趋直言试，表现了他起初对仕途所抱有的天真想法。赴试时“缘道歌吟”，写出了他的自负情态。他敢于直接找李将军，表现了他的狂放不羁。他在任职期间有政绩，为老百姓做过好事。他拒绝卢从史的钩致，表现了他注重大节，不想与要背叛唐朝的人共事。此文后半篇展开描写了王适的娶妇过程，极像一篇小小说。王适的岳父侯高也是一个“怀奇负气”的人，清代何焯说：侯高“自方阿衡、太师，亦怀奇。再试吏再怒去，亦负气。‘初处士将嫁女’至‘以女与王适’，怀奇之人，思女嫁官人，至为人绐，其情亦既可悲，而两人情性反适相合，因而记之，乃极跌宕”。(《义门读书记》）侯翁听信媒婆谎言，表现出他是个忠厚迂直的人。而王适依靠媒人说谎，骗娶侯女，是他怀奇狂放性格的突出表现。清代林云铭说：王适“绐媒得妇，虽于名节有所戾契，然不羁游戏，所以成其为天下奇男子。不然，一法度士而已。篇中叙事，错落可喜，而铭词峭拔古奥，诚昌黎得意妙文”。(《韩文起》）另外，文中写媒婆虽只几句话，但已写出其为得金而施展狡猾伎俩的熟练。正是由于后半篇写了王适传奇性的骗婚故事，同时写出了三个不同性格的形象，所以分外动人。

韩愈在墓志中为突出所写人物的个性，有时将重点叙事放在开头，有的放在中间，有的放在后部，非常灵活。如《中大夫陕府左司马李公墓志铭》，为表现墓主李郱的刚直不阿，就在文章后半部分记述了他拒绝上司请托的一件事：

(李郱）争事于刺史，去官，为陆浑令。河南尹郑余庆荐之朝，拜南郑令。尹家奴以书抵县请事，公走府，出其书投之尹前。尹惭其廷中人，曰："令辱我，令辱我！"且曰："令退！"遂怨之。

请托之风自古有之，但也有如李郱者，虽是曾经有恩于自己的上级，也不接受他的指麾。李郱没有说一句话，但他以"出其书投之尹前"的行动表现了自己正派的作风。

韩愈为突出人物的个性，往往通过周围人物的反映，以衬托主要人物。如《唐故河南令张君墓志铭》就是通过京兆府同僚们的反映来表现张署的：

（张署）拜京兆府司录，诸曹白事，不敢平面视；共食公堂，抑首促促就哺歠揖起趋去，无敢阑语；县令丞尉畏如严京兆，事以办治。

这一段描写了诸曹敬畏张署的两个细节，从这里我们可以想象出张署平时的严肃不苟。

柳宗元的《童区寄传》，也是通过重点记叙区寄杀二贼自救的事迹，刻画出了一个机智勇敢的少年英雄形象。

2. 真实诚挚的抒情和作者的主观介入。韩、柳的传记文学中有强烈的感情色彩，有时又有作者明显的主观介入，从而使作品增强了抒情性与感染力。柳宗元碑志文形象的生动不及韩愈，但有较强的抒情色彩。如他的《司马凌君权厝志》，记凌准原是个有才之士，曾"著《汉春秋》二十余万言"，写文章能"日万言"。凌准在邠宁节度掌书记期间反对朱泚叛乱，"尝有大功"，但因参加永贞革新而被贬为连州司马。老母留在富阳（今属浙江富阳）故乡，忧愤而死。两个弟弟也相继死去。凌准自己最后双目失明，死于桂阳佛寺。柳宗元是哭着写这篇志的。他说，凌准"有道而不明白于天下，离愍逢尤夭其生，且又同过，故哭以为志"。人物本身的遭遇已很悲惨，再加上作者与所描写人物的政治遭遇相同，柳宗元哭凌准，其实也就是哭自己，这样的文章写起来怎么能不呜咽悲愤呢！

韩愈碑志文中的感情色彩与他自己的主观介入也有一定的关系。有些被写对象与韩愈本来就是亲友和同事，本来感情就好，因此下笔就有一种亲切之感流泻于笔端，如《唐故国子司业窦公墓志铭》写窦年与作者的关系说：

> 愈少公十九岁，以童子得见，于今四十年，始以师视公，而终以兄事焉。公待我一以朋友，不以幼壮先后致异，公可谓笃厚文行君子矣。

有的描写对象虽是韩愈的亲友，但由于其行事荒悖，对此韩愈也不为之回护，而是正直地表明了自己的态度。如《故太学博士李君墓志铭》写韩愈的侄孙女婿李于，迷信方士，服水银而死。韩愈说："余不知服食说自何世起，杀人不可计，而世慕尚之益至，此其惑也！"接着他又连写了当时因服药而死的7个人的悲惨结局，最后感叹说："呜呼！可哀也已，可哀也已！"清代何焯说："志子弟墓不嫌于直。深切著明，笔力亦健。"（《义门读书记》昌黎集评语）

3. 传记文学语言的创新。韩、柳倡导古文运动，在传记文学创作中正好将"古文"的理论用于"实践"。在唐以前，碑志文受了骈体文的严重影响，而到了唐代，尤其到韩、柳手里，碑志文已散文化。与同时代的史传文学和前代散传相比，韩、柳传记文的语言生动、凝练、有形象性。如韩愈的《殿中少监马君墓志》描写马继祖三代人的外貌和性格：

> 姆抱幼子立侧，眉眼如画，发漆黑，肌肉玉雪可念，殿中君也。当是时，见王于北亭，犹高山深林巨谷，龙虎变化不测，杰魁人也。退见少傅，翠竹碧梧，鸾鹄停峙，能守其业者也。幼子娟好静秀，瑶环瑜珥，兰茁其牙，称其家儿也。

这三代人：殿中君指马继祖，墓志中写的是其幼年时的形象；王，指北平郡王马燧，是马继祖的祖父；少傅，是马燧的第二个儿子马畅，马继祖的父亲。作品用自然景观和动植物的姿态来形容人物的外貌、风度、个性，辞藻优美，意思含蓄高雅，过去只在《晋书》和《世说新语》笔记中出现过类似的对人物的形容，而在以往的散传中是少见的。

柳宗元在《段太尉逸事状》中写段秀实“为人姁姁，常低首拱手行步，言气卑弱，未尝以色待物”。几句话就把段太尉平时温厚谦和的神态勾勒出来了。

韩愈在传记文中还独创了一些含义丰富的词汇，如在《试大理评事王君墓志铭》中说：“诸公贵人既得志，皆乐熟软媚耳目者，不喜闻生语。”其中用“熟软”形容谄媚人的花言巧语，形象而新鲜，而“生语”正好与“熟软”相对。又如在《太原王公神道碑铭》中记王仲舒与势利小人对友人的不同态度：

> 友人得罪斥逐后，其家亲知过门缩颈不敢视；公独省问，为计度论议，直其冤。

“过门缩颈不敢视”，一句话充分画出了势利小人害怕受牵连的神情。韩愈这些词汇的创造和运用，提高了传记文的文学价值。

韩愈的传记文学由于多是碑志文，碑志文由于使用场合和它的篇幅、格式的局限，不可能较全面地记述人物生平，也不可能多侧面地血肉丰满地刻画人物形象。严格地说，他的碑志体裁的传记作品还只能算一种人物素描而已。柳宗元的传记文学虽有多篇以“传”为题，格式也如史传，但其内容主要在发表政论，因而影响了人物形象的描写和性格的刻画。

第四节　韩、柳以外的唐人散传

唐代文人传记创作的繁荣和成就，不仅体现在韩愈、柳宗元的传记创作上，而且也反映在其他文人的散传创作中。韩、柳以外的唐代文人的传记文学以碑志体裁较多，如《全唐文》所载，张说一人所作的墓志铭就有70来篇，与韩愈所作碑志文篇数相近。而唐代文人以“传”为题的传记文数量较少。唐人以“传”为题的代表性作品，多见于宋代人编的《文苑英华》和《唐文粹》两种选集中。

自传亦是散传的一种，由于唐代自传渐多，放在本节之外，单立一节阐述。

韩、柳以外其他唐人的散传，我们以作品的内容为主，结合传主的身份和表现，加以分类。每类中列举分析的作品，再以作者生活的年代先后为序。主要有以下几类：

一、歌颂有政绩能忧民的良吏

首推李华《元鲁山墓碣铭》（见《唐文粹》卷69）。李华（约715—766），字遐叔，赵州赞皇（今河北赞皇）人。所作《元鲁山墓碣铭》记鲁山县令元德秀的政绩。值得注意的是，这篇作品开头先写了元德秀死后贫困的家境：

> 惟唐天宝十二载九月二十七日，鲁山令河南元公终于陆浑草堂，春秋五十九，服名节者无不痛心。呜呼！堂内有篇、简、巾、褐、枕、履、琴、杖、箪、瓢而已，堂下有接宾之位，孤甥受学之室，过是而往，无以送终。

对墓主的死，“服名节者”（讲求名节的人）无不痛心。这一句点出了墓主之死的社会影响之大，同时也渲染了悲痛的气氛。接着，作者以10字叙10物，写出了墓主的身份、爱好和生活的简朴。他的堂内堂下的遗物与生前所处的官位不相适应。但正是这些遗物证明了元德秀生前任县令的清廉。写其政绩则举了一个纵盗杀兽赎罪的故事：

> 受署鲁山令，以痼疾不能趋拜，故后，长吏佥以客礼待之。尝获盗，未刑，属滨山之乡称猛兽为害，盗请于庭曰：“感明府慈仁，愿杀兽赎罪。”公哀而许焉。僚佐坚请，公无变虑，乃从破械纵之。盗果尸兽复命。吏人老幼咨嗟震动。发于庭宇，播于四邻，则政化之行可知也。

这位县令能为民除害，应当受到赞扬。作者以一典型事例写其政绩，增添了文章的形象性、生动性。这篇墓碣铭在当时流传很广，曾得到文人们的赞美。墓碣由颜真卿书写，李阳冰篆额，其人、其文、其字、其篆，一时均称绝代，因号“四绝碑”，引得后人争相抄写。

杜牧《唐故江西观察使武阳公韦公遗爱碑》（见《樊川文集》卷七）。

杜牧（803—853?），字牧之，号樊川，京兆万年（今陕西西安）人，晚唐文学家。他所作此碑的碑主韦丹是中唐时期唐宪宗时代著名循吏。韩愈曾为他作过《唐故江西观察使韦公墓志铭》，称赞他“凡为民去害兴利若嗜欲”。晚唐时，杜牧又奉诏作此碑。碑文先从韦丹死后过了40年君臣对他功德的重提写起：

> 皇帝召丞相延英便殿讲议政事，及于循吏，且称元和中兴之盛，言理人者谁居第一？丞相墀言：“臣尝守土江西，目睹观察使韦丹有大功德被于八州，没四十年，稚老歌思，如丹尚存。”丞相敏中、丞相植皆曰：“臣知丹之为理，所至人爱，所去人思，江西之政，熟于听闻。”乃命守臣核于众，上丹之功状。大中三年正月二十日诏书授史臣尚书司勋员外郎杜牧曰：“汝为丹序而铭之，以美大其事。”

一个封建官吏要得到上层的称赞和百姓的思念那是不容易的，碑写出了韦丹的具体功德：

> 元和二年二月，拜洪州观察使。洪据章江，上控百越，为一都会。屋居以茅竹为俗，人火之余，烈日久风，竹戛自焚，小至百家，大至荡尽。霖必江溢，燥必火作，火水夹攻，人无固志，倾摇懈怠，不为旬月生产计。公始至任，计口取俸，除去冗事，取公私钱，教人陶瓦，伐山取材，堆叠亿计。人能为屋，取官材瓦，免其半赋，徐责其直，自载酒食，以勉其劳。初若艰勤，日成月就，不二周岁，凡为屋万四千间，楼四千二百间。县令营厩，名为栋宇，无不创为。派湖入江，节以斗门，以是暴涨。辟开广衢，南北七里，荡渫污壅，筑堤三尺，

长十二里。堤成明年，江与堤平。凿六百陂塘，灌田一万顷。益劝桑苎，机织广狭。俗所未习，教劝成之。凡三周年，成就生遂，手为目睹，无不如志。

公之为政，去害兴利，机决势去，如孙、吴乘敌，不可当向。辅以经术，仁抚智诱，慈母之心，赤子之欲，求必得之。

韦丹能关心民瘼，改竹舍为瓦屋，又兴修水利，鼓励桑苎，发展生产，确为民办过好事，值得称扬。碑文虽无生动的细节描写，但在平实的叙写中加上作者的议论，韦丹的事迹与为人还是表现得很清楚，很突出。后来《新唐书·循吏传》韦丹的材料即取自韩愈写的墓志和杜牧这篇碑文。

孙樵《书何易于》（见《唐文粹》卷100）。

孙樵，生卒年未详，唐宣宗大中九年（855）进士，晚唐散文家。所作《书何易于》写了一个县令多方为百姓排难解忧的事迹，同时揭露了晚唐官场的黑暗。这篇传记刻画何易于的形象颇成功。如第一段写其任益昌县令为民充役的事：

何易于尝为益昌令，县距刺史治所四十里，城嘉陵江南。刺史崔朴尝乘春自上游多从宾客歌酒泛舟东下，直出益昌旁。至则索民挽舟。易于即自腰笏，引舟上下。刺史惊问状，易于曰："方春，百姓不耕即蚕，隙不可夺。易于为属令，当其无事，可以充役。"刺史与宾客跳出舟，偕骑还去。

从这件小事可见何易于的爱民之心和他在上司面前的坚持原则。作品又写了他烧了朝廷的征税诏书，不肯征收茶税的事，更显其刚正不阿，爱民如子，最后把何易于与刺史及当时的其他官吏作了对比，还写了作者与百姓的亲口交谈，从而使何易于这个勤政爱民的县官形象凸显纸上。《新唐书·何易于传》即取材于此文。

二、表彰为反对军阀叛乱而牺牲的英烈

颜真卿《颜杲卿碑》（见《颜鲁公集》）。

颜真卿（709—785），字清臣，京兆万年（今陕西西安）人，唐代大臣，书法家。安禄山叛乱，他联络从兄颜杲卿起兵抵抗，被推为盟主。德宗时，李希烈叛乱，他被派往劝谕，为李希烈缢死。所作《颜杲卿碑》记述了颜杲卿反对安禄山的斗争经历：

> 安禄山雅闻其兵，奏为营田判官，光禄、太常二寺丞，又请为节支判官兼摄常山郡太守。天宝十四载冬十一月，禄山反范阳至藁城。公与长史袁履谦同谒，乃矫授公紫，履谦绯。因令崇州刺史李钦凑以兵七千人收土门。公罢归途中，指章服讽履谦曰："与公受他，此色如何？"履谦亦感激之士，遂与公定谋翻之。

杲卿与袁履谦定谋反对安禄山叛乱，设计杀了安禄山的部将李钦凑等人。河北先后响应的有十七个郡。可惜第二年，常山为史思明所破。碑文接着写了颜杲卿被害的经过：

> 春正月，贼使平卢兵马使史思明寇诸郡，思明既来攻，六日城平，粮井皆竭，遂为贼所陷。男季明，外甥卢逖皆遇贼。遂以公、履谦至东京，禄山让公曰："我擢汝为太守，何负于汝？而乃反乎？"公曰："吾代受国恩，官职皆天子所与，汝叨受恩宠，乃敢悖逆，吾宁负汝，岂负本朝乎！臊羯胡狗，何不速杀我！"乃系公于天津桥南柱，令割肉以自噉。公询詈不已。遂钩以断舌，问："更敢尔否？"公犹盛气含胡以应之，还被肢解而终。观者痛心焉。

颜杲卿为了维护国家的统一，在叛乱头目的淫威面前，敢于斥责逆贼，表现了威武不能屈的英雄本色。这件事后来被宋末民族英雄文天祥写进《正气歌》，称正气的表现之一"为颜常山舌"。这块碑传抓住了颜杲卿一生中最光辉的事迹，写得悲壮动人。后来《新唐书·颜杲卿传》基本上依据此碑写成。

李翱《杨烈妇传》（见《文苑英华》卷796）、《高愍女碑》（见《全唐文》卷638）。

李翱（772—841），字习之，是韩愈的侄女婿，也是当时重要的文学家。他的《杨烈妇传》表彰了一位有智有勇、忠于国家的女英雄。作品叙杨氏事迹说：

建中四年，李希烈陷汴州。既又将盗陈州，分其名数千人抵项城县。盖将掠其玉帛，俘缧其男女，以会于陈州。县令李侃不知所为。其妻杨氏曰："君，县令，寇至当守；力不足，死焉，职也。君如逃，则谁守？"侃曰："兵与财皆无，将若何？"杨氏曰："如不守，县为贼所得矣！仓廪皆其积也，府库皆其财也，百姓皆其战士也，国家何有？夺贼之财而食其食，重赏以令死士，其必济！"

于是召胥吏百姓于庭。杨氏言曰："县令，诚主也，虽然，岁满则罢去，非若吏人百姓然。吏人百姓，邑人也，坟墓在焉，宜相与致死以守其邑，忍失其身而为贼之人耶？"众皆泣许之，乃徇曰："以瓦石中贼者，与之千钱；以刀矢兵刃之物中贼者，与之万钱。"得数百人，侃率之以乘城。杨氏亲为之爨以食之，无长少，必周而均。使侃与贼言曰："项城父老，义不为贼矣，悉皆力守死。得吾城不足以威，不如亟去，徒失利，无益也。"贼皆笑。有蜚箭集于侃，侃伤而归。杨氏责之曰："君不在，则人谁肯固矣！与其死于城上，不犹愈于家乎？"侃遂忍之，复登陴。

这事发生在公元783年，淮宁节度使李希烈叛乱称王，出兵侵犯项城县。县令李侃不知所为，在此紧急情况下，县令妻子杨氏一面为丈夫出谋划策，动员民众守城；一面又亲自参加后勤服务，鼓励丈夫带伤守城。这一切都显出杨氏的冷静与智慧，表现出了以国家利益为重的崇高思想和非凡的组织能力。传记接着写了项城保卫战的胜利，肯定了杨氏的功劳。在传记末的论赞中，作者以那些不能战、不能守、不能死、弃城逃跑的"守御之臣"与杨氏作了对比，进一步赞扬了杨氏的爱国精神。

作者写这篇传记时，杨氏尚在世，为活着的女英雄立传，这在传记发展史上是少有的。该传写杨氏的言语与行动相当生动，是一篇成功的小传。

李翱还写过一篇《高愍女碑》，记在李希烈叛乱时，一个被当做人质姓高名妹妹的小女孩英勇而死的事迹。高妹妹年纪虽小，为了避免“生而受辱”，勇敢地选择了死，捍卫了人格尊严。作者对《杨烈妇传》和《高愍女碑》颇为满意，在《答皇甫提书》中曾自豪地说：“仆文采不足以希左丘明、司马子长，足下视仆高愍女、杨烈妇岂尽班孟坚、蔡伯喈之下耶?”这话确不算自夸。

晚唐文学家杜牧的《窦烈女传》(见《文苑英华》卷796)。

本文记述了一位叫窦桂娘的女子，在李希烈叛乱时，忍辱负重、智斗叛贼，最后牺牲的事迹。她是被叛乱军阀李希烈抢去强迫做妾的，但她并不甘心屈从李希烈，而是表面上以才色取得李的信任，而后再巧妙地说服了他的一员部将，让这员部将乘隙杀掉了李氏一门。这样的功绩，在中晚唐的名公巨卿中亦无人可与之相比!

从李翱的《杨烈妇传》《高愍女牌》到杜牧的《窦烈女传》，可见唐代女性在反对军阀叛乱、维护唐王朝统一的斗争中作出了英勇的奉献。而传记作者们对保卫唐王朝而牺牲的英烈，包括对女性英烈都做出了高度的评价，弘扬了正义。这是唐代传记文学重要的一页，应予肯定。

三、为唐代著名诗人树碑立传

盛唐时代的大诗人李白、杜甫，中唐时代的文学家韩愈、诗人李贺，到中晚唐时代都有人替他们写墓志铭，或写行状，或写小传。如范传正给李白写了《唐左拾遗翰林学士李公新墓碑》，元稹给杜甫写了《杜子美墓系铭》，皇甫湜给韩愈写了《韩文公墓志铭》，李翱为韩愈写了《韩文公行状》，李商隐写了《李贺小传》。其中传记文学价值较高的是范传正的《李公新墓碑》和李商隐的《李贺小传》。

范传正《李公新墓碑》(见《唐文粹》卷58)。他写此碑文在唐宪宗元和十年，可知他是中唐时人。此碑详述李白的生平及其子孙的概况，是李白碑传中最为详尽的一篇。碑文记李白的籍贯变化、姓名来历说：

公名白，字太白，其先陇西成纪人。……凉武昭王九代孙也。隋末多难，一房被窜于碎叶[1]，流离散落，隐易姓名，故自国朝已来，漏于属籍。神龙初，潜还广汉（今属四川省），因侨为郡人。父客，以逋其邑，遂以客为名，高卧云林，不求禄仕。

公之生也，先府君指天枝以复姓，先夫人梦长庚而告祥，名之与字，咸所取象。

这里表明，李白与碎叶有关，但究竟出生在碎叶，还是在广汉，并未确定。他因与李唐帝王同姓，故称天枝，并恢复李姓。他的取名很吉祥。因他母亲梦见长庚而生下他的，而长庚是太白星。碑文接着写了李白青年时代的文才和任侠：

受五行之刚气，叔夜心高；挺三蜀之雄才，相如文逸。瑰奇宏廓，拔俗无类。少以侠自任，而门多长者车。常欲一鸣惊人，一飞冲天，彼渐陆迁乔，皆不能也。由是慷慨自负，不拘常调，器度弘大，声闻于天。

唐代有任侠的风气，李白也以侠自任，这就不难理解他诗中的那种侠气了。李白的个性超世拔俗，这有助于我们理解他诗歌中所体现的那种昂扬阔大的盛唐气象。作品接着写了他在玄宗身边任翰林的情况：

天宝初，召见于金銮殿，玄宗明皇帝降辇步迎，如见园、绮。论当世务，草答蕃书，辩如悬河，笔不停辍。玄宗嘉之，以宝床方丈赐食于前，御手和羹，德音褒美，褐衣恩遇，前无比俦。遂直翰林，专掌密命，将处司言之任，多陪侍从之游。他日，泛白莲池，公不在宴，皇欢既洽，召公作序。时公已被酒于翰苑中，仍命高将军扶以登舟，优宠如是。既而上疏请还旧山，玄宗甚爱其才，或虑乘醉出入省中，不能不言温室树，恐掇后患，惜而遂之。

一个诗人受到皇帝如此优待是史无前例的，但李白为什么还要“上疏请还”？碑文写得较含糊，也可能不便说。若从李白的个性说，可能也不会久留宫廷的，因为他说过“安能摧眉折腰事权贵”！玄宗是最大的权贵，李白不可能长久地给他当御用文人。碑文紧接着又写了李白的浪漫情性：

> 公以为千钧之弩，一发不中，则当摧撞折牙，而永息机用，安能效碌碌者苏而复上哉！脱屣轩冕，释羁缰锁，因肆情性，大放宇宙间。饮酒非嗜其酣乐，取其昏以自富；作诗非事于文律，取其吟以自适；好神仙非慕其轻举，将不可求之事求之，欲耗壮心，遣余年也。

李白确是个追求个性自由的大诗人，他安能效碌碌者呢！他作诗所以不为声律所束缚，也是追求个性自由的一种表现。碑文接着写了李白死前的经历：

> 在长安时，秘书监贺知章号公为谪仙人，吟公《乌栖曲》云：“此诗可以泣鬼神矣！”时人又以公及贺监、汝阳王、崔宗之、裴周南等八人为酒中八仙，朝列赋谪仙歌百余首。俄属戎马生郊，远身海上，往来于斗牛之分，优游没身。偶乘扁舟，一日千里，或遇胜境，终年不移。长江远山，一泉一石，无往而不自得也。晚岁，渡牛渚矶，至姑熟，悦谢家青山，有终焉之志。盘桓利居，竟卒于此。其生也，圣朝高士；其往也，当涂之旅人。代宗之初，搜罗俊逸，拜公左拾遗，制下于彤庭，礼降于玄壤，生不及禄，没而称官，呜呼命与！

李白的诗可以惊天地而泣鬼神，贺知章已感到了李白诗歌无比巨大的感染力。李白晚年的经历中，碑文没有写其流放夜郎等事件，而是似乎自由地在到处旅游。这倒与李白诗歌浪漫主义情调相合拍。这篇碑文写其人而如其人，在写李白的碑传中实有特色。文中偶有用典，读之不畅，是其不足。

李商隐为有奇才而早死的青年诗人李贺作了《李贺小传》（见《唐文粹》卷99）。

李商隐（813—858），字义山，号玉溪生，怀州河内（今河南沁阳）人，晚唐著名诗人。他在这篇小传中突出地写了李贺外貌的奇特，作诗的勤奋刻苦和诗歌富于幻想的特点：“长吉细瘦，通眉，长指爪，能苦吟疾书。”十几个字，李贺的身形面目突现于读者眼前。接着作品又写了李贺创作时的奇特表现：

恒从小奚奴，骑距驴[②]，背一古破锦囊，遇有所得，即书投囊中。及暮归，太夫人使婢受囊出之，见所书多，辄曰：“是儿要当呕出心始已耳！”上灯，与食，长吉从婢取所书，研墨叠纸足成之，投他囊中。非大醉及吊丧日，率如此。

长吉是李贺的字。李贺作诗很注意捕捉灵感，所以“遇有所得，即书投囊中”，然后再补足。作者又写其临死前幻觉的奇特：有一个骑赤龙的红衣人来召李贺，说：“帝成白玉楼，立召君为记，天上差乐，不苦也。”于是不一会儿，李贺就死了。这一情节迷离恍惚，说是李贺的姐姐亲口讲的。作者写这一幻觉情节，一方面与李贺生前写诗喜欢设幻求奇，富于浪漫色彩相合拍。李贺生前就写过《天上谣》等诗，因此产生上帝来召他去的幻想是可以理解的。另一方面作品暗示了李贺生前受人“排摈毁斥”，不为世闻，只有死后到天上去施展才华，这就表现了一种人生的莫大悲哀。最后作者连设六问，这既是对李贺才高命短的无限同情，又是自己一生坎坷的寄寓。这篇小传以诗人写诗人，文笔才思，少有其比。

四、晚唐传记中的爱情故事

唐代传奇中产生过许多动人的爱情故事，作品的主人公往往是青年士子与妓女，或青年士子与名门小姐。与爱情小说情节相似，晚唐时代黄璞的《欧阳行周传》（见《全唐文》卷817）也写了一个青年士子欧阳詹与一个妓女的真实恋爱故事。黄璞，字绍山，闽县人。唐昭宗大顺中擢进士第。《欧阳行周传》的男主人公就是韩愈《欧阳生哀辞》中的欧阳詹。此传全文如下：

欧阳詹，字行周，泉州晋江人。弱冠能属文，天纵浩汗，贞元登进士第。毕关试，薄游太原，于乐籍中因有所悦，情甚相得。及归，乃与之盟曰：“至都当相迎耳。”即洒泣而别，仍赠之诗曰：“驱马渐觉远，回头长路尘。高城已不见，况复城中人。去意既已甘，居情谅多辛。五原东北晋，千里西南秦。一屦不出门，一车无停轮。流萍与系匏，早晚期相亲。”寻除国子四门助教。

往乐籍中者思之不已，经年得疾且甚，乃危妆引髻，刃而匣之。顾谓女弟曰：“吾其死矣，苟欧阳生使至，可以是为信。”又遗之诗曰：“自从别后减容光，半是思郎半恨郎。欲识旧时云髻样，为奴开取镂金箱。”绝笔而逝。及詹使至，女弟如言。径持归京，具白其事，詹启函阅之，又见其诗，一恸而卒。

故孟简赋诗哭之，序曰：闽越之英，惟欧阳生以能文擢第。爰始一命，食太学之禄，助成均之教。有庸绩矣。我唐贞元己卯岁，献书相府论大事，风韵清雅，词旨切直，会东方军兴，府县未暇慰荐。久之，倦游太原，还来帝京，卒官灵台。悲夫！生于单贫，以狥名故心专，勤俭不识声色。及兹筮仕，未知洞房纤腰之为蛊惑。初抵太原，居大将军宴席上，妓有北方之尤者，屡目于生，生感悦之。留赏累月，以为燕婉之乐，尽在是矣。既而南辕，妓请同行，生曰：“十目所视，不可不畏。”辞焉，请待至都而来迎，许之，乃诀去。生竟以连蹇不克如约，过期，命甲遣乘，密往迎妓。妓因积望成疾，不可为也。先，大故之夕，剪其云髻，谓侍儿曰：“所欢应访我，当以髻为贶。”甲至得之，以乘空归，授髻于生，生为恸怨，涉旬而生亦殁。则韩退之作《何蕃传》，所谓欧阳詹者，生也。河南穆元道访予，尝叹息其事。呜呼，钟爱于男女，索其效死，夫不亦蔽也？大凡以时断割，不为丽色所汩，岂若是乎！古乐府诗有《华山畿》《玉台新咏》有卢江小吏，更相死类于此。

这篇传记反映了当时青年士子自由恋爱与男女地位差别之间的矛盾。欧阳詹不敢带妓同行，即人言可畏，结果造成爱情悲剧。这篇传记情节曲折，妓女临死前留发细节非常典型。传记中引入了男女双方诗各一首，富有时代特色，增加了抒情色彩。

总之，韩、柳以外唐人散传内容丰富，有浓郁的时代气息；写人叙事，文学色彩较重。又多用散体写作，与唐代的文体文风改革互相促进。

［注］

①碎叶：唐贞观十八年灭焉耆置碎叶城（在今吉尔吉斯斯坦托克马克城附近）。

②距驴：驴骡之属，可供乘骑。

第五节 别开生面的唐代自传

唐代的自传文学承魏晋南北朝自传的惯性发展，仍以述志抒怀的短篇作品为主，而在内容上别开生面，更为丰富，自传意识更为加强。唐人以自传为载体，反映了文人各种心态：有用来表示怀才不遇而发牢骚的，如王绩《自撰墓志铭》；有表达自己史学理想的，如刘知幾《史通·自序》；有总结人生阶段性经验的，如陆羽《陆文学自传》；有坚持自己政治人格的，如刘禹锡《子刘子自传》；有表现自适自得又自我解嘲的，如白居易《醉吟先生传》；有显示隐士志趣的，如陆龟蒙《甫里先生传》等。形式上颇为多样，有以第一人称，也有以第三人称来叙述的；有自撰墓志铭，也有小传、书序体裁。从唐初至晚唐代有人写自传，有的且有较高的史料和文学价值。下列举有代表性自传以见一斑。

一、发牢骚的自传

唐初政治开放，广开言路，因此许多知识分子积极向朝廷提建议，作谏诤。但也有人借此机会利用自传形式发牢骚，王绩便是独特的一个。王绩（585—644），字无功，号东皋子，又号五斗先生，绛州（今山西河津县）人。他是隋末著名学者王通的弟弟。在隋为秘书省正字，出为六合县丞。入唐以原官待诏门下省，一度为太乐丞，不久即归隐。著有《王无功集》。作为唐初的文学家，他自感怀才不遇，作《自撰墓志铭》以发牢骚：

王绩者，有父母，无朋友。自为字曰“无功”焉。人或问之，箕踞不对。盖以有道于己，无功于时也。不读书，自达理。不知荣辱，不计利害。起家以禄位，历数职而进一阶，才高位下，免责而已。天子不知，公卿不识。四十五十，而无闻焉。于是退归，以酒德游于乡里。往往卖卜，时时著书。行若无所之，坐若无所据。乡人未有达其意也。尝耕东皋，号东皋子。身死之日，自为铭曰：

有唐逸人，太原王绩。若顽若愚，似矫似激。院止三径，堂唯四壁。不知节制，焉有亲戚。……(《全唐文》卷132)

王绩生活在隋末唐初，应该说是个有文学才能的人，能诗会文。据《唐才子传》记载，他“年十五，游长安，谒杨素，一坐服其英敏，目为神仙童子。隋大业末，举孝廉高第，除秘书正字。不乐在朝，辞疾，复授扬州六合县丞。以嗜酒妨政，时天下亦乱，遂托病风，轻舟夜遁”，乃还故乡。可见他在隋朝拜见过大官杨素，被看做神仙童子。但在隋朝做的官不大，自己不高兴在朝廷，还以酒妨政，只好回乡。他未能施展才能，自己有一定的责任。到了唐朝，待诏门下，俸禄不高，境况萧瑟。罢归乡里，与隐士为伍，日与对酌。最后老死在家。

作者对自己的学问才能很自负，而对自己“才高位下”的境遇很不满。他取字无功，言外之意，由于“天子不知，公卿不识”，没有给他一个适当的位置和立功的机会。在当时较宽松的政治气氛中，他的牢骚很大，直发到天子公卿头上，但终没有受到迫害。他又受陶渊明《五柳先生传》的影响，作《五斗先生传》：

有五斗先生者，以酒德游于人间。有以酒请者，无贵贱皆往。往必醉，醉则不择地斯寝矣。醒则复起饮也。常一饮五斗，因以为号焉。先生绝思虑，寡言语。不知天下之有仁义厚薄也。忽焉而去，倏然而来。其动也天，其静也地。故万物不能萦心焉。尝言曰：“天下大抵可见矣。生何足养，而嵇康著论；途何为穷，而阮籍恸哭。故昏昏默默，圣人之所居也。”遂行其志，不知所如。(《文苑英华》卷796)

这篇作品里，作者以五斗先生自命，也是一篇自传性质的短文。他在酒醉的掩饰下，说一些牢骚话：“先生绝思虑，寡言语，不知天下之有仁义厚薄也。”实际意思是，他认为唐朝政府的仁义不够，原因就在政府没有重用他。由于感到个人怀才不遇，所以才发牢骚。其实，发一点牢骚，对社会对自己倒不一定是坏事。个人发一点牢骚，心理上得到某种平衡。牢骚如果引起了有关部门的注意，或许能对政治、对用人有所改进，更是好事。王绩这点牢骚，不影响唐初大局，唐朝政府不干涉，终归是明智的。

这两篇短小的自传，没有全面自叙生平，重在说理抒情，文字通俗易晓，可称为别具一格的自传小品。

二、史学理论家的自传

《史通·自叙》是唐代史学理论家刘知幾的一篇自传。刘知幾（661—721），字子玄，彭城（今江苏徐州）人。高宗永隆间举进士。武后时任著作郎兼修国史，中宗时参与编修《则天皇后实录》。玄宗时官至散骑常侍，后被贬为安州（今湖北安陆）都督府别驾。所著《史通》一书是中国第一部史学理论与批评的专著，在中国史学史上有重要的地位。

《自叙》自述了少年时期对史学的爱好，成年后对史学的创见，私撰《史通》的原因，撰写《史通》与古人著书的比况，以及等待后人论定的担心等情事。刘知幾作为一个史学家，三句不离本行，他的《自叙》所述之志，所抒之怀，无不与史学有关。开头的部分，作者先自述了自童年至17岁时对史学爱好的形成过程：

予幼奉庭训，早游文学。年在纨绮，便受《古文尚书》。每苦其辞艰琐，难为讽读，虽屡逢捶挞，而其业不成。尝闻家君为诸兄讲《春秋左氏传》，每废《书》而听，逮讲毕，即为诸兄说之。因窃叹曰：“若使书皆如此，吾不复怠矣。”先君奇其意，于是始授以《左氏》，期年而讲诵都毕，于是年甫十有二矣。所讲虽未能深解，而大义略举。……

次又读《史》《汉》《三国志》。既欲知古今沿革，历数相承，于是触类而观，不假师训。自汉中兴以降，迄乎皇家实录，年十有七，而窥览略周。

作者从喜欢读《左传》，到读《史》《汉》，以及汉唐皇家实录，遍览诸史，年仅17岁。从他爱好史学的过程，可见他读书之勤。正因为他对古代史书“窥览略同”，为以后写史、治史打下了坚实的基础。《自叙》接着自述“自小观书，喜谈名理，其所悟者，皆得诸衿腑，非由染习”。从小养成了考核名实，辨名析理的读书习惯，因此读书的心得体会来自于自己的心领神会，而不是人云亦云。到了成年时，“及年已过立，言悟日多，常恨时无同好，可与言者”。由于进一步读史，作者的创见日多，却少知音。

《自叙》说到私撰《史通》的原因，由于他虽然在武后时奉诏参与撰修《唐史》，中宗时参与编写《则天皇后实录》，但与“当时同作诸士及监修贵臣”在修史原则上枘凿相违。他深感“虽任当其职，而吾道不行；见用于时，而美志不遂”，“故退而私撰《史通》，以见其志”。这部分是整篇《自叙》的重点。作者道出了自己当时参与修史的苦衷。他自己的“美志”（修史理想）不能实现，原因在当时修史制度的不合理。史馆修史往往为了让历史贯彻最高统治者的意图，要按监修官的意见执行。所以刘知幾常与“同作诸士及监修贵臣”意见不合。刘知幾为坚持自己的学术理想，才独立写出《史通》这一不朽的史学评论著作。《自叙》后面部分写作者等待后人对此书的论定，并为此而担心。而事实上，《史通》已被后人评为可与刘勰《文心雕龙》争雄的著作。

从自传文学角度看，首先，这篇自传结构很严谨。全文以“史”字为线索，以时间为顺序，组织成篇。其次，《自叙》夹叙夹议，声情并茂。由于处处写出作者丰富的感情，作者能将自己的苦衷郁闷坦白地告诉读者，因而使作品增加了感染力。再次，《自叙》的语言骈散结合，流畅生动。

全篇虽缺少具体形象的描绘，却仍能使读者感受到作者的喜怒哀乐之情。

三、总结自学成才的自传

陆羽的《陆文学自传》是一篇总结自学成才的自传，也是唐代自传中一篇既有重要的史料价值，又有较高文学价值的自传文。陆羽（733—804），字鸿渐，唐复州竟陵（今湖北天门县）人。《新唐书》卷196《隐逸传》说他“不知所生。或言有僧得诸水滨，畜之”。童年在寺院长大。因不堪寺中劳役之苦，逃出后做了伶人。以后还其儒士身份，隐居苕溪（在今浙江湖州），又诏拜为太子文学，最后以隐逸与文学终。能诗，嗜茶，著《茶经》三卷，时号“茶仙”。

作者作《陆文学自传》时，尚未为太子文学，题目为后人所加。晚唐诗僧齐己《过陆鸿渐旧居》诗(《全唐诗》卷846）题注说：“陆生自有传于井石。”可知自传曾刻在陆羽竟陵旧居的井石。（见《全唐文》卷433，《文苑英华》卷793）

《自传》所记之内容仅是陆羽29岁前，从幼年至青年时代的一段生活历程，以第三人称记述陆羽的身世经历、思想性格、平生交游和著述。陆羽在前29年中走过的生活道路就是一条艰难曲折的自学成才之路：弃婴——寺院小和尚——民间戏剧演员、导演（伶正、伶正之师）——处士（诗人、学者）。他原是个弃婴，被竟陵大师积公收养在寺院。《自传》叙述了他童年时期刻苦求学的过程：

> 公执释典不屈，子执儒典不屈。公因矫怜抚爱[①]，历试贱务，扫寺地，洁僧厕，践泥污墙，负瓦施屋，牧牛一百二十蹄。竟陵西湖无纸学书，以竹画牛背为字。他日问字于学者，得张衡《南都赋》，不识其字，但于牧所仿青衿小儿，危坐展卷，口动而已。公知之，恐渐渍外典，去道日旷，又束于寺中，令其芟剪榛莽，以门人之伯主焉。或时心记文字，懵然若有所遗，灰心木立，过日不作。主者以为慵惰，鞭之。因叹岁月往矣，恐不知其书，呜咽不自胜。主者以为蓄怒，又

鞭其背，折其楚乃释。因倦所役，舍主者而去。

贯串于自传最突出的莫过于作者与自己的命运、与生活的艰难作抗争的不屈精神。正是这种坚强不屈的精神，使他自学成才，后来成为文学家，成为《茶经》的作者。他生当盛唐时代，他的自传反映了当时贫苦出身的知识分子奋发上进的精神风貌。

这篇自传在文学史、戏剧史上都具有重要的史料价值。由于陆羽与李齐物、崔国辅、皎然等许多盛唐诗人交游，可见当时诗人们的活动情况。又由于陆羽“卷衣诣伶党”，当过“伶正”“伶正之师”，写过《谑谈》，提供了唐代民间戏剧的情况。已故著名学者任半塘多处引用此传的材料，写进《唐戏弄》一书。书中附录了《自传》全文。他指出：“向于唐代民间戏剧情况，认为杳不能追，漫无可考，今赖有陆羽从伶之一具体事实，与所留伶党、伶正、伶正之师含义丰富之名词，乃觉盛唐时期之民间优伶有组织，有品色，有师承，民间演戏有制度，有标准，重效能，丝毫不苟，何其善欤！”（《唐戏弄》，上海古籍出版社）

从自传本体看，这篇自传的文学价值在于：

第一，不掩美丑，真实而形象地再现自身的形貌与经历。陆羽由一个弃儿而成为诗人、学者，自身的优点长处很多，但作者不只写自己的长处，也不掩盖自己的丑陋，既写了自己的生理缺陷，还写了自己在寺院中“历试贱务”，后来又作过优伶的经历。对这些当时士大夫认为是下贱的工作，作者并不忌讳。从自传文体看，如此写则保证了自传的真实性。

第二，自我刻画了一位个性鲜明而丰满的生命强者的形象。他的个性表现为“多自用意”而坚强不屈，如敢于与师父积公对抗，刻苦自学等；能“笃信”守约，故有很多朋友与他交往，并愿意帮助他；多才多艺，会演戏，会导演，会写诗作赋，还对茶道有研究。

第三，自传不停留在记述自身经历，可贵的在于能向读者打开自己的心扉，坦露自己的内心情感活动。如写隐居苕溪时，“独行野中”，“号泣而归”，透露其内心的苦闷。写其在寺中服劳役时求学心切而难过的心情：

“或时心记文字，懵然若有所遗。”写他对现实的态度：“皆感激当时，行哭涕泗”，表现了他还有忧国忧民的爱国之心。正由于自传写出了作者的真情实感，才使作者的自我形象有血有肉，并能给读者以感染。

四、表现政治人格的自传

中唐时期诗人刘禹锡的《子刘子自传》是一篇表现政治人格的自传。刘禹锡（772—842），字梦得，祖居洛阳，安史乱中东迁苏州。22 岁登进士第。唐顺宗李诵永贞元年（805）进行了一次政治上革新活动。刘禹锡与柳宗元等积极参加了王叔文领导的革新活动。这次政治革新史称“永贞革新”。革新失败，李诵被迫退位，王叔文被赐死。刘禹锡被贬为朗州（今湖南常德）司马。直至唐敬宗宝历二年（826）才被召回洛阳。晚年改任太子宾客，世称刘宾客。文学上成就主要在诗歌，著作有《刘梦得集》。唐武宗李炎会昌二年（842），刘禹锡 71 岁，抱病写了这篇《子刘子自传》。同年秋天，刘禹锡与世长辞。

这篇自传的前半部分是自述家世及参加永贞革新前的仕途经历，后半部分着重写永贞革新的核心人物王叔文的政治才干和人品，为永贞革新作了最后的辩护，并对顺宗内禅作了揭露，表现了作者坚定的政治人格。请看自传后半部分所记：

> 贞元二十一年春，德宗新弃天下，东宫即位。时有寒隽王叔文以善弈棋得通籍博望，因间隙得言及时事，上大奇之。如是者积久，众未知之。至是起苏州掾，超拜起居舍人，充翰林学士，遂阴荐丞相杜公为度支盐铁等使。翊日叔文以本官及内职兼充副使。未几特迁户部侍郎，赐紫，贵振一时。予前已为杜丞相奏署崇陵使判官，居月余日，至是改屯田员外郎，判度支盐铁等。按初叔文北海人，自言猛之后，有远祖风。唯东平吕温、陇西李景俭、河东柳宗元以为言然。三子者皆与予厚善，日夕过，言其能。叔文实工言治道，能以口辩移人。既得用，自春至秋，其所施为，人不以为当非。时上素被疾，至是尤剧，

> 诏下内禅，自为太上皇。后谥曰顺宗。东宫即皇帝位。是时太上久寝疾，宰臣及用事者都不得召对。宫掖事秘，而建桓立顺，功归贵臣。于是叔文首贬渝州，后命终死。宰相贬崖州。予出为连州。途至荆南，又贬朗州司马。

值得注意，自传后一部分几乎用占全文一半的篇幅来记述永贞革新事件，并表明了自己的看法。择其要者有两点：第一，对王叔文的政治活动作了明确的肯定。作者认为王叔文“其所施为，人不以为当非”。这与宪宗李纯对王叔文赐死的做法是相反的。作者为王叔文辩护，即为永贞革新辩护，表明作者直至最后是不屈服不妥协的。第二，揭露顺宗内禅的黑幕，暗示顺宗李诵是被宦官杀害的。作者指出：“宫掖事秘，而建桓立顺，功归贵臣。”（建桓立顺：指东汉由宦官拥立了顺帝，后来梁冀进毒弑质帝立桓帝。）顺宗李诵由于病重不能与革新派接触，所谓“内禅”，显然是被政敌所迫的。接着是太子李纯即位，是为宪宗，夺了李诵的权。从刘禹锡对“宫廷事秘”的这种透露，这场反对革新的宫廷政变是在宦官的操纵下进行的，从中可见永贞革新失败的一些真相。因此这篇自传有重要的文献价值。而从作者方面说，他对永贞革新的看法，在以前迫于时局不敢吐露。直到临死前，已无顾虑，一吐为快，不同凡响。

自传结尾的铭文对自己一生作了恰当的评价：“天与所长，不使施兮！人或加讪，心无疵兮！”既对自己的政治抱负未能实现而感到遗憾，又对自己的心地纯洁而感到问心无愧，其崇高的革新理想和光明磊落的人格至死不变。

这篇自传对自己的文学活动只字不提，是个不足。但行文简明确切，不假雕饰，把重要的政治活动说得颇明白。

五、自得自嘲的自传

中唐大诗人白居易晚年所作的《醉吟先生传》是一篇自得自嘲的自传。白居易（772—846），字乐天，晚号香山居士，又自称醉吟先生。他是贞元进士，当过左拾遗的谏官，因得罪执政者，被贬为江州司马。后任杭州、苏州刺史，官至刑部尚书。文学上积极倡导新乐府运动。晚年退居洛阳，意志消沉，诗酒自纵，独善其身。著有《白氏长庆集》。

作者于唐文宗开成三年（838）67岁时作自传性质的《醉吟先生传》。这篇自传侧重描述自己退居洛阳10年来的生活情景，流露出晚年生活既悠闲自得又苦闷自嘲的心情。所谓自得，指他自己述生活环境和身体条件都好："家虽贫，不至寒馁；年虽老，未及昏耄。"又"性耆酒、耽琴、淫诗。凡酒徒、琴侣、诗客多与之游"。所谓自嘲，指他自述"吟罢自哂"是一种苦笑。他又自述"醉复醒，醒复吟"，"醉吟相仍"，整日在昏昏沉沉之中。这种状态绝非是正常的生活，也绝非是真正的内心充实。他醉吟的目的，是"得全于酒"，借酒麻醉自己，在纵情诗酒表面的闲适自得中隐藏着对现实无可奈何的悲哀、沉重的失落感和内心苦闷。所以他说的"自适"，实际是自嘲。

有意思的是作者为自己的放情诗酒的生活作辩护，却真实地道出了他的人性。他写道：

> 凡人之性，鲜得中，必有所偏好。吾非中者也。设不幸吾好利而货殖焉，以至于多藏润屋，贾祸危身，奈吾何？设不幸吾好博弈，一掷数万，倾财破产，以至于妻子冻馁，奈我何？设不幸吾好药，损衣削食，炼铅烧汞，以至于无所成有所误，奈吾何？吾幸不好彼，而自适于杯觞讽咏之间，放则放矣，庸何伤乎？不犹愈于好彼三者乎？

作者认为自己对诗酒的爱好，比那种经商、赌博、炼丹服药都要好，不会招祸、破产或为药所误。其实，诗酒既是作者的口腹享受，也是精神需要，对别人无害，对己有益，应该是允许的一种生活方式。

这篇自传如作者的诗歌一样，语言平易清新，多处运用排比句，句式整齐，读来极为流畅。全文从头至尾紧扣题目中"醉吟"二字，围绕传主别号展开描写与议论，生动地塑造了晚年白居易的自我形象。

六、隐士标本的自传

晚唐文学家陆龟蒙的《甫里先生传》《江湖散人传》（见于《文苑英华》卷796），是一个隐士标本的自传。陆龟蒙（？—约881），字鲁望，长洲（今江苏吴县）人，曾任苏州、湖州刺史的幕僚，后隐居松江的甫里镇，自号甫里先生、江湖散人，其小品文有较高的成就。鲁迅在《小品文的危机》说："皮日休和陆龟蒙自以为隐士，别人也称之为隐士，而看他们在《皮子文薮》和《笠泽丛书》中的小品文，并没有忘记天下，正是一塌糊涂的泥塘里的光彩和锋芒。"

他的《甫里先生传》是以第三人称写的自传，侧重自述个性爱好和日常生活，而没有全面记叙自己的生平经历。中国的隐士文学是构成古代文学的重要组成部分。这篇自传提供了一个隐士的标本，也是一种隐士文学。

作者的个性既体现了古代一般隐士的共性，也表现了他特殊的个性。前者如"不喜与俗人交"。隐士为了表明自己的身份不同于世俗的人，将自己的交往限制在与隐士相交，或与僧道相交。甫里先生正是如此，"内外姻党，伏腊丧祭未尝及时往"，可以不同亲戚往来，但接受"高僧、逸人"送来的煎茶用水。而特好清洁，嗜茶，喜辑校古书等，则是他特有的个性。

作者在自传中不仅欣赏自己的个性，而且也自豪地展示自己的日常生活：如写文章、校古籍，参加劳动，饮茶，乘小舟外出，等等。写这些显然为了表示自己的人生价值和人生态度。他的人生价值主要体现在文化创造上，写成诗文，为后世留下可贵的文学遗产。他的人生态度是亲自劳动，区别于"蚤虱名器，雀鼠仓庾者"。后者指糟蹋官位，像雀鼠一样偷吃国库粮食的贪官污吏。

这篇自传形式上受陶潜《五柳先生传》影响。全文以个性为贯串的线索，首尾呼应，体现隐士隐姓埋名的特点。

［注］

①抚爱：此据《文苑英华》本，另本作"无爱"。

第六节　唐代的传记文学理论与批评

唐代的传记文学理论与批评主要表现在刘知幾的《史通》及韩愈、柳宗元的有关论述中。

一、刘知幾的史传文学理论与批评

刘知幾的《史通》是我国第一部史评和史传文学理论著作。《史通》初次成书在710年，刘知幾已50岁，以后又作过一些修改。据《史通・自叙》可知，刘知幾自少年时就爱读《左传》，后又熟读《史记》《汉书》等史传著作。他在任史官时期曾参与修撰唐史和高宗、武后、中宗、睿宗诸朝实录。因而他对历代史传有丰富的知识，又有自己修史的实践经验，从中概括的修史经验和对历代史传的批评，自然颇为中肯，所发表的见解确有值得后人借鉴之处。《史通》一书论述了史籍源流、史体辨析、史料考证等，同时也阐述了“史才之难”、史传文学的特征和它的一般写作原则。此书本意重点在论史而非论文，但正如他在《史通・载文》篇说：“文之将史，其流一也。”他所论之史多为纪传体之史，涉及史传尤多。因而书中也反映了他的传记文学理论与批评观点。

古代文史学者对《史通》一书颇为重视。刘知幾的朋友史学家徐坚说：“居史职者宜置此书于座右。”(《旧唐书・刘子玄传》)清人黄叔琳《史通训诂补序》称其书“在文史类中，允与刘彦和之《雕龙》相匹”。古代传记文学理论缺乏系统论著，《史通》的史传文学理论与批评尤为可贵。

刘知幾的史传文学理论与批评，择其要者有以下三点：史传作者的条件，史传文学的真实性原则，史传文学的叙事方法。具体说：

1. “史才论”，论史传作者的条件。

刘知幾在《史通·核才》篇感叹说："史才之难，其难甚矣！《晋令》云：'国史之任，委之著作，每著作郎至，必撰名臣传一人。'斯盖察其所由，苟非其才，则不可叨居史任。"这里所称的"史才"，指担任修史之官的人才。修史的人才很难得，因为其必须具备写作传记的能力。所以《晋书·职官志》也记载，作为修史官员的"著作郎始到职，必撰名臣传一人"，以测试其史传的写作能力。刘知幾认为史家必须具备才、学、识三个条件，即所谓"史有三长"。他的这个提法集中表现在他与当时礼部尚书郑惟忠的对话中。据《新唐书·刘知幾传》记载：

> 子玄领国史且三十年，官虽徙，职常如旧。礼部尚书郑惟忠尝问："自古文士多，史才少，何耶?"对曰："史有三长：才、学、识，世罕兼之，故史才少。夫有学无才，犹愚贾操金，不能殖货；有才无学，犹巧匠无楩楠斧斤，弗能成室。"

这段对话显示，刘知幾所说的"史才"有广、狭二义，广义的用法包括了"才、学、识"三者，狭义的用法只是作为"才、学、识"三者之一的"才"。可见前一层所说的"史才"，实指担任修史之官的人才，同时也包括了史传作者应具备"才、学、识"三个条件的含义，即"史有三长"。而三长又以史识为中心，史识，即《核才》篇所说"铨综之识"，可以理解为对人物史事衡量综合的正确观点、见解；其次是史"才"，即狭义的史才，指编写史传的才能、能力；第三是史学，指掌握丰富的史料、有广博的学问。这三长既是对修史之官的要求，也是史传作者应具备的条件。《核才》篇综论史才，实际兼论才、学、识三者，并不专论才能一条。刘知幾论"史才"三长后，"时以为笃论"。可见刘知幾的"史才论"得到当时人的肯定。刘知幾的"史才论"，到清代被章学诚《文史通义·史德》篇所继承与发挥。章氏认为："非识无以断其义，非才无以善其文，非学无以练其事。"他又进一步提出史传作者还要有"史德"，说："能具史识者，必知史德。德者何？谓著书者之心术也。"经过章学诚的强调，古代史传文学理论中的"史才论"更为周全。

2. “直书论”，论史传文学的真实性原则。

《史通》中的《直书》《曲笔》《惑经》诸篇都论述了史传文学真实性的基本原则。所谓直书，即指对历史人物和历史事件直接如实的记录，与“实录”一词义同。所以《惑经》篇提出“良史以直书实录为贵”。刘知幾的直书论至少包含了以下四层意思：

其一，直书体现了史传作者的正直之德，因而直书是可贵的。《直书》篇指出：“若邪曲者，人之所贱，而小人之道也；正直者，人之所贵，而君子之德也。”刘知幾赞赏古代史官有书法不隐，直书其事的传统：“如董狐之书法不隐”，“齐史之书崔弑”。董狐的事见于《左传·宣公二年》，太史董狐据书法记载“赵盾弑其君”。孔子称赞说：“董狐，古之良史也，书法不隐。”齐史书崔弑的事见于《左传·襄公二十五年》，“齐国崔杼弑公以说于晋，太史书曰：‘崔杼弑其君。’崔子杀之。其弟嗣书而死者二人。其弟又书，乃舍之。南史氏闻太史尽死，执简以往。闻既书矣，乃还。”齐国的史官连续三人因敢直书而被杀，但还是有第四个史官接着直书，甚至另一个史官南史氏也敢来准备记录崔杼弑君之事。刘知幾认为“若南、董之仗气直书，不避强御”的精神是值得称赞的。因为直书实录保证了历史内容的真实性。直书实录精神同样适合于史传写作，所以史传写作也以直书实录为可贵。

与直书、实录相反就是曲笔、忌讳。刘知幾在《曲笔》篇痛斥史传作者曲笔隐讳的可鄙。推究曲笔之源，刘知幾指出孔子提倡“子为父隐，直在其中”（《论语·子路》），已在理论上作了错误的先导。《春秋》“掩恶扬善”，也不合直书的原则。刘知幾认为，曲笔者“用舍由乎臆说，威福行乎笔端，斯乃作者之丑行，人伦所同疾也”。他更认为，作史者为了“藉（史）为私惠”，“持报己仇”，对这种人应“肆诸市朝，投畀豺虎可也”。由于当时社会上忌直护曲的政治风尚，使史臣“爱憎由己，高下在心，不畏国法，不愧于心”。刘知幾最后只希望当政者能对此有所惩革。

其二，直书要求历史内容的真实，涉及史传文学人物描写、事件记录，乃至语言的求真。有关语言求真后面再述，这里先就人物塑造、记述事件求真而论。

《史通》因以论史为主，论人物形象塑造偏少，但也偶有涉及。如刘知幾主张对人物生平事迹应“善恶必书”。《惑经》篇说：

> 盖明镜之照物也，妍媸必露，不以毛嫱之面或有疵瑕，而寝其鉴也……夫史官执简，宜类于斯。苟爱而知其丑，憎而知其善，善恶必书，斯为实录。

可见实录是有助于人物的真实性，这与塑造人物形象直接有关。又如对刻画人物性格也应真实。刘知幾在《曲笔》篇举《后汉书·更始传》的例子说：

> 案《后汉书·更始传》称其怯弱也，其初即位，南面立，朝群臣，羞愧流汗，刮席不敢视。夫以圣公身在微贱，已能结客报仇，避难绿林，名为豪杰。安有贵为人主，而反至于斯者乎？

这里的《更始传》即《后汉书·刘玄传》。刘玄，字圣公，后为更始将军，又被立为天子。据刘知幾对刘玄的经历地位分析，刘玄即帝位时不至于出现怯懦的表现。刘知幾的批评，已触及《后汉书》作者对刘玄性格描写的真实性了。

对于历史事件，刘知幾是主张直书实录的。但他发现古代史书史传“实录难遇”，原因是史官实录要受到迫害。《直书》篇说：“至若齐史之书崔弑，马迁之述汉非，韦昭仗正于吴朝，崔浩犯讳于魏国，或身膏斧钺，取笑当时；或书填坑窖，无闻后代。”齐国太史书崔杼弑君而被杀，已见于前述。“马迁述汉非”指司马迁所著《史记》记述了汉家不善之事，对汉高祖、汉武帝的缺点错误也有揭露。“韦昭仗正”，实指三国时韦昭在吴国孙皓即帝位后，孙皓要他为其父孙和作本纪，韦昭以孙和不登帝位，宜名为传，结果韦昭被孙皓所杀。事见《三国志·吴志·韦曜传》。“崔浩犯讳”，事见《北史·崔宏附子浩传》，崔浩曾叙录《国书》30卷，被人彰为“直笔”立石。后来触怒太武帝焘，浩服诛。实录要受政治迫害，因而有的史官只好用曲笔或不说。刘知幾又在《直书》篇举例说：

> 或发仗云台，取伤成济，陈寿、王隐成杜口而无言。

关于上述史事，陈寿《三国志·魏志·三少帝纪》中的《高贵乡公曹髦纪》只记："甘露五年（260）……五月己丑，高贵乡公卒。"王隐的书已佚，关于此事的记载不明。而从《三国志·魏志·三少帝纪》的《高贵乡公曹髦纪》注引习凿齿《汉晋春秋》说：

> 帝见威权日去，不胜其忿。乃召侍中王沈、尚书王经、散骑常侍王业，谓曰："司马昭之心，路人所知也。吾不能坐受废辱，今日当与卿等自出讨之。"……
>
> 帝遂帅僮仆数百，鼓噪而出。……中护军贾充又逆帝战于南阙下，帝自用剑。众欲退，太子舍人成济问充曰："事急矣。当云何？"充曰："畜养汝等，正谓今日。今日之事，无所问也。"济即前刺帝，刃出于背。

注《三国志》的裴松之在上述文字后评论说："臣松之以为习凿齿书，虽最后出，然述此事差有次第。故先载习语，以其余所言微异者次其后。"以后的注文中，又引《魏氏春秋》说："帝自将冗从仆射李昭、黄门从官焦伯等下陵云台，铠仗授兵，欲因际会，自出讨文王。"这就是刘知幾《直书》所说"或发仗云台"之事。关于三国曹魏末年，高贵乡公曹髦在云台发放兵器，企图讨伐司马昭，结果反被成济刺死一事，陈寿的《三国志》正文闭口不言。但这件历史事实毕竟还是为后来的史家如习凿齿等人所记录，真相终于大白于天下。刘知幾在《直书》篇还举了"宋孝王《风俗传》、王劭《齐志》，其叙述当时，亦务在审实"，都强调了叙述史事，必须真实。

史传记述传主籍贯邑里看似细节小事，而刘知幾也看得很认真。《史通》有篇《邑里》（或作《因习》下），刘知幾在篇中自注一件事：

> 时修国史，予被配纂《李义琰传》。琰家于魏州昌乐，已经三代，

因云："义琰，魏州昌乐人也。"监修者大笑，以为深乖史体，遂依李氏旧望，改为陇西成纪人。既言之不见从，故有此说。

显然，刘知幾原来的写法是对的，后因依从监修的意见而改，反而不实。

其三，直书的目的在于教化。刘知幾著《史通》，重视史传的教化目的。《直书》篇说：

况史之为务，申以劝诫，树立风声。其有贼臣逆子、淫君乱主，苟直书其事，不掩其瑕，则秽迹彰于一朝，恶名被于千载。言之若是，吁可畏乎！

刘知幾认为史传对贼臣逆子、淫君乱主的揭露，可使他们畏惧。在《曲笔》篇，刘知幾又说：

史之为用，记功司过，彰善瘅恶，得失一朝，荣辱千载。

这里仍然强调史传文学可以起"彰善瘅恶"的教化作用。

为了使史传文学起到教化作用，刘知幾进一步提出对入编史传的历史人物要有所选择。《人物》篇说：

至若愚智毕载，妍媸靡择，此则燕石妄珍，齐竽混吹者矣。夫名刊史册，自古攸难。事列《春秋》，哲人所重。笔削之士，其慎之哉！

刘知幾从史传文学劝善惩恶的教化目的以选择人物，若善不足以劝，恶不足以惩，则就不宜入编。

3. "叙事论"，论史传文学的叙事方法。

刘知幾从史论出发特别注重叙事，他在《叙事》篇指出："夫史之称美者，以叙事为先"，"国史之美者，以叙事为工"，把叙事的工拙当成评价史传文学优劣的先决条件。刘知幾的叙事论，侧重从语言的角度探讨叙事方法，主要包括"尚简"、"用晦"、实录"当世口语"等方法。

其一，"尚简"法。刘知幾在《叙事》篇提倡史传文学应"以简要为主"，主张"文约而事丰"。他的提法是针对晋代以来史传文学受骈文影响，文字日趋繁复而发的。

> 逮晋已降，流宕逾远。寻其冗句，摘其烦词，一行之间．必谬增数字；尺纸之内，恒虚费数行。

刘知幾指出的这种弊病实与骈体文影响有关。史传受骈文影响，文字“大抵编字不只，捶句皆双，修短取均，奇偶相配。故应以一言蔽之者，辄足为二言；应以三句成文者，必分为四句。弥漫重沓，不知所裁”。(《叙事》)刘知幾的批评可谓切中时弊。

刘知幾认为要克服史传文字繁复之病，应从两方面改进。一方面从叙事表现方法入手，提出“叙事之体，其别有四”：

> 有直纪才行者，有唯书其事迹者，有因言语而可知者，有假赞论而自见者。

他认为“才行、事迹、言语、赞论”四种方法不必“兼而毕书”，否则又会造成繁冗。另一方面，他又提出“叙事之省，其流有二焉：一曰省句，二曰省字”。所谓“省句”，即不“必事加再述”，否则是“烦句”；而“省字”，则要尽去“烦字”。去掉烦句、烦字，文章方可简洁。

其二，“用晦”法。所谓“用晦”，并不是要使文章晦涩难懂，而是要求史传作者从大量事物中选择富有本质特征的现象进行描写。《叙事》篇指出“用晦之道”是：

> 夫能略小存大，举重明轻，一言而巨细成该，片语而洪纤靡漏。

《叙事》篇对“用晦”的用法举例并说明效果：

> 其款曲而言人事也，则有犀革裹之，比及宋，手足皆见；三军之士，皆如挟纩。斯皆言近而旨远，辞浅而义深，虽发语已殚，而含意未尽。使夫读者望表而知里，扪毛而辨骨，睹一事于句中，反三隅于字外。

这里引的例子“手足皆见”“三军之士，皆如挟纩”分别见于《左传》庄公十二年、宣公十二年。这样的描写，句法含蓄。清人浦起龙《史通通释》在“手足皆见”下注“勇闷可知”，在“皆如挟纩”下注“感悦可知”。可见以“用晦”的方法叙事能做到“言虽简略，理皆要害”“虽发语已殚，而含意未尽”。

其三，运用“当世口语”叙事，反对史传受骈体文的影响。刘知幾主张叙事运用当世口语，牵涉到作者叙述语言和人物语言的真实性。

关于作者叙述语言的真实性，刘知幾认为叙事中涉及名物制度，应据实而书，不应盲目拟古。《叙事》篇举了崔鸿、李百药改今语为古语的两个例子，实际效果反而不真。南朝宋裴景仁《秦纪》中“抚盘”语，北魏崔鸿《十六国春秋》改为“推案”。案乃古食器，有足，盘则无足。又隋王劭《齐志》中“脱帽”语，李百药《北齐书》改为“免冠”。冠有法制，尊卑异服，故云“胡俗不施冠冕”。（王运熙、杨明《隋唐五代文学批评史》，上海古籍出版社）刘知幾从史家尚实的要求对此提出批评。从史传文学角度看，这也涉及细节真实的问题。

关于史传人物语言的真实性，刘知幾在《史通·言语》篇说：

> 工为史者，不选事而书，故言无美恶，书传于后。若事皆不谬，言必近真，庶几可与古人同居，何止得其糟粕而已。

这里提出“言必近真”，就是要真实地记录历史人物的语言。

刘知幾认为，在时间上人物语言随时代发展而变化。正如他在《言语》篇说：

> 夫“三传”之说，既不习于《尚书》；两汉之词，又多违于《战策》，足以验甿俗之递改，知岁时之不同。而后来作者，通无远识，记其当世口语，罕能从实而书。

刘知幾的意思是说记人物语言，应记其当世口语，从实而书。因而他批评“作者怯书今语，勇效昔言”的不合理现象。同时他又认为，史传文学使用当世口语，要有适当的加工润色：“时人出言，史官入记，虽有讨论润

色，终不失其梗概。”（《言语》）

刘知幾还认为在空间上因地域和文化背景不同，虽在同时代也会造成人物语言的不同。仍在《言语》篇，刘知幾举出南北朝时期的例子。南朝犹存风雅，史臣述言记事，不忘经籍。而北朝崔鸿、魏收等修史，亦援引《诗》《书》，记言时乃加以虚饰，不符合中原地区真实情况。

记言失实，与当时史传作者受骈俪文风影响有关。因而要使史传语言近真，必须反对南朝以来的骈俪文风。刘知幾在《杂说》下篇指出：

> 自梁室云季，雕虫道长。平头上尾，尤忌于时；对语俪辞，盛行于俗。始自江外，被于洛中。而史之载言，亦同于此。

这里已指出南朝“对语俪辞，盛行于俗”的文风。刘知幾在《核才》篇更明确反对骈俪藻饰之文说：“略观近代，有齿迹文章而兼修史传，其为式也，罗含、谢客（谢灵运），宛为歌颂之文；肖绎、江淹，直成铭赞之序；温子升尤工复语，卢思道雅好丽辞。”“然向之数子所撰者，盖不过偏记、杂说、小卷、短书而已，犹且乖滥踳驳，一至于斯；而况责之以刊勒一家，弥纶一代，使其始末园备，表里无咎，盖亦难矣。”这里批评罗含、谢灵运、肖绎、江淹、温子升、卢思道等人所写的史传“乖滥踳驳”，不像史传，不过是，“偏记、杂说、小卷、短书而已”。

刘知幾对骈俪文风浸染史传表示不满，主要是指出它不便于叙事，导致记载失实。刘知幾并不反对讲究修辞。他在《言语》篇开头就说“言之不文，行之不远”，与《左传·襄公二十五年》记孔子说“言之不文，行而不远”是一致的。

刘知幾不满骈俪文风，但他受时代的局限，《史通》的语言也用了许多骈俪的句子。

二、韩愈、柳宗元的传记文学理论

韩、柳对传记文学的理论来自于他们对《史记》传记文学的研究和自己传记创作实践的体会。

1. 对《史记》传记文学的研究

韩、柳对《史记》传记文学的研究成就，最主要是肯定了《史记》的文学价值，概括了《史记》的文学风格。在韩、柳以前，学者们只把《史记》当做一部史著，把司马迁当做史学大家看待。而到中唐古文运动兴起，韩、柳倡导古文，向先秦两汉散文家学习，当然也强调向《史记》学习，《史记》的文学价值被古文家们所重视。柳宗元说："退之所敬者，司马迁、扬雄而已。"（《柳宗元集》卷34）韩愈自己也承认："汉朝人莫不能文，独司马相如、太史公、刘向、扬雄为之最。"（《昌黎先生集·答刘正夫书》）韩愈自己为文得益于司马迁《史记》传记文学良多。如其《张中丞传后叙》写张巡、南霁云事迹，显然是受《史记》写人艺术的影响。

在中唐受韩愈的教育，其弟子中如李翱、皇甫湜也重视向《史记》学习。李翱在《李文公集·书朱载言书》，皇甫湜在《皇甫持正集·答李生第二书》中分别肯定司马迁是他们师法的杰出文学家之一，而他们自己的传记创作也从《史记》传记文学中吸取了养分。他们在散传上的成就是韩、柳倡导向司马迁学习的成果的一部分。

韩、柳对《史记》传记文学的评论突出的是各自概括了司马迁的文学风格。关于韩愈对《史记》文学风格的评论，从清人刘熙载《艺概·文概》的评论中间接可知。《艺概·文概》评韩愈文说：

> 昌黎谓柳州文"雄深雅健，似司马子长"。观此评，非独可知柳州，并可知昌黎所得于子长处。

韩愈评柳宗元的文章为"雄深雅健"，似司马迁。则司马迁的文学风格亦可以"雄深雅健"概括它。韩愈所谓《史记》"雄深雅健"，主要指《史记》语言那种咄咄逼人的气势而说的。（参见俞樟华《史记新探》，民族出版社）雄深雅健的主要意思是雄健，指有气势，有力度。如《史记·项羽本纪》写项羽在巨鹿之战的果断决心，得力指挥，其他诸侯军的反应，无不淋漓尽致地气势磅礴地写出项羽的英雄气概，文章充满浩荡之气力。韩愈自己为文就注重气势与力度。故刘熙载《艺概·文概》准确地指出：

"太史公文，韩得雄。"韩文深得《史记》雄健之妙。柳宗元对《史记》的风格特点概括为一个"洁"字，或"峻洁"。他在《答韦中立书》说："参之太史以著其洁。"又《报袁君陈秀才书》说："太史公甚峻洁。"（以上并见《柳宗元集》卷34）所谓"峻洁"，主要指《史记》文章写得朴素凝练，干净利落。体现在《史记》传记文学中大致有两个方面，一方面指记叙纷纭复杂的历史人物和历史事件，司马迁总能理出头绪，抓住主要人物与主要事件，线索清楚，其他也能点到。如《史记·陈涉世家》就是；另一方面即使写某个历史人物一生行事，也总能抓住最有典型性关键性的几件事，再辅以记载与人物有关的一些典型细节，使人物一生大节及性格爱好俱能历历在目，如《史记·项羽本纪》《李将军列传》诸篇都做到如此。

2. 韩、柳对传记文学的零星论述

韩、柳没有专文论述传记文学，但在一些文章中有关传记文学的零星观点值得重视。他们都主张传记文学倾向性与真实性的统一。韩愈的古文理论主张"文以明道"，传记文学一样要有作者的倾向性。他提出的一个著名观点是对历史人物要"诛奸谀于既死，发潜德之幽光"（《答崔立之书》）。这从他写的一系列碑志文可以证明。如他的《唐故河南令张君墓志铭》即表彰河南令张署当刺史时守法爱民的高尚品德，而谴责迫害他的上司。韩愈对碑志传记中的人物总的取慎重态度，他在《欧阳生哀辞题后》说："古之道不苟毁于人。"这种态度符合古代史传的实录精神。韩愈的碑志有人指责是"谀墓"（最早见于《新唐书·刘叉传》）。这种情况在当时在所难免，但应该说韩愈写作碑志的态度总的是严肃的。

柳宗元写过一篇《与史官韩愈致（段秀实太尉逸事）书》，自述了写逸事状的体会，他事前作过调查，认为这篇逸事状"比画工传容貌尚差胜"，是做到了"信且著"的。可见柳宗元对传记文学是主张事迹信实，而且注意人物形象的逼真。

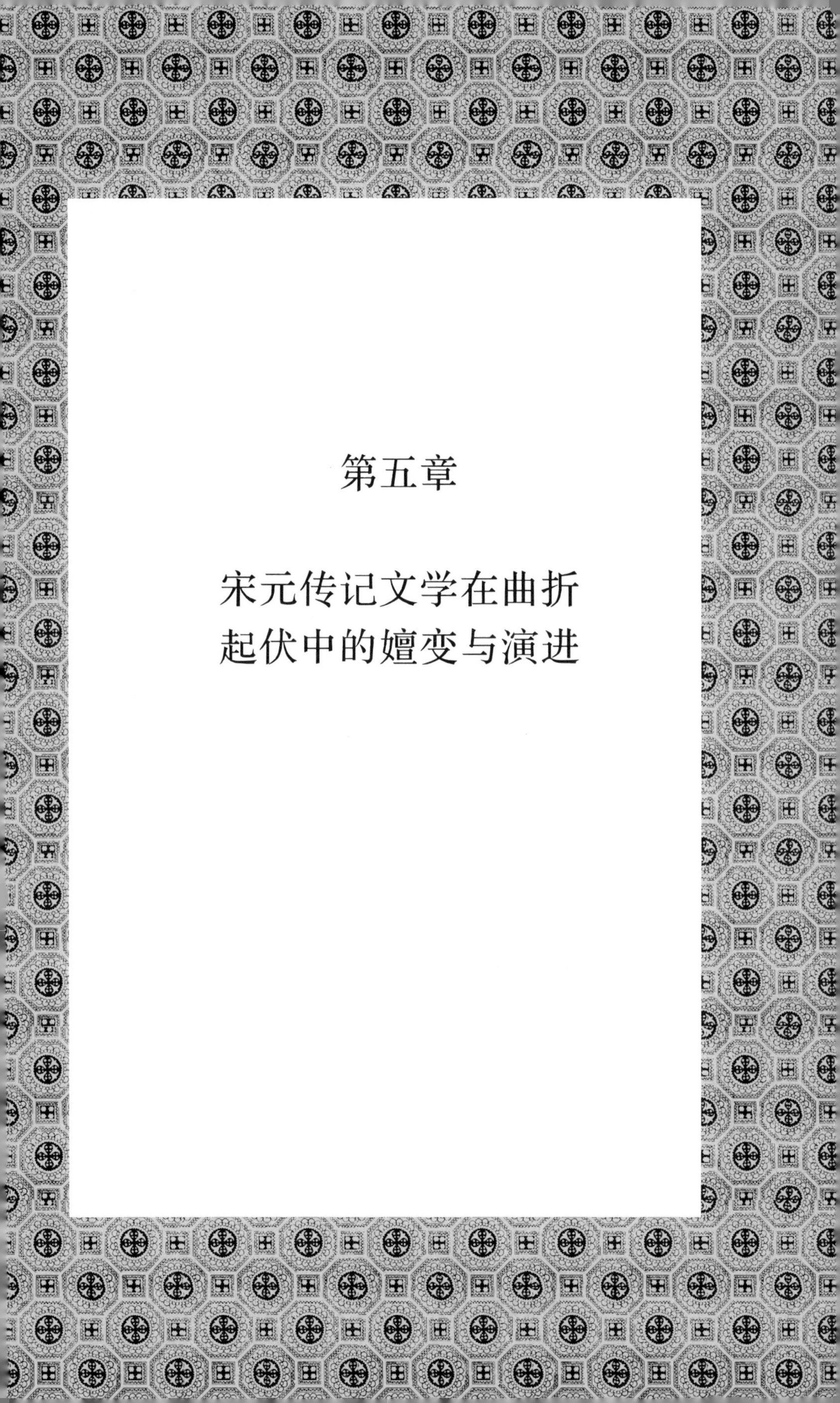

第五章

宋元传记文学在曲折起伏中的嬗变与演进

宋代分为北宋（960—1127）和南宋（1127—1279）。宋代社会的特点是外部压力始终存在，直至南宋的灭亡。但宋代内部相对稳定，经济文化都有发展。元代（1271—1368）是蒙古统治者的天下，民族矛盾也始终存在，直至元的灭亡。

宋元的传记文学一方面继承了唐代传记文学的体制，多碑志傲传，受到文学家的重视；另一方面又随时代与社会新的特点而在曲折起伏中有所嬗变与演进。以史传而言，北宋欧阳修的《新五代史》是个人完成，不同于唐修八史，又显示出作者的某些个性，是《史记》以后学习《史记》颇为成功之作，文学性、抒情性有所回升。以散传而言，得益于北宋新古文运动的文风变革。唐宋八大散文家有六家在北宋。而以欧阳修、苏轼为代表的北宋中期大散文家都有传记名篇存世。传记体裁中的行状一体，北宋出现了长篇作品，为前所未有。但南宋、元代的传记文学与北宋比，则趋向弱化，出现了起伏的现象。

宋元传记文学由于受社会政治、文化气氛的影响，内容上多忧患意识，尤其是宋代传记好发议论，涉及国家政治形势颇多，但也有不少作品能表现作者的生活情感、人生体验和哲理思考，比唐代传记文学更为深沉。宋元传记文学在艺术上更讲究技巧，注重韵味，多抒情，语言上比前代更为自然流畅。传记文学理论在这一时期也有进展。

第一节　北宋的传记文学（上）

按照一般文学史的分期，北宋传记文学的发展也可分为初期、中期和后期三个阶段。

一、宋初传记文学讲求实用的新风格

宋初传记文学基本上是承袭晚唐五代文风，以骈俪、古奥的文字写人叙事，追求典雅、含蓄的风格。不过，经过古文运动先驱者的理论倡导和亲身实践，传记文学也同其他文体一样，重议论，甚至讲求实用的新风格也初步形成。其代表作家是徐铉、柳开、王禹偁和范仲淹等。

徐铉（916—991），字鼎臣，广陵（今江苏扬州）人。初仕吴，后仕南唐。李煜时，任礼部侍郎、翰林学士、吏部尚书等职；入宋后，官至散骑常侍。他是宋初著名文学家、文字学家，诗、文、书法等兼擅，有《骑省集》。《全宋文》收其碑铭类散传50余篇。其主要作品是奉诏而撰的《吴王李煜墓志铭》。

徐铉与传主李煜都是北宋的降臣，而且李煜又是被害而死。因此，他把传主竭力写成一个笃行仁政的王侯形象，并在行文中大力颂扬宋主“恩礼有加”“天眷弥渥”。这种故作虚饰没有可取之处。值得注意的倒是对传主艺术才华的铺叙：

> 惟王天骨秀异，神气清粹。言动有则，容止可观。精究六经，旁综百氏。常以为周孔之道不可暂离，经国化民，发号施令，造次于是，始终不渝。酷好文辞，多所述作。一游一豫，必颂宣尼；载笑载言，不忘经义。洞晓音律，精别雅郑。穷先王制作之意，审风俗淳薄之原，为文论之，以续《乐记》。所著文集三十卷，《杂说》百篇，味其文，知其道矣。至于弧矢之善，笔札之工，天纵多能，必造精绝。

如果对照李煜的作品来看，这些评价亦不全面、准确，但是，他强调传主的艺术才能，这对于历代君臣传侧重经世治国事迹的传统来说，是很有新意的。此外，语言骈俪、多用典故，使本传有雅致、含蓄的风格，这恰恰是晚唐五代文体的特征。

柳开（947—1000），字仲涂，自号东郊野夫，又号补亡先生，大名（今河北大名）人。宋初，面对弥漫文坛的浮靡艳丽的形式主义颓风，柳开率先“起而麾之”，倡导以“复古”来革新文风，主张为文要“古其理，高其意，随言短长，应变作制，同古人之行事”，成为北宋诗文革新运动的先驱者。他的《东郊野夫传》和《补亡先生传》两篇自传正是描写了一个“将开古圣贤之道于时也；将开令人之耳目，使聪且明也”的先驱者形象。

他更号改字，以示要与扬雄、孟轲、王通等儒学大师比肩并辔的非凡之志；他博览群经，文思敏捷，更有不顾流俗之议，补经续注的特异之举。

> 或问之曰：“子之补亡篇，于古不足当其逸，于今不足益其存，无妄为乎?”先生对曰：“然纵不能有益于存亡，庶胜乎无心于此者也。既而辞、义有俱亡，不知其可者。”虑人之惑，先生即皆先立论，以定其是非，用质其旨要。先生常谓人曰：“夫六经者，夫子所著之文章也，与今之人无异耳。盖其后之典教不能及之，故大于世矣。吾独视之与汝异耳。”先生乃手书九经，悉以细字写之。其卷大者不过满幅之纸，古谓其巾箱之者亦不过矣。以而诵之，日尽数万言，未尝废忘。

传末评论先代大儒补续经籍之功，并自誉云：

> 於乎！知圣人之道者，成圣人之业矣。吾犹不得见王氏之书乎，观夫补亡先生能备其六经之阙也，辞训典正，与孔子之言合而为一，信其难者哉！若王氏之续六经，盖自出一家之体裁，比夫《补亡篇》，力少殊耳。所谓后生可畏者，虽经籍尚能补之，矧其余者哉？不可谓代无其人也。

字里行间洋溢着复兴古学的自信和自豪，大有信道笃而用世深的古儒之风。传文虽也如同先儒释经一样的枯涩，但不为骈俪，且设为主客问答，有叙述，有议论，有抒情，开宋传风气之先。

王禹偁（954—1001），字元之，济州钜野（今山东巨野）人。《宋史》本传载：“禹偁洞学敏赡，遇事敢言，喜臧否人物，以直躬行道为己任。”他曾先后被贬为商州团练、滁州和黄州知州，但始终不渝地致力于改革弊政，是北宋初期最重要的作家。今传传记作品约20篇，其《唐河店妪传》

尤为著名。

这篇传记写的是宋初边防重镇唐河店（今属河北唐县）一位老妪孤身杀敌的事迹：

端拱中，有妪独止店上。会一虏至，系马于门，持弓矢，坐定，呵妪汲水。妪持绠缶趋井，悬而复止。因胡语呼虏为王，且告虏曰："绠短不能及也，妪老力惫，王可自取之。"虏因系绠弓杪，俯而汲焉。妪自后推虏堕井，跨马诣郡。马之介甲具焉，鞍之后复悬一彘首。常山民吏观而壮之。

传主为平民百姓，这在《史记》以及韩柳传记文中都曾有过，但捍边御侮则是宋代传记文学中一个最重要的主题。特别需要指出的是，作者写作的目的，恰如传末所提示，是"贻于有位者"，有明显的实用性，为此，他用了几乎占全文三分之二篇幅的议论文字指摘现行兵役制的弊病，并提出建议。这种以传为论的写法也成为宋传的一种基本范型。

范仲淹（989—1052），字希文，苏州吴县（今江苏吴县）人。宋初著名的政治家、文学家。他的代表作《东染院使种君墓志铭》与王禹偁《唐河店妪传》是同类题材，不过传主是著名的边防将领种世衡。

范仲淹曾任陕西经略安抚副使，有延州（今陕西延安）等地边关生活的亲身经历；后又位至参知政事，具有"先天下之忧而忧，后天下之乐而乐"的济世怀抱，而且诗词文兼擅，这就使他的传记文别具特色。

一般写此类题材，往往摭拾奇闻，力求传奇色彩，而范仲淹却写得极为朴实，并且融入自己的体验和感受，因此更为真切感人。他用一系列详略有致的具体材料叙述了种世衡治边的谋略和才能，如凿井取饮、安抚属羌、通货自给等。其中描写与属羌牛家族首领奴讹的交往格外生动：

有牛家族首奴讹者，屈强自处，未尝出见官长，闻君之声，始来郊迎。君戒曰："吾诘朝行劳尔族。"奴讹曰："诺。"是夕大雪三尺，左右曰："此羌凶诈，尝与高使君继嵩挑战，又所处险恶冰雪，非可前。"君曰："吾方与诸羌树信，其可失诸？"遂与士众缘险而进。奴讹初不之信，复会大雪，谓君必不来；方坦卧帐中，君已至，蹴而起之。奴讹大惊曰："我世居此山，汉官无敢至者，公了不疑我耶？"乃与族众拜伏喧呼曰："今而后惟父所使！"自是属羌成信于君。

这一细节，充分表现了传主不虚然诺、不避艰危的名将风度。本传材料安排也很有特点，它一反以往碑铭文将名衔、家世等一一胪列的刻板俗套，而把种世衡在宽州、环州的吏治这一重点材料置于传首，并不惜笔墨，细致叙写，其他材料则在篇末一带而过，令人耳目一新。

二、北宋中期传记文学创作的黄金时期

以作家论，唐宋八大家中的宋六家生活在这一阶段；以作品论，不仅六家创作了大量的散传，而且史传《新唐书》《新五代史》，甚至具有较强史传成分的《资治通鉴》等也产生于这一时期。其他作家也时有精彩篇章。因此，名家荟萃、文体赡备、题材丰富、风格多样，是这一时期的显著特点。欧阳修因其成就突出，另立一节。

宋祁（998—1061），字子京，开封雍丘（今河南杞县）人。北宋著名的文学家、史学家。《东轩笔录》称其"博学能文，天资蕴藉"。他有40篇碑铭类散传流传至今，但代表作品却是被欧阳修称为"用力久且深"的《新唐书》150卷列传。

从传记文学角度而论，奉诏官修的《新唐书》列传的文学成就并不算高，尤其是作为监修的欧阳修和主撰的宋祁都追求"文省事增"，因此大体上辞义简古晦涩，"文不胜事"。它力写传主大节，突出人物的主要方面，如威武不屈的颜真卿，精于理财的刘晏等等。也时有简练的细节穿插，写出人物性格的本质特征。如写名将薛仁贵：

仁贵恃骁悍，欲立奇功，乃着白衣自标显，持戟，腰鞬两弓，呼而驰，所向披靡；军乘之，贼遂奔溃。帝望见，遣使驰问："先锋白衣者谁？"曰："薛仁贵。"帝召见，嗟异，赐金帛、口马甚众，授游击将军、云泉府果毅，令北门长上。

> 将行，宴内殿，帝曰："古善射有穿七札者，卿试以五甲射焉。"仁贵一发洞贯，帝大惊，更取坚甲赐之。时九姓众十余万，令骁骑数十来挑战，仁贵发三矢，辄杀三人，于是虏气慑，皆降。仁贵虑为后患，悉坑之。转讨碛北余众，擒伪叶护兄弟三人以归。军中歌曰："将军三箭定天山，壮士长歌入漠关。"九姓遂衰。

其骁悍、善射宛然如画。行文也饶多古史之风。

苏舜钦（1008—1048），字子美，自号沧浪翁，开封（今河南开封）人。北宋著名诗人。其传记《哀穆先生文并序》系为亡友、宋初古文家穆修而作。他以极沉痛的心情追述穆修"竟以黜废穷苦终其身，顾其道宜不容于今世"的一生，通过击鼓称冤、投金去郡、执卷苦读和刻售柳文等几个典型片段，有力地表现了穆修孤直耿介的性格。如写其投金去郡：

> 先生自废来，读书益勤，为文章益根柢于道，然耻以文干有位，以故困甚。张文节守亳，亳之士豪者作佛庙，文节使以骑召先生作记。记成，竟不窜士名。士以白金五斤遗之，曰："枉先生之文，愿以此为寿。"又使周旋者曰："士所以遗者，乞载名于石，图不朽耳。"既而亟召士让之，投金庭下，遂促装去郡。士谢之，终不受。常语人曰："宁区区糊口为旅人，终不为匪人辱吾文也。"

曾巩（1019—1083），字子固，建昌南丰（今江西南丰）人。《宋史》本传称其立言"纡徐而不烦，简奥而不晦"，其传记亦有此特色。他的《苏明允哀词并序》写北宋著名散文家苏洵的生平事迹。史载苏洵廿七岁始折节苦读，后以博辩宏伟的策论和携二子同时登第而名动京师。该传就着重铺写此两事，称颂苏洵尽心苦读、锲而不舍的进取精神。作者行文笔含深情，将哀辞撰为颂歌，具有浓烈的抒情色彩。

《洪渥传》正文不足400字：

> 洪渥，抚州临川人。为人和平。与人游，初不甚欢，久而有味。家贫，以进士从乡举，有能赋名。初进于有司，辄连黜。久之乃得官。

官不自驰骋，又久不进，卒监黄州麻城之茶场以死。死不能归葬，亦不能返其孥。里中人闻渥死，无贤愚皆恨失之。

予少与渥相识，而不深知其为人。渥死，乃闻有兄年七十余，渥得官而兄已老，不可与俱行。渥至官，量口用俸，掇其余以归，买田百亩居其兄，复去而之官，则心安焉。渥既死，兄无子，数使人至麻城抚其孥，欲返之而居以其田。其孥盖弱，力不能自致，其兄益已老矣，无可奈何，则念辄悲之。其经营之犹不已，忘其老也。渥兄弟如此无愧矣。渥平居若不可任以事，及至赴人之急，早夜不少懈，其与人真有恩者也。

洪渥身上表现了儒家“老吾老，以及人之老；幼吾幼，以及人之幼”的“仁爱”理想。他官职卑微，无大事可书，只是“人人所易到”的平凡小事，恰恰因为平凡，才正可以“辅教警世”，这是作者写此传的动机所在。在写法上，作者以死写生，以兄显弟，以一事推及夙行，可谓简练有致。故明代茅坤评曰：“有深思，有法度。”（《唐宋八大家文钞》）

司马光（1019—1086），字君实，陕州夏县（今山西夏县）涑水乡人，世称涑水先生。作为北宋著名政治家，他全力反对王安石变法；作为史学家，他又以主编记载战国初至五代末1362年史事，长达294卷，约300多万字的编年体通史《资治通鉴》而闻名于世。这对于他的散传写作有深刻的影响：写重大的政治事件，围绕重大的政治事件表现人物思想性格。

《吕献可墓志铭》和《范景仁传》都直接表现了王安石变法这一当时的重大政治事件。前者赞扬吕诲“弹劾无所避”：

是时有侍臣弃官家居者，朝野称其材，以为古今少伦，天子引参大政，众皆喜于得人。献可独以为不然，众莫不怪之。居无何，新为政者恃其材，弃众任己，厌常为奇，多变更祖宗法，专汲汲敛民财，所爱信引拔，时或非其人，天下失望。献可屡争不能得，乃抗章悉条其过失，且曰：“误天下苍生必此人，如久居庙堂，必无安静之理。”又曰：“天下本无事，但庸人扰之。”上遣使谕解，献可执之愈坚，乃罢中丞，出知邓州。

后者则称颂“勇于内者”范镇：

> 王介甫参知政事，置三司条例司，变更祖宗法令，专以聚敛为务，斥逐忠直，引进奸佞。景仁上疏，极言其不可，朝廷不报。景仁时年六十三，因上言，即不用臣言，臣无颜复居位食禄，愿听臣致仕。章累上，语益切直。介甫大怒，自草制书，极口丑诋，使以本官户部侍郎致仕，凡所应得恩例，悉不之与。

题材诚新颖，人物也鲜明，但观点过于偏激，这多少影响到他散传创作的成就。

《资治通鉴》虽非纪传体，但是写唐将李愬、张巡、郭子仪等人也极为精彩。

王安石（1021—1086），字介甫，抚州临川（今江西临川）人。北宋中叶著名的政治家、文学家。神宗时，他主持了旨在改变积贫积弱局面，摆脱统治危机，以整顿财政、经济、军政为主要内容的“熙宁新法”；同时他又积极参与诗文革新运动，主张为文“务为有补于世”，“以适用为本”。

以此为出发点，他的碑铭类散传注重表现传主的政治才能。如《广西转运使孙君墓碑》突出孙抚的直言敢谏、为政有方；《广西转运使屯田员外郎苏君墓志铭》则重点写苏安世的刚直不阿、有仁有智。清代刘熙载在《艺概·文概》中云：“介甫之文长于扫……扫，故高。”此言其富于革新精神。他的上述两篇散传在结构安排上就打破常规，把重点材料放在篇首显著位置，其他材料略写于篇末。这种写法与范仲淹的散传极为相似。

王安石散传的另一特点是长于议论。在《广西转运使屯田员外郎苏君墓志铭》等传中尚为夹叙夹议，而在《王深父墓志铭》《王逢原墓志铭》等传中竟几乎全是议论文字。清代张伯行说：“以议论为志铭，而不及其事迹，原是别体。”（《唐宋八大家文钞》）确切地说，这是在借鉴司马迁《伯夷列传》等基础上的创新。

苏轼（1036—1101），字子瞻，号东坡居士，眉州眉山（今四川眉山）

人。北宋著名文学家，也是欧阳修之后最有成就的传记作家。《苏轼散文全集》有26篇以传体命篇的散传，其他散文中也有可称传记作品的篇章。出现在苏传中的人物，既有朝廷名臣、地方官吏，也有僧道中人、闺阁妇女，此外还有学子、农夫等，甚至有以中药、水果、食品等为传主，以传记面目出现的滑稽作品。既有洋洋数万言的长篇巨制，也有不足百字的精致小品。

《亡妻王氏墓志铭》是苏轼散传的代表作品之一。传主王弗是他结发妻子，他们有着十分亲密的感情，然而，王弗不幸27岁就去世了。苏轼不仅写有悼唁之词，更写了这篇墓志铭，借以寄托他对亡妻的挚爱深情。作品没有浓描重抹，只精心选择了日常生活中的二三小事加以简练的描述，一个贤惠聪明、善于观察、识见过人的深闺妇女形象便跃然纸上：

> 其始，未尝自言其知书也。见轼读书，则终日不去，亦不知其能通也。其后轼有所忘，君辄能记之。问其他书，则皆略知之。由是始知其敏而静也。
>
> 从轼官于凤翔，轼有所为于外，君未尝不问知其详。曰："子去亲远，不可以不慎。"日以先君之所以戒轼者相语也。轼与客言于外，君立屏间听之，退必反复其言曰："某人也，言辄持两端，惟子意之所向，子何用与是人言。"有来求与轼亲厚甚者，君曰："恐不能久。其与人锐，其去人必速。"已而果然。

《方山子传》也是著名的传记作品。传主陈慥（字季常）是作者出任凤翔签判时知府陈希亮（字公弼）之子，两人早有交往。作品写自己谪居黄州时与之邂逅，进而引出传主先侠后隐的奇行瑰节：

> 方山子，光、黄间隐人也。少时慕朱家、郭解为人，闾里之侠皆宗之。稍壮，折节读书，欲以此驰骋当世，然终不遇。晚乃遁于光、黄间，曰岐亭，庵居蔬食，不与世相闻。弃车马，毁冠服，徒步往来，山中人莫识也。见其所著帽，方耸而高，曰："此岂古方山冠之遗像乎？"因谓之"方山子"。
>
> 余谪居于黄，过岐亭，适见焉。曰："呜呼！此吾故人陈慥季常

也！何为而在此？”方山子亦矍然问余所以至此者。余告之故。俯而不答，仰而笑，呼余宿其家。环堵萧然，而妻子奴婢，皆有自得之意。

余既耸然异之，独念方山子少时，使酒好剑，用财如粪土。前十九年，余在岐山，见方山子从两骑，挟二矢游西山。鹊起于前，使骑逐而射之，不获。方山子怒马独出，一发得之。因与余马上论用兵及古今成败，自谓一时豪士。今几日耳，精悍之色，犹见于眉间，而岂山中之人哉！

然方山子世有勋阀，当得官，使从事于其间，今已显闻。而其家在洛阳，园宅壮丽，与公侯等。河北有田，岁得帛千匹，亦足以富乐。皆弃不取，独来穷山中，此岂无得而然哉。

余闻光、黄间多异人，往往佯狂垢污，不可得而见，方山子倘见之欤？

陈慥为名家之子，好侠知书，精骑射，懂兵略，不遇于时，便毅然归隐，且怡然自得。这种不因进退而心存芥蒂的“异人”之风正是作者倾慕的理想人格。本传的写作艺术尤需注意：虽为传体，但它并不强调精确时间、地点，而以人物性格刻画为主线，将时、空交错，并且正叙、倒叙、插叙等多种艺术手法随文变化，表现出更为丰富的文学创造性。

苏轼强调文学创作的“神似”。在传记作品中，他能以浓墨重彩写出社会人生的重大事件，也能精雕细刻出日常生活中人物的一言一笑，更能以洒脱轻灵的笔墨写出神情毕肖的人物形象。这是苏轼传记文学成就的重要方面。如传记小品《郭忠恕画赞并叙》：

忠恕字恕先，以字行，洛阳人。少善属文，及史书小学，通九经。七岁举童子。汉湘阴公辟从事，与记室董裔争事，谢去。周祖召为《周易》博士。国初与监察御史符昭文争忿朝堂，贬乾州司户，秩满，遂不仕。放旷岐、雍、陕、洛间，逢人无贵贱，口称猫。遇佳山水，辄留旬日。或绝粒不食，盛夏暴日中，无汗，大寒凿冰而浴。尤善画，妙于山水屋木。有求者，必怒而去。意欲画，即自为之。郭从义镇岐

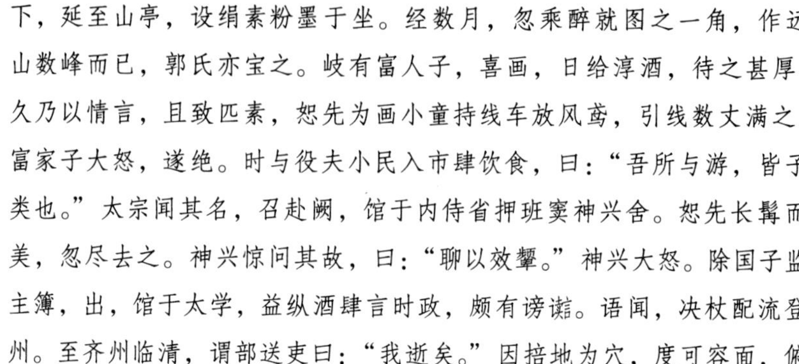
下，延至山亭，设绢素粉墨于坐。经数月，忽乘醉就图之一角，作远山数峰而已，郭氏亦宝之。岐有富人子，喜画，日给淳酒，待之甚厚。久乃以情言，且致匹素，恕先为画小童持线车放风鸢，引线数丈满之。富家子大怒，遂绝。时与役夫小民入市肆饮食，曰："吾所与游，皆子类也。"太宗闻其名，召赴阙，馆于内侍省押班窦神兴舍。恕先长髯而美，忽尽去之。神兴惊问其故，曰："聊以效颦。"神兴大怒。除国子监主簿，出，馆于太学，益纵酒肆言时政，颇有谤讟。语闻，决杖配流登州。至齐州临清，谓部送吏曰："我逝矣。"因掊地为穴，度可容面，俯窥焉而卒，藁葬道左。后数月，故人欲改葬，但衣衾存焉，盖尸解也。

苏辙（1039—1112），字子由，号颍滨遗老，又号栾城。北宋著名文学家。其传记《颍滨遗老传》为自传，长达 7000 字的《亡兄子瞻端明墓志铭》写苏轼生平，《孟德传》写一个遁迹山林的逃兵的奇行。

代表作《巢谷传》写奇人巢谷平生两件大事：一是不惧危险为殉难名将韩存宝转送银两，一是不顾年迈徒步数千里访问远谪边荒的作者兄弟。这两件事都发生在政治形势极其险恶的环境里，因此，作者高度赞扬了传主的侠义精神和古道热肠，同时也通过"士大夫皆讳与予兄弟游，平生亲友无复相闻者"的鲜明对比，抒发了对世态炎凉、人情冷漠的深沉感慨。

三、北宋后期传记文学的衰落

出现这种情况不是偶然的。因为此时文坛上最活跃的是以黄庭坚为代表的江西诗派早期诗人和以秦观、周邦彦为代表的婉约词人。他们均以诗词名世，并不重视散文创作。因此，尽管他们的集子中也多少有一些碑铭类散传，甚至近似传记的书序类文字，但其内容和技巧只是前、中期的自然延续而已。

秦观（1049—1100），字少游，一字太虚，扬州高邮（今江苏高邮）人。其《精骑集序》叙述自己为学过程，向人们提供了一种极具借鉴意义的人生经验。

予少时读书，一见辄能诵。暗疏之，亦不甚矣。然负此自放，喜从滑稽饮酒者游。旬朔之间，把卷无几日。故虽有强记之力，而常废于不勤。比数年来，颇发愤自惩艾，悔前所为；而聪明衰耗，殆不如曩时十一二。每阅一事，必寻绎数终，掩卷茫然，辄复不省。故虽然有勤苦之劳，而常废于善忘。

张耒（1052—1112），字文潜，楚州淮阴（今江苏淮阴）人。"苏门四学士"之一。他的《商瑶墓志铭》写小吏商瑶治盗息讼的政绩，哀悼其"无所苟合，贵人终不肯出气力引挈之，其胸中不少概见而死矣"。

作品写商瑶的胆略和机警的部分非常生动：

一夕，有叟密来语曰："林中有恶少年十数，操利兵而伏，期今日必杀单父尉，是君非邪?"君从者惧，欲亡去。公执弓矢徐出，有大木去百步许，望之中有空焉。公谓其人曰："我为若射彼空者。"再发皆中之。林中恶少年大惧，争先遁。

这可以看做北宋前期传记文学发展的一缕余脉。

第二节　北宋的传记文学（下）

欧阳修（1007—1072），字永叔，自号醉翁，晚号六一居士，庐陵（今江西省吉安市）人，北宋中期著名的文学家、史学家和政治家。他一生除创作了大量的散文、诗、词外，还创作了众多的传记文学作品，为宋元时期成就最大的传记文学家。因此我们将欧阳修独立一节。

欧阳修传记文学创作的重要成就之一是史传。他与宋祁合著了《新唐书》，自撰成《新五代史》。据史载，《新唐书》主要出于宋祁之手，且是奉诏编修。因此，最能体现欧阳修史传成就的是《新五代史》。

该书原名《五代史记》，在这之前，本已有宋初薛居正奉诏修成的《五代史》，为相区别，故将薛著称为《旧五代史》，而把欧著命为《新五代史》。《新五代史》的成书时间，史无确载。但据欧阳修致尹师鲁和梅尧臣的两封信可以确定该书写于景祐三年（1036）至皇祐五年（1053）。书成后未能及时面世，直到欧阳修去世以后的熙宁十年（1077）才颁行天下。

《新五代史》记事始于后梁太祖开平元年（907），止于后周世宗显德七年（960），共53年。全书74卷，分五个部分：本纪12卷，分载梁、唐、晋、汉、周等五个朝代皇帝的更替；列传45卷，分叙五姓宗室、大臣等的事迹；考3卷，记天文、地理的沿革；世家年谱11卷，分列吴、南唐、前蜀、后蜀、南汉、楚、吴越、闽、南平、东汉等十个小王朝的历史；四夷附录3卷，记载契丹、奚、吐浑等十余个周边少数民族部落、国家的史事。

一、《新五代史》的思想内容

从传记文学角度说，《新五代史》的精华集中在列传部分，其他部分也时有精彩之笔。

在欧阳修看来，“五代，乱世也，其事无法而不合于理者多矣，皆不足道也”（《汉本纪》）。因此，《新五代史》最重要的思想内容是：

1. 无情揭露割据一方的帝王、权臣的荒淫残暴和昏庸腐朽。本纪所写的五姓十三个皇帝，除周世宗、唐明宗等少数外，作者多予微词。他们或是乘乱窃位，或是本出夷狄，或是肆行篡弑，既无父子骨肉之恩，也无夫妇人伦之义，致使兵燹连绵，纲纪紊废，礼崩乐坏，生灵涂炭。

梁太祖朱温就是集恶行丑德于一身的代表人物。他托身于黄巢义军，又乘其危难之机变节降唐，成为镇压黄巢义军的刽子手。在讨得唐朝封赏之后，为扩大自己的势力，他企图谋害对手李克用，并利用唐朝士大夫和宦官之间的矛盾，挟持、杀害昭宗。其后，又对养子朱友恭（李彦威）等惨下毒手。借助一系列卑鄙手段，他终于窃取皇位。对其篡位，欧阳修深恶痛绝，在《梁家人传》中作者借朱温之兄朱全昱之口，表达了满腔愤慨。

太祖将受禅，有司备礼前殿，全昱视之，顾太祖曰："朱三，尔作得否？"太祖宴居宫中，与王饮博，全昱酒酣，取骰子击盆而进之，呼太祖曰："朱三，尔砀山一百姓，遭逢天子用汝为四镇节度使，于汝何负？而灭他唐家三百年社稷，吾将见汝赤其族矣，安用博为！"太祖不悦，罢会。

作为封建帝王，朱温不仅如此残忍凶狠，而且道德也极度沦丧。为满足罪恶的淫欲，他玷污部下张全义、杨崇本等人的妻女，甚至连儿媳妇也不放过："太祖自张皇后崩，无继室，诸子在镇，皆邀其妇入侍。"（《梁家人传》）正是由于沉溺女色，祸起萧墙，才导致"与逆旅妇人野合而生"的朱友珪的率先发难，最后落得"洞其腹，肠骨皆流"的可悲下场。

欧阳修集中笔墨鞭挞了五代之际朝秦暮楚、卖国求荣的权臣。《新五代史》的列传部分，除各朝宗室名臣、伶官宦者等传之外，专列了一个人数最多、篇幅最长的《杂传》，并特别指出："仕非一代，不可以国系之者，作《杂传》。夫人于杂，诚君子之所羞，而一代之臣未必皆可贵也，览者详其善恶焉。"这固然有"忠臣不事二主"的偏见，却也表明了作者单列此类传的深意。诚然不能说凡入《杂传》的人物都是一无可取，但确以可鄙可叹者居多。《杂传第四十》写了三个人物：杜重威、李守贞、张彦泽。在后晋他们都是皇恩优渥，重兵在手，权倾一国。但是，为了虚幻的"异志"，或是为了全身远祸，他们竟勾结契丹，引狼入室，导致晋亡，而他们自己也没有好下场。杜重威及其儿子被诛支裂，李守贞和家属被焚后枭首，而张彦泽更是万死不足以平民愤。

耶律德光至京师，闻彦泽劫掠，怒，锁之。高勋亦自诉于德光，德光以其状示百官及都人，问："彦泽当诛否？"百官皆请不赦，而都人争投状疏其恶，乃命高勋监杀之。彦泽前所杀士大夫子孙，皆缞绖杖哭，随而诟詈，以杖朴之，彦泽俯首无一言。行至北市，断腕出锁，然后用刑。勋剖其心祭死者，市人争破其脑，取其髓，脔其肉而食之。

作者也辛辣地嘲讽了生逢乱世，却庸庸碌碌、恬然苟安的大臣，其代表人物首推冯道。他一身儒士风雅却无半点济世情怀。早年为沽名钓誉，也有过几件“刻苦”“俭约”之事，然而在易代之际，他没有丝毫气节，历仕唐、晋、契丹、周等四姓十君，频居高位。他不以为耻，反“以旧德自处”，尤其甚者：

> 当是时，天下大乱，戎夷交侵，生民之命，急于倒悬，道方自号“长乐老”，著书数百言，陈己更事四姓及契丹所得阶勋官爵以为荣。自谓：“孝于家，忠于国，为子、为弟、为人臣、为师长、为夫、为父，有子、有孙。时开一卷，时饮一杯，食味、别声、被色，老安于当代，老而自乐，何乐如之？”盖其自述如此。

作者在传序中厉言斥责道：

> 传曰：“礼义廉耻，国之四维；四维不张，国乃灭亡。”善乎，管生之能言也！礼义，治人之大法；廉耻，立人之大节。盖不廉，则无所不取；不耻，则无所不为。人而如此，则祸乱败亡，亦无所不至，况为大臣而无所不取不为，则天下其有不乱，国家其有不亡者乎！予读冯道《长乐老叙》，见其自述以为荣，其可谓无廉耻者矣，则天下国家可从而知也。

这些寡廉鲜耻的鼠辈恰是国衰民弊之源。与之相类的还有豆卢革、韦说之流，他们均以唐末“名家子”而被后唐庄宗委以重任，然而两人都不学无术，身居相位，却“俯仰默默无所为”，完全是酒囊饭袋。

《新五代史》贬写人物远多于褒。在所记的近410个人物中，列入《死节》《死事》《一行》等三个肯定性类传的只有19人。这固然有因材料不足而不得不欠缺或遗漏等方面的原因，也不能否认其他列传中褒美性笔墨，但据此可以清楚地看出作者对五代人物的基本评价。

2. 如实地记叙了一些正直笃志、系心民瘼、尽瘁国事、杀敌御侮的朝臣将士，并对他们的悲剧命运寄予了深切的同情。这可以说是《新五代史》思想内容的又一重要方面。张承业、张居翰本是宦官，在《宦者传》

中，作者对他们的“善”事，特别是对张居翰大胆更改诏书上的一个字，保全千余人性命一事给予了充分的肯定。

郭崇韬是作者深予赞许的人物之一。崇韬为后唐开国元勋，他“为人明敏，能应对，以材干见称”，在数人获罪、人人惧怕的中门之职，他却能干得“甚见亲信”，足见其吏材之非凡。不仅仅如此，在与梁、契丹决战之时，他虽为文臣，却能审时度势，屡出奇计，帮助庄宗转危为安，卒成灭梁之功。他身居高位，但不恃宠而骄，也奉劝庄宗不忘过去，居安思危。面对朝廷中宗室、宦官互相勾结、怨谤交侵的复杂形势，他更有清醒的认识，多次请求外任，以远祸避害。他极为痛恨奸佞的宦官，曾对王储继岌说：“王有破蜀功，师旋，必为太子，俟主上千秋万岁后，当尽去宦官，至于扇马，亦不可骑。”正因为如此，他才惨遭宦官以及与之串通一气的刘皇后的谋害。

欧阳修也热情讴歌了收复失地、抗敌御侮的英雄。如《王晏球传》写其与契丹的激战就浓情重彩，神思飞扬，极为精彩。

3. 以《春秋》为榜样，以致“正乱”之效。

欧阳修曾自述：“昔孔子作《春秋》，因乱世而立治法，余述本纪，以治法而正乱君。”（见欧阳发《先公事迹》）这说明，他写史是要以《春秋》为榜样，褒贬善恶，评论是非，发表见解，以致“正乱”之效。这是《新五代史》思想内容的又一个重要方面。

五代之际，弑君篡位，滥施攻伐，造成天下混乱。因此，欧阳修作为封建政治家在《唐废帝家人传》《冯道传》《王建立传》等多处强调了政纪纲常的重要作用。其次，针对宦官专权、女色误国这一五代时期表现尤甚的封建社会的痼疾，欧阳修在《宦者传》和《梁家人传序》中做了深刻的总结和分析，强调宦、耽女为祸之烈。再次，在列传部分，欧阳修屡屡暗示或点明用人的重要性，并在《周臣传》之末集中表明自己的选用良才的主张。与此紧密相联，他极力申斥借“朋党”邪说嫉贤害能。他在《唐六臣传》中指出“白马之祸”和由此而最终导致大唐帝国灭亡的根源恰恰是“朋党”邪说，并在篇末写下了以篇幅论可谓全书序论之冠的《朋党论》，向统治者提出剀切忠告。复次，重视与契丹等少数民族的关系。在《新五代史》中，他赞扬了张希崇等治边有能政、出使不辱节的功臣，也歌颂了王晏球等抗击入侵的英雄，但更多的则是通过后晋等王朝的兴衰来表现外患的深重。《新五代史》一般不引用完整的原始文献，全书仅引用的三篇均与外族有关。前两篇是《晋家人传》中晋出帝及皇太后李氏给契丹的降表，后一篇是《周臣传》中世宗谋士王朴的《平边策》。一寓国破家亡之惨痛，一授抗敌扩土之方策，足见欧阳修用意之深。

此外，不迷信谶纬之学等也是《新五代史》思想内容上的进步方面。但是，恰如前代学者所指出的，由于欧阳修拘守"春秋义例"，既造成体例上的失当，也有对人物评价的偏颇。如把唐将乌震以国难为先的行动视为不忠不孝，就失之公允。

二、《新五代史》的艺术成就

其一，是通过多种艺术手法描绘鲜明生动的人物形象。这表现在如下几个方面：

1. 用对比手法写出人物个性。《新五代史》的传记多系类传，处理不当，容易使人物脸谱化。然善用对比，写出同中之异，个性就很突出。如写导致晋亡的杜重威、李守贞和张彦泽：杜、李都贪财，但杜与晋高祖是姻亲，敢于公开掠夺；而李只是客将，故而受贿格外小心，不是偷放在亲信手中，就是散给士卒。三人同为叛逆。杜是出于狂妄的"异志"，主动投向契丹，死心塌地充当契丹帮凶。李最后叛汉，则因内惧于罹罪，外惑于妖言，是迫不得已的选择。而张是无头脑、无气节的凶悍武夫，兽性十足。对不听话的儿子、属吏必置之死地而方休；仕晋，他"数立战功"，投向契丹后，又公开打出"赤心为主"的旗帜。他行事无顾忌，一任凶残，最后竟闹得天下共愤。三人形象各异。类似例子很多。

2. 用语言表现人物性格特征。如《刘守光传》写其临刑：

守光将死，泣曰："臣死无恨，然教臣不降者，李小喜也，罪人不死，臣将诉于地下。"晋王使召小喜，小喜瞋目曰："囚父弑兄，烝其骨肉，亦小喜教尔耶?”晋王怒，命先斩小喜。守光知不免，呼曰：“王将复唐室以成霸业，何不赦臣使自效?”其二妇从旁骂曰：“事已至此，生复何为？愿先死!”乃俱死。

罪恶累累，自号“大燕皇帝”的禽兽竟是如此一副媚骨，连妇人都不如，揭露得入木三分。

又如《四夷附录》写契丹耶律阿保机之妻述律：

述律为人多智而忍。阿保机死，悉召从行大将等妻，谓曰：“我今为寡妇矣，汝等岂宜有夫。”乃杀其大将百余人，曰：“可往从先帝。”左右有过者，多送木叶山，杀于阿保机墓隧中，曰：“为我见先帝于地下。”大将赵思温，本中国人也，以材勇为阿保机所宠，述律后以事怒之，使送木叶山，思温辞不肯行。述律曰：“尔，先帝亲信，安得不往见之?”思温对曰：“亲莫如后，后何不行?”述律曰：“我本欲从先帝于地下，以子幼，国中多故，未能也。然可断吾一臂以送之。”左右切谏之，乃断其一腕，而释思温不杀。初，德光之击晋也，述律常非之，曰：“吾国用一汉人为主可乎?”德光曰：“不可也。”述律曰：“然则汝得中国不能有，后必有祸，悔无及矣!”德光死，载其尸归，述律不哭而抚其尸曰：“待我国中人畜如故，然后葬汝。”已而，兀欲囚之，后死于木叶山。

最为精彩的是《伶官传》中写伶人敬新磨的机智、巧辩：

新磨尝奏事殿中，殿中多恶犬，新磨去，一犬起逐之，新磨倚柱而呼曰：“陛下毋纵儿女啮人!”庄宗家世夷狄，夷狄之人讳狗，故新磨以此讥之。庄宗大怒，弯弓注矢将射之，新磨急呼曰：“陛下无杀臣！臣与陛下为一体，杀之不祥!”庄宗大惊，问其故，对曰：“陛下开国，改元同光，天下皆谓陛下同光帝。且同，铜也，若杀敬新磨，则同无光矣。”庄宗大笑，乃释之。

3. 善于作丰富多样的细节描写。这是形成《新五代史》浓厚的文学色彩的重要因素。如写唐将皇甫晖的残暴：

晖拥甲士数百骑，大掠城中，至一民家，问其姓，曰：“姓国。”晖曰：“吾当破国！”遂尽杀之。又至一家，问其姓，曰：“姓万。”晖曰：“吾杀万家足矣。”又尽杀之。

又如《梁家人传》写朱温富贵后迎接母亲王氏，用“惶恐走避”“惊喜泣下”两个动态描写，极细致地传达了王氏的复杂心理。

再如写梁末帝大臣郑珏的迂腐可笑：

唐庄宗自郓州入汴，末帝闻唐兵且至，惶恐不知所为，与李振、敬翔等相持恸哭，因召珏问计安出，珏曰：“臣有一策，不知陛下能行否？”末帝问其策如何，珏曰：“愿得陛下传国宝驰入唐军，以缓其行，而待救兵之至。”帝曰：“事急矣，宝固不足惜，顾卿之行，能了事否？”珏俯首徐思曰：“但恐不易了。”于是左右皆大笑。

其二，浓郁的抒情、议论色彩。这在前面介绍，《新五代史》的思想内容时已有所涉及。此处再举著名的《伶官传序》为例：

呜呼，盛衰之理，虽曰天命，岂非人事哉！原庄宗之所以得天下，与其所以失之者，可以知之矣。世言晋王之将终也，以三矢赐庄宗而告之曰：“梁，吾仇也；燕王吾所立，契丹与吾约为兄弟，而皆背晋以归梁。此三者，吾遗恨也。与尔三矢，尔其无忘乃父之志！”庄宗受而藏之于庙。其后用兵，则遣从事以一少牢告庙，请其矢，盛以锦囊，负而前驱，及凯旋而纳之。方其系燕父子以组，函梁君臣之首，入于太庙，还矢先王而告以成功，其意气之盛，可谓壮哉！及仇雠已灭，天下已定，一夫夜呼，乱者四应，苍皇东出，未及见贼而士卒离散，君臣相顾，不知所归，至于誓天断发，泣下沾襟，何其衰也！岂得之难而失之易欤？抑本其成败之迹而皆自于人欤？《书》曰：“满招损，谦得益。”忧劳可以兴国，逸豫可以亡身，自然之理也。故方其盛也，举天下之豪杰莫能与之争；及其衰也，数十伶人困之，而身死国灭，为天下笑。夫祸患常积于忽微，而智勇多困于所溺，岂独伶人也哉！作《伶官传》。

清代沈德潜在《唐宋八大家文读本》中评此文云：“抑扬顿挫，得《史记》神髓，《五代史》中第一篇文字。”

《宋人轶事汇编》卷十载：“神宗问荆公曾看《五代史》否，公对曰：‘臣不曾子细看，但见每篇首必曰呜呼，则事事皆可叹也。’余谓公真不曾子细看，若子细看，必以呜呼为是。五代之事，岂非事事皆可叹乎！”可见，《新五代史》此一特点在当时就已引起人们的注目，甚至到了当代，有的学者仍据此认为它是一部“史论”。这种浓郁的抒情、议论色彩与其他正史区别极为显著。

其三，文字简约谨严。欧阳修的《新五代史》是在薛居正的120卷《旧五代史》和多种史料的基础上形成的。薛史全采各朝实录，而欧史则进行了认真的考证、整理，因而被后代学者誉为“文约而事详”。清代史学家赵翼在《廿二史札记》卷二十一中说：“不阅薛史，不知欧史之简严也。欧史不惟文笔洁净，直追《史记》，而以《春秋》书法寓褒贬于纪传之中，则虽《史记》亦不及也。”欧史是极为讲究用字的，比如写用兵，按欧阳修的学生徐无党在《梁太祖本纪》中所做注释就有种种区别：“两相攻打曰攻，以大加小曰伐，加有罪曰讨，天子自往曰征”；“我败曰败绩，彼败曰败之”等等，可见用字既简省，同时又寓褒贬。这有可取的地方，但也有缺欠之处。清代学者王鸣盛指出：“意主褒贬，将事实一意删削，若非旧史复出，几成无征。”这评论还是有道理的。

三、欧阳修的散传创作

欧阳修传记文学的另一突出成就是散传创作。这包括各种传、行状、墓志、碑铭等。收入《欧阳修散文全集》的此类散传约120篇，大多是记朝廷显贵、命妇，也有自己的亲故朋友。尽管其思想内容不很丰富，甚至有一些虚美的“谀墓”文字，但艺术技巧较高，尤其是碑铭类散传。

欧阳修在为文友苏舜钦所做的《湖州长史苏君墓志铭并序》中说："予为集次其文而序之，以著君之大节与其所以屈伸得失，以深诮世之君子当为国家乐育贤材者，且悲君之不幸。"这可以说是欧阳修碑铭类散传的总主题。

《黄梦升墓志铭》写友人黄注"以文章意气自豪"却抑郁而终的生平。作品记载了与传主不同阶段的交往，以自我观感为结构线索展示传主的际遇。黄注为江南名门之后，少年时眉目明秀的外表，善饮酒谈笑的性格，引起作者的"奇"赏。然而出仕后，传主怏怏不得志，惟有相见时的醉舞歌呼，这又引发了作者悲而益悲的慨叹。作者再三称道黄注的文章"博辨雄伟，其意气奔放，犹不可御"。但是，如此之才，却因"素刚，不苟合"而得不到"俗吏"的赏识，这就难免要恃酒狂放，不平而鸣了。作者哀悼其早逝，也表达了人才沦落的痛惜之情。此外如《尹师鲁墓志铭》《梅圣俞墓志铭》《石曼卿墓表》和《徂徕石先生墓志铭》等也都与此同调。

清代吴德旋在《初月楼古文绪论》中说："欧之大碑板，不善学之，易于平，易于散。"在传统碑板文的典重、整齐之中求奇求变，的确是欧阳修散传的基本特征。

《泷冈阡表》和《南阳县君谢氏墓志铭》是欧阳修散传的代表作品，前者为父亲欧阳观而作，后者写好友梅圣俞之妻谢氏。这两篇墓志在写作上有一个非常突出的共同点，即用转述方式来写传主。比如写父亲欧阳观，是母亲郑氏的讲述：

> 汝父为吏，廉而好施与，喜宾客。其俸禄虽薄，常不使有余，曰："毋以是为我累。"故其亡也，无一瓦之覆，一垅之植，以庇而为生。吾何恃而能自守邪？吾于汝父，知其一二，以有待于汝也。自吾为汝家妇，不及事吾姑，然知汝父之能养也。汝孤而幼，吾不能知汝之必有立，然知汝父之必将有后也。吾之始归也，汝父免于母丧方逾年。岁时祭祀，则必涕泣曰："祭而丰，不如养之薄也。"间御酒食，则又涕泣曰："昔常不足，而今有余，其何及也！"吾始一二见之，以为新免于丧适然耳。既而其后常然，至其终身未尝不然。吾虽不及事姑，

而以此知汝父之能养也。

汝父为吏，尝夜烛治官书，屡废而叹。吾问之，则曰："此死狱也，我求其生不得尔。"吾曰："生可求乎？"曰："求其生而不得，则死者与我皆无恨也；矧求而有得邪！以其有得，则知不求而死者有恨也。夫常求其生，犹失之死；而世常求其死也。"回顾乳者剑汝而立于旁，因指而叹曰："术者谓我岁行在戌将死，使其言然，吾不及见儿之立也，后当以我语告之。"其平居教他子弟，常用此语，吾耳熟焉，故能详也。其施于外事，吾不能知；其居于家，无所矜饰，而所为如此，是真发于中者邪！呜呼！其心厚于仁者邪！此吾知汝父之必将有后也。汝其勉之！夫养不必丰，要于孝；利虽不得博于物，要其心之厚于仁。吾不能教汝，此汝父之志也。

而《南阳县君谢氏墓志铭》正文则全采用梅圣俞的讲述：

吾妻，故太子宾客讳涛之女，希深之妹也。希深父子为时闻人，而世显荣。谢氏生于盛族，年二十，以归吾，凡十七年而卒。卒之夕，敛以嫁时之衣。甚矣，吾贫可知也。然谢氏怡然处之。治其家，有常法。其饮食器皿，虽不及丰侈，而必精以旨；其衣无新，而浣濯缝纫，必洁以完，所至官舍虽卑陋，而庭宇洒扫，必肃以严；其平居，语言容止，必怡以和。吾穷于世久矣，其出而幸与贤士大夫游而乐，入则见吾妻之怡怡而忘其忧，使吾不以富贵贫贱累其心者，抑吾妻之助也。

吾尝与士大夫语，谢氏多从户屏窃听之。间则尽能商榷其人才能贤否及时事之得失，皆有条理。吾官吴兴，或自外醉而归，必问曰："今日孰与饮而乐乎？"闻其贤者也，则悦；否，则叹曰："君所交，皆一时贤隽，岂其屈己下之耶？惟以道德焉，故合者尤寡，今与是人饮而乐邪！"

是岁，南方旱。仰见飞蝗而叹曰："今西兵未解，天下重困，盗贼暴起于江淮，而天旱且蝗如此。我为妇人，死而得君葬我，幸矣。"其所以能安居贫而不困者，其性识明而知道理，多此类。

呜呼，其生也迫吾之贫，而没也又无以厚焉。谓惟文字可以著其不朽，且其平生，尤知文章为可贵。殁而得此，庶几以慰其魂，且塞予悲。此吾所以请铭于子之勤也。

欧阳修在《万寿县君徐氏墓志铭并序》中说："若夫男子见于外，其善恶功过，可举而书。至于妇德主内，自非死节殉难非常之事，则其幽闲淑女之行，孰得显然列而诗之以示后？惟视其所称，与其所思，则其贤可知矣。"又在《长寿县太君李氏墓志铭》中云："书中舅姑之所尝称者，以见其为妇之道；书其子之贤而有立，以见其为母之方；书其子孙之众，寿考之隆，以见其勤于其家至于有成，而终享其福之厚。"这种灵活多样的侧面描写正是欧阳修散传，尤其是女性碑铭文的鲜明特色。这不仅仅是因为取材上的限制，而是他在借鉴韩愈等先代作家以自述、对话甚至诏书入碑铭的写法的基础上的进一步创造发展。像《泷冈阡表》《南阳县君谢氏墓志铭》这种写作方式至少有两个明显的效果：一是避免了历来碑板文字的平沓典重，使行文委曲宛转，灵动变化，富于情趣；二是既突出了传主，也带出了讲述者，更可以看出讲述者与传主之间的挚爱深情，可谓一传两主，一举多得。

欧阳修的自传《六一居士传》也是历久传诵的名作。与一般自传有别的是它不写自己的生平事迹，而是以问答的形式抒写自己的情趣，表现自己的襟怀。很显然，这也是汲取了陶潜《五柳先生传》和对话体散文创作的优秀成果。

六一居士初谪滁山，自号醉翁。既老而衰且病，将退休于颍水之上，则又更号六一居士。

客有问曰："六一，何谓也？"居士曰："吾家藏书一万卷，集录三代以来金石遗文一千卷，有琴一张，有棋一局，而常置酒一壶。"客曰："是为五一尔，奈何？"居士曰："以吾一翁，老于此五物之间，是岂不为六一乎？"客笑曰："子欲逃名者乎，而屡易其号，此庄生所诮畏影而走乎日中者也；余将见子疾走大喘渴死，而名不得逃也。"居士曰："吾固知名之不可逃，然亦知夫不必逃也；吾为此名，聊以志我之乐尔。”客曰：“其乐如何?”居士曰：“吾之乐可胜道哉！方其得意于五物也，太山在前而不见，疾雷破柱而不惊；虽响九奏于洞庭之野，阅大战于涿鹿之原，未足喻其乐且适也。然常患不得极吾乐于其间者，世事之为吾累者众也。其大者有二焉，轩裳珪组劳吾形于外，忧患思虑劳吾心于内，使吾形不病而已悴，心未老而先衰，尚何暇于五物哉！虽然，吾自乞其身于朝者三年矣，一日天子恻然哀之，赐其骸骨，使得与此五物偕返于田庐，庶几偿其夙愿焉。此吾之所以志也。”客复笑曰：“子知轩裳珪组之累其形，而不知五物之累其心乎?”居士曰：“不然。累于彼者已劳矣，又多忧；累于此者既佚矣，幸无患。吾其何择哉。”于是与客俱起，握手大笑曰：“置之，区区不足较也。”

已而叹曰：“夫士少而仕，老而休，盖有不待七十者矣。吾素慕之，宜去一也。吾尝用于时矣，而讫无称焉，宜去二也。壮犹如此，今既老且病矣，乃以难强之筋骸，贪过分之荣禄，是将违其素志而自食其言，宜去三也。吾负三宜去，虽无五物，其去宜矣，复何道哉!”

熙宁三年九月七日，六一居士自传。

综上所述，欧阳修的传记文学内容丰富，体裁多样，风格独具。他上承以《史记》为代表的史传文学优良传统，又广泛借鉴韩柳等前代传记文学创作的成功经验，在宋初王禹偁等探索的基础上，不断加以更新创造。经过他的努力，传记文学的思想内容、表现技巧、艺术风格都有较大的发展，从而形成了宋代传记文学独特面貌，对同时代和后来的传记文学创作产生了积极的影响。

第三节　南宋的传记文学

南宋时期，由于特殊的社会历史原因，传记文学有了新的发展。就内容方面看，在题材多样化的基础上，反映社会大变动中的民族矛盾，表现国难家仇中的惨痛人生成为最鲜明的主题；在艺术上，由前代史传传统，特别是北宋中期发展而来的文学性得到了进一步的强化和丰富，而尤以纪实性和抒情性更为突出。出现长篇行状，值得注意。此外，这时期还产生了大量传记类的逸事笔记，它们对同时代甚至今天的传记文学发展都具有不可低估的价值和影响。

一、南宋初期：李清照的《金石录后序》

南宋初期最著名的传记文学作品是《金石录后序》。作者李清照（1084—1155?），号易安居士，济南（今属山东）人。她出身于士大夫家庭，有着深厚的文化艺术修养，词、诗、文并擅，兼及书画。其夫赵明诚，字德父，出于宰相之门，为当时著名的金石学家，所著《金石录》30卷，记录了作者所收藏的古今金石刻辞及考证，是金石学的重要著作。《金石录后序》系为此而作。

1. 作品从一个侧面表现了“靖康之难”这一巨大的历史灾变所造成的对人类美满生活的破坏和对人生美好愿望的摧残。李清照、赵明诚两人婚后感情弥笃，有着非常美满的家庭生活，更有共同的美好的生活情趣。他们把生命的热诚凝注于节衣缩食搜集来的金石文物上，忧乐系之，生死与之。这种雅致的生活带给他们的是爱恋、欣悦和满足。尤其是赵明诚，不仅有渊博的学识、高雅的志趣，而且有更为深沉、乐观的生活向往。与妻分别时，他“葛衣岸巾，精神如虎，目光烂烂射人”，绝没有预料到灾难的降临；生病后，他“大服柴胡、黄芩药”，竟适得其反，“疟且痢，病危在膏肓”。即使在这种情况下，仍“取笔作诗，绝笔而终，殊无分香卖履之意”。一句话，他不愿死，他根本没想到死，这是多么强烈的生活愿望！明诚死后，李清照开始了颠沛流离的逃难生活，金石文物遭焚被盗，毁散殆尽。往日美好的生活寄托烟消云散。造成这一切的根本原因正是“靖康之难”这场剧烈的民族灾变。《金石录后序》是血泪交织的文字，是发自心灵深处的震颤和呻吟！

2. 作品塑造了鲜明生动的人物形象。传记文学区别于一般散文文学的最重要之处就在于在真实的生活材料中表现人生际遇，创造出丰满的人物形象，《金石录后序》在这一方面尤为成功。赵明诚是严谨的学者，对金石文学有着痴迷的专注。他不仅尽力传写亡诗逸史，甚至典衣购置书画奇器。“收书既成，归来堂起书库大橱，薄甲乙，置书册，如要讲读，即请钥上簿，关出卷帙。或少损污，必惩责揩完涂改”，以至“是欲求适意而反取憀慄”。其刻画真是细入毫厘，形象栩栩如生。而清照虽也有此雅好，但她天资聪颖，更具才情，富于浪漫气息。如偶来兴致，以猜记书中典故赌茶，并且“中即举杯大笑，至茶倾覆怀中，反不得饮而起”。她也极为敏感，天灾人祸的转折当口，都有所预见。然而，她性格中最本质的方面还是刚毅和坚强。她忠于爱情，不改志向，故而虽然辗转奔波，备极创痛，却始终把金石文物带在身边，始终以金石文物的聚散为念。这也是一个极为鲜明丰满的人物形象。

《金石录后序》在艺术上有很高的成就。它继承了历代史传文学写人叙事的技巧，特别善于透过生活细节表达极为丰富细腻的感情，字里行间洋溢着一种味之不尽的诗情。如写夫妻美满而充满情趣的生活：

> 余建中辛巳，始归赵氏。时先君作礼部员外郎，丞相作吏部侍郎，侯年二十一，在太学作学生。赵、李族寒，素贫俭，每朔望谒告出，质衣取半千钱，步入相国寺，市碑文果实归，相对展玩咀嚼，自谓葛天氏之民也。后二年，出仕宦，便有饭蔬衣练，穷遐方绝域，尽天下古文奇字之志。日就月将，渐益堆积。丞相居政府，亲旧或在馆阁，多有亡诗逸史，鲁壁汲冢所未见之书，遂尽力传写，浸觉有味，不能自已。后或见古今名人书画，一代奇器，亦复脱衣市易。尝记崇宁间，有人持徐熙牡丹图，求钱二十万。当时虽贵家子弟，求二十万钱，岂易得耶？留信宿，计无所出而还之，夫妇相向惋怅数日。
>
> 后屏居乡里十年，仰取俯拾，衣食有余。连守两郡，竭其俸入以事铅椠。每获一书，即同共勘校，整集签题；得书、画、彝、鼎，亦

摩玩舒卷，指摘疵病，夜尽一烛为率。故能纸札精致，字画完整，冠诸收书家。余性偶强记，每饭罢，坐归来堂，烹茶，指堆积书史，言某事在某书某卷第几叶第几行，以中否角胜负，为饮茶先后。中即举杯大笑，至茶倾覆怀中，反不得饮而起，甘心老是乡矣！故虽处忧患困穷而志不屈。收书既成，归来堂起书库大橱，簿申乙，置书册，如要讲读，即请钥上簿，关出卷帙。或少损污，必惩责揩完涂改，不复向时之坦夷也。是欲求适意而反取憀慄。余性不耐，始谋食去重肉，衣去重采，首无明珠翡翠之饰，室无涂金刺绣之具。遇书史百家，字不刓缺，本不讹谬者，辄市之，储作副本。自来家传《周易》《左氏传》，故两家者流，文字最备。于是几案罗列，枕席枕藉，意会心谋，目往神授，乐在声色狗马之上。

王士禄《宫闺氏籍艺文考略》引《神释堂脞语》评云："班马作史，往往于琐屑处极意摹写，故文字有精神色态。易安《金石录后序》中间数处，颇得此意。至萧绎江陵陷没一段，文人癖好图书，过于家国性命，尤极浓至。"正指明了这一点。

3. 心理、肖像等多种描写的穿插。如："至靖康丙午岁，侯守淄川，闻金寇犯京师，四顾茫然，盈箱溢箧，且恋恋，且怅怅，知其必不为己物矣！建炎丁未春三月，奔太夫人丧南来，既长物不能尽载，乃先去书之重大印本者，又去画之多幅者，又去古器之无款识者；后又去书之监本者，画之平常者，器之重大者。凡屡减去，尚载书十五车。"极其细致、真实地表现了传主那种携带无法，弃置不忍，犹豫惆怅，万般无奈的复杂心情；又如写妻子眼中的丈夫："葛衣岸巾，精神如虎，目光烂烂射人。"这既是肖像描写，同时又与下文写妻子忧愁心绪形成鲜明强烈的对比。再如写金石书画"十去五六矣"，"十去其七八"，不仅准确地写出了文物毁散的过程，而且也内含作者深深的叹惋遗恨。

4. 浓郁的抒情。传文总的格调是凄婉，不过随着内容的不同而有不同的变化。前半部分回忆夫妻幸福生活，以整齐的句式表达了恬静中的喜悦；而后半部分写夫亡、逃难，则笔带凄怆，行文也多急促的短句；结尾部分以长句议论、抒情，表面故作豪放大度，而实际上是更为深沉、悲愤的浩叹。

此外，灵活用典等也是本传的一个特色，它不仅表现了作者高度的文化修养，使文笔有典雅凝重之美，而且也增加了作品内容的含量。

二、南宋中期：传记文学一度中兴

南宋中期最著名的传记作家是陆游（1125—1210）。游字务观，自号放翁，越州山阴（今浙江绍兴）人。他是南宋大诗人，同时也创作了《渭南文集》《老学庵笔记》和《南唐书》等众多文史作品，是一代诗文兼擅的大家。

陆游的传记文学作品如同其诗歌一样，有着鲜明的现实内容和充沛的思想感情，在艺术上也大多有寓论断于叙事、文理细密的特点。

《姚平仲小传》写一个勇悍的边陲大将，虽屡有奇功，却深受把持朝政的童贯的压制。

> 年十八，与夏人战臧底河，斩获甚众，贼莫能枝梧。宣抚使童贯召与语，平仲负气不少屈，贯不悦，抑其赏，然关中豪杰皆推之，号“小太尉”。睦州盗起，徽宗遣贯讨贼。贯虽恶平仲，心服其沉勇，复取以行。及贼平，平仲功冠军，乃见贯曰：“平仲不愿得赏，愿一见上耳。”贯愈忌之。他将王渊、刘光世皆得召见，平仲独不与。

最后，他只得乘机孤身出逃，遁入空门。作者细腻而深刻地描写了他出逃时的心理：

> 平仲功不成，遂乘青骡亡命，一昼夜驰七百五十里，抵邓州，始得食。入武关，至长安，欲隐华山，顾以为浅，奔蜀，至青城山上清宫，人莫识也。留一日，复入大面山，行二百七十余里，度采药者莫能至，乃解纵所乘骡，得石穴以居。朝廷数下诏物色求之，弗得也。

这表明，姚平仲有勇更有识。他不是惧祸，而是看透了统治者的丑恶行径才毅然选择这条路的。这样写，不但凸现了人物性格，而且也反映了南宋统治者对有为之士的迫害和内部倾轧的酷烈。

《曾文清公墓志铭》为自己的老师、诗人曾几而作。曾几有为学子们推服的出众文才，升迁后，他更敢于抗颜矫俗，保护人才，而对佞幸们恃宠而骄则深恶痛绝。

> 时禁元祐学术甚厉，而以剽剥颓阘熟烂为文，博士弟子更相授受，无敢异。一少自激昂，辄摈弗取，曰："是元祐体也。"公独愤叹，思一洗之。一日得经义绝伦者，而他场已用元祐体见黜。公争之，不可。明日会堂上，出其文诵之，一坐耸听称善，争者亦夺气，及启封，则内舍生陈元有也。元有遂释褐，文体为少变，学者相贺。
>
> 道士林灵素以方得幸，尊宠用事，作符号，号《神霄箓》。自公卿以下，群造其庐拜受，独故相李纲、故给事中傅崧卿及公俱移疾不行。出为应天少尹，尹故相徐处仁敬待公。公尝决疑狱，徐公谢曰："始徒谓君儒者，乃精吏道如是邪？"一日有中贵人传中旨取库金而不赍文书。徐公用府寮议，将姑许之，公力争，至谒告不出。徐公虽不果用而尤以此服公。

这篇传记还涉及与权奸秦桧的斗争。特别是热情歌颂了曾几不阿权贵、不纵亲族的凛然正气：

> 公老矣而精明不少衰，去大猾吏张镐，一路称快。明年，知台州。公娶钱氏，有郡酒官者夫人族子也，大为奸利，且恣横，患苦里闾，公亟捕系狱，奏废为民。黄岩令用两吏为囊橐以受赇，吏持之。令不胜怒，械吏置狱，一夕皆死。公发其罪。或以书抵公曰："令，左丞相客也。"公治益急，亦坐废。

作者也写了曾几作为学者、诗人的一面，不过这些都是概括性的。

杨万里（1127—1206），字廷秀，号诚斋，南宋著名诗人、哲学家。在宋代文学史上，他以清丽自然、诙谐幽默的"诚斋体"而闻名。其《诚斋荆溪集序》恰是自道"诚斋体"的由来。

在传中，他写了自己学诗为诗的过程：先学江西派、陈师道，后学晚唐诗人。选择既精，学之亦力，然而这种从书本里找灵感、对前人亦步亦趋的方法使他陷入创作的死胡同，作品愈来愈少。后来，他投身于生活，才使他有了感悟，创作发生了根本性的变化。作品写道：

> 其夏之官荆溪；既抵官下，阅讼谍，理邦赋，惟朱墨之为亲；诗意时日往来于予怀，欲作未暇也。戊戌三朝，时节赐告，少公事，是日即作诗，忽若有寤。于是辞谢唐人及王、陈、江西诸君子，皆不敢学，而后欣如也！试令儿辈操笔，予口占数首，则浏浏焉无复前日之轧轧矣。自此，每过午，吏散庭空，即携一便面，步后园，登古城，采撷杞菊，攀翻花竹，万象毕来，献予诗材。盖麾之不去，前者未雠，而后者已迫，涣然未觉作诗之难也。盖诗人之病，去体将有日矣。方是时，不惟未觉作诗之难，亦未觉作州之难也。

以传体写自己的创作过程并非杨万里的首创。但像本传这样把“不是风烟好，何缘句子新”（《过池阳舟中望九华山》）的深刻感悟以及由此产生的愉悦表达得如此真切生动却不多见。它具有重要的美学理论价值，也表现了宋人对传记功能和写作技巧的积极探索精神。

朱熹（1130—1200），字元晦，一字仲晦，徽州婺源（今江西婺源）人。他是南宋理学的集大成者，也是传记文学史上值得注意的重要作家之一。

首先是他集古史写作之长，根据当时多种碑传行状、笔记杂史等资料，编撰了前后两集 24 卷的《宋名臣言行录》（另 51 卷的编撰者为李幼武），不仅提供了宋太祖至徽宗八朝 97 名大臣的翔实史料，为《宋史》所本，更对同代直至民国初年丁传靖等人编纂此类传记专书产生了巨大的影响。

其次，他的传记文学代表作《张魏公行状》写宋代名臣张浚的一生。篇幅长达 43700 字，不仅写传主生平，而且对传主父母也有详尽的叙述；不仅写重大政治活动，而且也写传主早年生活环境和家庭教育。尽管缺乏生动的细节描写，但是，它内容充实，传记基本要素完备，在传记容量上有所扩大。

朱熹的其他传记作品也有好的篇章，如传记小品《记孙觌事》：

靖康之难，钦宗幸虏营。虏人欲得某文。钦宗不得已，为诏从臣孙觌为之；阴冀觌不奉诏，得以为解。而觌不复辞，一挥立就：过为贬损，以媚虏人，而词甚精丽，如宿成者。虏人大喜，至以大宗城卤获妇饷之。觌亦不辞。其后每语人曰：“人不胜天久矣，古今祸乱，莫非天之所为。而一时之士，欲以人力胜之；是以多败事而少成功，而身以不免焉。孟子所谓‘顺天者存，逆天者亡’者，盖谓此也。”或戏之曰：“然则子之在虏营也，顺天为已甚矣，其寿而康也宜哉！”觌惭无以应。闻者快之！

孙觌为钦宗时的翰林学士，他为万俟卨等人写墓志铭，诽谤忠臣，吹捧奸佞，主张求和，是一个典型的卖国贼。作品正是抓住孙觌这一方面进行了穷形极性的描写：他不知君心却解虏意；写降表不辞已甚，却偏偏“一挥而就”；贬己媚虏，已极不肖，偏又“词甚精丽，如宿成者”；这还不够，反到处侈谈“天意”遮羞，这真是“做婊子还要立牌坊”，无耻之极！传文句句讽刺，入木三分；而孙觌也成为传记文学史上一个不可多得的鲜明形象。

陈亮（1143—1194），字同甫，号龙川，婺州永康（今浙江永康）人。南宋中期著名的文学家和思想家。他坚决反对程朱理学，讲求“救时”“济事”的“功利”，因此，他的散文，甚至词作关注时事，纵横驰骋，有鲜明的政论性和实用性。而他的散传《陈性之墓志铭》就是写富人陈性之关键时刻见义勇为、扶危济困的独特性格。

陈性之表面上给予人的印象并不佳，“盖其自为过多，为人过少，若有取于杨朱之道者”。但是在他严冷、寡合的外表下却有古代义侠不以存亡为懈的火热心肠。

予闻性之官剑浦，乡人陈公质且老，而羁置在焉，性之曲意抚存之，使之自忘其为罪戾也。居亡何，公质死。性之还自旁郡，道逢兵马都监者往验其死，性之嘱以徐行：“有檄止君矣。”性之亟趋郡白事，得追还其都监者，又为治其后事颇悉。

通过写陈性之的行迹，作者发表了自己的看法："士之素守里闾，曾不得少自概见于世者，岂必曰乡称善人而已乎！"强调"善人"要有所作为，可见作者用世热情之深。在艺术上，善于在看似对立的现象中摄取本质方面写活人物的方法别有新意。

叶适（1150—1223），字正则，号水心居士，温州永嘉（今浙江永嘉）人。南宋哲学家、政治家。《四库全书提要》称其"记"和"碑版之作"，"能脱化町畦，独运杼轴"。这一评论未必恰当，但长于议论说理确实是他传记文的一大特征。这可以从他的代表性作品《巩仲至墓志铭》中看出来。

该篇传记采用夹叙夹议手法写自己的朋友巩丰怀才不遇的一生。作者开篇就赞扬他能够在道学盛行的流俗之中"抑纵开阖，条流品汇，应变不迫，富若素有"的渊博学识，又赞扬他学敏早成，诗文富赡；中间穿插叙述与传主的交往，传主的仕途坎坷、家世、亲族等。正因为作者对传主有深刻的了解，所以对其不幸更为痛惜，甚而为愤激。如抒写自己的"疑误之难通者"：

> 自举贤尚德之义废，而进人一出于课试之虚文，苟有其一，则请资显辙，执契而取，仲至不多有乎？刚者折而不行，柔者流而不止，惟正己不伤物，于用世为宜，仲至不宜乎？又曰："颜渊、贾谊短命，惜哉！非时不子用，子不时待也。"仲至寿不七十乎？自上世有金匮石室之藏，或达书命，谕意指，皆选文学博雅之士，下至鸿都翰林，词赋篆刻，犹各专其官。出内之吝，非不欲参其间，技不两能也。故苍槐翠竹，必植于庭宇，仲至可为帑吏乎？

含蓄流转的语言表达强烈的"不平之鸣"，甚至习惯上墓志末尾歌功颂德的有韵铭文也出以散体议论，更是别具一格。

三、南宋末期：《指南录后序》及其他

南宋末期最著名的传记文学作品是《指南录后序》。作者文天祥（1236—1283），字宋瑞，又字履善，号文山，吉州庐陵（今江西吉安）人。《指南录》为其诗集名，取自作诗《扬子江》中"臣心一片磁针石，

不指南方不肯休”句意。诗集共4卷，内容是反映端宗景炎元年（1276）至景炎二年（1277）间元兵攻陷临安，作者逃离敌营，辗转长江南北的抗敌生活。文天祥自编完《指南录》后，又写了前后两篇序，即《指南录自序》和《指南录后序》。

南宋恭帝德祐二年（1276），南下元军继攻占临安门户独松关后，又在正月十八进入距临安仅30里的皋亭山。兵临城下，形势万分危急。南宋朝廷无力抵御，只得决定投降，派刚刚诏任右丞相兼枢密使、都督天下兵马的文天祥到皋亭山与元将伯颜谈判。在谈判中，文天祥据理力争，大义凛然，与之进行了针锋相对的斗争。元军大怒，把他拘禁在军营中。在百般威逼利诱均告失败后，元军又胁迫文天祥与祈请使贾余庆等去北，向忽必烈呈递降表。北行到达镇江时，他和部下杜浒等11人乘机摆脱元军，逃往真州（今江苏仪征），以期在那里联合两淮等地宋军，抗击元军，收复失地。但由于元军使用反间计，他不被当地守将信任，又不得不继续逃亡，历尽千辛万险，九死一生，奔向当时兴复的根据地——永嘉（今浙江温州）。

两篇序所记载的就是这一时期的生活。与一般传记迥然有别的是它们以自传的方式刻画了一个极为鲜明生动的爱国志士、民族英雄的形象。

在《指南录后序》中，文天祥写道，他受任于危难之际：“时北兵已迫修门外，战、守、迁皆不及施。缙绅、大夫、士萃于左丞相府，莫知计所出。”在这回天乏力的情况下被皇帝委以国柄，对于尽忠为国的文天祥来说意味着什么他是完全清楚的：“国事至此，予不得爱身；意北亦尚可以口舌动也”；“更欲一觇北，归而求救国之策”。这些心理活动，无不生动地表达出他与国家共存亡，致力恢复的坚贞信念。正是由于有这种信念，他在虏营的刀光剑影中，敢于“抗辞慷慨”，威慑敌胆，致使敌方“上下颇惊动”“未敢遽轻吾国”。而对于屈身降敌的吕师孟及其充当攻宋元军向导的叔父吕文焕以及“逢迎卖国”的奸臣贾余庆之流，他更是毫不姑息，痛加斥责。在穷途末路之中，在“但欲求死”“分当引决”之时，他想到的依然是要像唐代抗敌名将南霁云那样“将以有为也”，即寻找机会报效国家。他后来的逃离奔波，将元军情报送给朝廷，约以连兵大举，寻求中兴机会，以至忍受“境界危恶，层见错出，非人世所堪”之苦等义举都是这种坚贞信念的具体体现，也是他性格的必然发展。文天祥的形象集中地体现了中华民族热爱自由，热爱和平，不屈服于任何外侮的优秀品质；也典型地体现了历代爱国志士以天下为己任，为国家和民族甘愿赴汤蹈火，死而无悔的崇高气节；更充分地体现了中华民族追求正义，追求真理，忍辱负重，不屈不挠的斗争精神。他是中国传记文学史乃至世界传记文学史上最光辉的形象之一。

《指南录后序》是爱国志士、民族英雄用一腔碧血丹心写成的“惊天地、泣鬼神”的纪实文字。他不仅展现了一个伟大的爱国者的凛然正气和赤诚怀抱，也表现了一代诗人纯熟的艺术才华。传文既有细致的描写，又有概括的说明；既有豪宕的议论，更有浓郁的抒情。尤其是语言运用在传记文学作品中别有特色。传文语言有骈有散，骈散回环交错，淋漓尽致地表达了作者时而抑郁低沉，时而慷慨激昂，充沛而又丰富的感情，形成一种回肠荡气的声情并茂之美。例如回顾自己出生入死的险境：

> 呜呼！予之及于死者不知其几矣。诋大酋当死；骂逆贼当死；与贵酋处二十日，争曲直，屡当死；去京口，挟匕首以备不测，几自刭死；经北舰十余里，为巡船所物色，几从鱼腹死；真州逐之城门外，几徬徨死；如扬州，过瓜州、杨子桥，竟使遇哨，无不死；扬州城下，进退不同，殆例送死；坐桂公塘土围中，骑数千过其门，几落贼手死；贾家庄几为巡徼所陵迫死；夜趋高邮，迷失道，几陷死；质明避哨竹林中，逻者数十骑，几无所逃死；至高邮，制府檄下，几以捕系死；行城子河，出入乱尸中，舟与哨相后先，几邂逅死；至梅陵，如高沙，常恐无辜死；道海安、如皋，凡三百里，北与寇往来其间，无日而非可死；至通州，几以不纳死；以小舟，涉鲸波出，无可奈何，而死固付之度外矣。呜呼，死生昼夜事也，死而死矣，而境界危恶，层见错出，非人世所堪。痛定思痛，痛何如哉！

此种语言，非传统传记文所有。

郑思肖（1241—1318），字忆翁，号所南，福州连江（今属福建）人，南宋末爱国诗人。他的名、字、号都暗寓思念、追忆南宋之意。思肖，即思念“赵”氏宋朝。而他的自传《一是居士传》所表达的也恰是这种伤亡怀旧之情：

> 一是居士，大宋人也。生于宋，长于宋，死于宋。今天下人悉以为非赵氏天下，愚哉！尝贯古今六合观之，肇乎无天地之始，亘乎有天地之终，普天率土，一草一木，吾见其皆大宋天下，不复知有皇帝王霸盗贼夷狄介于其间。大宋粹然一天也，不以有疆土而存，不以无疆土而亡，行造化，迈历数，母万物，而未始有极焉。

他解释说，“一是”为“万古不易之理”，恰如孝子之于生父，不管生父存亡与否，其为子为孝永远不可改变。因此，在江山易代，大宋王朝已成为陈迹的情况下，他就只能“独往独来，独处独生，独行独吟，独笑独哭，抱贫愁居，与时为仇雠”了。可以看出，怪异之举的后面则是一颗坚贞不渝的爱国之心。它与文天祥的精神是完全一致的，只是更多一些悲凄色彩，代表着南宋末遗民的普遍心态。这，也是金、元时期传记文学的基本格调。

第四节　金元的传记文学

从宏观的角度看，金元时期的传记文学处于过渡阶段。尽管这一时期也产生了大量的散传作品，但在内容和形式上都是沿袭传统，尤其是唐宋时代的旧模式，没有多少创新。这与该阶段韵文文学发达，而包括传记作品在内的散文文体却落后这一文学上的总体特征是一致的。但是，由于蒙古统治者侵占中原，亡宋灭金，并实行残酷的民族压迫和阶级压迫，传统文化遭受破坏，文人学者处于社会底层，因此，本阶段的大多数传记作品往往通过歌颂爱国英雄、赞美传统美德、描写归隐生活等方式或隐或显地表达民族主义情感；而且，表现下层人物生活的传记作品的成就高于写王公贵族的繁冗大传。这既是前代传记文学内容和技巧的自然发展，同时也为后代平民传记的兴起奠定了基础。

一、金代元好问的传记文

金代传记文学在大定（1161—1189）以后，陆续出现了一些较好的作品，如党怀英的《醇德王先生墓表》、赵秉文的《祁忠毅公传》等。但是党、赵诸人均以诗词闻名，传记文学并非其长。因此，只有到了元好问之手，金代传记文学才有了长足的进步。

元好问（1190—1257），字裕之，号遗山，为金代诗、词、文兼精的著名文学家。清代张金吾编纂的《金文最》收其散传作品近100篇，不惟数量多，而且成就高，可谓宋元时期最重要的传记作家之一。

元好问生活的年代，一方面是金中叶以来大力提倡、效仿的汉传统文化，特别是唐宋文化有了较大发展，居于正统地位；另一方面又受到蒙古南侵的巨大威胁，国势日蹙，亡征已见，继而国灭。此时他身被羁縻，沦为阶下之囚。这种生活及其情感不能不在他的传记作品中打下鲜明的烙印。

元好问论诗主“正”主“本”，其主要内容就是“近风雅”“中和平正”“美教化”，这与传统的儒家诗教是一脉相承的。郝经为其作《遗山先生墓志铭》就称赞他“识诗文之正而传其命脉”。他的传记作品，尤其是为名公巨臣所作的碑铭类散传也多像韩、欧那样，秉承“春秋大义”，袭用史家典重古朴文字，传写人物大书，表达自己的鲜明爱憎，抒发深沉浓挚的情感。如为好友、文学家王若虚所作的《内翰王公墓表》：

> 天兴初冬十二月，车驾东狩。明年春正月，京城西面元帅崔立劫杀宰相，送款行营。群小献谄，请为立建功德碑，以都堂命召公为文。喋血之际，翟奕辈恃势作威，颐指如意，人或少忤，则横遭谗搆，立见屠灭。公自分必死，私谓好问言：“今召我作碑，不从则死，作之则

名节扫地，贻笑将来，不若死之为愈也。虽然，我姑以理谕之。”乃谓奕辈言：“丞相功德碑当指何事为言?”奕辈怒曰：“丞相以京城降，城中人百万皆有生路，非功德乎?”公又言：“学士代王言，功德碑谓之代王言可乎？且丞相既以城降，则朝官皆出丞相之门，自古岂有门下人为主帅诵功德，而为后人所信者?”问答之次，辞情闲暇，奕辈不能夺，竟胁太学生托以京城父老意而为之。公之执义不回者盖如此。

高琪当国，崇奖吏道，从政者承望风旨，以榜掠立威。门人张仲杰为县公，书喻之曰：“民之憔悴久矣，既不能救，又忍加暴乎？君子有德政而无异政，史传循吏而不传能吏，宁得罪于人，无获罪于天可也!”此书传世多有惭公者。

元好问在为赵秉文作的《闲闲公墓铭》中认为，金代文学是唐宋文派的“正传”，表露了他以及同代文人对华夏正统文化的推崇。这种观念在其传记作品中也有充分的表现。元好问赞美传统的风俗、道德，更赞美具有儒家名节的人物。如《郝先生墓铭》开篇写择师：

泰和初，先人调官中都，某甫成童学举业。先人思所以引而致之者，谋诸亲旧间，皆曰：“濩泽风土完厚，人质直而尚义。在宋有国时，俊造辈出，见于黄鲁直季父廉行县之诗。风俗既成，益久益盛，迄今带经而锄者，四野相望；虽闾巷细民，亦能道古今、晓文理。为子求师，莫此州为宜。”于是先人乃就陵川令之选。

而他的老师郝天挺更是一个具有深厚文化修养和远见卓识的儒士。作者满怀深情地回忆道：

先生尝教之曰：“学者贵其有受学之器。器者何？慈与孝也。今汝有志矣，器如之何?”又曰：“今人学词赋，以速售为功。六经百氏分裂补缀外，或篇题句读之。不知幸而得之，且不免为庸人，况一败涂地者乎?”又曰：“读书不为文艺，选官不为利养，唯知义者能之。今世仕宦多用贪墨败官，皆苦于饥冻不能自坚者耳。丈夫于处世，不能饥寒，虽一小事，亦不可立，况名节乎？汝试以吾言求之。”先生工于诗，尝命某属和。或言令之子欲就举，诗非所急，得无徒费日力乎？先生曰：“君自不知，所以教之作诗，正欲渠不为举子耳！”盖先生惠后学者类如此，不特于某然也。

再如《聂孝女传》写聂氏之女精心护理在动乱中受重伤的父亲，竟至“刲其股杂他肉以进”，后来父亲死去，她亦自缢。应该说，这种孝道体现了儒家礼教的愚腐。但是，作者是把此事放在“时京城围久，食且尽。闾巷间，有嫁妻以易一饱者；重以喋血之变，剽夺陵暴，无复人纪”的背景对比衬托之下，这样，聂氏之女的境况就令人同情了。正因为如此，作者将之列入乱世中“十数人而已”的名贤之内，并感叹说：“夫一脉存，不可谓之绝；一目张，不可谓之乱；一夫有立志，不可谓之土崩。痛乎，风俗之移人也！”

元好问的另一类传记作品是抒写极其悲愤的家国之痛的，如颇具自传色彩的《南冠录引》：

予年已四十有五，残息奄奄，朝夕待尽，使一日颠仆于道路，则世岂复知有河南元氏哉？维祖考承王公馀烈，贤隽辈出，文章行业皆可称述，不幸而与皂隶之室，混为一区，泯泯默默，无所发见，可不大哀耶？乃手写《千秋录》一篇，付女严以备遗忘，又自为讲说之。

呜呼！前世功名之士，人有爱慕之者，必问其形质、颜貌、言语、动作之状，史家亦往往为记之。在他人且然，吾先人形质、颜貌、言语之动作，乃不欲知之，岂人之情也哉？故以先世杂事附焉。

予自四岁读书，八岁学作诗，作诗今四十年矣。十八先府君教之民政，从仕十年，出死以为民，自少日有志于世，雅以气节自许，不甘落人后。四十五年之间，与世合者不能一二数，得名为多而谤亦不少，举天下四方知己之交，唯吾益之兄一人。人生一世间，业已不为世所知，又将不为吾子孙所知，何负于天地鬼神而至然耶！故以行年杂事附焉。

先祖铜山府君，正隆二年赐出身。讫正大之末，吾家食先朝禄七十余年矣。京城之围，予为东曹都事，知舟师将有东狩之役，言于诸相，请小字书国史一本，随车驾所在，以一马负之，时相虽以为然，而不及行也。崔子之变，历朝实录皆满城帅所取。百年以来明君贤相可传后世之事甚多，不三二十年，则世人不复知之矣！予所不知者亡可奈何，其所知者忍弃之而不记耶？故以先朝杂事附焉。合而一之，名曰《南冠录》。

叔仪、伯安而下，乃至传数十世，当家置一通，有不解者，就他人训释之，违吾此言，非元氏子孙。

元好问的传记作品在艺术上也卓有成就。他特别善于将传统传记文学的各种写作技巧熔于一炉，或作概括的叙述，或作细致的描写，或古朴典雅，或娓娓道来，或滔滔雄辩，不仅写出生动的传主形象，亦使传文摇曳多姿。例如《雷希颜墓志铭》开篇写“行辈相及，交甚欢，气质亦略相同”的高廷玉、李纯甫和雷渊三人，颇似类传，但作者写高、李是为了衬托传主雷渊，用以突出雷渊“以名义自检，强行而必致之”的“绝异”个性。在传文的前部分写其识见之后，又以变幻之笔重点写其为政的魄力和豪宕的性格：

初希颜在东平，东平河朔重兵处也，骄将悍卒，倚外冠为重，自行台以下，皆务为摩拊之。希颜莅官，所以自律者甚严。出入军中，偃然不为屈。故颇有喧哗者。不数月，闾巷间家有希颜画像，虽大将亦不敢以新进书生遇之。尝为户部高尚书唐卿所辟，权遂平事，时年少气锐，击豪右，发奸伏，一县畏之，称为神明。及以御史巡行河南，得赃吏尤不法者，榜掠之，有至四五百者。道出遂平，百姓相传雷御史至，豪猾望风遁去。蔡下一兵与权贵有连，脱役遁田间，时以药毒杀民家马牛，而以小直胁取之。希颜捕得，数以前后罪，立杖杀之。老幼聚观，万口称快，马为不得行。然亦坐是失官。

渡河后，学益博，文益奇，名益重。为人躯干雄伟，髯张口哆，颜渥丹，眼如望羊。遇不平则疾恶之气见于颜间，或嚼齿大骂不休，虽痛自摧折，狡亦不能变也。食兼三四人，饮至数斗不乱，杯酒淋漓，谈谑颜间作。辞气纵横如战国游士；歌谣慷慨如关中豪杰；料事成败如宿将；能得小人根株窟穴如古能吏；其操心危，虑患深，则又似夫所谓孤臣孽子者。平生慕孔融、田畴、陈元龙之为人，而人亦以古人期之。故虽其文章号一代不数人，而在希颜仍为余事耳。

二、元代传记文中的民族主义情感

刘岳申（生卒年不详），字高仲，元初吉州庐陵（今江西吉安）人。他的《申斋集》流传不多，但写南宋末著名民族英雄文天祥的《文丞相传》却在当时就多所传刻，盛行天下。这因为文天祥的崇高形象令人景仰，同时也是由于传记充分表达了元初广大民众痛思故国的民族主义感情。

《文丞相传》通过叙写传主出生入死、艰苦卓绝的战斗生活，塑造了一位伟大的爱国志士和民族英雄的形象，歌颂了他百折不挠、舍身救国的坚韧意志和不畏强暴、威武不屈的凛然正气。作品写了文天祥一生的事迹，但为了突出其性格，则是用多半篇幅，详细叙述他从起兵勤王至燕京就义这八年间的战斗生活。此之前，则概括地写他少年时的志向以及出仕后与投降派董宋臣、贾似道之流的斗争，为叙写其后来思想性格的发展作了较好的铺垫。起兵勤王，特别是五坡岭被俘后，作品描写细针密线，不厌其详，不仅有准确的日期和地点，而且也详细地记录了人物的行动、语言，使人如历其境，如与其事，如见其人。

传主的独特鲜明的形象是在对比描写和烘托渲染中予以生动表现的。如写高亭山骂贼：

明日，左丞相吴坚、右丞相贾余庆、同知枢密院事谢堂、签书枢密院事家铉翁、同签书枢密院事刘岊与吕师孟奉降表至，伯颜引天祥同坐坚等。各就车归，独留天祥不遣，天祥大骂贾余庆卖国，且责伯颜失信。吕文焕从旁慰解之，天祥斥言：“叛逆遗孽，当用《春秋》诛乱贼法。”文焕谓：“丞相何故以逆贼见骂?”天祥曰：“国家不幸至

> 今日，汝为罪魁，非逆贼而何？三尺童子犹斥骂汝，独我乎？”文焕曰：“守襄阳七年不救，是以至此。”天祥曰：“吕氏一门，父子兄弟受国厚恩，不幸势穷挪绝，以死报国可也。岂有降理？汝自爱身，惜妻子，坏家声，今汝合族为逆矣！尚何言？”文焕惭恚。师孟忿怒云：“丞相今日何不杀师孟？”天祥谓：“汝叔侄卖降，恨朝廷失刑，不族灭汝，汝今日能杀我，得为大宋忠臣足矣，岂惧死哉！”师孟语塞。伯颜闻之，吐舌云：“男子，男子。”然自是益留之，不复遣还矣。

又如写其就义：

> 天祥将出狱，即为绝笔《自赞》，系之衣带间，其词云：“孔曰‘成仁’，孟云‘取义’，惟其义尽，所以仁至。读圣贤书，所学何事？而今而后，庶几无愧。”过市扬扬，颜色不变，观者如堵。问市人：“孰为南北？”南面再拜而就死。见者、闻者，无不流涕。是日大风，扬沙石，昼晦，咫尺不辨人。城门昼闭。籍兵马司，得天祥所为诗文上之。天祥死时年四十有七矣。南人留燕者，悲歌慷慨，相应和为歌，更置酒酬丞相相尉藉，更相自贺，至有十义士者，收葬于都城外。

文天祥戎马倥偬的战斗生涯是惊心动魄的，而作品的叙述也极具戏剧性，真实地再现了当时险象环生、扑朔迷离的境况。如写文天祥和部下杜浒从元军的监押中逃奔到真州城，而守将苗再成误中元军反间计，将他们骗出城外，闭关不纳：

> 杜浒赴城壕，欲死，有张、徐二路分，自言苗安抚遣送丞相，惟丞相所向，天祥云：“今惟往扬州，夏老不相识，淮西又无归路，委命于天，惟住扬州。”久之，有弓刀五十人至，张、徐各就骑，以二骑从天祥，天祥与杜浒连骑。行数里，张、徐请下马，天祥既下，云：“且行既行。”云：“且坐。”坐久，立谈。张、徐云：“制使欲杀丞相，安抚不忍，故遣某二人送行。今丞相安往？”天祥云：“只往扬州。”张、徐云：“扬州欲杀丞相，不可往。”天祥云：“无可奈何，今只欲见李

制置，自白此心，庶几见信，共图恢复。否则，从通州遵海归行朝。”张、徐云：“安抚已具船，令从丞相江行，归南归北皆可。”天祥云：“如此，则安抚亦疑我矣?”张、徐方吐实，云：“安抚犹在疑信之间，令某二人便宜从事，某见丞相忠义如此，何敢加害！既决欲往扬州，当相送。”是日暮，张、徐先辞去，留二十人从行。顷之，二十人亦去。

姚燧（1239—1314），字端甫，号牧庵，河南（今河南洛阳）人。与虞集同被尊为元文两大家，其《牧庵集》碑铭类散传较多，但写得最好的是《太华真隐褚君传》。传主褚志通为元代流行于北方的道教新派全真教道士。他本“幼业儒，长而遭时艰，求所以托焉而逃者”，因此可以说，他弃儒就道、遁迹山林是对元代酷烈的民族压迫和阶级压迫的一种消极反抗。作品虽写道士，却没有虚幻的宗教内容，而重点写其战胜艰险、克服寂寞、坚毅而顽强的修行历程和以苦为乐的境界，因而很有吸引力。

如写其取食：

女台，华岳也，为山益奇，上方又天下之绝险。自趾望之，石壁切云霄，峻峭正矗，非恃铁垣不得缘坠上下。又不知铁组成于何代、何人，意者古能险之圣也。将至其颠，下临壑谷，深数里，盲烟幕翳其中，非神完气劲，鲜不视眩而魄震。君负食上下自给，如由室适奥，嬉然不为艰。薄寒，则上下负食益勤，为御冬备。一岁偶未集，冰雪塞山门，计廪才得当冬之半，始服气减食为胎息，远则数日一饮。明年，山门开，弟子往哭，求其尸。见步履话言，不衰他时，方神其为非庸人。

再如写野兽出没：

一文如闻林间行声戛戛，君则曰：“兽也，虽不得其名，可试而知。”引石投之，曰：“麋鹿哉，将惊而奔，或止而不去者，虎耳。”果止听不去。明旦视樊垣外，虎迹纵横。

深山修道，不仅要战胜险恶的自然，更要摒弃人间声利，特别是摆脱统治者的控制和利用，传末写褚志通拒绝皇朝征召，愿终老山林。这的确是一个信道诚笃，对时势有清醒认识，志行高洁的道士形象。

虞集（1272—1348），字伯生，祖籍仁寿（今属四川），宋之后侨居临川崇仁（今属江西），其《道园学古录》收有散传38篇，最有代表性的是《陈炤小传》。作品叙述的是南宋末常州通判陈炤与知州姚訔率领城内孤军抗击元军入侵的英雄事迹：

岁甲戌，元兵渡江，江东西守者皆降。大兵自沙武口冒雪窑渡至马洲，将攻常州。明年乙亥，宋命故参知政事蜀人姚希德之子訔常起知其州，以炤知兵，起复，添差通判常州，以佐之訔。炤心知常无险，去临安近，不可守，而不敢以苟免求生，同起治郡事。率羸败就尽之卒，以抗全盛日进之师，厉士气以守，缮城郭，备粮糗，治甲兵。炤输私财以给用，不敢以私丧失国事。身当矢石者四十余日，心力罄焉。及兵至城下，拥壕而阵，矢尽不降。城且破，訔死之，炤犹调兵巷战。家人进粥，不复食。从者进马于庭曰：“城东北门围缺，可从常熟塘驰赴行在。”炤曰：“孤城力尽援绝而死。职分也，去此一步无死所矣！”遣子出城求生，曰：“存吾宗之血食，勿回顾！”驱之，号泣以去。兵至，炤遂死之。

传末借他人之口，将姚訔、陈炤比为唐代抗击安禄山叛乱的英雄名将张巡、许远，并云：“宋之亡，守藩方擐甲胄而死国难者，百十一二；儒者知兵，小臣仓卒任郡寄而死，千百人中一二耳。”通过对比，高度赞扬其临危受任、宁死不屈的壮节和文武兼擅的才能。

杨维桢（1296—1370），字廉夫，号铁崖，别号铁笛道人，浙江诸暨人，元末明初著名文学家。其《东维子集》有散传46篇。《故处士殷君墓志铭》赞扬隐士殷公原拒不仕元，放浪山水间的高行，寄寓了作者不仕二朝的民族主义情感。其中描写殷公原为使家乡父老免遭屠戮挺身而出与元军交涉的情景尤为感人。

至元间，天兵下江南，将军号杨扫地者，帅偏师入华亭。君时避地南钱，南钱犹保聚未肯下。杨怒，业以兵歼之。君奋曰：“我其可无一言而死乎？我死今日否，亦今日遂。"扣军门求见，大言曰："夫民犹水也，水顺则流，逆则激；民顺则宁，逆则乱。矧郡县新附，民心未安，将军独不抚绥招徕以称上神武不杀之德，顾是剿斯民何辜？"杨怒甚，手剑斥君，君复正色曰："杀我一人，活千万人，我死犹生也。"语益激烈动人。其裨将有感君语者，起而沮之。而杨亦慑服，于是民全活者以万计，咸泣涕罗拜曰："公于我生死而肉骨也。"

他最著名的传记作品是晚年退隐家居时所作的《铁笛道人自传》。本传简略地叙述了自己的身世、交游、著述，重点是坦露自己不屑仕进、啸傲山水、诗乐自娱的旷达、疏豁襟怀。文中对那支用以名号、借以寓志的铁笛的描写极具浪漫、传奇色彩：

铁笛得洞庭湖中，冶人缑氏子尝掘地，得古莫邪，无所用，熔为铁叶，筒之，长一尺九寸，窍其九，进于道人。道人吹之，窍皆应律，奇声绝人世。江上老渔狎道人，时时唱《清江》《欸乃》，道人为作《回波引》和之。乃自歌曰："小江秋，大江秋，美人不来生远愁，吹笛海西流。"又歌曰："东飞乌，西飞乌，美人手弄双明珠，几见乌生雏。"城中贵富人闻道人名，多载酒道人所，幸闻笛。道人为一弄毕，便卧遣客；即客不去，卧吹笛自如也。尝对客云："笛有《君山古弄》，海可养，蛟龙可呼，非钧天大人不发也。"

三、元代的杂传和史传

辛文房，字良史，元代西域人。关于他的生平事迹今天所知甚少，但他写有不少唐人传记，流传至今。最负盛名的则为完成于元大德甲辰（1304）春的《唐才子传》。这部杂传性质的类传集完成时计为10卷，正传写278位唐代诗人的传略，附带叙及的有120人，总计398人。但因作者嗣后有所增补，以及版本较为复杂，故今本《唐才子传》所列人数略有出入。

作者在《唐才子传卷第一》谈及本书撰集过程时云："顷以端居多暇，害事都捐，游目简编，宅心史集，或求详累帙，因备先传，撰拟成篇，斑斑有据，以悉全时之盛，用成一家之言。”可见作者用心之良苦和态度之严谨。故而辛文房不仅为我们留下了唐代诗人生平的翔实资料，而且对唐诗风格流变、每个诗人的艺术成就都做了较为切当的评价，成为后世进行唐代文学、史学研究的重要文献；同时，作者在行文中熔铸了自己的身世感慨，恰如《四库全书总目》卷五十八“唐才子传八卷条”所评：“意良史亦必负才跅弛，见嫉时流，故借书以消其愁愤”，所以书中不乏优秀的传记文学作品。如载于卷五的《李贺》：

> 贺，字长吉，郑王之孙也。七岁能辞章，名动京邑。韩愈、皇甫湜览其作，奇之，而未信，曰：“若是古人，吾曹或不知；是今人，岂有不识之理。”遂相过其家，使赋诗。贺总角荷衣而出，欣然承命，旁若无人，援笔题曰《高轩过》。二公大惊，以所乘马命联镳而还，亲为束发。贺父名晋肃，不得举进士，公为著《辩讳》一篇。后官至太常寺奉礼郎。贺为人纤瘦，通眉，长指爪，能疾书。旦日出，骑弱马，从平头小奴子，背古锦囊，遇有所得，书置囊里。凡诗不先命题。及暮归，太夫人使婢探囊中，见书多，即怒曰：“是儿要呕出心乃已耳。”上灯，与食，即从婢取书，研墨叠纸足成之。非大醉吊丧，率如此。贺诗稍尚奇诡，组织花草，片片成文，所得皆惊迈，绝去翰墨畦径，时无能效者。乐府诸诗，云韶众工，谐于律吕。尝叹曰：“我年二十不得意，一生愁心，谢如梧叶矣。”忽疾笃，恍惚昼见人绯衣，驾赤虬腾下，持一版，书若太古雷文，曰：“上帝新作白玉楼成，立召君作记也。”贺叩头辞，谓母老病。其人曰：“天上比人间差乐，不苦也。”居顷之，窗中勃勃烟气，闻车声甚速，遂绝。死时才二十七，莫不怜之。李藩缀集其歌诗，因托贺表兄访所遗失，并加点窜，付以成本，弥年绝迹，及诘之，曰：“每恨其傲忽，其文已焚之矣。”今存十之四五，杜牧为序者五卷，今传。老子曰：“其进锐者其退速。”信然，贺天才俊拔，弱冠而有极名，天夺之速，岂吝也耶？若少假行年，涵养盛德，观其才，不在古人下矣。今兹惜哉！

这与晚唐李商隐的《李贺小传》相比，材料更为丰富，描写也更为生动。

元代翰林国史院组织编修了《宋史》《辽史》和《金史》等三部正史。能够体现元代史传成就的是《宋史》。其总裁为脱脱（1314—1355），字大用，蒙古人，元顺帝时宰相。《宋史》计496卷，其卷帙之浩繁居二十四史之首，本纪47卷，志162卷，表32卷，列传255卷，记事始于太祖建隆元年（960），止于赵昺祥兴二年（1279），共320年的有宋一代历史。

《宋史》有芜杂之病，但它多取自宋朝所修的国史、实录等原始材料，而且实际执笔的又多是汉人，因此，其人物传记有较鲜明的民族立场，如写岳飞、陆游、辛弃疾等人，对其爱国精神都作了充分的肯定和颂扬。从整体上看，《宋史》人物传记的文学性并不很高，但也有较好的篇章，如《岳飞传》以近万字的篇幅展示了传主“精忠报国”的一生，详细地叙写了他智勇双全、所向披靡的戎马生涯。作品特别赞颂他以恢复失地为己任，在驱敌灭虏战斗中屡建奇功。然而，“十年之力，废于一旦”，他的恢复大业却断送在主张投降的权奸秦桧之手，最后被秦桧一伙以“莫须有”的罪名而杀害。因此本篇传记既是对民族英雄的颂扬，也是对南宋统治者的批判。值得提及的是传末附写的一些小事对于塑造丰满生动的传主形象很有益处。如：

> 飞至孝，母留河北，遣人求访，迎归。母有痼疾，药饵必亲。母卒，水浆不入口者三日。家无姬侍。吴玠素服飞，愿与交欢，饰名姝遗之。飞曰：“主上宵旰，岂大将安乐时？”却不受，玠益敬服。少豪饮，帝戒之曰：“卿异时到河朔，乃可饮。”遂绝不饮。帝初为飞营第，飞辞曰：“敌未灭，何以家为？”或问天下何时太平，飞曰：“文臣不爱钱，武臣不惜死，天下太平矣。”
>
> 师每休舍，课将士注坡跳壕，皆重铠习之。子云尝习注坡，马踬，怒而鞭之。卒有取民麻一缕以束刍者，立斩以徇。卒夜宿，民开门愿纳，无敢入者。军号“冻死不拆屋，饿死不卤掠”。卒有疾，躬为调药；诸将远戍，遣妻问劳其家；死事者哭之而育其孤，或以子婚其女。凡有颁犒，均给军吏，秋毫不私。

第五节　宋元时期传记文学的理论及批评

传记文学创作的日益发展，特别是由于史学、文学理论和批评的不断积累，大大推动了文史学者对传记文学的认识和研究。他们在史学、文学理论的催生和影响之下，初步总结了历代传记文学的写作经验，提出许多虽然不够系统，但极富开创性和启迪性的见解，使中国古代传记文学理论批评研究达到了一个新的水平。

这一时期的传记文学理论和批评较少系统的完整的专著，大部分散见于各种序跋、笔记、史论以及书信中。其重点也主要集中于对以《史记》为代表的史传和以碑铭、行状为代表的散传这两个方面的研究评论上。

一、对《史记》文学性的重视和阐发

司马迁《史记》面世之后，受到越来越多的文人学者的注意。但是在宋代以前，人们基本上是停留在史料考辨、文字训诂的初始阶段。尽管其功不可没，但仍未出史学范围。进入宋代之后，继唐代奉《史记》为史家正宗，且经韩愈、柳宗元的扼要概括，《史记》评议、研究蔚成风气。而宋人评《史记》一个最突出、最鲜明的特点就是对其文学性的高度重视和充分阐发。

关于《史记》的文学风格，唐代韩愈概括为“雄健”，柳宗元评为“峻洁”，宋人则引而申之，指出其多样性，并进而探讨风格的成因。如苏洵认为《史记》的特点有四：“其一曰隐而章，其二曰直而宽，其三曰简而明，其四曰微而切。”（《苏老泉先生全集》卷九《史论》）并做了具体解释，首次阐明了“互见法”。

苏辙在《上枢密韩太尉书》中云：“太史公行天下，周览四海名山大川，与燕赵间豪俊交游，故其文疏荡，颇有奇气。岂尝执笔学为如此之文

哉！其气充乎其中，而溢乎其貌，动乎其言，见乎其文而不自知也。”

最有代表性的则是马存，他认为：

> 子长平生喜游，方少年自负之时，足迹不肯一日休。非直为景物役也，将以尽天下大观，以助吾气，然后吐而为书，观之则平生所尝游者皆在焉。南浮长淮，溯大江，见狂澜惊波，阴风怒号，逆走而横击，故其文奔放而浩漫；望云梦洞庭之陂，彭蠡之渚，含混太虚，呼吸万壑，而不见介量，故其文停蓄而渊深；见九疑之芊绵，巫山之嵯峨，阳台朝云，苍梧暮烟，态度无定，靡曼绰约，春妆如浓，秋饰如薄，故其文妍媚而蔚郁；泛沅渡湘，吊大夫之魂，悼妃子之恨，竹上犹有斑斑，而不知鱼腹之骨尚无恙乎，故其文感愤而伤激；北过大梁之墟，观楚汉之战场，想见项羽之喑哑，高帝之谩骂，龙跳虎跃，千兵万马，大弓长戟，俱游而齐呼，故其文雄勇猛健，使人心悸而胆栗；世家龙门，念神禹之大功，西使巴蜀，跨剑阁之鸟道，上有摩云之崖，不见斧凿之痕，故其文斩绝峻拔，而不可攀跻；讲业齐鲁之都，睹夫子之遗风，乡射邹峄，彷徨乎汶阳洙泗之上，故其文典重温雅，有似乎正人君子之容貌。凡天地之间，万物之变，可惊可愕，可以娱心，使人忧，使人悲者，子长尽取而为文章，是以变化出没，如万象供四时而无穷，今于其书而观之，岂不信矣。(《史记评林》引)

如此看来，《史记》简直就是一部游踪经历和主观情志的记录。这些探讨对深入细致地认识《史记》、研究《史记》、发掘《史记》的美学宝藏，提高其艺术美的品位，丰富包括传记文学在内的史学、文学理论，无疑是有积极意义的。但是，《史记》毕竟是一部史学著作，而非纯文学作品。因此，正确的、科学的评价绝不能忽视其历史性的重要一面。这一点在当时大盛的“班马优劣说”中得到了集中的反映。

“班马优劣说”起源于汉代王充的《论衡》，晋代张辅的《班马优劣论》使这一研究成为一个课题，到了宋代，许多学者染指其中，纷纷发表看法，又使“班马异同”研究成为一门学问。不过，受当时极力推崇《史记》文学性这一风气影响，大多数学者也从前代以《史》《汉》文字多寡论优劣转向以表情达意、辞义寄兴等标准来加以评论，其结果自然是马优班劣。如程颐云：

> 子长著作，微情妙旨寄之文字蹊径以外，孟坚之文，情旨尽露于文字蹊径之中。读子长文，必越浮言者始得其意，超文字者乃解其宗。班氏文章亦称博雅，但一览之余，情词俱尽，此班马之分也。(《焦氏笔乘》卷二引)

又如黄履翁所云：

> 子长负迈世之气，登龙门，探禹穴，采摭异闻，网罗往史，合三千年事，而断之于五十万言之下，措辞深，寄兴远，抑扬去取，自成一家，如天马骏足，步骤不凡，不肯少就于笼络。彼孟坚摹规仿矩，甘寄篱下，安敢望子长之风耶！(《史记评林》引)

比较方法自然拓宽了研究的视界，但结论不免偏颇。倒是“倪思作《班马异同》一书时，态度就比较端正，他不片面地就文章谈文章，而以是否反映历史事实为准来判明《史》《汉》的是非优劣，有不少好的意见。”（俞樟华《史记新探》，民族出版社）但是，即使倪思等人的较公正的评论，也是以既承认《史》《汉》的历史性，又承认其文学性为基础而做出的，这与上述诸人肯定文学性的观点仍有相通之处。

而且，倪思等人的做法也表达了宋代史评客观化、科学化的要求。当代著名史学家吕思勉先生指出：“史学和文学，系属两事。文学系空想的，主于感情；史学系事实的，主于理知。所以在人类思想未甚进步，主客观的分别不甚严密的时代，史学和文学的关系，总是很密切的，到客观观念渐次明了时，情形就不同了。天下的人，有文学趣味的多，而懂得科学方法的少，所以虽然满口客观客观，其实读起记事一类的书来，是欢迎主观的叙述的。喜欢读稗史而不喜欢读正史；在正史中，则喜欢四史等而不喜欢宋以后的历史；和其看现在的报纸，喜欢小报而不喜欢大报，正是同一理由。殊不知四史等的叙述，全以主观为主，时代愈后，则客观的成分愈多，作者只叙述事实的外形，而其内容如何，则一任读者的推测，不再把自己的意思夹杂进去了，这亦是史学的一个进步。”（《历史研究法》，载《史学四种》）而宋代史学恰是到了“客观观念渐次明了”之时，“用现在的话来说，就是转入于科学化的新途径”。（刘节《中国史学史稿》）因此尽管这时期虽然格外重视《史记》那样“主通明变”的通史写作，但却是以编年体和纪事本末体为主，并且“专取关国家盛衰，系生民休戚，善可为法，恶可为戒”（司马光《进资治通鉴表》）的实用政治功利性非常显著。之所以会出现这种局面，也只能从宋人的观点中，《史记》等书的纪传体“主观”多于“客观”，文学性大于历史性这一点来得到合理的解释。

也正是由于这种史学理论客观化、科学化要求的愈益强烈，由宋迄清，对《史记》等的文学性评论基本上不出宋儒范围，而对其考异、纠谬、刊误等的历史文献学研究却方兴未艾，成果累累。这自然是史学的巨大进步，而对于基于史实之上进行文学性创造的传记文学来说，却无疑是一种倒退。因此，欧阳修的《新五代史》也就成为正史中最后一部具有鲜明文学性的史传著作，成为中国历史上私撰正史的最后一道回声。从此，历史性传记和文学性传记也就有了日益判然的分野。

总之，这一时期对以《史记》为代表的史传理论及批评给予传记作家们多方面的助益，但其核心的方面则是在讲求反映历史事实的前提下，提倡传记文学写作方法、风格的多样性、丰富性，注重传记作品的文学色彩。

二、关于以碑铭、行状为代表的散传理论及批评

如果说，重视和阐发《史记》的文学性是宋代传记文学理论及批评研究的一个重要成果的话，那么，对碑铭、行状等散传的写作进行具体而深入的探讨则是宋代传记文学理论及批评的又一重要成果。

欧阳修不仅写了大量碑铭类散传，而且也做了多方面的理论总结。首先，他强调传主事迹材料的典型性及做传的实用性。如他为陈尧佐写碑铭是“考其世次，得其所以基于初，盛于中，有于终而大施于其后者”（《太

子太师致仕赠司空兼侍中文惠陈公神道碑铭并序》)；又如为苏舜钦写墓志是“著君之大节与其所以屈伸得失，以深诮世之君子当为国家乐育贤材者，且悲君之不幸”(《湖州长史苏君墓志铭并序》)。

其次，他对写碑铭的具体方法也做了探讨。如他在《长寿县太君李氏墓志铭》中说：“书其舅姑之所尝称者，以见其为妇之道；书其子之贤而有立，以见其为母之方；书其子孙之众、寿考之隆，以见其勤于其家至于有成，而终享其福之厚。”这种侧面写法很显然也是碑铭类散传传统笔法的丰富和深化。

再次，更为重要的是，欧阳修提出碑铭类散传的写作原则是既要“简而有法”，更要有“诗人之义”。《论〈尹师鲁墓志〉》云：

> 述其文，则曰：“简而有法。”此一句，在孔子六经惟《春秋》可以当之；其他经，非孔子自作文章，故虽有法而不简也。修于师鲁之文不薄矣，而世之无识者，不考文之轻重，但责言之多少，云“师鲁文章不合只著一句道了”。……
>
> 《春秋》之义，痛之益至则其辞益深，“子般卒”是也。诗人之意，责之愈切则其言愈缓，“君子偕老”是也。不必号天叫屈，然后为师鲁称冤也。故于其铭文但云：“藏之深，固之密，石可朽，铭不灭。”意谓举世无可告语，但深藏牢埋此铭，使其不朽，则后世必有知师鲁者。其语愈缓，其意愈切，诗人之义也。

欧阳修曾为自己的好友，当时著名的散文家尹洙（字师鲁）写了《尹师鲁墓志铭》。但写好后，尹洙家人认为志文简略，不很满意。为此欧阳修又写这篇论文予以解释。“简而有法”本是欧阳修对尹洙文章的评价，但也是欧氏本人写碑铭的原则。如写尹洙的学识、才能等都极其简略：天下已知者，片言提及；别人已写的，欧氏采用“互见法”。“其大节乃笃于仁义，穷达祸福不愧古人。其事不可遍举，故举其要者一两事以取信，如：上书论范公而自请同贬，临死而语不及私；则平生忠义可知也，其临穷达祸福不愧古人又可知也。”可见，被欧阳修推崇为惟有孔子《春秋》“可以当之”的“简而有法”之“法”，既指行文之法，但更主要的则是褒贬之法。“诗人之义（意）”，欧阳修的解释是以“愈缓”之语表达“愈切”之“责”或“意”。这显然包括形式和内容两个紧密联系的方面，即把“意”的内容表现在“语”的形式上。如果把“简而有法”和“诗人之义”联系起来看，可以说，前者是“史”的标准，而后者则是“文”的要求。提倡以“诗人之义”写作碑铭类散传，这是欧阳修的首创。

曾巩也是在散传理论上颇有建树的人物。他的贡献之一是“铭志”与“史”相异说。

《寄欧阳舍人书》云：

> 夫铭志之著于世，义近于史，而亦有与史异者。盖史之于善恶无所不书，而铭者，盖古之人有功德材行志义之美者，惧后世之不知，则必铭而见之。或纳于庙，或存于墓，一也。苟其人之恶，则于铭乎何有？此其所以与史异也。其辞之作，所以使死者无有所憾，生者得致其严。而善人喜于见传，则勇于自立；恶人无有所纪，则以愧而惧。至于通材达识，义烈节士，嘉言善状，皆见于篇，则足为后法警劝之道。非近乎史，其将安近？
>
> 及世之衰，为人之子孙者，一欲褒扬其亲而不本乎理。故虽恶人，皆务勒铭以夸后世。立言者既莫之拒而不为，又以其子孙之所请也，书其恶焉，则人情之所不得，于是乎铭始不实。

史于善恶无所不书，必须真实、准确、公正，而铭志则不同，它除真实近史之外，还要异史而择“美”，注意它的可接受的伦理因素和可感化的教育功用。后世出现“不实”之铭，其原因就是只知褒美而“不本乎理”。

那么如何纠正这个偏颇呢？曾巩提出了具体的要求，亦为他的散传理论贡献之二：强调写作者的修养，即“畜道德而能文章”。

曾巩在《寄欧阳舍人书》中又写道：

> 然则孰为其人而能尽公与是欤？非畜道德而能文章者无以为也。

盖有道德者之于恶人，则不受而铭之，于众人则能辨焉。而人之行，有情善而迹非，有意奸而外淑，有善恶相悬而不可以实指，有实大于名，有名侈于实。犹之用人，非畜道德者，恶能辨之不惑，议之不徇？不惑不徇，则公且是矣。而其辞之不工，则世犹不传，于是又在其文章兼胜焉。故曰非畜道德而能文章者无以为也。岂非然哉？

在《南齐书目录序》中他也强调：

古之所谓良史者，其明必足以周万事之理，其道必足以适天下之用，其智必足以通难知之意，其文必足以发难显之情，然后其任可得而称也。

这就是说，不论是写碑铭类散传，还是作史传，都必须道德和文章兼具，不可偏废。

曾巩的散传理论贡献之三是提倡写传应注意平凡人物和平凡小事。他在《洪渥传》末尾说：

予观古今豪杰士传，论人行义，不列于史者，往往务摭奇以动俗，亦或事高而不可为继，或伸一人之善而诬天下以不及，虽归之辅教警世，然考之《中庸》或过矣。如渥所存，盖人人所易到，故载之云。

将传记写作目的归之于“辅教警世”，并且以《中庸》作为取舍评价的标准固然表现了曾氏的儒家偏见，但是，提倡写不“务摭奇”，不求“事高”，不讲“伸善”的“不列于史者”的平凡人物之传却别具新意。他的《洪渥传》正是写平凡人物的平凡小事，可谓具有示范性和实践意义。这种理论既是对韩愈、柳宗元等前代作家传记创作经验的总结，又对后代平民传记的兴起和发展产生了良好的影响。

南宋时期对行状等散传做系统阐发的首推黄干。他是理学家朱熹的女婿和弟子，其长达1.6万字的《朱子行状》不失为宋代散传的重要作品，但其理论更为著名。他的《行状书后》云：

行状之作，非得已也，惧先生之道不明而后世传之者讹也。追思平日之闻见，参以叙述奠诔之文，定为草案以稔同志，一言之善不敢不从，然亦有参之鄙意而不敢尽从者，不可以无辨也。有谓言贵含蓄，不可太露，文贵简古不可太繁者。夫工于为文者因能使之隐而显，简而明，是非愚陋所能及也。顾恐名曰含蓄未免于晦昧，名曰简古而未免于艰涩，反不若详书其事之为明白也。又有谓年月不必尽记，辞受不必尽书者。先生之用舍去就，实关世道之隆替，后学之楷式；年月必记，所以著世变，辞受必书，所以明世教，先生之行又岂可以常人比，常体论哉！又有谓告上之语，失之太直，记人之过，失之太讦者。责难陈善，事君之大义，入主能容于前而臣子反欲隐于后；先生敢陈于当世而学者反欲讳于将来乎！人之有过，或具之狱案，或见之章奏，天下后世所共知，而欲没之，可乎？又有谓奏疏之文，纪述太繁，申请之事，细微必录，似非行状之体者。古人得君行道，有事实可记，则奏疏可以不述，先生进不得用于世，其所可见者，特其言论之间，乃其规模之素，则言与行岂有异耶！事虽微细则人受其利，一失其道则人受其害。先生理明义精，故虽细故，区处条尽，无不当于人心者，则巨与细岂有异耶？也可辨者如此，则其尤浅陋者不必辨也。至于流俗之论，则又以为前辈不必深抑，异学不必力排，称述之辞似失之太过者。孔门诸贤至谓孔子贤于尧舜，岂以抑尧舜为嫌乎？孟子开杨墨而比之禽兽，卫道岂可以不严乎？夫子尝曰：“莫我知也夫”，又曰：“知德者鲜矣。”甚矣圣贤之难知也！知不知不足为先生损益，然使圣贤之道不明，异端之说滋炽，是则愚之所惧而不容于不辨也。故尝太息而为之言曰：是未可以口舌争，百年论定，然后知愚言之为可信。

此文依据自己的写作实践，对行状写作的目的、态度、材料取舍等问题都做了简明的论述，所以被现代著名学者朱东润先生称为“一篇极有见地的言论”，“确实建立传记文学的理论”（参见《论传记文学》，载《复旦学报》1980 年第 3 期）。

宋元时期传记文学的创作、理论和批评中一个不可忽视的重要方面是大量轶事笔记的出现及评论。它们往往被古今学者划归野史杂著类或传记类，尽管其中不乏荒诞的成分，却更有弥足珍贵的史学、文学价值。这些轶事笔记短则几十字，长则数百字，写的也多是人物的生活片段，虽然难以称得上严格的文学传记，但是其中也确有不少精致的传记小品。即便是作为零散的传记素材，它对当代和后代的传记文学创作也具有多方面的作用。

南宋理学家朱熹云：

> 读近代文集及记事之书，观其所载，国朝名臣言行多有补于世教者，然以其散出而无统也，既莫究其始终表里之全，而又汩于虚浮怪诞之说，予常病之。于是掇取其要，聚为此录。

这是他为传记专书《宋名臣言行录》所作的序言，其中表露的理学偏见无甚新意，不足取。然而，朱熹博采笔记杂史、碑传行状等材料编撰多人传记《宋名臣言行录》（共75卷，后51卷编撰者为李幼武），这一举动却对同时代的杜大珪、元代苏天爵直至民国初年的丁传靖等人发生了巨大的影响。这就足见未被朱熹列入“虚浮怪诞之说”的逸事笔记的价值。

宋元时期是各种笔记极为繁盛的时期，其产生和流传至今的具体数目尚难准确统计。但对其作用，南宋何异在《容斋随笔总序》中作了较为全面的概括，即“可以稽典故，可以广见闻，可以证讹谬，可以膏笔端”。它对传记文学创作的重要影响除生动传神的细节描写手法，趣味性、知识性、真实性和文学性等多样化风格而外，更为关键的则是直率自然的创作方法，恰如鲁迅先生所说：“野史和杂说自然也免不了有讹传，挟恩怨，但看往事却可较分明，因为它究竟不像正史那样装腔作势。”（《华盖集·这个与那个》）宋元时期传记文学的风格、技巧的丰富和提高与这一方面是有密切关系的。

综上所述，宋元时期传记文学理论及批评的研究在意识上是自觉的，在方法上是多元的，而在内容上更加细密深入，具有更多的本体论色彩，尽管尚不够系统化，但有开创性、启发性，对后代的传记文学创作和理论批评都有较大的影响。

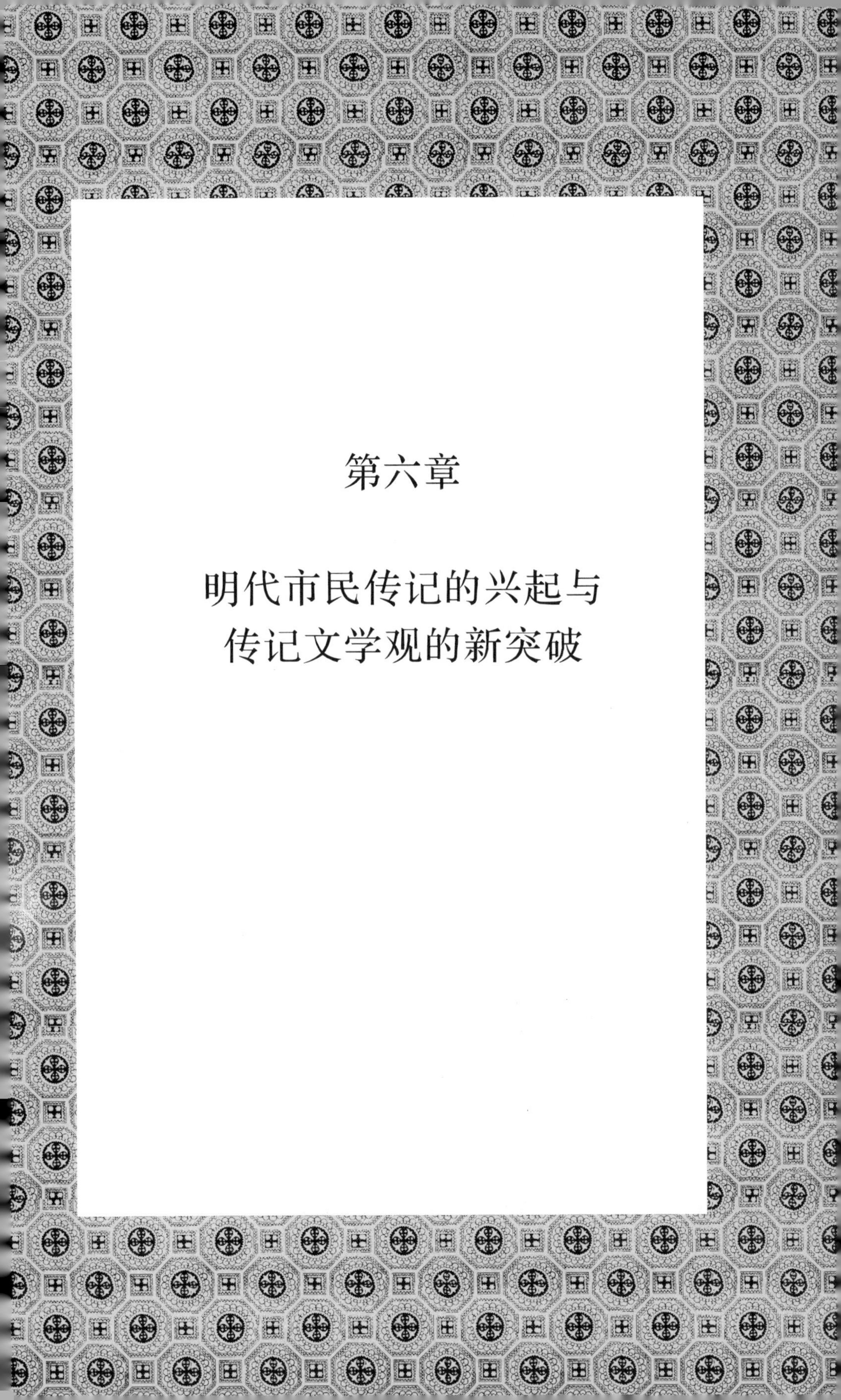

第六章

明代市民传记的兴起与传记文学观的新突破

朱元璋于公元1368年建立明朝，1644年李自成的农民军攻陷经京，崇祯皇帝在煤山上吊自杀。明朝经过长达276年的统治，宣告灭亡。明朝在中国历史上已处在封建社会的后期。

明代的传记文学大致可分两个时期：明初，从洪武元年至天顺八年（1368—1464）共96年。这时朱元璋刚建立统一政权，社会经济逐渐恢复。以后永乐、宣德等朝也相继贯彻发展生产的措施，使明初社会经济得到初步繁荣。但明初在思想文化上实行专制统治，传记文学成就不大。其中传记创作数量较多、成就较突出的是宋濂。他的不少传记作品描写了下层人物助人为乐的行为，但也有许多作品宣扬封建伦理道德。另外，高启和方孝孺的传记作品反映了明初知识分子的消极心态，透露了知识分子受压抑的苦闷。

明代的中后期，分开说，中期指成化元年至隆庆六年（1465—1572）共108年；后期指万历元年至崇祯十七年（1573—1644）共72年。为叙述的方便，中后期合为一个时期。明代进入中叶以后，政治日渐败坏。万历初，明代进入后期，张居正当政，对政治经济作过一些改革。但张居正死后，明王朝日趋没落。明代中后期，主要在嘉靖、万历时期，商品经济有所发展，在江南一些手工业部门甚至出现了资本主义萌芽。在哲学思想上，出现了王守仁的心学和被视为异端人物的李贽的市民哲学，对冲破程朱理学对人性的束缚有积极意义，对传记文学也带来促进作用。

明中后期的传记文学在思想内容上出现分化的趋势。一方面宣扬封建传统观念的传记作品仍然存在，另一方面同时在传记文学中出现了追求个性自由、肯定欲望的新的思想因素。事实上，从明初至明代中后期，一些著名的散文家都写过不少颂扬节妇、烈女、孝子的传记作品，这与宋明以来的官方哲学即程朱理学的宣扬“存天理，灭人欲”压抑人性自由的思想泛滥分不开。但明代中后期传记文学中市民传记兴起，这是值得注意的新现象。从明中叶的李梦阳、李开先，到晚明的公安派袁氏三兄弟，以及明末的张岱，他们写出了一批包括商人在内的以市民阶层为传主的作品，其内容和形式出现了世俗化新倾向，尤其在传记文学观上有了新的突破。

在传记文学理论上则出现了摆脱理学桎梏的新观念。

第一节 宋濂及明初的传记文

明初的传记文学以宋濂的成就为最大，其他值得一提的作者有高启、方孝孺等。

宋濂（1310—1381），字景濂，号潜溪，金华人。原籍金华县潜溪（在今浙江金华县傅村），后移居浦江（今浙江浦江县）。明初著名的文学家、史学家，被称为明朝“开国文臣之首”（《明史》本传）。著作有《宋文宪公全集》。他的文学创作中以传记文学的成绩最突出。《四部备要》本《宋文宪公全集》收入以“传”为题的作品60多篇，以“记”或“录”为题的人物传记30多篇；他还写过具有传记性质的墓志铭、神道碑、行状近180篇。宋濂还任《元史》总裁（另一人是王祎）。据其门人郑楷所撰《行状》说，这次修史，“发凡举例，一俾于先生。先生通练故事，笔其纲领及纪传之大者，同列敛手承命而已”。可见他在其中的重要作用。如果不计他在《元史》纪传写作中的贡献，仅就收入全集中他亲自写的传记文数量说，已大大超过唐代韩愈、柳宗元这些大散文家。宋濂传记文写作对象的广泛性也超过韩、柳的传记文。宋濂笔下的传主从中下级官吏到市井细民，从文人书生到奇才壮士，从贞节妇女到卖唱歌妓，从隐逸之士到僧侣道人，无所不具。如果我们从民族道德人格的角度去考察，宋濂的传记文写出了多种人格模式，并在传记文创作艺术上比前人有所发展，他的传记创作，上承司马迁、韩愈、欧阳修，下启归有光、王世贞。在中国传记文学史上，他处在唐宋传记文学与明清传记文学之间，是一位承先启后的重要作家，是一位传记文学大家。

一、宋濂传记文的多种人格模式

宋濂传记文所写的有以下几种主要的人格模式：

第一种，以言行“忠义”为主要特征的忠臣型人格模式。这是一种正统的儒家理想人格。对这类人格应作具体的分析，应取其合理的因素，去除封建糟粕。这种作品以《杂传九首》和《浦阳人物记》（以下所引作品均见《宋文宪公全集》）中“忠义”人物作为代表。《杂传九首》所写的是婺州地区先民传。其中有的人物忠于国事，其“忠义”表现与爱国完全一致，值得肯定。如《叶秀发传》描写了宋代金华人叶秀发桐城斩谍的爱国事迹。叶秀发是宋代安庆府桐城的一个县丞。金人侵犯蕲、黄二州，相邻的桐城受到威胁。当时：

> 骑兵将迫，家人号泣求避。秀发叹之曰：“此正臣子竭力致身之日，虽死何憾！苟先去之，如一邑生聚何！”修城浚濠，日为备御计。会金人使谍者至，秀发擒之，亟斩于城门以徇。金人计沮，不得近，城赖以完。

叶秀发的爱国行为，理应褒奖，但上司忌其功，说他“擅斩非法”，叶秀发因此事一再受到打击。宋濂为他作传，一方面表彰历史上爱国有功之臣，另一方面也揭示了宋代政治的腐败。宋濂在作品中肯定叶秀发的忠义人格是完全正确的。《浦阳人物记》中所写的梅执礼也是一位忠义人物。宋朝靖康末年，金人大举入寇，京城失守。梅执礼不胜其愤，团结军民十余万，谋划夺取万胜门，夜捣敌营，使徽、钦二帝归来。可惜谋议泄露而被害。宋濂在该传的赞语中不胜感慨地写道：“使狗鼠小臣不泄其谋，则二帝未必北巡，高宗未必南渡，悠悠苍天，此何人哉，悲夫！”梅执礼的忠义行为显然也属爱国的表现。上述叶秀发、梅执礼的人格侧重表现在忠于国家、甚至为国献身。宋濂还写了一些偏重行义的人物。这些人主持正义，刚正不阿。如《杂传九首》中的《刘滂传》，写了宋代武义（今浙江武义县）人刘滂，他的祖父与权臣蔡京为布衣交。蔡京想拉他结为同党，他拂衣而去，为此他十余年不曾调工作。宋濂写他“与人交，终始如一，闻有急，倾财赴之。居官嫉恶如仇，毅然不可回夺”。他不愿与蔡京结党，正是他“嫉恶如仇”的人格表现。再如《杂传九首》中的《俞侃传》，记下了宋代义乌人俞侃营救陈亮的事迹。“亮为世议所扼，当路必欲挤之死地，凡再下诏狱。侃与同志生极力营解，几陷罗织，遂脱亮于万死一生之中。亮顾侃曰：‘此生死而肉骨也。’夕人多义之。”俞侃营救南宋著名思想家和词人陈亮完全是见义勇为的人格表现。宋濂赞扬得当。宋濂为忠义人物、刚正之士立传是有意识的。他在修史时也特别注意为一些刚正之士作表彰：“予昔总修《元史》，每求刚正之士在下位而不申者载焉，盖以为虽不能拔之于当时，聊使其暴白于后世，庶几死者无憾而生者不愧。”（《罗文节墓志》）宋濂的做法是可取的。

当然，宋濂对“忠义”的认识也有明显的局限，如在《余左丞传》中肯定余阙、李宗可的人格表现则是完全错误了。余阙是元代人，元末时任安庆左丞。当农民起义军进攻桐城时，他奋起抵抗。城陷后，他“自刭沉水死”，他的妻子带领子女也投水自杀。池州判官李宗可闻阙死，回家杀了一家大小，然后自刭身亡。像这种愚蠢而残忍的不人道行为，宋濂也加以肯定那就不应该了。

第二种，以民间普通人的扶危济困为主要特征的平民义士型人格模式。这是宋濂传记文中最有创造意义的人格模式。如《李疑传》中所写的李疑，是明初在南京开小客栈的店主，以“尚义”与“周人之急”名于时。这篇作品中作者重点写了李疑乐于助人的两件事：其一是收留和服侍一个重病垂危的外地人，直至其死后为之送殡；其二是把一个快要分娩的罪犯之妻接回家中，“使其母子免受风露而俱死”。可贵的是李疑做这些扶危济困的好事，不要报答，完全出于人格的自觉。当那个重病人临终前要报答他时，他说：“患难相恤，人理宜乎，何以报为!”李疑的“尚义”，已深深突破了封建伦理的范围，而体现了普通平民之间的患难相助的优良风尚，表现了平民义士的高尚人格。

再如《杜环小传》写了明初书生杜环收留和奉养父亲朋友的母亲张氏

的事迹。杜环“重然诺，好周人急”。他的父亲死了已久，父亲的朋友常元恭也已死了。常元恭的母亲张氏来投靠杜环。当时正值兵后岁饥，杜环自己家里很穷，但毅然热情地收养了张氏，待之如亲母，奉养张氏至死，并加安葬祭祀。宋濂以“史官”的名义，称赞杜环：“虽古所称义烈之士，何以过！”杜环奉一位他姓老人的这种“孝义”，也已不是封建伦理观念所能包含，这应该是人与人之间的一种极美好的品性，是一种自觉的济困扶危的人格意识。《孟子》虽然说过“老吾老以及人之老；幼吾幼，以及人之幼”，但能实践这一点的确很不容易。如果和那个置老母于不顾的禽畜不如的张氏的亲生儿子伯章比起来，则杜环的行为就显得尤为可贵，其人格更为光彩照人。

第三种，以儒道互补为特征的隐士型人格模式。由于长期的儒学熏染和历史传统的影响，封建社会的士人一般都积极入世，热衷于追求功利。但当他们目睹封建官场的险恶与政治前途的莫测，往往又易于接受道家的出世思想，不同程度地产生遁世念头。因此历代都有隐士型人物。宋濂笔下的隐士可分为两类人：一类为出于对现实的不满而暂时隐居者，这一类人是多数；另一类人是出于对个人自适的追求，这一类是少数。写前一类的如《王冕传》。王冕是元末的名士，工诗善画，性格怪而奇。作品写了他由牧童而成通儒，又成为隐士，最后成了朱元璋咨议参军的经历。他之所以成为隐士，是出于对元末天下大乱的预感，他不愿为元朝殉葬，因此表现出不少怪而奇的言行：

著作郎李孝光欲荐之为府吏，冕骂曰：“吾有田可耕，有书可读，肯朝夕抱案立庭下，备奴使哉？”……

北游燕都，馆秘书卿泰不花家。泰不花荐以馆职，冕曰：“公诚愚人哉！不满十年，此中狐兔游矣，何以禄仕为？”

冕既归越，复言天下将乱。时海内无事，或斥冕为妄。冕曰：“妄人非我，谁当为妄哉？”乃携妻孥隐于九里山。

王冕的隐居是为了藏器待进。他在隐居期间仿《周礼》著书一卷，设计未来的政治蓝图。他胸怀伊、吕之志，等待英主的出现。后来形势的发展果然不出他的预料。他看准了朱元璋，进了朱的幕府。王冕起初拒绝在元朝做官而隐居，而后转为朱元璋的咨议参军，实际上是一种独立人格的表现。宋濂在作品中不是把他作为一个画家来描绘，也不把他当成一名终身隐士来叙述，而是把他作为一个先知先觉的奇才，一个暂时高卧隆中的诸葛亮式的隐士型人格来写的。宋濂本人就以这种人自命。元朝至正九年，他 40 岁，元廷曾征辟他任国史院编修官，他推辞不就。后来朱元璋叫他去南京，他欣然前往。因此我们可以说，《王冕传》中分明有宋濂自己的影子，寄寓了他自己的人格观念。

与《王冕传》类似的还有《张中传》。张中是元末临川人，“少习儒，以《春秋》应进士举，不中，遂放情山水，历游江右诸郡，遇异人授以太极数学，谈祸福多验。时天下大乱，归隐幕府山”。他的隐居也是暂时的，后来被朱元璋召去。朱元璋常向他请教一些军事活动情况。他能预测战况、结果，大多准确。陈友谅包围豫章 3 个月不解，朱元璋问张中何时能解，张中预测 50 天当会大胜。结果 5 旬后陈友谅中箭死，其部下 5 万人投降。朱元璋亲自命宋濂为他作传。张中虽未做官，但也曾受到朱元璋“宠遇有加”。所以，张中也是短期隐居者，属隐士型人格。

写另一类隐士的，有《严宗奭小传》。严宗奭是余姚人，汉代隐士严子陵之后裔，他的隐居不是藏器待时，只是不满于污浊的社会现象，而追求个人的自适。有人劝他出仕，他不应，且说：“山水吾所乐也，亦将以矫夫污浊而冒利者。”他的隐居颇有点乃祖之风。东汉时汉光武帝极力动员老同学严子陵出仕相助，严子陵回答说：“士固有志，何至相追乎?”（《后汉书·逸民列传》）终于不屈，耕于富春山。这就是人各有志，不能勉强。宋濂还有一篇《樗散生传》，写元末明初的樗散生，善为诗，而不愿出仕，以卖药隐于民间。他认为：“岂若守易能之技，居无用之名以自适哉!”他的隐居是为了使个体人格具有更多的自由自在，以达到自己精神上的“自适”。

第四种，投身佛道，以宗教意识为特征的僧道人格模式。宋濂写僧道的传记有《李大猷传》《刘真人传》《空同外史传》等，其他还有不少为僧人作的神道碑、塔铭。这些传记意义不一，但传主都以宗教信仰为人格依据。《李大猷传》记明初僧人李愿证，其字大猷，曾著《观幻子》内外篇，“以合儒释一贯之妙”。朱元璋召见过他，命吏部给他官做，但他不久病死。可见当时僧人将佛教理论与儒家思想沟通的努力，也反映了宗教对统治者的依附。《刘真人传》记元代道士刘真人曾以“六甲飞雄丹”治愈元世祖忽必烈的足疾。元世祖问他年龄多少，他说已过七十。又问他面色为何还像孩童，回答说：“亡思，亡虑，勿挠其气，唯一唯纯，以守吾真。”他在养生之道上积累了一些有益的经验。他出入宫廷8年，后来自己要求回山。可见他仍信守自己的道人人格。

宋濂的传记文塑造了多种人格模式。他为何如此自觉地热情地投入传记文创作呢？又为什么要去写这样一些人格模式呢？应该说这是现实生活的需要，人们审美的需要，也是作者本人学术思想指导的结果。

社会发展到某个阶段总是要寻找某些人格典型来维系它的统一性，规范人们的生活行为。古代作家立传刻碑，就是塑造他们理想人格美的一种重要而普遍的途径。宋濂生活在元末明初，社会由动乱转为安定。宋濂表彰忠义官吏、民间义士，肯定隐士，实录僧道，特别是为杜环、李疑等当时社会下层人物作传，提倡和肯定他们的高尚人格，有利于社会的安定，符合人民的愿望。

二、宋濂传记文的艺术特色

宋濂的传记文不仅写了多种人格模式，而且在塑造人物形象，刻画人物性格，运用对比映衬手法，描绘自然景物和社会环境，以及变化多样而风格雄丽的论赞方面，都显示了自己的艺术特色。

其一，他能抓住人物富有特征的细节，既写其形，又写其神。《白牛生传》是宋濂的自传。作者对自己的形象和个性有生动的描写：

> 白牛生者，金华潜溪人，宋姓濂名，尝骑白牛往来溪上，故人以白牛生目之。生躯干短小，细目而疏髯。性多勤，他无所嗜，惟攻学

不怠，存诸心、著诸书六经，与人言亦六经。或厌其繁，生曰："吾舍此不学也，六经其曜灵乎！一日无之，则冥冥夜行矣。"

古代自传中写自己形貌不多，宋濂写了自己的鲜明外形，又写了他热衷儒家六经的个性，揭示了自己的精神面貌。

《秦士录》是宋濂的传记名篇，塑造了邓弼这个文武双全又不能实现大志的奇士形象。作品开头描述邓弼的形象："身长七尺，双目有紫棱，开合闪闪如电。"接着写他力气之大，一拳打倒一头牛，能手举起10人抬不起的石鼓，又好喝酒发脾气，人们说他"狂生不可近"。一个"狂"字突出了他的个性和他外露的精神世界。

《记李歌》刻画了少女李歌坚贞刚强的性格。李歌是一位被迫卖艺谋生的少女，但她卖唱中能保持自己的人格尊严。一位县令想占有她。她坚决抗拒，骂曰："吾闻县令为风化首，汝纵不能而忍坏之耶？今冠裳其形，而狗彘其行，乃真贼尔！岂官人耶？汝即来，汝即来，吾先杀汝而后自杀尔。"县令竟被惊得逃走。如李歌这样追求独立人格的少女形象，在以往传记作品中也是罕见的。

其二，宋濂很会用比较映衬的方法来突出传主。《桑仁卿传》写桑仁卿从幼丧父，奉养母亲，"未尝叩富儿门，唯日夕训诸子弟，鸡初号辄呼起，悬灯诵书。"接着写有人对桑仁卿的嘲笑和奉劝："子贫若是，甑将生尘矣！何不学他技，朝出门，暮可即得钱。读书固佳，其效乃如捕风耳。"嘲笑者虽出于好意，但以读书无用论自作聪明，映衬出桑仁卿忍贫教子的可贵。前述《杜环小传》也用了对比手法。张氏流落九江无所归时，曾去安庆投靠儿子的朋友谭敬先，"谭谢不纳"，这才到南京找到杜环家。杜环帮张氏找到她的小儿子伯章，而"伯章见老母，恐不能行，竟绐以他事辞去，不复顾"。谭敬先、常伯章的行为与杜环照顾张氏的事迹，成了鲜明对比，更显出杜环人格品质的崇高。《太白丈人传》用了互相映衬的方法写了两个人物：即太白丈人和文中子王通。其中的太白丈人是一个悟透尘世的飘逸隐士，而文中子则是个想要出仕而徘徊犹豫的困顿者。使用两人互补的手法，更显示出封建社会对人才的压抑。

其三，宋濂传记文中的环境描绘比较成功，这比以往的传记创作都有明显的发展。以往的传记文学很少写自然景物，而宋濂的传记文中却有不少优美的自然景色。如《抱瓮子传》写元末的隐士刘彬，开头一段先不写人，而是用细腻的笔法描绘了隐士所处的幽美的自然环境：

> 予尝游括之少微山，俯瞰四周，如列屏障。山之趾有随地形高下为蔬圃约二十亩，凡可茹者，成艺焉。傍列桃杏梨李诸树，时春气方殷，蔬苗怒长，满望皆翡翠色。树亦作红白花，缤纷间错，如张锦绣缎。心颇讶之曰："是必有异！"因曳杖而降，冉冉至其处，气象幽复，绝不闻鸡犬声。遥望草庐一区，隐约出竹阴间。

描写隐居者居处的自然景致从上而下，从远到近，非常有层次。这样的描写，不仅幽美的景象令读者耳目一新，而且先创造了一种见物不见人的神秘气氛。这段环境描写为人物的出场作了很好的铺垫。又如《竹溪逸民传》写陈洄月下泛舟一段：

> 所居近大溪，篁竹翛翛然生，当明月高照，水光潋滟，共月争清辉。逸民辄腰短箫，乘小舫，荡漾空明中，箫声挟秋气为豪，直入无际，宛转若龙鸣，深泓绝可听。

此处描写了竹溪的特色，将翠竹、水光、月色，用和谐的色调展现在同一画面上。然后写逸民泛舟溪上，箫声若龙鸣，一位寻常不得见的"世外人"形象就呈现出来了。由于隐士之类所追求的是脱离世俗的自然人格，他们的居处又多为人迹少至的空明自然区，因而描写隐士特定的自然环境，对烘托人物是很有力量的。

但是，纯粹的自然环境往往受到主观世界的影响，芸芸众生中多数还是生活在充满矛盾的人群中。因此写好传主的社会环境更是必要的。宋濂的《李疑传》开头一段写了李疑生活的社会环境，即写了当时金陵旅店业贪婪、凶狠、毒如野兽的恶俗。在这样的环境中突出塑造一个能周人之急的理想人格形象，从而使人物品质更显得高尚可贵，其形象更为超凡拔俗。宋濂的传记文加强了自然景物和社会环境的描写，提高了传记文学的审美价值。

其四，论赞重感情色彩，写法活泼多变。司马迁在《史记》人物传记结尾都有一段“太史公曰”，首创这一史评形式，对传主的人与事进行评论，或补记，或抒情，章法多变，是人物传记的有机构成部分。后代史传亦仍保留这一形式，只是将“太史公曰”改成“赞曰”（《汉书》），“论曰”（《后汉书》），“评曰”（《三国志》），这段文字单纯成为史评，缺少了个性，文字几乎失了生气。而在唐宋以后文人散传中多不再有这段论赞，偶也用“赞曰”，但出色者少。宋濂的传记文每一篇又都恢复司马迁《史记》人物传记末“太史公曰”的格式，用“赞曰”“史官曰”“太史氏曰”“金华宋濂曰”等名义发表评论，使这一段论赞从内容到艺术重放光彩。宋濂的论赞继承了司马迁“太史公曰”长于咏叹的特点，往往在评论人物时流露作者自己浓郁的感情色彩。如《李疑传》末“太史氏曰：吾与疑往来，识其为人。疑姁姁愿士，非有奇传壮烈之姿也。而其所为事，乃有古义勇风，吾岂可以外貌决人材智哉！语曰：举世混浊，清士乃见。吾伤流俗之嗜利也，传其事以劝焉”。由于作者与李疑亲身接触过，对李疑的印象与评论使人感到尤为真切与恰当，作者的感叹也更有感染力。这段文字在表现手法上将叙述、议论、抒情三者结合，写法类似《史记》中《李将军列传》《留侯世家》末的“太史公曰”。宋濂传记文中的论赞比起《史记》来某些方面又有发展，如对人物、景物增加了描写。他的《王冕传》“史官曰”写道：

> 予受学城南时，见孟寀言越有狂生，当天大雪，赤足上潜岳峰，四顾大呼曰：“遍天地间皆白玉合成，使人心胆澄澈，便欲仙去。”乃入城，戴大帽如簁，穿曳地袍，翩翩行，两袂轩翥，哗笑溢市中。予甚疑其人，访识者问之，即冕也。冕真怪民哉！马不覂驾，不足以见其奇才，冕亦类是夫！

这段文字通过对王冕雪天登山入城的描写，将一个“狂生”的狂态写得多么生动。而短短一段文字写法曲折多变，先写“孟寀言”，从别人口里听说的，再写自己的怀疑与证实，然后写感叹与评论。又如《浦阳人物记》中柳贯传后的“赞曰”：

> 浦江壤地虽不越一百里，仙华山拔地而起，奇形傀观，如旌旗，如宝莲花，如铁马临关，而大江之水又如白虹蜿蜒，斜络乎其前，实天地间秀绝之地也。故人生其中，多以文学知名，虽去家他县者，子孙亦以文显。……

在人物传记的结尾“论赞”文字中描写景物，以往的传记几乎没有过，这可以说是宋濂的创造；也可见其传记文后面“论赞”的不拘一格，富有变化，增加了作品的可读性。

宋濂的传记文在艺术上也有明显不足。这主要表现在宋濂偏重对人物的道德评判，传主的生平经历往往不完整，人物的性格较单一，未能展开多侧面的描写。但就其作品总体说，个人所作传记文（指散传作品）在数量上超过前人，创作了多种人格模式，在艺术上也能较前人有所进展，在传记文学的发展过程中，宋濂已做出了自己的重大努力，这是应当肯定的。

三、高启、方孝孺的传记文

高启（1336—1374），字季迪，号青丘子，吴县（今江苏苏州）人。明初应召修《元史》，辞官后居吴淞青丘。苏州知府魏观在原张士诚故宫的废墟上修官署，高启因曾为魏作《上梁文》而受牵连，被明太祖腰斩于市。死时年39岁。高启为明初诗人，著有《高青丘集》。高启的传记文数量质量均比不上宋濂，但有他朴质自然的特殊风格。其代表作《南宫生传》记述了元末明初一个家住吴地南宫里的读书人宋克的生活作风和精神状态的前后变化。南宫生“少任侠”，“逮壮，见天下乱，思自树功业，乃谢酒徒，去学兵”。后来游历回家，“家居以气节闻，衣冠慕之，争往迎候，门止车日数十辆。生亦善交，无贵贱皆倾身与相接”。张士诚的藩府要招引他，他坚拒不往。但后来南宫生的生活态度变了：

> 久之，稍厌事，阖门寡将迎。辟一室，庋历代书法、周彝、汉砚、唐雷氏琴，日游其间以自娱。素工草隶，逼钟、王，患求者众，遂自闷，希复执笔。歆慕静退，时赋诗见志，怡然处约，若将终身。

南宫生从一个喜欢结交宾客，喜欢帮助别人的人，忽然变成了一个厌恶原来的生活而闭门自娱的人；原来他“思自树功业”，最终却厌事而居家。南宫生为什么前后有这么大的变化？作品中没有说出明显的原因，这是值得读者思考的一个问题。如果我们联系到明初的政治，考察一下朱元璋对吴中地区（以苏州府为主）的政策，或许会找出一些答案。朱元璋为了铲除这一地区对明王朝统治的威胁，曾对吴中知识分子实行重点整肃，他所颁布的《大诰》的第十条规定：“寰中士夫不为君用，其罪皆至抄札。”宋克的生活作风和精神状态的变化应在人明以后。他的这种由任侠豪宕变成歆慕静退，这种磨去自己的锋芒，过起类似隐居的生活，目的是为了避免得罪明王朝，求得政治上的安全。但他“时赋诗见志”，又可见他内心存在着的矛盾。所以这篇作品实际反映了明初江南士风的变化。高启本人就因为未能做到南宫生那样的静退，结果送了命。

《南宫生传》记述人物的生活和精神的变化，以时间发展为线索，由“少”而“壮”，至“日久”，层次分明。具体转变时间及变化原因不作交代，颇为含蓄，让读者思索而得之。

方孝孺（1357—1402），字希直，宁海（浙江宁海）人。他是宋濂的弟子。建文帝即位后任翰林侍讲学士。燕王朱棣攻入南京，命他起草登位诏书，他拒不受命，因遭杀害。著有《逊志斋集》。他的文章当时颇有盛名，集子中今存以“传”为题的传记文 14 篇。其中《张孟兼传》记述明初一位有才能的文人因尚气自负而被朱元璋杀害的事迹，有较重要的史学和文学价值。特别值得注意的是这篇作品从一个侧面大胆揭露了明朝开国皇帝朱元璋用人偏私和专制残暴的行为。

这篇传记前一部分写了传主张孟兼既有才干，又有自负其能的缺点：

> 张孟兼者，名丁，金华之浦江人也。孟兼为人侃侃自许，涉猎书史，颇有俊才，为乡里所称。会天子诏征才能士，郡县以孟兼名上擢国子学，录礼部主事，迁太常司。
>
> 孟兼固负自能为文，常奴视同辈，而是时诚意伯刘基以文章有重名，与翰林学士宋先生俱为天下所尊信。基气豪不肯妄下人，而独喜称孟兼。尝为上言："今天下文章士，第一为翰林学士宋濂，臣基次之，不敢辞；又其次，则有张生孟兼，其余臣不知也。"孟兼为基所称，愈自高，然他人弗服也，或稍慢之，孟兼辄怒。

作品中间写朱元璋见孟兼的过程：

> 我先生亦才孟兼，欲荐之，未有迳，会上欲用越僧证，问先生尝见证文否，谁所有，且索之以观。时证为书与孟兼论性命。先生因言太常丞孟兼所有之。诏先生召孟兼以证文至。上览毕，顾孟兼谓先生曰："张丞，卿门人也？"先生对曰："非臣门人，乃臣里中子耳，且为文有才甚，诚意伯刘基称之。"上熟视孟兼曰："生骨相薄，仕宦徐徐进乃可耳，毋骤也。"

皇帝用人，先论骨相，这给张孟兼的仕途一开始便罩上了阴影。孟兼不久任山西按察司佥事，有政绩，"升副使移山东"，结果与山东布政使吴印发生了矛盾。吴印"乃钟山主僧，上亲选拜官"。于是就先向朱元璋告孟兼的状。作品后一部分即主要写朱元璋偏袒吴印，害死孟兼的经过：

> 上览印言，以为孟兼凌我任用臣，不逊，治笞之。孟兼既辱，愈愤，即捕为书封事者，欲论以罪。印复上书言状，请去位，避孟兼之横，否者且为所挤。上大怒曰："彼乃敢与我抗耶？吾今乃与尔抗。"遂械孟兼至阙下，廷诘之。命卫士捽发摘孥垂死，特论弃市。诏印曰："吾除尔害矣，善为之。"

朱元璋自已是僧人出身，做了皇帝也选用僧人做官。他对吴印与孟兼的矛盾，不作调查分析，偏听偏信，暴露出一副专制独裁者的嘴脸。作者介绍刘基和宋濂对孟兼的高度评价，实际也就肯定了孟兼的文才。在传记的最后，作者在指出孟兼“尚气好高人”缺点的同时为其作辩护说：“孟兼中实无险贼之心，只以尚气好高人，以故为人所陷”。“法虽过严，其底于此酷，厥有自哉!”在不便直接指责最高统治者的封建社会里，作者敢于为孟兼说话，实际上就是对朱元璋的批判，表现了作者正直不阿的精神。从方孝孺在这篇传记中所表现出的态度，使我们联想到他后来为反对朱棣篡位夺权而殉难，绝不是偶然的。

张孟兼在明初文坛的地位据刘基评价应在第三位，但由于他被朱元璋杀害，文学上几乎没有影响。可见明初封建统治者对文人的迫害之深。

这篇传记在刻画传主骄傲自大的个性以及朱元璋的帝王口吻等方面都很出色，在明初的传记文中就出现如此有思想而写人较成功的作品是难得的。

第二节　明代中后期市民传记的世俗化倾向

明代中后期传记文学的发展从总体上说出现了一些新的特点：散传出现新的繁荣，市民传记兴起，野史传记空前发达。

散传繁荣，表现为这时期文人的文集中以“传”为题的单篇文学传记普遍增加。如明中期，戏剧家李开先有以“传”为题的传记文27篇，墓志46篇，行状2篇。（见《李开先集》，中华书局1959年版）同时期“后七子”代表人物之一王世贞在《弇州四部稿》《弇州续稿》（四库全书本）收入以“传”“史传”“行状”为题的传记文108篇。另一位明代大散文家归有光在《震川先生集》中有“传”22篇，行状8篇，墓志铭57篇。明后期袁宏道、袁中道、张岱都留下不少散传。这说明，传记文已成为明代中后期作家散文创作常用的体裁之一。他们的传记文创作数量比唐宋一些散文大家要多。清代人黄宗羲编的《明文海》收入传记文共42卷，分成20类，也可见明代传记文之多。

市民传记兴起，表现为部分传记作品中市民成了主角，传记作品出现了世俗化倾向，体现了市民的思想意识，使传记文学观有了新突破。

野史传记发达，表现为明后期，尤其是晚明时期野史更多。所谓野史传记，指正史以外的纪传体历史传记。据清人全祖望说："晚明野史，不下千家。"近人梁启超《中国近三百年学术史》说："明清鼎革之际之一段历史，在全部中国史上，实有重大意义。当时随笔野史甚多，虽屡经清廷焚毁，现存在尚有百数十种。"今人谢国桢《增订晚明史籍考》载之甚详。明中后期野史传记作者广泛，内容丰富，以写当代人物为主，与现实问题联系密切。如王世贞作《嘉靖以来内阁首辅传》8卷，李贽著《藏书》《续藏书》，张岱作《石匮书》《石匮书后集》（今存《石匮书后集》）等。对这些野吏中的传记作品的文学价值目前尚缺少研究，但从李贽《续藏书》中所写的《方孝孺传》看，通过方孝孺与明成祖的对话，写出方孝孺的不屈性格，文字相当精彩。可见野史传记中也不乏好的传记文，只是尚待发掘。

本节着重探讨市民传记产生的背景、世俗化倾向的具体表现和新的意义。

一、市民传记产生的社会背景

这时期产生了一批以市民为传主的传记作品，因为传主都是城市居民，故称这些作品为市民传记。其产生的具体背景如下：

1. 明中后期商品经济的发展，城市的繁荣，是市民传记产生的社会基础。

明中叶后，尽管自然经济仍占统治地位，但商品经济已有很大的发展。全国各地出现许多商人和商业资本集团，其中很活跃的如徽州商人。徽州许多人"执技艺或负贩就食他郡"。（顾炎武：《天下郡国利病书》卷32《江南》20徽州府）徽商阮弼曾在芜湖自己开设染织作坊，"立局召染人曹治之”，后来又设“分局而贾要津”（汪道昆：《太函集》卷35《明赐级阮长公传》转引自朱绍侯主编《中国古代史》下册，福建人民出版社），即把染出的纺织品销往各地。有关商人的活动在这时期的传记文中得到明显的反映。

值得注意的一点是，由于当时手工业和商业的发展，促进了城市经济的繁荣，城镇人口的增加，在市民阶层中出现了一些出身市民家庭的文人，如李梦阳出身商人世家，李贽的祖先许多人是经商的。有的文人长期保持市民身份，如归有光晚年中进士前一直居住在家乡的镇上，徐渭只当过幕府秘书，身份与市民接近。有的文人如袁中道、张岱等人，则与市民保持着密切联系，从他们的传记作品中反映出他们与有的市民是朋友。

2. 追求个性自由的市民思想意识是市民传记产生的哲学依据。

明初以来一直以程朱理学作为官方的哲学思想。明中叶以后，著名思想家王守仁的主观唯心主义成了程朱学派的反对派。王守仁（1472—1528），浙江余姚人，官至南京兵部尚书。他曾在贵州、江西、浙江等地讲学。后来他的门徒将他的著述编成《王文成公全书》，其中《传习录》和《大学问》是他的主要哲学著作。他发挥宋代陆九渊提出的“宇宙便是吾心，吾心即是宇宙”的主观唯心论观点，进一步提出“心外无物”“心外无理”的理论，他强调人的主观精神，认为心就是“天理”，“我的灵明，便是天地鬼神的主宰”（《传习录》下）。这里的“灵明”即指心。他的哲学理论被称为王学或心学。王守仁的心学批判了朱熹的客观唯心论，客观上对打破思想界的僵化，反对旧权威、旧教条起了积极作用。但王守仁学说本身存在的严重缺陷并不能挽救当时的世道人心。

万历年间出现的进步思想家李贽，其哲学思想代表了市民阶层的思想意识，他敢于向封建传统观念挑战。封建正统学者认为须“存天理，灭人欲”。李贽却提出“穿衣吃饭即是人伦物理”（《焚书》卷一《答邓石阳》）。他还肯定人应当有欲望：“如好货，如好色，如勤学，如进取，如多积金宝，如多买田宅为子孙谋，博求风水为儿孙福荫，凡世间一切治生产业等事，皆其所共好而共习，共知而共言者，是真迩言也。”（《焚书》

卷一《答邓明府》）李贽的哲学说出了当时市民阶层要说的话，反映了市民的求富意识和追求个性自由的愿望。李贽还在文学上提出“童心说”（《焚书》卷三）。他认为“童心”即“真心”，也就是真实的思想感情。他的哲学和文学观点对当时的传记文学创作具有指导意义。

3. 明代中后期的文学思潮为市民传记的产生创造了有利的环境氛围。

当时新兴的通俗文学如小说和戏曲带有鲜明的市民文学色彩。明中叶出现的长篇小说《金瓶梅》，在一定程度上反映了明代城市的经济生活和市民的思想意识。拟话本“三言”“二拍”中有些作品写了商人和手工业者，描写了他们的生活和思想感情。戏剧家汤显祖的《牡丹亭》，大胆地表现了反封建礼教的主题。传统的文学样式诗歌和散文也出现了对市民生活和市民意识的吟咏和抒写，如公安派袁宏道的诗文。

明代中后期的市民传记正是在当时浓重的时代风气、哲学思潮和市民文化的氛围中产生的。因为市民传记实际上是当时广义的散文的一部分，传记文学的发展与同时代的其他文学样式趋于同一个方向，即向市民文学世俗化的方向发展。

二、市民传记世俗化的具体表现

所谓世俗化是指作品的内容能反映当代普通人的现实生活和欲望，形式上也能适应市民的爱好。其具体表现是：

第一，传主具有平民性。从汉代《史记》到唐宋的史传和散传，传主大都为英雄豪杰、帝王将相、高士名流、僧侣隐者。与一般平民的身份、生活之间距离都较远。唐代韩愈、柳宗元写过一些下层人物的传记，但这些传记的重心并不在传人，而是借传记发表自己的政治、哲学主张，几乎是一种特殊的议论文。明中后期的传记作品中的传主出现了较多的市民，有商人、手工业者、医生、艺人和下层文人等。其中商人是市民的代表，也是市民的重要组成部分。在明以前的封建社会里，商人在文学中，特别是在传记文学中出现得很少。司马迁在《史记》中写过有关商人的《吕不韦传》和《货殖列传》。但司马迁写商人出身的吕不韦却只是写了他的政治活动。《货殖列传》虽简略地记述了一些商人、手工业者的工商业活动，但没有对商人的日常生活和思想感情作具体描述。明中叶以后，随着商人在社会经济生活中影响的扩大，商人在传记文学作品中出现增多，李梦阳的传记作品可以代表。李梦阳（1473—1530），字天赐，又字献吉，号空同子，庆阳（今属甘肃）人。著作有《空同集》。他是明中叶“前七子”的代表人物，“倡言文必秦汉”（《明史·文苑传》），主张复古，以排斥宋元诗文，实质是排斥理学。他一生敢于极言直谏，反对贵戚和宦官，多次入狱。他的家世与商人有关，本人与商人有较多的交游，因而对商人的生活有较多的了解，并对商人有亲密的感情。他的《梅山先生墓志铭》《祭鲍子文》都是写徽商鲍弼，《明故王文显墓志铭》写蒲商王现，《鲍允亨传》写徽商鲍允亨。其中《梅山先生墓志铭》写商人鲍弼的日常生活，以及作者与鲍弼的交往，尤为生动：

嘉靖元年九月十五日梅山先生卒于汴邸，李子闻之，绕楹彷徨行，曰：“前予造梅山，犹见之，谓病愈且起，今死耶？昨之暮其族子演仓皇来，泣言买棺事，予犹疑之，乃今死邪？”于是趣驾往吊焉。门有悬纸，缌帷在堂，演也擗踊号于棺侧。李子返也，食弗甘，寝弗安也。数日焉，时自念曰：“梅山，梅山。”

梅山，姓鲍，名弼，字以忠，歙县人也。年二十余，与其兄鲍雄氏商于汴，李子识焉。商二十年余矣，无何，数年不来。李子问演：“鲍七奚不来也？”演曰：“父、母、兄三丧。”曰：“丧举矣，奚不来也？”曰：“七叔父四十四岁始有子，而侄也一耳，以是大系乎身家。”已又问：“鲍七何为？”演曰：“理生饬行，训幼睦族，玩编修艺，课田省植八者焉。”已其久也，内孚而外化之，是故乡人质平剖疑，决谋丐益者必之焉。故效良则芳，标美规懿者必曰“鲍梅山，鲍梅山”。

正德十六年，秋，梅山子来，李子见其体腴厚，喜握其手曰：“梅山肥邪？”梅山笑曰：“吾能医。”曰：“更奚能？”曰：“能形家者流。”曰：“更奚能？”曰：“能诗。”李子乃大诧喜，拳其背曰：“汝吴下阿蒙邪？别数年而能诗、能医、能形家者流！”

李子有贵客，邀梅山。客故豪酒，梅山亦豪酒，深觞细杯，穷日落月。梅山醉，每据床放歌，歌声悠扬而激烈，已大笑觞客，客亦大笑，和歌醉欢。李子则又拳其背曰：“久别汝，汝能酒，又善歌耶？”客初轻梅山，于是则大器重之，相结内，明日造梅山邸款焉。汴人有贵客，欲其欢，于是多邀梅山，梅山遂坐豪酒病损脾。今年夏患疟，李子往候之，梅山起床坐曰：“弼疟幸愈，第痰多耳！”然业处分诸种，令演办酒食，俟其起觞，客别而还歙也。

作品先从作者听到梅山死的消息写起，再回头写作者与梅山的交往，细写了他与梅山的离别、重逢、饮酒、唱歌等事，虽没有详写梅山的经历，但已把一个能医、能诗、能酒、能歌的胖商人形象跃然纸上了。墓志两次写到作者“拳其背”的动作，更形象地写出了他们之间亲密而又无拘束的关系。这篇作品正体现了作者所提倡的“文其人如其人”的主张，写出了人物的真实生活和他们之间的真实感情。

李梦阳在另一篇《明故王文显墓志铭》中突出描写了商人王文显的才干：

王文显者，蒲商也，名现，号噫庵子。初，文显为士不成，乃出为商。尝西至洮陇，逾张掖、敦煌、穷玉塞，历金城。已转而入巴蜀，沿长江，下吴越。已又涉汾晋，践泾原，迈九河，翱翔长芦之域，竟客死郑家口。先是王教谕有五男，而文显长。父官既早贫，又四弟望我立，以是文显乃弃士而就商。商四十余年，百货心历，足迹且半天下，然卒老于盐场。

文显之为商也，善心计，识轻重，能时低昂，以故饶裕。与人交信义秋霜，能析利于毫毛，故人乐助其资斧。又善审势伸缩，故终身弗陷于阱罗。文显既以商起家，乃大室庐，备宾祭，毕婚嫁，四弟各成立。王氏固奕奕彰矣。

作品写王文显足迹且半天下，反映出当时商人活动地域之广，表现出商人的积极进取精神；写其善心计，讲信义，又会审时度势，从而积累了一套经商致富的经验，使自家生活富裕，门庭生辉。而这无不是在赞赏传主经商的才干，并流露出作者羡慕传主经商致富的市民意识。

晚明公安派作家袁中道作有描写商人事迹的《吴龙田生传》（见其《珂雪斋集》），写真州商人吴龙田经商发家的经过。作者赞扬吴龙田有商业道德，由于他诚实经商，从一个“囊中仅数金”的小商贩，终于达到“生计大振”。这就和人们对商人的传统偏见大异其趣。在这些作者的笔下，商人都诚实，聪明，会经营，能转贫为富，都是一些崭露头角的人物，这在以前的传记文学中是没有出现过的。

与商人的职业身份不同，另有一些社会地位低微的市民阶层人物成为传主。归有光《可茶小传》的传主是给作者儿子看过病的医生。张岱的《鲁云谷传》(见《琅嬛文集》)也是写一位医生。鲁云谷与可茶都医术高明。鲁更深于茶理，自小多艺，尤“以朋友为性命”，是个极尊重个性的人。竟陵派作家钟惺作《白云先生传》(见其《隐秀轩诗文集》)，记述一个“自隐于诗，性命以之”的穷诗人陈昂。此人靠“织草屦为日，继之以卜”“为人佣作诗文”。后来被作者的朋友林古度兄弟在金陵发现：

> 兄弟过其门，见所榜片纸于扉者，色有异，突入其室，问知为莆田人，颇述其平生。一扉之内，席、床、缶、灶、败纸、退笔，错处其中。检其诗诵之。是时古度虽年少，颇晓其大意，称之。每称其一诗，辄反面向壁流涕悲咽，至于失声。其后每过门，辄袖饼饵食之，辄喜。复出其诗，泣如前。居数年竟穷以死，其子仓皇出觅棺衣，舁之中野。

作品中描写陈昂家境的贫穷，以及陈昂在别人称赏他的诗作时“反面向壁，流涕悲咽”的细节，非常动人。作者笔下的陈昂尽管诗作受人称赞，但最后“竟穷以死”，如此人才被埋没，令人同情。还有公安派作家袁中道的《关木匠传》(见其《珂雪斋集》)，写了一个刚强正直的木匠。他路见不平，执斧相助。作者赞扬他“大有男子气”。这些写市民人物的传记，都以传人为主。传主几乎都是聪明的多才多艺的人物。他们没有官职，没有科举学历。而作者和传主多是熟人、朋友，理解他们、赞扬他们，反映了作者对普通市民人物的尊重，肯定了市民的社会价值。

第二，传记题材重视日常生活和真情实感。在市民传记中作者往往把写日常生活与表现真情实感二者联系起来。而写市民的感情又往往通过人际关系表达出来。如写对父母的感情，夫妻之间的感情等。下面举几个代表作家的作品说明之。

归有光（1506—1571），字熙甫，号震川，江苏昆山人。20 岁开始参加乡试，前后考 6 次，35 岁才中举人。36 岁开始考进士，一共考 9 次，至 60 岁才中进士。后来当过长兴县令、南京太仆寺丞等，66 岁死去。他一生大部分时间生活在昆山、嘉定的安亭江。他善于记述家庭亲人的日常琐事，以表达自己的真情。他的《先妣事略》是为母亲写的一篇小传。作者以回忆的方式着重写了母亲多子的辛苦、持家的勤俭和对自己的慈爱三方面的事迹，表达对亡母的深沉悼念。先写母亲多子之苦：

> （孺人）数颦颦顾诸婢曰："吾为多子苦。"老妪以杯水盛二螺进，曰："饮此，后妊不数矣。"孺人举之尽，喑不能言。

作者母亲 16 岁结婚，26 岁去世，婚后 10 年中连生 7 胎。母亲为减少怀孕的机会，误听老妪之言，生吞二螺。此事可能导致母亲早逝。次写母亲的勤俭：

> 孺人之吴家桥，则治木棉；入城，则缉垆。灯火荧荧，每至夜分。……
>
> 冬月炉火炭屑，使婢子为团，累累暴阶下。室靡弃物，家无闲人。

再接着写母亲中夜督促自己读书的情景：

> 孺人中夜觉寝，促有光暗诵《孝经》，即熟读，无一字龃龉乃喜。

这表现了母亲对自己的殷切期望和慈爱。这些日常生活中的琐事细节，作者娓娓谈来，每一个都引起读者的无限回忆，激发起对慈母的思恋之情。

归有光其他传记文，如《李南楼行状》，是为朋友的父亲写的。内容主要是朋友向他叙述其父生前对他的期望，事核而情真。

表达夫妻情深的传记作品，在明中叶后较常见，可能与这个时期在夫妻观念上有了新的变化，作者对妻子比较尊重有关。李梦阳的《封宜人亡妻左氏墓志铭》写道：

> 李子哭语人曰："妻亡而予然后知吾妻也。"人曰："何也？"李子曰："往予学若官不问家事，今事不问不举矣。留宾酒食，称；宾至今不至矣，即至，弗称矣。往予不见器处，用之具，今器弃掷弗收矣，然又善碎损。往醯酱盐豉弗乏也，今不继旧矣。鸡鸭羊豕时食，今食弗时，瘦矣。妻在内无嘻嘻，门予出即夜弗启也。门今启，内嘻嘻矣。予往不识衣垢，今不命之浣，不浣矣。缝剪描刺，妻不假手，不袭巧，咸足师。今无足师者矣，然又假手人。往予有古今之忾，难友言而言之妻，今入而无与言者。故曰：'妻亡而予然后知吾妻也'。"

李梦阳在这篇墓志铭中说出了一个人生常见但却常常不被人重视的事实："妻亡而予然后知吾妻也。"妻子活着时，家庭琐事都由妻子料理，自己一切不闻不问，轻松至极。妻子死后，家庭一切琐事都得自己操心，这才感到负担的沉重。妻子活着时往往意识不到妻子对自己的照顾和抚慰，妻子死后才感到生活上的困难和精神上的孤独。这篇作品充分表现了妻子在家庭生活中的重要地位和作用。作品所写，都是一般家庭经常遇到的生活琐事，而"往"与"今"的对比又非常自然，因而极易引起读者的共鸣。

明中期戏剧家李开先对亡妻也有很深的感情。李开先（1502—1568）字伯华，号中麓，山东章丘人。嘉靖进士，官至太常寺少卿。因上疏批评朝政，罢官居家近30年。在此期间，他从事戏剧创作，以《宝剑记》著名。妻子死后，他写了《诰封宜人亡妻张氏墓志铭》，又写了《亡妻张宜人散传》。作者在墓志铭中细细描述了妻子生前对自己的体贴照顾：

> 余性好游，敲棋编曲，竟日不休。归则读书夜分，务补昼功。宜人每戒之曰："人言白日沿村啜茶，夜晚点灯缉麻，子之谓夫！且人生

气血有限，昼夜兼劳，久之气血兼病矣。”余感其言，从之。余以虚烦不寝，宜人视药调饮，从而少寐者年馀。余怜而慰之曰：“幼年夜伴灯火，今又日侍汤药，疾已，愿期白首不相离。”

先是居官，妻虽不与外政，时有商议，必劝余以宽。至于仕路升沉，人情敦薄，与之言及，无不知其梗概。昼坐淹辰，夜谈达旦，粗识书意，大得余心，虽谓之一良友可也。良友已矣，余恶得而不悲！

呜呼！宜人贫则助余学，仕则助余政，致政则助余以闲，日具杯酌，与宾友为乐。即余至百年，乃不能相同以死，白首不相离之约，今成幻梦。中年丧妻，谓之不幸，若余则又不幸之尤者！

作者将亡妻写成了一个典型的贤内助。妻子生前，夫妻情深，有白首不离之约；妻子死后，丈夫深悲是很自然之事。而作者尤可贵的是把妻子当成自己的“良友”，这是一种对妻子地位的新认识。这对传统的“三从”“四德”“夫为妻纲”等的教条是一种巨大的突破，几乎接近于近代夫妻平等的意识。

写传主的日常生活琐事，并表达真实感情，在这时期传记中已成风气。这表明作者对日常生活的肯定和对真情的赞赏。

第三，明中后期，尤其是后期，有些传记作品反映了人们追求个性自由和肯定生活欲望的倾向。

首先，表现在肯定传主对爱情婚姻自由的大胆追求上。如陈继儒所作《范牧之外传》《杨幽妍别传》等作品主要写传主的爱情生活。陈继儒（1558—1639），字仲醇，号眉公，华亭（今上海松江）人。秀才出身，隐居昆山，后筑室东佘山，杜门著述。能诗善文，名重一时。著作有《陈眉公全集》。其《范牧之外传》写范牧之钟情于妓女杜生的故事，作者对范、杜为爱情而不顾一切的行为表示了由衷的赞赏。《杨幽妍别传》写歌妓杨幽妍与名士张圣清的恋爱婚姻悲剧，尤其哀婉动人：

幽妍小字胜儿，生母刘，在南院负艳声，早岁落籍去，抚于杨媪。媪奇严，课书课绣，课弹棋，妙有夙解，不督而能。女兄弟多方狡狯，

> 嘲弄诒侮，终不能勾其一粲也。庚申，杨媪避难吴越，载幽妍与俱，年已破瓜矣。薄幸难嫁，有心未逢，俯首叩膺，形于咏叹。
>
> 一日遇张圣清于秀林山之屯云馆，私褥云："侬得耦此生，死可矣。"张圣清者，才高笔隽，骨采神恬，造次将迎，绸缪熨贴，人莫觉其为廉察使子也。至是与幽妍目成者久之，明日，遂合镜于舟次焉。……昵熟渐久，绝不角劲语媟词，两人交相好，亦复交相重。

歌妓杨幽妍自小聪颖，但不愿过卖笑生活。她与张圣清相遇后，二人一见钟情。张身为廉察使之子，能打破门第界限爱上一个歌妓，在人格上尊重女方，他们在恋爱时"两人交相好，亦复交相重"。后采张又将杨"迎为少妇"，正式结婚。由于受生活折磨太多，杨在当年除夕病死。杨死后，张又表现了深沉的悼念，并请陈继儒为之作传，以求使死者"重开生面"。这样生动曲折的爱情故事在以前的传记文学中是没有过的。

这篇传记不仅写了女主人公的痴心，也写了男主人公的真情。而作者明确地歌颂和肯定这对青年男女对爱情追求的合理性，体现了当时人们追求个性自由的时代风貌。

其次，追求个性自由的倾向表现为一些传主反传统的思想和社会规范，重视自身的情趣和个人自由的人生态度。如祝允明写的《唐子畏墓志铭》（见《唐伯虎全集·补遗》）。祝允明（1460—1526），字希哲，号枝山，长洲（今江苏苏州）人。正统进士。与唐寅、文徵明、徐祯卿并称"吴中四才子"，善书画，著有《怀星堂集》。《唐子畏墓志铭》写唐寅在参加一次会试受挫以后，便"放浪形迹，翩翩远游"。唐寅鄙弃功名，力摒仕途，自溺于诗酒书画之中。这也就将传统的科举之路抛开了。唐寅对自己书画的重视，是珍视自己的情趣，并不以别人的评论为取舍。

当时反传统的思想，追求个人自由，尤其出现在一些被称为"狂人"或"异端"的文人身上。徐渭便是由明中叶过渡到晚明的一个著名"狂人"文学家。徐渭的《自为墓志铭》和袁宏道的《徐文长传》便是写"狂人"的代表作品。徐渭（1521—1593），字文长，号天池山人，青藤道士，山阴（今浙江绍兴）人。他的《自为墓志铭》（见《徐文长集》卷27）是篇很有特色的自传。他实际活了72岁，而这篇墓志铭是在他45岁时写的。作品自述其坎坷的生活道路和志向，其中反传统的思想有三点很突出：其一，多次赴试不中举，“人且争笑之，而己不为动。”其二，“惮贵交似傲”，对此他写道：

> 一旦为少保胡公罗致幕府，典文章，数赴而数辞，投笔出门，使折简以招，卧不起，人争愚而危之，而己深以为安。其后公愈折节等布衣，留者盖两期，赠金以数百计，食鱼而居庐，人争荣而安之，而己深以为危。至是忽自觅死，人谓渭文士且操洁，可无死；不知古文士以入幕操洁。而死者众矣。乃渭则自死，孰与人死之？

徐渭怕与达官贵人交往。而当时浙江巡抚胡宗宪请他作幕客，对他很优待，但他有意与胡保持距离，并深以为危，甚至想自己找死。表面看来像是徐文长为人太傲，其实他是担心官场的风险。其三他“不为儒缚”：

> 渭为人，度于义无所关时，辄疏纵，不为儒缚；一涉义所否，干耻诟，介秽廉，虽断头不可夺。

实际上他要争取的是个性自由。他不愿被贵交所控制，不愿受儒家思想的束缚。这已经画出了一个争取个性自由的文人形象。

袁宏道（1568—1610），字中郎，号石公，湖北公安人。与兄宗道、弟中道并有才名，时称“三袁”，是公安派文学家的代表人物。《徐文长传》是其代表作，也是古代传记文学的名篇。这篇传记生动地描述了徐文长的生平以及他在文学艺术上的成就。它比徐文长的《自为墓志铭》更鲜明地刻画出他狂傲的个性。他在胡宗宪府中当幕客，“葛衣乌巾，纵谈天下事”，即以平民装束出现在幕中。他还蔑视当时文坛领袖人物，“当时所谓骚坛主盟者，文长皆叱而奴之”。传记还明确点出了徐文长是“佯狂”，是“狂疾”。他并不是真的得了精神病，而是他为维护个人尊严与社会传统规范相冲突而表现出来的一种变态。徐文长这种孤傲奇异的个性体现了明中期出现的城市文人轻视外在的社会规范而尊重个性自由的人生态度。

袁中道的《李温陵传》(见《珂雪斋集》)是一篇写明代后期启蒙思想家李贽的评传。传主李贽也是个蔑视功名、蔑视名教，具有异端思想的人物。李贽确有不少独具的个性，如其为文抒独见，诗有神境，作书则解衣大叫，恶头痒则去其发。这些表现，纯属个人爱好，于别人无妨。从中可见他追求个性自由的强烈情态。李贽后来被“妄著书”的罪名关进监狱，他终不屈服，以自杀作了无声的抗议。作者认为李的著作“破的中窍”“大有补于世道人心”，对李贽受到的迫害表示愤慨。

再次，明中后期有些传记作品对人的欲望持肯定态度。“好货，好色”，追求享乐生活，在明中后期已不只是统治阶级的生活追求，也是市民阶层中一些人常见的生活现象。袁中道的《梅大中丞传》中的梅国桢在中进士前与海内文人词客，“相与为裙簪之游。调笑青楼，酣歌酒肆”。可见当时文人的享乐生活。明中后期传记中写到好色，追求物质享乐，仅从追求个性自由，与当时宋元以来的理学所提倡的“存天理，灭人欲”的禁欲主义比较，则有其积极意义的一面；但拥妓好色究竟与正常的追求爱情婚姻自由有根本的不同，和单纯的追求生活享受一样有它消极的一面，这是必须指出的。

三、市民传记世俗化的积极意义与局限

明中后期市民传记世俗化倾向在内容上表现显著，而在形式上表现不太明显。从对传记文学发展的积极意义说，首先是扩大了传记文学的表现范围，使传主真正扩大到以平民为对象，这在传记文学写什么人的问题上较前代有所突破，说明传记文学可写社会名人，也可写平民。其次，重视写传主的日常生活，使传主个性得到丰富，更接近读者。又注意写传主的真情，写对个性自由和欲望的追求，更有利于表现传主的人性。但市民传记局限也明显，如传主无新的理想，对旧社会制度无触动。因而传主对读者缺少鼓舞作用，有的传主并不值得称道。至于其艺术上的发展与局限请见下节阐述。

第三节　明代中后期市民传记的审美趣味

明代中后期传记文学在艺术形式和表现手法上大体沿唐宋和明初传记文学发展而采，但这期间出现的一批市民传记具有世俗化的颇向，在艺术上体现出适合市民需要的审美趣味：形式上采用小品文，艺术效果上追求趣味性；描写传主事迹更为细致与真切，更贴近生活；语言上追求通俗流畅和新奇活泼。分别而言：

一、市民传记大部分是小品文，艺术上追求趣味性

明中后期的市民传记形式上几乎都是小品文，篇幅短小，体裁用传记文或墓志铭等。传主的生平事迹多不完整，不一定写传主的生平大事，而是写点传主的日常琐事，因而作品像是随笔一类的小品文。如归有光的《可茶小传》，袁宏道的《醉叟传》，袁中道的《回君传》，李开先的《老黄、浑张二恶传》等。作者笔下的这些人都是些普通市民，如同在我们身边一样。他们各有自己的生活方式，自己的爱好，而又使人觉得有趣味。这种艺术效果上的趣味性来自传主本身的性格和生活趣味，同时也反映了作者对这种趣味的欣赏。

作者运用了夸张手法表现传主的性格，以达到喜剧性效果，让人产生趣味。如袁中道的《回君传》，运用夸张手法描写一个绰号谓“回君”其人及其饮酒前后的神态：

> 回君者，邑人，于予为表兄弟，深目大眼，繁须髯，大类俳场上所演回回状。予友丘长孺见而呼之谓“回”，邑人遂“回”之焉。
>
> 方其欲酒之时，而酒忽至，如病得药；如猿得果；如久饿之马，望水

涯之芳草，跲足骄嘶，奔腾而往也。耳目一，心志专，自酒以外，更无所知。于于焉，嬉嬉焉，语言重复，形容颠倒，笑口不收。四肢百骸，皆有喜气。与之饮，大能助人欢畅，予是以日愿与之饮也。（见《珂雪斋集》）

作品描写了人物在酒到眼前时那种急于想喝的情景，描写了他聚精会神、专心致志地喝酒的情态，描写了他酒落肚后全身舒畅的状貌。一连串的比喻，将回君嗜酒的个性淋漓尽致地写出来，既夸张又贴切，让人叫绝，让人几乎笑出声来。

又如用讽刺手法取得喜剧效果。李开先的《老黄、浑张二恶传》（见《李开先集》），其中写济阳人张碹，诨名浑张，嘉靖辛卯年中举，但喜乞讨过日。有一天，浑张去见武定兵备，他刚下堂阶，见两只鹅，又要讨一只鹅解馋。“兵备知其无耻，戏之，二鹅并与焉。一手握米，一手持鹅，按一只则走一只，大雨中如跌交然。已而衣巾尽湿，一隶从旁解腰间束带，双系之，背负而去。”浑张为要捉两只鹅而大出丑。作者主要在讽刺浑张贪小便宜而无自尊心，既可怜又可笑。

喜欢开玩笑，讲笑话。这几乎是晚明的一种士风。晚明有个作家叫张岱，很有才。他一直活到清朝初年。所以我们在论述明代后期传记文学时要提到他，而在论述清代传记文学自传创作时还要介绍他。张岱在《家传》中说他父亲也“喜诙谐，对子侄不废谑笑”。他还认为说笑话对人生有益：“吾想月夕花朝，良朋好友，茶酒相对，千味庄言，有何趣?”（《快园道古》卷14）张岱又在《五异人传》中写他的一位十叔张紫渊性格刚愎乖戾，但临死前却说了个富于幻想的笑话：

未死前半月，阳羡李仲芳在二叔署中制时大彬沙罐，紫渊嘱其烧宜兴瓦棺一具，嘱二酉叔多买松脂，曰：“我死则盛衣冠殓我，熔松脂灌满瓦棺，俟千年后松脂结成琥珀，内见张紫渊如苍蝇山蚁之留形琥珀，不亦晶莹可爱乎?”其幻想荒诞，大都类此。（见《琅嬛文集》）

一句笑话，就活现了传主作为普通人的形象。传主的笑话让读者感到传主对生活的爱好和有趣。张岱笔下的医生鲁云谷也有他自己的生活情趣，他

"专痘疹"，能起死回生，医术高明，还多才多艺，会用多种乐器，平时生活也很有趣味，死得也很洒脱。《鲁云谷传》写道：

> 其密友惟陆瘫庵、金尔和与余三人，非大风雨，非至不得已的事，必日至其家，啜茗焚香，剧谈谑笑，十三年于此。今年庚戌三月之晦，与瘫庵饮谢纬止家。及散，犹畚土移花，夜则与范成之剪烛谈心，二鼓方寝。次日呼之不起，排闼而入，则遗蜕在床矣。（见《琅嬛文集》）

这位鲁医生也是位有趣的人，喜"剧谈谑笑"，死时也没有痛苦。

张岱还有一篇《王谑庵先生传》，记述明末著名文学家王思任的一生。这篇传记写了王思任的政治大节：他曾上疏批评南明弘光小朝廷，怒斥权奸马士英。他针对马士英的败走至越，斥责说："夫越乃报仇雪耻之国，非藏垢纳污之地也。"清军南下，有人邀他出仕，王闭门大书曰："不降。"绍兴城破，王绝食而死，连呼高皇帝者三，表现了他坚贞的民族气节。但作者并不停留在只写王的政治大节，还写了他平时爱谑、善谑的一些趣事：

> 盖先生聪明绝世，出言灵巧，与人谐谑，矢口放言，略无忌惮。川黔总都蔡公敬夫，先生同年友也，以先生闲住在家，思以帷幄屈先生，檄先生至。至之日，宴先生于滕王阁。时日落霞生，先生谓公曰："王勃《滕王阁序》，不意今日乃复应之。"公问故。先生笑曰："落霞与孤鹜齐飞，今日正当落霞，而年兄眇一目，孤鹜齐飞殆为年兄道也。"公面赪及颈。先生知其意，襆被即行。（见《琅嬛文集》）

王思任对朋友的生理缺陷开玩笑是不礼貌的，但这表现了他的善谑的个性。作者写王思任后来"调笑狎侮，谑浪如常，不肯少自贬损也。晚乃改号谑庵，刻悔庵以志己过，而逢人仍肆口诙谐，虐毒益甚"。可见个性之难改。

总之，读此类传记，不惟传主个性中有笑料，而且也反映了传记作者的审美趣味。

二、描写更为细致真切，更贴近生活

每个时代的传记文学与同时代其他文学样式往往呈现相似的审美倾向。

如先秦历史散文中的传记片段与诸子散文相似，具有义理美；两汉的史传文学（主要是《史记》）与汉乐府相似，具有悲剧美；中唐时代的传记文（主要是韩、柳的传记文）与中唐诗歌相似，具有诗意美；宋代的传记文（主要是欧阳修、苏轼的传记文），与宋诗相似，具有情韵美。而明代中后期的传记文与明代中后期的拟话本（主要是“三言”“二拍”）相似，具有比以往文学作品更接近现实生活的真实美和亲切美。具体表现为：

第一，对传主形象的细致真切的描写。如袁宏道的《醉叟传》（见《袁中郎全集》）中对醉叟形象及其吃蜈蚣情景的描绘：

> 醉叟者，不知何地人，亦不知其姓字，以其常醉，呼曰“醉叟”。岁一游荆、澧间，冠七梁冠，衣绯衣，高权阔辅，修髯便腹，望之如悍将军。年五十余，无伴侣弟子，手提一黄竹篮，尽日酣沉，白昼如寐，百步之外，糟风逆鼻。遍巷陌索酒，顷刻饮十余家，醉态如初。不谷食，唯啖蜈蚣、蜘蛛、癞虾蟆及一切虫蚁之类，市儿惊骇，争握诸毒以供。每游行时，随而观者常百余人。人有侮之者，漫作数语，多中其阴事，其人骇而反走。篮中常畜干蜈蚣数十条，问之，则曰：“天寒酒可得，此物不可得也。”伯修告予时，初闻以为传言者过，召而饮之，童子觅毒虫十余种进，皆生啖之。诸小虫浸渍杯中，如鸡在醯，与酒俱尽。蜈蚣长五六寸，夹以柏叶，去其钳，生置口中，赤爪狞狞，屈伸唇髭间，见者肌栗，叟方得意大嚼，如食熊白豚乳也。问诸味孰佳，叟曰：“蝎味大佳，惜南中不可得。蜈蚣次之，蜘蛛小者胜。独蚁不可多食，多食则闷。”问食之有何益，曰：“无益，直戏耳。”

这里对人物形象的描绘，尤其是对人物脸部的描绘颇为细致，写其醉态更为真切，几乎让读者感到酒气透过纸面扑鼻而来。而写其吃蜈蚣的样子，也能让读者“肌栗”。

明后期的传记文，有的作品对传主形象的描写，并非从外貌描写入手，而是着重对其内心感情作较细致真切的描写，明末清初的王猷定（1596—

1662），字于一，号轸石，江西南昌人，明末拔贡生。入清后，绝意仕进，晚年寓居浙江西湖僧舍。著有《四昭堂集》行于世。他虽生活到清初，但其传记的文风仍保留明后期市民传记的特色。他所作的《汤琵琶传》写了一个善弹琵琶的艺人的凄苦的一生，写得十分动人（该传收入上海文艺出版社《中国古典传记》下册。注明选自《明文授读》卷55）。

这篇传记描写弹琵琶的艺人汤应曾形象有两点特别细致真切。其一，写汤应曾内心对音乐敏感而产生的悲哀，对其母亲的孝顺，对妻子的深情，都写得自然真挚。作品写道：

> 汤应曾，邳州人。善弹琵琶，故人呼为汤琵琶云。曾贫无妻，门前有石楠树一株，搆茅屋，奉母以居，事甚孝。幼好音律，闻歌声辄哭。已学歌，歌罢又哭。其母问曰："儿何悲？"曾曰："儿无所悲也，心自凄动耳。"

汤应曾被一将军招进幕中，后来，"一日大雪，至榆关，马上闻觱篥，忽思母痛哭，遂别将军去"。可见他对母亲的思念之深。以后娶了妻子，但为生计，他仍别妻在外。再回家中听母亲说，妻子已死，他"掩抑哀痛不自胜。夕陈酒浆，弹琵琶于其墓而祭之。自是不复弹"。又可见他对妻子的深厚感情。由于该传对传主内心感情的细致描写，使这篇作品具有浓郁的抒情色彩。

其二，写汤应曾高超的技艺，非常细致真切。读者通过作者的描写，仿佛能听到那感人至深的铮铮琴声：

> 其生平所弹古调百十余曲，大而风雨雷霆，与夫愁人思妇，百虫之号，一草一木之吟，靡不于其声中传之。而尤得意于《楚汉》一曲，当其两军决战时，声动天地，屋瓦若飞坠；徐而察之，有金声、鼓声、剑声、弩声、人马辟易声；俄而无声。久之，有怨而难明者，为楚歌声；凄而壮者，为项王悲歌慷慨之声、别姬声；陷大译，有追骑声；至乌江，有项王自刎声、余骑蹂践争项王声。使闻者始而奋，既而恐，终而涕泪之无从也。其感人如此！

对琴声的描写，或绘声绘色，或以听众的反映来点染出他的音乐的感人效果。写汤应曾玩艺之高超，实际也是对他本人形象的细致描写，因为汤应曾与“汤琵琶”本为一人，这位传主与琵琶是不可分的。

第二，对传主生活琐事的细致描写。生活琐事，指穿衣吃饭、柴米油盐之类，还有家庭变故、亲朋离合等。由于细致描写生活琐事，一方面使作品更具有真实性，另一方面还可表现传主的个性和生活趣味，表现人物之间的关系。如张岱《家传·先子传》（见《琅嬛文集》）写他父亲“善饭”：

> 先子善饭，是日早晨，犹兼数人之餐。盖先子身躯伟岸，似舅祖朱石门公而稍矮。壮年与朱樵风表叔较食量，每人食肥子鹅一只，重十斤，而先子又以鹅汁淘面，连啜十余碗。表叔捧腹而遁。

这是一次有害健康的比赛，但这样具体细致的描写，却生动地表现了作者父亲的形体高大与胃口之好，很有生活趣味。又如张岱《五异人传》（见《琅嬛文集》）对其族祖瑞阳在外出谋生前一段家庭生活的描写：

> 族祖汝方，号瑞阳，长余大父数岁。读书不成，去，学手艺经纪，俱不成，贫薄无所事事。娶某氏，不能养，为富家浆浣缝纽，借以糊口。一日坐草，育长儿守正，方三朝，度不得朝食，乃泣曰：“我与若一贫如洗，若再恋栈豆，填沟壑必矣。欲北上，经营经年，以无路费辄止。今至此，出亦死，不出亦死。与其不出而死，吾宁出而死也。我身无长物，见汝衣领尚有银扣二副，盍与我措置之?”孺人剪其扣与瑞阳，瑞阳急走银铺熔之，得银三钱许。瑞阳与孺人各取其半，曰：“汝以是为数日粮，弥十日，仍往富家糊口。吾以是为路费，明日行矣。”二人哭别。

作品中主要情节是写传主要妻子衣领上二副纽扣作路费，写他家一贫如洗的情景，对传主要纽扣的过程作了细致的描写。传主要纽扣的话，曲曲折折，表现了他为求生路而希望妻子支持的一番苦心。写传主得纽扣后急走银铺，分银后的哭别，都表现了一对患难夫妻的深厚感情，读来真令人心酸。而作品所写的事，所写的情，都贴近一般市民生活，能让读者感到传主的事，传主的心情真实可信，感到传主生活的艰难，而传主夫妻的深厚感情可能给他们的生存带来希望。作品所透露的真实的美、亲切的美，使读者感到艺术的美好，会给读者增加生活的勇气。

类似的例子，如归有光的《归氏二孝子传》(见《震川先生集》)，写孝子华伯夫妻与其弟的友爱感情。通过细致地描写日常生活，展示了人物之间的关系：

> 绣字华伯，孝子之族子，亦贩盐以养母，已又坐市舍中卖麻。与弟纹、纬友爱无间。纬以事坐系，华伯力为营救。纬又不自检，犯者数四。华伯所转卖者，计常终岁无他故，才给蔬食，一经吏卒过门辄耗，始终无愠容。华伯妻朱氏，每制衣必三袭，令兄弟均平，曰："二叔无室，岂可使君独被完洁耶?"叔某亡，妻有遗子，抚爱之如己出。然华伯，人见之以为市人也。

作品写华伯养母、救弟、抚爱侄儿诸细事，表现了当时一个市民家庭家人之间的亲情。尤为动人的是写其妻子为二叔制衣，语虽平淡，但充满了对兄弟的友爱之情，使人感到十分亲切。

第三，对一般事情也进行细致的描写。如艾南英的《自叙》记明代乡试的情况。艾南英（1538—1646），字千字，东乡（今江西东乡县）人。其《自叙》(见《天慵子集》)是作者试卷集的自序，也相当于自传。其中对考生参加岁考所受痛苦的描写非常明晰：

> 试之日，衙鼓三号，虽冰霜冻结，诸生露立门外，督学衣绯坐堂上，灯烛辉煌，围炉轻暖自如。诸生解衣露足，左手执笔砚，右手持布袜，听郡县有司唱名，以次立甬道，至督学前。每诸生一名，搜检军士二名，上穷发际，下至膝踵，裸腹赤踝，为漏数箭而后毕，虽壮者，无不齿震冻栗，腰以下，大都寒冱僵裂，不知体肤所在。
>
> 遇天暑酷烈，督学轻绮荫凉，饮茗挥箑自如。诸生什百为群，拥立尘坌中，法既不敢扇，又衣大布厚衣，比至就席，数百人夹坐，烝

薰腥杂，汗淫浃背，勺浆不入口，虽设有供茶吏，然率不敢饮，饮必朱钤其牍，疑以为弊，文虽工，降一等，盖受困于寒暑如此。

描写考生寒天受冻，暑日热蒸，生动而典型。在此以前传记文学中对科举考试的描写没有这样的具体细致。

明中后期传记文学这种描写人物和日常生活趋向细致的特点，是与同时代其他文学样式和民间描写艺术的发展互相影响、互相促进的。如张岱《柳敬亭说书》中曾描写过柳敬亭演说武松打虎，说到“武松到店沽酒，店内无人，蓦地一吼，店中空缸空甓皆瓮瓮有声”。民间艺人说书如此细腻，作家写人叙事自然也可毫发毕现。这也说明当时传记文学描写人物和日常生活趋向细致，符合当时文学风尚，适应了市民读者对真实的美和亲切的美的追求。

三、追求语言通俗流畅，新奇活泼

当时传记作品吸收了许多口语。如李梦阳为其弟所作的传记中用了口语“打毬”“打蜻蜓”的说法。李开先生传记中称演员为“戏子”。归有光的传记文，其语言更接近口语，如前引《先妣事略》等，都通俗易读。

袁宏道的传记文语言既通俗又新奇。其《徐文长传》的开头，写有一天晚上他在陶石篑家首次见到徐文长诗集，与石篑一起读徐诗的兴奋神情：

又当诗道荒秽之时，获此奇秘，如魇得醒。两人跃起，灯影下，读复叫，叫复读，童仆睡者皆惊起。

其中“读复叫，叫复读”即近口语。这虽只6个字，却把当时他们喜悦、倾倒、激动的神态全都呈现在读者的眼前。他这种语言特色还表现在该传描写徐文长的游历见闻和他的诗歌内容上：

文长既不得志于有司，遂乃放浪麴蘖，恣情山水，走齐鲁燕赵之地，穷览朔漠。其所见山奔海立，沙起云行，风鸣树偃，幽谷大都，人物鱼鸟，一切可惊可愕之状，一皆达之于诗。其胸中又有勃然不可

> 磨灭之气，英雄失路、托足无门之悲，故其为诗，如嗔如笑，如水鸣峡，如种出土，如寡妇之夜哭，羁人之寒起。

这段文字吸取书面语、口语中有表现力的语言，通俗畅达，又能发挥想象，概括地写出文长游历山水的奇特见闻。用丰富的比喻，长短交错的句式写出其复杂的感情，语言显得很新奇，形象地表现出传主奇人的特点。

张岱的传记作品中的语言在明中后期传记文学中最为通俗而新奇，而且从词汇到句法，都更为新鲜、活泼，明丽。如他的《鲁云谷传》写医生鲁云谷的医术，说其“医不经师，方不袭古，每以劫剂臆见，起死回生”。说其个性是：“性极好洁，负米颠之癖，恨烟，恨酒，恨人擷花，尤恨人唾涕秽地。”连用四个结构相同的排比短句，极写其所恨，所用的语言比起袁宏道更近口语。又如其《五异人传》写燕客的个性所用之语：

> 弟萼，初字介子，又字燕客。母王夫人，止生一子，溺爱之，养成一躁暴鳖拗之性。性之所之，师莫能谕，父莫能解，虎狼莫有阻，刀斧莫能劫，鬼神莫能惊，雷霆莫能撼。

这里所用的词汇都极为浅近，其中“鳖拗”一词尤为新鲜，形容传主脾气倔犟很准确生动。而一连用五个排比句来形容传主“性之所之”，语言通俗而有创造性。又如《五异人传》写伯凝，叙伯凝的爱好及其帮助内弟一段，文言词汇与口语词汇融为一体：

> 伯凝有一隙之暇，则喜玩古董，葺园亭，种花木，讲论书画。更喜养鹁鸽，养黄头，养画眉，养驴马，斗骨牌，着象棋，制服饰，畜奚僮，知无不为，兴无不尽。
>
> 其内弟督兵江干，伯凝为之措粮饷，校枪棒，立营伍，讲阵法，真有三头六臂，千手千眼所不能尽为者，而伯凝以一瞽目之人掉臂为之，无不咄嗟立办。则其双眼真可矐，而五官真不必备矣。

其中“一隙之暇”“咄嗟立办”“三头六臂”等都是文言词语，而“玩古董”“种花木”“养鹁鸽”“着象棋”“千手千眼”等等，显然都是从口语中吸取来的。“更喜养鹁鸽”以下连续7个排比句，写出传主的爱好之多。

总之，明代中后期的传记文学以市民传记为代表，在艺术上追求表现普通人的人性，艺术效果上的趣味性；对人物描写和日常生活描写的细致性，以追求真实的美和亲切的美；语言上趋向通俗新活。这些新特点新因素与作者出身市民阶层或与市民紧密联系有关，也与作者的审美趣味有关。因而从整体面貌上说，这个时期的传记文学具有一种市民文学的色彩。由于当时的传记形式仍多为短篇小品，这给更深地反映传主的一生仍带来限制。

第四节　明代的传记文学理论与批评

明代的传记文学理论与批评大致表现在两个方面：一是明人对《史记》传记文学的评点，比唐宋人对《史记》的一般研究进了一步，明人几乎对《史记》传记文学整体和逐篇都有评价，尤其是对其艺术性有具体的评论；二是结合传记文学创作，明人对传记文学表现人物的真实生活、真情实感有新的见解。明人这方面的理论与批评带有鲜明的时代特色，与明代中后期文学思潮具有同步性。另外胡应麟提出“史有别才”说也值得一提。

一、明人评点《史记》传记文学的杰出成就

继宋人开始评论《史记》的风气以后，到了明代，此风蔚为壮观。明人对《史记》有史钞、史评、评点《史记》全书，甚至还出现《史记》辑评的大部头著作。史钞，指对《史记》的摘抄和评论，著名的如茅坤的《史记钞》。史评，指有关文章中涉及对《史记》的评论。评点，指用几种颜色在精彩的句子旁加上圈点，并加以评论，以引起读者注意。这种形式

在明中叶后在《史记》文学研究中颇流行。其好处有三：其一，它比较灵活自由，容量比较大。既可以引导读者阅读欣赏，也可以议论作品的得失；既进行总体上的分析，又可对细部进行具体的分析；既可以对人物进行评论，也可以考证事实的虚实。其二，评点加在作品中，或在眉头，与作品交织一起，能帮助读者欣赏。其三，一般都写得浅显明爽，通俗易晓，为读者易于理解（参阅张新科、俞樟华《史记研究史略》，三秦出版社）。这类书如归有光的《归震川评点史记》，归有光最爱好《史记》，特用五彩笔评点《史记》。他评点的《史记》在明清两代流传很广。他提倡学习《史记》，对《史记》文章的转折波澜、起伏照应等技巧注意较多，而对《史记》“于古人深际，未之有见”（章学诚《文史通义·文理》）。章认为归有光对《史记》作文深意尚未发现。不过，文学评论作为人类艺术体验是逐步积累起来的，归有光在当时已作出的贡献也功不可没。史记辑评，指将各家对《史记》的评论经搜集整理，汇为一编。凌稚隆的《史记评林》即为这类著作的代表作。该书征引历代百余家的评论，搜罗丰富，对《史记》研究大有裨益。

明人对《史记》传记文学评论成就最大的是以茅坤、归有光为代表的唐宋派散文家。明人对《史记》传记文学的评论侧重在它的艺术性。其主要观点有以下两方面：

1. 从人物形象的塑造方面，探讨《史记》的写人艺术。《史记》一书既是史著，又是传记文学集。明以前的学者对《史记》的评论重史较多，宋人开始注意《史记》的文学风格成因之研究，但尚缺乏对《史记》的中心问题，即人物形象塑造的思考。明人的进步就在较全面而概括地认识到《史记》人物的个性化，以及司马迁写历史人物的感情寄托。茅坤《史记钞》卷首《读史记法》指出：

> 列传七十，凡太史公所本《战国策》者，文特嫖姚跌荡，如传刺客，则聂政、荆轲；如传公子，则信陵、平原、孟尝；他如传谋臣战将，则商鞅、伍胥、苏秦、张仪、范雎、蔡泽、吕不韦、春申、司马

穰苴、孙武、吴起、乐毅、廉颇、蔺相如、赵奢、李牧、田单、白起、王翦、李斯、蒙恬，虽不尽出《战国策》，而秦汉相间不远，故文献犹足，章章著明，太史摹画绝佳。而伯夷、屈原，则太史公所得之悲歌慨者尤多，故又别为变调也。

其入汉以后，太史公所最不满当时情事者，汉开边衅，及酷吏残民，故次匈奴、大宛，并郅都以下，文特精悍。太史公自以救李陵，犯主上，并无故人宾客出救，又贫不能赎，卒下蚕室，故于剧孟、鲁朱家之任侠，于猗顿、卓氏辈之货殖，俱极摹画。诸将中所最怜者，李广之死与卫霍以内宠益封，故文多感欷。淮阴、黥布之特将，樊灌以下之偏裨，详画以差。也如张耳、陈余，则感其两人以刎颈之交相贼杀。窦婴、田蚡、灌夫，则感其三人以宾客之结相倾危。郦食其、陆贾、朱建之客游，刘敬、叔孙通之献纳，季布、栾布之节侠，袁盎、晁错之刑名，张释之、冯唐、韩长儒之正议，石奋、卫绾、直不疑之谨厚，淮南、衡山之悖乱，汲黯、郑当时之伉声，此皆太史公所慨于心者。言人人殊，各得其解，譬如善写生者，春华秋卉，并中神理矣。

茅坤这段论述一连点出《史记》七十列传中63人的名字，以汉分界为汉以前和入汉后两大块，对各组人物的身份、个性，和司马迁对人物的个人感情，作了总体的分析评价。司马迁对人物的描写有的是“摹画绝佳”，有的是“俱极摹画”，有的是“详画以差”，总的是“言人人殊，各得其解”，“并中神理”。这也就指出了司马迁写人物能把握人物的个性化。司马迁对笔下的人物饱含感情，但因人而异，有的是“悲歌慨者尤多”，有的是“文之多感欷”，有的是“所慨于心者”。对此，明代其他学者也不只一次发表同感，认为司马迁对笔下人物的感情是寄托他的发愤著书的心情。如黄淳耀说：“大抵太史公于英雄贫困失路无门之日，皆极力摹写，发其孤愤”（《黄陶庵先生全集》卷四《史记评论》）。又陈仁锡说：“子长写夷齐之怨，及所以自写其怨，寓意颇深。”（《陈评史记》卷61）当然，司马迁写人物时所寄之情并非仅限于发泄对个人遭际的愤怨，尚有更广泛的对不合理的历史现实的愤激和批判。而这点是明人尚未觉察到的。

明人对《史记》传记文学人物形象的刻画，对人物形象的强烈的艺术感染力的把握是在多次学习、抄写、思考后得到的。茅坤在《刻史记抄引》中曾自述学习《史记》的体会，为求《史记》人物形象之“神”之所在：“余独疑而求之，求之不得，数手其书而镌注之三、四过。”这才“自得其解”。他用多次抄写《史记》的办法，求得对《史记》的理解，其钻研精神是可嘉的。他在《与蔡白石太守论文书》中对《史记》人物形象的强烈感染力作出了著名的论断：

> 今人读《游侠传》即欲轻生，读《屈原贾谊传》即欲流涕，读《庄周》《鲁仲连传》即欲遗世，读《李广传》即欲力斗，读《石建传》即欲俯躬，读《信陵》《平原君传》即欲好士，若此者何哉？盖各得其物之情而肆于心故也，而固非区区句字之激射者。

茅坤在这里形象地揭示了《史记》人物形象对读者的强烈感染作用。他所要求的人物形象之“神”，即人物形象的强烈艺术感染力。由于读者体会到了人物形象的内在感情则会在自己心中引起强烈的共鸣。茅坤从人物形象的艺术感染力已经认识到了《史记》可贵的艺术价值。

2. 从叙事方面，把握《史记》传记文学的艺术美。《史记》传记文学首要在传人，但要传人，围绕人，也离不开叙事。明人对《史记》传记文学的叙事艺术也有不少精确的见解。诸如《史记》总体叙事的精练，每篇传记叙事中为贯彻写作意图而“必有一主宰”，讲究详略，寄寓褒贬等，都为明人所觉察到或有明确论断。

关于《史记》传记文学总体叙事精练的看法，何良俊《四友斋丛说》卷五说：

> 《史记》起自五帝，迄于汉武，盖上下二千四百一十三年之中，而为诸人立传仅仅若此。今观书中诸传欲去一人，其一人传中欲去一事，即不可得。其所谓一出一入，字挟千金，其藏之石室，副在人间，实不为过。若后人作史，芜秽冗滥，去一人不为少，增一人不为多。

今宋元史中，苟连去数十传，一传中削去数事，亦何关于损益之数哉！

何氏从总体把握《史记》叙事精练，认为不能去掉一人一事，这是对的。若仅从字、词、句去衡量，说《史记》“字挟千金”，未免过当。比较《汉书》与《史记》重迭的传记文字，显然《史记》的语言更近口语而显得粗朴，而《汉书》则较简洁，两者各有千秋。但从总体上把握《史记》的艺术价值，应该说《史记》叙事确是精练的，诚如凌约言指出：“太史公叙事，每一人一事，自成一片境界。”（凌稚隆《史记评林》卷4引）从“自成一片境界”看，则《史记》中一字一句都动不得。

关于《史记》每篇传记“必有一主宰”的叙事方法，为许多明人所认识到。陈仁锡明确指出：“子长作一传，必有一主宰。”（《陈评史记》卷109）与“主宰”的观点类似的提法，明人尚有称为“骨”或“骨子”的，或称为“大旨”“大纲”的：

《孙子吴起列传》：“通篇以‘兵法’二字作骨。”（《史记评林》卷65）

《商君列传》：“通篇以‘法’字作骨……血脉何等贯串！”（《史记评林》卷68）

《樗里子甘茂列传》：“滑稽多智是一篇骨子。”（《史记评林》卷71）

《曹相国世家》：“‘清静’、‘宁一’四字，一篇之大旨也。”（茅坤《史记钞》卷28）

《酷吏列传》：“‘法令者治之具，而非制治清浊之源’，一篇大纲。”（唐顺之《精选批点史记》卷5）

（以上引例参阅张新科、俞樟华《史记研究史略》）

从这些例子可见，明人发现《史记》每篇传记都有一个主宰，或叫骨子、纲领的东西。这主宰或指与人物密切相关的一件事，如孙子吴起与“兵法”，商鞅与“法”；或指人物的性格特点，如樗里子、甘茂的“滑稽多智”；或指体现一篇传记的主题（或作者的写作意图）的某几个字，某一句话，如《曹相国世家》《酷吏列传》的例子。人物的一件事、一个性格特点、作者的一句评语，都可成为一篇传记的主宰。而这个“主宰”又与一篇传记的主题，人物的性格，乃至全文的线索贯串都相关联。所以一篇传记的“主宰”实在是作品的“纲”。从作者叙事的角度说，抓住“纲”就能在叙事中体现作者的写作意图，安排结构，布置线索，突出人物的性格特征。而从读者的角度说，抓住“纲”，也就有助于理解和欣赏每篇传记的叙事重点，乃至艺术构思，领悟到传文的艺术美。所以明人对《史记》每篇传记的“主宰”的评点，对今人阅读《史记》，借鉴其叙事写人的方法仍有现实意义。

关于《史记》传记文学叙事注意详略问题，明人虽无深入研究，但已有人提出。如胡应麟指出：

> 卫青、李广，均武夫也，广事终身如睹，而青寥寥也；曹沫、荆轲，同刺客也，轲事千载若新，而沫寥寥也，以叙事有详有略也。（《少室山房笔丛》卷13）

司马迁对历史人物的叙事分出详略，因人而异，胡应麟的发现是正确的。但应进一步看到，司马迁对人物叙事分出详略是寄寓自己的褒贬态度的。明人虽未能明确提出《史记》叙事中寄寓褒贬，但已发现《史记》的体例中存在褒贬。何乔新指出：“列传褒贬尤有深意，以伯夷居于列传之首，重清节也；以孟荀冠于淳于之徒，尊吾道也；以庄周附于老子，以申不害附于韩非，别异端也。”（《何文肃公文集》）何氏对《史记》体例寓褒贬的观点，对后人认识《史记》叙事也寓褒贬有启发意义。

二、明代的传记文学理论与个性解放的文学思潮

明人这方面的理论与批评多集中在探讨传记文学的真实性、人物的个性、传记作家的才能上，时间多在明中期以后。明初只宋濂对传记理论偶有论及。

1. 宋濂对传记创作强调其教化作用

宋濂作为明朝开国文臣之首，是个理学家，他是以儒学思想来指导自

己的传记写作的。在入明前，他在元至正十年（1350），就写过杂传《浦阳人物记》二卷，记述浙江浦阳（今浙江浦江县）历史上名人29个，分忠义、孝友、政事、文学、贞节五篇。这是为表彰本地先贤而作。他又为婺州（今浙江金华市）地区刘滂等9人作过传。他在《杂传九首有序》中说："婺为浙水东大郡，自昔人物多出其中。……欲分道学、忠义、孝友、政事、文学、卓行、隐逸、贞节八类，作先民传，以示乡之来学。"他又在《周贤母传》写道："金华宋濂曰：予尝从史官之后，遇人有善者必谨书之，将以诱民衷而树世防也。于戏，贤哉！贤而得书，亦《春秋》之书法也。"宋濂的散传有些写出身下层而德行可赞的人物，选择这些人做传主，与他为了"垂教后人"，为封建社会树立做人的楷模的指导思想有关。

2. 李梦阳的"文其人，如其人"说

明中叶后，学者和传记作家对传记文学的真实性、人物的个性，在观念上比前代有发展。他们强调描写人物的真实生活，表现人物的真情实感，抨击那种压抑、歪曲人性的程朱理学。李梦阳是"前七子"的代表人物，也是晚明文学思潮萌芽的代表，其文学理论是打着复古的旗号反对唐宋以来的道统文学观，其中也涉及传记文学的理论与批评。他在《论学》上篇中说：

> 古之文，文其人，如其人便了，如画焉，似而已矣。是故贤者不讳过，愚者不窃美。而今之文，文其人，无美恶，皆欲合道，传志其甚矣，是故考实则无人，抽华则无文。故曰宋儒兴而古之文废。（《空同集》卷61）

李梦阳论古今在"文其人"方面的差异，与传记写作有关。他所评论的文，包括传记碑志在内。他提倡"文其人，如其人""不讳过""不窃美"，反对那种"文其人，无美恶，皆欲合道"的弄虚作假。人物的思想行为跟宋儒所谓的性理，所谓道并不一致。硬要让人物的思想行为符合宋儒的道，那么写传记时只有说假话，把人物身上不"合道"的东西掩盖起来，甚至捏造"合道"的东西来夸奖一通（参阅章培恒《李梦阳与晚明文学新思潮》，《安徽师大学学报》1986 年第 3 期）。正因为当时包括传记文在内的文章中有虚假内容，所以李梦阳指出那些文章“考实则无人，抽华则无文”，从根本上断送了文学的生命。这些现象的产生与宋代的理学分不开，所以李梦阳的观点实质上是要传记文学摆脱理学的桎梏，自由独立地发展。

3. 李开先的“传如写真说”和“善恶皆备”说

李开先是明代中期的著名戏曲家，他在传记文学创作上也有一定的成绩，为明中期不少著名文人写过传。他往往在一些作品的开头发表一点对传记创作的理论性观点，如他在《怀朴康君传》说：

> 世有亲病危而召绘工写真者，写讫不肖其亲，诸子环立，以为日后祭祀瞻拜，何以能慰遐思？夫写真细事耳，犹以不肖为戚，传则欲见其容止行藏，是必能言者而后可以承委，予虽自知不能，然不敢不勉，遂摘其状志及闻于乡人者，聊为一传付之。又止据“怀朴”二字、直书其事，其他谊行及世系生葬，有状志在焉，此固可略云。（《李开先集》中册，中华书局版）

李开先认为传记作品对真实性的要求比画像还要高，要能表现出人物的“容止行藏”，要“直书其事”。李开先又在另一篇《老黄、浑张二恶传》开头说：“传乃文中一体，善恶皆备可也，诸作者多溢美人善，而恶则未之及。”于是李开先为两个虽中过举人而德行恶劣的人（黄彬、张瑄）作了一篇讽刺性的合传。

4. 张岱的传记人物“不失真面”说

张岱是晚明的大史学家和散文家，他主张写传记应不失描写对象的本来面目，对人物的瑕瑜都应该写。他在写自己的祖先的《家传》中说：

> 传吾高曾如救月，去其蚀，则阙者可见也；传吾大父如写照，肖其半，则全者可见也；传吾先子如网鱼，举其大，则小者可见也。岱不才，无能为吾高曾祖考另开一生面，只求不失其本面真面笑啼之半面也已矣。（《琅嬛文集》卷 4）

他认为必须把人物事迹中被掩盖的部分写出来，“不失本面真面笑啼之半面”，也就是要写人物的真实生活、真实个性、真实感情。他主张对人物的优点缺点都要写，尤其不要掩饰其缺点。在《附传》中说：

人之死而寂寂终无可传者有之矣，惜乎吾三叔者，皆可传之人也。三叔者，有瑜有瑕，言其瑜则未必传，言其瑕则的的乎其可传也。解大绅曰：“宁为有瑕玉，勿作无瑕石。”然则瑕者，正其所以为玉也，吾敢掩其瑕以失吾三叔之玉乎哉！

以上这些观点并非偶然的、孤立的，而是与明代中后期出现的文学思潮紧密相联。明中后期出现的肯定人的欲望，要求个性自由的文学思潮，尤其是李贽、袁宏道等人的文学理论，与当时的传记文学理论与批评的新观点相呼应。袁宏道强调诗文理论是“独抒性灵”（《叙袁小修诗》），以“真”作为文学批评的核心，提出：“真则我面不能同君面，而况古人之面貌乎？”（《与丘长孺》）这与张岱后来说的“只求不失本面真面”多么相似！

5. 徐师曾的文体明辨说和胡应麟的“史有别才”说

明人关于传记文学理论，还有徐师曾的《文体明辨序说》对有关传记文体的解释，胡应麟《少室山房笔丛》中的《史书占毕》有关“史有别才”的观点均值得注意。

徐师曾（1510—1573?），字伯鲁，江苏吴江人。编有《文体明辨》84卷，此书以同郡常熟人吴讷所编《文章辨体》为主修订补充而成。两书都是一方面分体选文，一方面依体作序说。将其序说单独抽出则成两种序说。徐师曾的《文体明辨序说》(罗根泽校点，人民文学出版社）辨体意识更为明确。书中有关传记的文体如行状、墓志铭、墓碑文、墓表、传、诔等，都一一解释其来源，体制特点，提供了这类文体的知识。如其中对“传”体的序说：

按字书云：“传者，传（平声）也，纪载事迹以传于后也。”自汉司马迁作《史记》，创为“列传”以纪一人之始末，而后世史家卒莫能易。嗣是山林里巷，或有隐德而弗彰，或有细人而可法，则皆为之

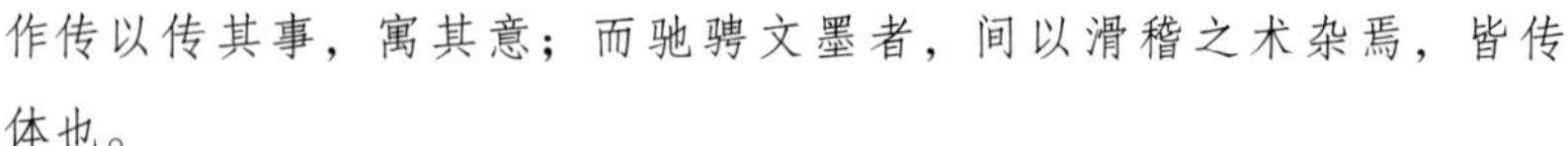
作传以传其事，寓其意；而驰骋文墨者，间以滑稽之术杂焉，皆传体也。

这条序说，即对“传”体名称的来源，司马迁创列传，以及其他传体作了简要说明。这种说明虽无理论色彩，但提供了古人对“传”体的认识资料，至少有参考价值。

胡应麟（1551—1602），字元瑞，号石羊生、少室山人，浙江兰溪人，万历举人，著作有《少室山房类稿》《少室山房笔丛》《诗薮》等。《诗薮》是明代一部规模最大，内容最广的诗话著作。《少室山房笔丛》是一部笔记式学术著作，其中《史书占毕》1至6篇为评论史书、评论历史人物等方面的札记类著述。因古代纪传体史书以传记为主，所以论史的观点部分与传记文学理论批评相关联。其中《史书占毕》提出“史有别才”说：

> 颜、谢文章，日揭江左。范之誉闻，盖远非俦。而后汉一书，逾寿接固。延之、灵运，遂为词人。昔人谓诗有别才，吾亦谓史有别才也。

胡应麟受宋人严羽《沧浪诗话·诗辨》篇“诗有别才”说之启发，提出“史有别才”说。他认为，颜延之、谢灵运在东晋诗名日高，终究是诗人。而范晔名气不及颜、谢，但其《后汉书》的成就超过陈寿的《三国志》，直接班固的《汉书》。由此认为史才不同于诗才。他所说的“史”当包括纪传体之史，也包含了传记文学。所以“史有别才”说也应用于传记文学。“‘史有别才’说主要着眼于作家主观的创作才能。”“可以说，史才就是作者将自己的史学、史德、史识加之于作传对象，进而外化为传记文学作品的才能，诸如材料的组织才能、文字的表达才能以及风格上能否自成一家等等。”（徐国宝《试析古代传记文学理论中的“史有别才”说》，载《古代文学理论研究》丛刊第13辑，上海古籍出版社）“史有别才”说并非指传记文学创作高不可攀，而是向后人提出了注意传记文学的个性，并要求传记文学家具备更充足的创作才能。

第七章

清代传记文学的精致与停滞

明朝被李自成起义军推翻后，东北满族人入关建立了清朝。清朝的统治时间从1644年至1911年。1644年至1840年为大清盛世；1840年至1911年，划归近代文学史范畴。

清代传记文学呈现了既有某种创新，又趋向精致和整体发展停滞的局面，在中国传记文学发展史上占有其总结性的地位。清朝是中国封建王朝中“文字狱”最多的朝代之一。鲁迅说：“清的康熙、雍正和乾隆三个，尤其是后两个皇帝，对于‘文艺政策’或者说得较大一点的‘文化统制’，却真尽了很大努力的。……文字狱只是由此而来的辣手的一种。”（《买〈小学大全〉记》）其中传记作家被惨杀的就有戴名世等，方苞也因为《南山集》作序险遭不测。然而，清初传记文学的民族情绪，却极为浓烈，并作为清代传记主题和题材上的一个特征，对后世的传记文学有着积极影响。桐城派作为清一代影响最大、绵延时间最长的散文流派，是清代传记文学创作的重要方阵。桐城派三大家主要从事散文写作，并有意识地摆脱传统墓志的应用文特征，形成了一股文学传记写作的创作思潮，取得了较高的艺术成就。他们的短篇传记文代表了清代传记文学精致化的倾向。戴名世集中有传状、逸事之类的文学传记57篇，方苞有35篇。这种文体解放意识，与近现代传记文学文体独立地位的形成，颇有渊源。

在中国传记文学发展史上，一直不甚独立发达的自传文学，在清代却呈现了某种创新局面，形成了以“忆语体”自传文学为主的创作小高潮。在体制、传主、主旨、视点、美学等方面皆有创新，并为现代传记文学史上以郁达夫为代表的“自传热”的出现，提供了中国传记文化范本。

清代传记文学理论与批评，集中体现了中国传记理论家文体意识的成熟，体现了对以往理论总结性的倾向。章学诚在《文史通义》中专设“传记”章节，追本究源，提出了传记是一门独立文类的主张。金圣叹、黄宗羲着重从文体差异性视角指出了传记的文体特征。

当然，清代传记文学在繁荣与精致的同时，也存在着整体发展的停滞化倾向。清初传记文的民族情绪的表现，曲笔不少；桐城派传记文，也有过分强调“义理”之处等。

第一节　清初传记文学的民族情绪

清朝是少数民族建立的王朝，在朝代易帜、政权更迭的清初，一批知识分子在蒙受巨大的国破家亡灾难的同时，产生了强烈的民族情绪。这种民族情绪的抒发，主要表现在叙写明末抗清仁人志士的传记文之中，因而形成了清初传记文学的一个显著特征。总起来看，这种反映民族情绪的传记文又可分两类。

一、以顾炎武为代表的宣扬民族情绪的反抗性传记文

这一类传记作家是具有浓郁民族意识的明朝遗民，或积极从事过武装抗清的斗争，或不赴征召，甘愿隐逸于山林。他们对清王朝充满仇恨，为明末仁人志士的慷慨牺牲而唏嘘赞叹。一边是对故国的深深思念，一边是对清王朝的仇恨，这两种情感的交织，形成了该类传记的强烈的反抗情绪。其中顾炎武、黄宗羲、张岱、查继佐、汪琬是最著名的代表。这些作者不但亲眼目睹了国破家亡、生灵涂炭，而且大多亲身参加了抗清的武装斗争。因而。在叙写抗清仁人志士的“行事”时，他们有着深切的生命体验，而面对满清统治者在文艺上的高压政策——顾炎武是庄廷钺文字狱案中的死里逃生者——他们又不得不“于叙事中寓论断”（顾炎武语）。形成了这类反抗性传记文沉郁悲愤而质朴的艺术特色。

顾炎武（1613—1682），原名绛，1645 年清兵破金陵时，更名炎武，字宁人，世称亭林先生，江苏昆山人。顾炎武曾是一位世家子弟，相貌丑陋，性情古怪，不谐于俗。他少年时便留心经世之学，最爱抄书，遍览二十一史、明代实录。著《天下郡国利病书》，未成而国难作。顾炎武投笔从戎，纠合志士守护吴江。失败后，他弃家远游，结交壮士以图恢复故国，

晚年定居陕西华阴，烈士暮年，壮心不已。尤值得一提的是，其母绝食殉国之事，对他影响极深。所以，终其一生，顾炎武誓死拒应“博学鸿词科”和明史馆对他的征召。

顾炎武是清初著名的思想家，是清代考据学派的鼻祖。他反对明代王学的“游谈无根”，倡科学研究之精神。他的诗文充满了浓郁的反抗情绪，是清初民族情绪的真实记录。“其所为文，至于国家存亡之际，慷慨伤怀，或扬声哀号，或幽忧饮泣。”（《亭林先生全集序》彭绍升语）其传记名篇有《拽梯郎君祠记》《吴同初行状》《书吴、潘二子事》《先妣王硕人行状》《歙王君墓志铭》《山阳王君墓志铭》《复庵记》等。顾炎武的传记文感情沉郁，迫于文网压力，他在文字上不得不多有曲笔隐晦之处，其弦外之音耐人寻味。试看《书吴、潘二子事》：

先朝之史，皆天子之大臣与侍从之官承命为之，而世莫得见。其藏书之所，曰“皇史宬”。每一帝崩，修实录，则请前一朝之书出之，以相对勘，非是莫得见者，人间所传止有《太祖实录》。国初人朴厚，不敢言朝廷事，而史学因以废失。正德以后，始有纂为一书附于野史者，大抵草泽之所闻，与事实绝远，而反行于世，世之不见实录者从而信之。万历中，天子荡然无讳，于是实录稍稍传写流布。至于光宗而十六朝之事俱全，然其卷帙重大，非士大夫累数千金之家不能购。以是野史日盛，而谬悠之谈遍于海内。

苏之吴江有吴炎、潘柽章，二子皆高才。当国变后，年皆二十以上，并弃其诸生，以诗文自豪。既而曰：“此不足传也，当成一代史书，以继迁、固之后。”于是购得实录，复旁搜人家所藏文集奏疏，怀纸吮笔，早夜矻矻，其所手书，盈床满箧，而其才足以发之。及数年而有闻，予乃亟与之交。二子皆居江村，潘稍近，每出入，未尝不相过。又数年，潘子刻《国史考异》三卷，寄予于淮上，予服其精审。又一年，予往越州，两过其庐。及余之昌平、山西，犹一再寄书来。

会湖州庄氏难作。庄名廷𨱔，目双盲，不甚通晓古今。以史迁有

"左丘失明，乃著国语"之说，奋欲著书。其居邻故阁辅朱公国桢家，朱公尝取国事及公卿志状、疏草，命胥钞录，凡数十帙，未成书而卒。廷钺得之，则招致宾客，日夜编辑为《明书》，书冗杂不足道也。廷钺死，无子，家赀可万金。其父胤城流涕曰："吾三子皆已析产，独仲子死无后，吾哀其志，当先刻其书，而后为之置嗣。"遂梓行之。慕吴、潘盛名，引以为重，列诸参阅姓名中。……庄氏既巨富，浙人得其书，往往持而恐吓之，得所欲以去。归安令吴之荣者，以赃系狱，遇赦得出。有吏教之买此书，恐吓庄氏。庄氏欲应之，或曰："踵此而来，尽子之财不足以给，不如以一讼绝之。"遂谢之荣。之荣告诸大吏，大吏右庄氏，不直之荣。之荣入京师，摘忌讳语密奏之，四大臣大怒，遣官至杭，执庄生之父及其兄廷钺及弟侄等，并列名书者十八人皆论死。其刻书、鬻书，并知府、推官之不发觉者，亦坐之。发廷钺之墓，焚其骨，籍没其家产，所杀七十余人，而吴、潘二子与其难。

当鞫讯时，或有改辞以求脱者，吴子独慷慨大骂，官不能堪，至拳踢仆地。潘子以有母故，不骂亦不辩。其平居孝友笃厚，以古人自处，则两人同也。予之适越，过潘子时，余甥徐公肃新状元及第，潘子规余慎无以甥贵稍贬其节，余谢不敢。二子少余十余岁，而予视为畏友，以此也。

方庄生作书时，属客延予一至其家，予薄其人不学，竟去，以是不列名，获免于难。二子所著书若干卷，未脱稿，又假予所蓄书千余卷尽亡。予不忍二子之好学笃行而不传于后也，故书之。且其人实史才，非庄生者流也。

该传是顾炎武为清初"文字狱"的受害者畏友吴炎、潘柽章所作的传记。吴、潘二人，矢志于私家撰述明史，欲以"史传"求不朽，这种思想在清初作为一种思潮颇为盛行。也许清朝统治者早有察觉，正在他们草创明史之际，却因庄廷钺"文字冤狱"牵累，惨被诛杀。时年，吴炎38岁，潘柽章36岁，顾炎武此次也几罹其难。从这个意义上讲，顾炎武仍然能为潘、吴作传，是颇需胆识的。尽管作家用笔曲折，但其对清统治者借题发挥，诛杀无辜的行为进行了鞭挞，整篇传记，充盈着强烈的民族情绪。

查继佐（1601—1676），字伊璜，号为斋，人称东山先生、朴园先生。浙江海宁人。查继佐身当明末社会动荡时期，本不预仕途功名，唯以教书为业。1645年，清兵大举南下，攻城掠地，生灵涂炭。查继佐一奋其气，投笔从戎，受任鲁监国朝兵部职方主事，督兵赭山，小胜清军。不久，清兵渡过钱塘江，鲁监国朝败散，查继佐怀着一腔悲愤回家从事著述。

查继佐把著述重心放在了整理明史方面，先后撰成了详述明末史事的《罪惟录》《鲁春秋》《东山国语》和《国寿录》等著作。其中《国寿录》为一部传记集，为崇祯、弘光、鲁监国、隆武、永历诸朝的人物立传。尽管各传详略不同，但文笔严谨而生动，形象逼真，尤其作者的浓烈的民族思想，流淌于字里行间。《陈范良传》堪称其中的一篇佳构。陈范良本是一位绿林好汉，曾劫过皇饷，但后来成为一名声震十三省的抗清英雄。传中详细描摹出了他的足智多谋和凛然气概：

> 丁亥正月，清骑围逼范良临平之南，畏其锋未敢遽。范良知不敌，又令其众各纵去，乃与马云龙四、五人俱易清人饰，作北地口音，反入清伍。时清将于骑上遥问曰："范良何往？"范良亦大呼曰："范良何往？"四五人竟举手指曰："恐走东南，当急逐之！"骑稍稍驰东南，而解鞍饭者未尽登骑。范良等捷得其马，奋脱去。行数十里，纵马自匿……
>
> 讯者曰："看汝无甚异人，十三省皆闻汝名，今亦就吾禽乎？"范良裂眦怒曰："大明不止范良。范良死，称兵者尚多，正未可安枕卧也。"发满洲营，缳以铁索周致，四壁高绝，门有卫士日夜伺。范良手裂断铁索，纵身从空而出，走伏城河水。水泛，觉复被禽，折其臂肋。范良恨曰："吾得江东兵五千任我使，吾见清人号于野矣！此乌合非吾用也，岂非天哉！"

查继佐在1662年发生的庄廷钺《明史钞》文字狱案中也受牵连，从《陈范良传》中的反抗性民族情绪可以看出清廷对民间学者私家撰史颇为敏感，是事出有因的。不过，查继佐后来获释，改名为“左尹”，号“非人”，但仍撰写明史不辍，《陈范良传》即是《国寿录》中的名篇。

黄宗羲（1610—1695），字太冲，号南雷，浙江余姚人。父亲黄尊素是东林党人，被魏忠贤阉党害死。19 岁的黄宗羲赴京诉冤，并袖藏长锥，手刺仇人，名震天下。清师南下时，他与钱忠介起义兵，建立“世忠营”。兵败后，他遁入四明山寨。明统既绝，他扬民族之正气，不应征召，奉母乡居，从事著述。康熙三十四年卒，友人私谥为“文孝先生”。

黄宗羲是明清之际的著名学者，曾大胆提出过“富有民主意识”（梁启超语）的“君主论”：“天下之大害者，君而已矣。”他所著《明儒学案》《南雷文案》中有许多表现明末仁人志士高风亮节的传记作品，文风朴实，语言凝练，题旨鲜明，亡国之恨，昭然若揭。《刘宗周传》是黄宗羲为其先师所作的传记。全传充盈着作者对传主的景仰之情，成功地塑造了刘宗周的刚正不阿、直言敢谏、忧国忧民的感人形象。其中，刘宗周殉国绝食一段叙写得尤为一往情深，寄寓了作者的反抗性民族情绪。

> 浙省降，先生恸哭曰：“此余正命时也。”门人以文山、迭山、袁阆故事言者，先生曰：“北都之变，可以死，可以无死，以身在削籍也。南都之变，主上自弃其社稷，仆在悬车，尚曰可以死，可以无死。今吴越又降，区区老臣，尚何之乎？若曰身不在位，不当与城为存亡，独不当与土为存亡乎？故相杨万里所以死也。世无逃死之宰相，亦岂有逃死之御史大夫乎！君臣之义，本以情决，舍情而言义，非义也。父子之亲，固不可解于心，君臣之义，亦不可解于心。今谓可以不死而死，可以有待而死，死为近名，则随地出脱，终成一贪生畏死之徒而已矣。”绝食二十日而卒。乙酉六月八日戊子也，年六十八。

忠心义骨，磊磊风范，令人读之顿生爱国之情愫。这是清初传记文民族情绪的第一个特征。

二、以邵长蘅为代表的反映民族情绪的传统性传记文

从清朝定都北京至康熙中叶，反抗性民族情绪的传记文渐渐消弭。之

所以如此，一是随着时光的流逝，明末遗民大都自然衰亡了；一是满清统治者实施的高压与怀柔政策的奏效。但是，民族情绪却不可能在诸多正直的知识分子心中泯灭。邵长蘅、戴名世、全祖望等一批作家，以饱满的热情也在为明末仁人志士立传，并于传中自然而然地流露出深沉的民族情绪。不过，他们的传记文的这种民族情绪，是不同于顾炎武等明朝遗民的反抗性情绪的，而更多地呈现出一种中国史官文化“秉笔实录”的传统特征。刘知幾曰：“盖烈士殉名，壮夫重气，宁为兰摧玉折，不为瓦砾长存。若南、董之仗气直书，不避强御；韦、崔之肆情奋笔，无所阿容。”（《史通·直书》）邵长蘅等这一批作家多生在清初，并不具有排满思想，他们所崇仰的，不过为“忠信”“节义”等传统思想。在叙写明朝史事，特别是明末清初涉及南明抗清英雄传记时，沉积于内心中的民族情绪则自然流露出来。甚或以古参今，对比于现实生活的不得意，他们也不无以古人行事浇己身块垒之处。但总的来看，这类传记文没有故国之思，只是一种传统民族情绪的折射，因而也更加具备了客观真实性，特别是在“踵事生华”富有文学色彩方面形成了鲜明特色。

邵长蘅（1637—1704），字子湘，别号青门山人，江苏武进人。10 岁时，为顺治诸生，后受江南奏销案牵连除名。多次应顺天乡试不举。从此寄情山水，不应试。曾入江苏巡抚宋荦幕中，讲论文学，著有《青门集》行于世。

邵长蘅工诗，尤擅长作古文。他继承明代唐宋派传统，比事属辞，言简意赅，文史辨洽。《阎典史传》是他的传记名篇。该传叙写了清军南下时，江阴人民“以弹丸小邑”悲壮抗清的经过。着重塑造了阎典史足智多谋、英勇不屈的形象。清初薙发令下，江南人民奋起反抗这种民族压迫政策，纷纷起义兵抗清。当时阎典史因母病居家，并不是江阴县的官吏，但是在危难之中，投袂而起，毅然担任了江阴义兵的首领。传记写他守城、拒降、就义等情节，忠肝义胆流于字里行间。当时，清兵以 10 万兵力围困江阴数十重，但阎典史不畏强敌，指挥若定：城垣裂，他组织军民“取空棺寘以土，障隤处”；北城穿，令“人运一大石块，于城内更筑坚垒”；弓矢少，他设奇计，日夜借敌箭无算。当叛将刘良佐前来劝降时，他义正辞严地说："某明朝一典史耳，尚知大义。将军胙土分茅，为国重镇，不能保障江淮，乃为敌前驱，何面目见吾邑义士民乎？"性格中的爱国与坚贞一面，得到了充分的表现。江阴城破时的一段描写，更显示出阎典史的英雄形象，作者的民族情绪、爱国热情也得到了升华。

贝勒既觇知城中无降意，攻愈急。梯冲死士铠胄皆镔铁，刀斧及之，声铿然，锋口为缺。炮声彻昼夜，百里内，地为之震。城中死伤日积，巷哭声相闻。应元慷慨登陴，意气自若。旦日，大雨如注。至日中，有红光一缕起土桥，直射城西。城俄陷，大军从烟焰雾雨中，蜂拥而上。应元率死士百人，驰突巷战者八，所当杀伤以千数。再夺门，门闭不得出。应元度不免，涌身投前湖，水不没顶，而刘良佐令军中必欲生致应元，遂被缚。良佐箕踞乾明佛殿，见应元至，跃起持之哭。应元笑曰："何哭？事至此，有一死耳。"见贝勒，挺立不屈，一卒持枪刺应元贯胫，胫折踣地。日暮，拥至栖霞禅院。院僧夜闻大呼"速斫我"不绝口。俄而寂然，应元死。

江阴守城战，自阎应元以下全城无一个投降，被清军屠杀而死者不下五六万，真是"歌哭动鬼神"。

《阎典史传》在写法上，远承了司马迁史传以传主轶事描摹性格的写法，阎应元出场一段可谓先声夺人：

崇祯十四年，迁江阴县典史。始至，有江盗百艘，张帜乘潮，阑入内地，将薄城。而会县令摄篆旁邑，丞、簿选软怖急，男女奔窜。应元带刀鞬出，跃马大呼于市曰："好男子从我杀贼护家室。"一时从者千人，然苦无械。应元又驰竹行呼曰："事急矣，人假一竿，直取诸我。"千人者布列江岸，矛若林立，士若堵墙。应元往来驰射，发一矢则殪一贼，贼连毙者三，气慑，扬帆去。

这里的抵御江盗，实为江阴守城战的前奏曲，为阎应元后来的性格发展作了铺垫，使人感到真实可信。显然这是学习司马迁的笔法。同时，无论从内容题材上、主题上、结构笔法上来看，邵长蘅的《阎典史传》都与韩愈的《张中丞传后叙》有相似之处。近代人评论道："忠肝义胆，流溢行间，如摹韩文《张中丞传后叙》而为之，正复不让前人。"（王文濡《清文评注读本》传状类）但邵长蘅的《阎典史传》的传记的文体意识较明确。韩文意在辩诬，行文中议论参半；邵传则旨在弘扬江阴人的民族正气，以叙事为主。邵长蘅说："《尚书序》曰：'成周既成，迁殷顽民。'而后之论者，谓于周则顽民，殷则义士。夫跖犬吠尧、邻女詈人，彼固各为其主。予童时，则闻人啧啧谈阎典史事，未能记忆也。后五十年，从友人家见黄晞所为死守孤城状，乃摭其事而传之。微夫应元，故明朝一典史也，顾其树立，乃卓卓如是！呜呼！可感也哉！"

戴名世（1653—1713），字田有，一字褐夫，安徽桐城人，因晚年曾一度于故乡的南山隐居，世称南山先生。戴名世的思想是以儒家道义为旨归的，但又区别于所谓的"迂儒"。他对佛教、道家学说的某些思想都能理解消化。清初史坛，曾形成一股以私家修撰"明史"为人生不朽之大业的思潮。戴名世也是其中的一位荦荦大者，自称："二十年来，搜求遗编，讨论掌故，胸中觉有百卷书，怪怪奇奇、滔滔汩汩，欲触喉而出。"（《与刘大山书》）但由于种种原因所致，戴名世并未能完成夙愿，直至震惊朝野的《南山集》案发，57岁方中进士的戴名世，59岁时即被惨杀。此案牵连数百人，方苞也因曾为《南山集》作序被逮入狱，险被诛杀。从《戴名世集》中现存的五十余篇传记文来看，戴名世是颇富有史家三长的。他作传叙事得法、文笔生动。由于他一生坎坷，仕途蹉跎，因而文中常寄托怀才不遇的牢骚，对明末仁人志士的伟绩也多有推崇和向往之情。不过这种对传主的怀念，是基于他对程朱理学"忠孝"传统道德观念的认同以及留心明季史料，欲成一代史书的文化心理的反映。

戴名世长于古文，尤其是传记文独步当时。《画网巾先生传》记述了一位为反抗"薙发令"而遇难的不知名姓的义士。清初薙发令下，面对这一带有人格侮辱的法令，诸多人宁肯"留发不留头"而献出了生命。因此，这位"画网巾先生"的行为很有代表意义。传记着重刻画了画网巾的独特个性。他并没有以激昂的语言来表现自己的坚贞不屈，而是以从容不迫的行为坚持自己的民族气节：

先生者，其姓名爵里，皆不可得而知也。携仆二人，皆仍明时衣冠，匿迹于邵武光泽山寺中，事颇闻于外。而光泽守将吴镇，使人掩捕之，逮送邵武守将池凤阳。凤阳命去其网巾，留于军中，戒部卒谨守之。先生既失网巾，栉盥毕，谓二仆曰："衣冠者，历代各有定制，至网巾，则我太祖高皇帝创为之也。今吾遭国破，即死，岂可忘祖制乎？汝曹取笔墨来，为我画网巾额上。"于是二仆为先生画网巾，画已，乃加冠，二仆亦互相画也，日以为常。军中皆讹笑之，而先生无姓名，人皆呼之曰画网巾云。

戴名世的传记文，深得史传文学三味，既以人物为重心，又"藉传窥史"，注重历史背景的交代与描摹。在《画网巾先生传》中，戴名世即铺叙了清初抗清武装"四营"的历史概况：

当是时，江西福建间，有四营之役。四营者，曰张自盛，曰洪国玉，曰曹大镐，曰李安民。先是自盛隶明建武侯王得仁为裨将，得仁既败死，自盛亡入山，与洪国玉等收召散卒及群盗，号曰恢复，众且逾万人。而明之遗臣，如督师兵部右侍郎揭重熙，詹事府正詹事傅鼎铨等，皆依之。岁庚寅夏，四营兵溃于邵武之禾坪，池凤阳诡称先生为阵俘，献之提督杨名高。名高视其所画网巾，班班然额上，笑而置之。

这样，自然地过渡到"画网巾"与"四营"的关系上来。全传舒卷有致，意蕴深远，颇类子长《史记》笔法。所以清代学者尤云鹗跋《南山集》称："昔人称文章之逸气，三代以后，司马子长得之，后惟欧阳永叔得之。余谓历南宋至元、明，迄今日，惟先生得之。先生留心先朝文献，十余年来，网罗散轶，次第略之，将欲成一家之言，与《史记》《五代史》相颉颃。"

另外，戴名世为了彰扬他的主题，抒发民族正气，独创了一种用小人物来折射大主题的方法。同样是《画网巾先生传》，他插入了一位更加不知姓名的“小卒”的故事：

> 当四营之既溃也，杨名高、王之纲复追破之，死逃略尽；而败将有愿降者，率兵受招抚于邵武。行至朱口，一卒独不肯前，伸颈谓其伍曰：“杀我，杀我！”其伍怪之，且问故，曰：“吾熟思之累日夜矣！终不能俯首事降将，宁死汝手！”其伍难之。乃奋袂裂眥，抽刃相拟曰：“不杀我者，令当杀汝。”其伍乃挥泪斩之，埋其骨而去。

这里看似闲笔，实则以此嘲讽了曾为明朝总兵的被明朝裂土封侯的王之纲之流。

全祖望（1705—1755），字绍衣，号谢山，浙江鄞县人。乾隆元年进士及第，选庶吉士，为方苞所推赏，但因与当时首辅交恶的李绂亲善，所以庶吉士散馆时他被列为下等，仅以知县候选。后屡次主讲蕺山、端溪书院，为士林所仰重。他生在浙东，受浙东学派创始人黄宗羲的影响较深。浙东学派注重史学的传统对他有着积极的影响。台湾学者杜维运说：“清代浙东史学，自黄宗羲首创风气，经万斯同、全祖望之发扬光大，迄于章学诚而光彩焕发，蔚为清代史学一大宗派。重当世，明近代，表彰人物，尊崇文献，为其史学之重大特色；而以性灵之真，情感之挚，褒奖气节，发明幽隐，以维持天地宇宙间正气，尤为其史学之重要精神。……而全祖望生于雍乾盛世，距明亡将及百年，对鼎革之际忠肝义胆卓行奇节之士，汲汲表彰，不遗余力。以盛世之民，述亡国之痛，刀锯鼎镬之诛，若有所弗覩，尤为此种精神之所激励奋发。”（《清代史学与史家》）

全祖望生于明亡百年后，其反抗性民族意识，自然更加浇薄，但他受浙东学派的影响，故对明末仗节死义之士“其心好之，不啻若自其口出”。不仅对抗清志士如张煌言、王翔、顾炎武、黄宗羲等皆为之立传；即便是淮扬歌妓、仗义好古之士也不忍其泯没。著作有《鲒埼亭集》传于世。他的文集中传记文约占一半以上。可见全祖望对传记情有独钟。梁启超赞赏道：“若问我对于古今人文集最爱读某家，我必举《鲒埼亭集》为第一部了。全谢山性情极肫厚，而品格极方峻，所作文字，随处能表现他的全人格。”“他生当清代盛时，对于清廷并没有什么愤恨，但他最乐道晚明仗节死义之士与夫抗志高滔不事异姓者，真是‘其心好之，不啻若自其口出’。试看他关于钱忠方、张苍水、黄梨洲、王完勋……诸人的记述，从他们立身大节起，乃至极琐碎之遗言佚事，有得必录，至再至三，像很怕先辈留下的苦心芳躅从他手里头丢掉了。他所作南明诸贤之碑志记传等，真可谓情深文明，其文能曲折尽情，使读者自然会起同感。”（《中国近三百年学术史》）

《明故权兵部尚书兼翰林院学士鄞张公神道碑铭》是为明末抗清志士张煌言而作，堪称传中名篇。张煌言是明末著名的抗清将军，他虽不是第一个在浙东兴义师的人，但是战功最大。他曾率军奋战十七载，历经无数困苦，最终在清军镇压下失败。全祖望与张煌言是同乡，又有亲戚关系。他感念张煌言高风亮节，尤佩服张煌言的政治经略，因而全传写得大气磅礴，情蕴深厚，条理清晰，读之让人感奋。请看写张煌言挽留郑成功一段：

> 时大兵两道入海讨成功，皆失利。而成功以丧败之余，虽有桑榆之捷，不足自振。乃思取台湾以休士。公闻之不喜，辛丑，引军入闽，次于沙关，成功已抵澎湖。公遣幕客罗子木，以书挽成功，谓军有进寸，无退尺，今入台，则将来两岛，恐并不可守，是孤天下之望也。成功不听。成功虽东下，而大兵尚忌之，惧其招煽沿海之民，于是有迁界之役。沿海之民不愿迁，大兵以威胁之，犹迟延不发。公顿足叹曰：“弃此十万生灵而争红夷乎！”乃复以书招成功，谓可乘之机，以取闽南。成功卒不能用。

再看写张煌言在郑成功死后的失望：

> 公孤军徘徊两岛，要其刘昆、祖逖之志，未尝一日忘也，而滇中事急。公复遣子木入台，苦口责成功以出师。成功方得台，不能行。公乃遣职方郎中吴钼挟帛书，间道入郧阳山中，欲说十三家之军，使之挠楚以救滇。十三家已衰敝，不敢出师。壬寅，滇中遂陷。成功亦卒于台。公哭曰：“已矣！吾无望矣！”复还军林门。

最后请看作者的感叹：

> 予尝谓公解军而后，已将以悬岙为首阳。向非张杰生事徼功，公似可以无死。然是时公犹未五十，非甘心黄冠以老者也。若留公至十年以往，三藩之祸，公决非肯晏然坐视者，而谓中土能忘情于公乎？

真是叙写得生动传神、感慨淋漓。

全祖望的传记文，有很高的文学价值。他在继承早期史传文学的“踵事生华”笔法方面颇有领悟。一方面，全祖望撰写传记极讲究真实。他四处搜访文献，考证传闻，发扬史家缜密之精神；一方面，全祖望又在事实基础上，发挥想象，“纷者整之，孤者辅之，板者活之，直者婉之，俗者雅之，枯者腴之”（刘熙载《艺概》）。这样，他对传主人格心态的描写，往往不流于表层，而是深层次地揭橥出传主的文化人格。张煌言兵败被捕，押往杭城，全祖望写道：

> 杰遣官护行。有防守卒史丙者，坐公船首，中夜忽唱苏子卿牧羊曲，以相感动。公披衣起曰：“汝亦有心人哉！虽然，吾志已定，尔无虑也。”扣弦和之，声朗朗然。歌罢，酌酒慰劳之。而公之渡江也，得无名氏诗于船中，有云：“此行莫作黄冠想，静听先生正气歌。”公笑曰：“此王炎午之后身也。”浙督赵公寄公狱中，而供帐甚隆。许其故时部曲之内附者，皆得来慰问，有官吏愿见者亦弗禁。公终日南面坐，拱手不起，见者以为天神。杭人争赂守者入见，或求书，公亦应之。

其中下面一段叙写文字尤为精彩：

> 九月初七日，公赴市。遥望凤凰山一带，曰：“好山色。”赋绝命词，挺立受刑。子木等三人殉矣。

这里既揭示了传主热爱生活、渴望生命的心理，也展示了传主因山河异主而欣然殉国的豪情逸兴。

总之，清初传记文的民族情绪，作为清代传记主题及题材上的一个特征，对后世传记文学的发展是有着深远影响的。辛亥革命前后的传记文学就往往承接清初传记文的主题及题材进行“革命化”改编。陈去病的《明遗民录》的发表，在宣传革命方面，有着不可低估的作用。同时在人物形象建立上也有突破，一批性格鲜明的血肉之躯的英雄人物呼之欲出。但是，由于时空限制，传记家们为求生存，不得不多有隐讳，甚至有时对清朝统治者多有溢美之词。如全祖望即曾在张煌言被诛杀前，荡开笔端写道：“呜呼，制府之贤良，在张弘范之上。然非圣祖如天之大度，则褒忠之礼，亦莫敢施。”这种因政治环境影响，作家言不由衷或“王顾左右而言他”的种种顾虑，不仅限制了有清一代传记文写作主题的升华，而且妨碍了清代传记题材的进一步拓展。

第二节　桐城派传记文学

桐城派是清代影响最大、绵延时间最长的散文流派。它由方苞发凡起例，刘大櫆进一步拓展，姚鼐集大成于一体，一直延续到清末的曾国藩、梅曾亮和严复、林纾等人，逾时二百载，几乎贯穿整个清代文坛。“桐城”之名，源自方、刘、姚三人皆为安徽桐城人氏。“为文章者，有所发而后能，有所变而后大。维圣清治迈逾前古千百，独士能为古文者未广。昔有方侍郎，今有刘先生，天下文章，其出于桐城乎?”（《刘海峰先生八十寿序》引）

清代是个学术昌盛的时代，重考据、倡史纂的学风于乾嘉时期达到了高潮，这一方面说明清代学术取得了反“王学”的进步；一方面也说明清廷“文、武”治国收到了实效。桐城派的创始时期，正是清王朝加强思想禁锢“文字狱”盛行的时期。桐城派的所谓“义法”理论，强调思想（“言有物”）与技巧（“言有序”）的统一，是当时这种政治文化的折射。桐城派恪守程朱理学的思想，也是与清统治者相吻合的，因而从散文的角度看，桐城派散文的艺术成就，不在宣扬封建道统的政论文，而在于记人叙事的传记文。这种传记文以其文章体格和作法精致的美学风格、凝练而雅洁的文风卓立于清代文坛，为清代文学增添了较为厚重的一页。

一、桐城派的嚆矢者——方苞的传记文

方苞（1668—1749），字凤九，一字灵皋，晚年自号望溪。他的家世曾经显赫，“余先世家皖桐，世宦达，自迁江宁，业尽落。”（《亡妻蔡氏哀辞》）其高祖、曾祖曾为明朝官吏。父方仲舒为清国子监生，没有出仕。但其父常与一班明末遗民相唱和，方苞幼时曾受其影响。22 岁时，补为桐城县学弟子员。32 岁时举江南乡试第一。此时，他已经奉“学行继程、朱之后，文章在韩、欧之间”为一生治学准则，倾心于程、朱理学。1771 年冬，戴名世案发，方苞因为《南山集》作序被逮入狱。康熙帝看中了他的道德文章，足以为其所用，御批道：“戴名世案内方苞学问，天下莫不闻。下武英殿总管和素。”并命以白衣入值南书房。自此以后，方苞作为皇帝的文学侍臣，开始了长达 30 年的仕宦生涯。

方苞的传记文有 218 篇，约占其文集的一半以上。直接以“传”标名的就有 15 篇，而且他的众多墓志碑文，应酬之作少，多为有感而作。朋友请他作墓志铭，他往往迟迟不动笔，甚至延迟到几年以后，当情有所感时方下笔撰述。总起来看，方苞的传记文具有以下特点：

1. 讲究“义法”，文风雅洁。

方苞的传记创作是其“义法”理论的具体展示。何谓古文义法？他说：“春秋之制义法，自太史公发之，而后之深于文者亦具焉。‘义’即《易》之所谓‘言有物’也；‘法’即《易》之所谓‘言有序’也。义以为经而法纬之，然后为成体之文。”（《又书货殖传后》）由此可见，方苞主张传记要言之有物，同时还要言之有序，做到思想与表现方法的统一。从“义”的角度分析，方苞的《望溪文集》表现了太多的忠孝、仁义等封建伦理，这是不足取的，但他的传记文中也有着较强的民族情绪，其中重名节，体恤民情，主张经世致用的思想，还是颇有现实意义的。《田间先生墓

表》讴歌了一位当众羞辱阉党御史某的狂狷之士田间先生：

> 先生生明季世，弱冠，时有御史某，逆阉馀党也，巡按至皖，盛威仪，谒孔子庙，观者如堵。诸生方出迎，先生忽前扳车而揽其帷，众莫知所为。御史大骇，命停车，而溲溺已溅其衣矣。先生徐正衣冠，植立，冒言以诋之。驺从数十百人，皆相视莫敢动。而御史方自幸脱于逆案，惧其声之著也，漫以为病颠而舍之。先生由是名闻四方。

《石斋黄公逸事》对传主黄道周的守礼不乱的人品和从容殉国的精神给予了深深的礼赞：

> 黄冈杜苍略先生客金陵，习明季诸前辈遗事。尝言崇祯某年，余中丞集生与谭友夏结社金陵。适石斋黄公来游，与订交，意颇洽。黄公造次必于礼法，诸公心向之而苦其拘也，思试之。妓顾氏，国色也，聪慧通书史，抚节安歌，见者莫不心醉。一日大雨雪，觞黄公于余氏园，使顾佐酒，公意色无忤。诸公更劝酬，剧饮大醉，送公卧特室。榻上枕、衾、茵各一。使顾尽弛亵衣，随键户，诸公伺焉。公惊起，索衣不得，因引衾自覆荐，而命顾以茵卧。茵厚且狭，不可转，乃使就寝。顾遂昵近公，公徐曰："无用尔。"侧身内向，息数十转即酣寝。漏下四鼓，觉，转面向外。顾佯寐无觉，而以体傍公。俄倾，公酣寝如初。诘旦，顾出，具言状，且曰："公等为名士，赋诗饮酒，是乐而已矣；为圣为佛，成忠成孝，终归黄公。"及明亡，公絷于金陵。在狱，口诵《尚书》《周易》，数月貌加丰。正命之前夕，有老仆持针线向公而泣，曰："是我侍主之终事也。"公曰："吾正而毙，是为考终，汝何哀？"故人持酒肉与诀，饮啖如平时。酣寝达旦，起盥漱，更衣，谓仆某曰："曩某以卷索书，吾既许之，言不可旷也。"和墨伸纸，作小楷，次行书。幅甚长，乃以大字竟之，加印章，如出就刑。其卷藏金陵某家。

以上两段中的"田间溲溺""黄公拒色"写得极为"琐屑"。方苞曾有

“《春秋》之义，常事不书”的说法，而这两个琐事是符合方苞的“义法”的。也就是说，在方苞看来，材料的取舍和详略要符合人物身份。“古之晰于文律者，所载之事，必与其人之规模相称。”（《与孙以宁书》）这样方能详略得体、表现主旨。

从“法”的角度分析，方苞的传记文有精致“雅洁”的美学风格。方苞在文章中多次强调传记文中的“雅洁”之美：“子厚以洁称太史，非独辞无芜累也，明于义法，而所载之事不杂，故其气体为最洁也。”（《史记评语·绛侯周勃世家》）所谓“明于义法”，就是要明确应抓住创作中的特征，要求以凝练简明之笔，有选择地用典型事例来刻画人物的性格和品德。《陈驭虚墓志铭》就是一篇具有“雅洁”美学风格的典范作品。该传塑造了一位性豪宕、喜声色但嘲权贵、恤百姓的医生形象。全文采用第一人称叙事法。不仅增加了作品的亲切感，而且使作品详略分明，大大浓缩了作品深蕴的思想内容。四个事件：治病、抗诊、拒官、求死，层层展开，试看一节：

> 君家日饶益，每出，从骑十余，饮酒歌舞，旬月费千金。或劝君谋仕，君曰：“吾日活数十百人，若以官废医，是吾日杀数十百人也。”诸势家积怨日久，谋曰：“陈君乐纵逸，当以官为维娄，可时呼而至也。”因使太医院檄取为医士。君遂称疾笃，饮酒近女，数月竟死。

真可谓环环相扣，“文约而旨丰”。

2. 以文运事，形象生动。

以文运事，注重传主的形象塑造，是我国史传文学的优秀传统之一。钱钟书先生指出：“史家追叙真人实事，每须遥体人情，悬想事势，设身局中，潜心腔内，忖之度之，以揣以摩，庶几入情合理……《韩非子·解老》曰：‘人希见生象也，而得死象之骨，案其图以想其生也；故诸人之所以意想者，皆谓之象也。’斯言虽未尽想象之灵奇酣放，然以喻作史者据往迹、按陈编而补阙申隐，如肉死象之白骨，俾首尾完足，则至当不可易矣。”（《管锥编·左传正义》）这里的“肉死象之白骨”，并不是传记家的虚构，而是“踵事生华”“以文运事”：“是先有事生成如此如此，虽是史公高才，也毕竟是吃苦事”，不能“削高补低都由我”（金圣叹《读第五才子书法》）。然而，随着文、史分家以及诸多原因所致，这种传记创作手法，渐渐被忽略了。难能可贵的是，方苞在他的传记文写作中，较恰切地承继了这一史官文化传统。让我们以《左忠毅公逸事》为例略作说明。左光斗，是明末东林党志士，后被阉党杀害。在方苞写作《左忠毅公逸事》之前，以左光斗为传主的传记已有左光先的《枢辅史公传》、戴名世的《左忠毅公传》等。他们叙写的“史可法入狱访师”一段，情节大致相同，但左光斗呵责史可法一段话，却鲜明的烙上了“以文运事”的痕迹。亲身入狱见左光斗的史可法记为：

逆珰陷师于狱，一时长安摇手相戒，无往观者。法不忍，师见而颦蹙曰：“尔胡为乎来哉？”

左光先的《枢辅史公传》变化为：

予已至此，汝何故来死。

到了戴名世笔下，则“踵事生华”为：

光斗呼可法而字之曰：“道邻，宜厚自爱！异日天下有事，吾望子为国柱。自吾被祸，门生故吏，逆党日罗而捕之。今子出身犯难，殉硁硁之小节，而撄奸人之锋。我死，子必随之，是再戮我也！”

方苞叙写此事时，更是“奕奕有生气”（平景荪《樵隐昔寱》）：

一日，使史更敝衣草屦，背筐，手长铲，为除不洁者。引入，微指左公处，则席地倚墙而坐，面额焦烂，不可辨，左膝以下，筋骨尽脱矣。史前跪，抱公膝而呜咽。公辨其声，而目不可开，乃奋臂以指拨眦，目光如炬，怒曰：“庸奴！此何地也，而汝来前？国家之事，糜烂至此，老夫已矣，汝复轻身而昧大义，天下事谁可支柱者？不速去，无俟奸人构陷，吾今即扑杀汝！”因摸地上刑械，作投击势。史噤不敢发声，趋而出。后常流涕述其事以语人，曰：“吾师肺肝，皆铁石所铸造也！”

钱钟书评论道："盖望溪、南山均如得死象之骨，各以已意揣想生象，而望溪更妙于添毫点睛，一篇跳出。"（《谈艺录》）这里，正是由于方苞运用了"以文运事"的笔法，使得左光斗的人物形象栩栩如生。

3. 不拘文本，有感而作。

方苞的传记文，墓志碑铭占有很大比重。一般来说，墓志之作，多为因人情而撰作，往往隐恶扬善，甚至谀墓中人以得润笔。其文本也有定式，"盖于葬时述其人事系、爵里、行治、寿年、卒葬年月，与子孙之大略，勒不加盖，埋于坟前三尺之地，以为异时陵谷变迁之防，而谓之志铭。"（徐师曾《文体明辨序说》）"其书法，则惟书其学行大节；小善寸长，则皆弗录。近世弗知者，至将墓志亦刻墓前，斯失之矣。大抵碑铭所以论列德善功烈，虽铭之义称美弗称恶，以尽其孝子慈孙之心；然无其美而称者谓之诬，有其美而弗称者谓之蔽。诬与蔽，君子之所弗由也欤!"（吴讷《文章辨体序说》）

方苞的墓志碑文却能够不拘文本，有感而作，表现出极强的主体色彩。事实上，方苞的传记名篇也多为墓志碑文。例如《陈驭虚墓志铭》《弟椒涂墓志铭》《亡妻蔡氏哀辞》《李抑亭墓志铭》等。《弟椒涂墓志铭》善于以家常琐事来抒发感情：

> 自乙卯以前，吾父寓居棠村，弟始孩，依母及群姊，而余依兄。戊午后，兄侍王父于芜湖而弟复依余。自迁金陵，弟与兄并女兄弟数人皆疮痏，数岁不瘳，而贫无衣。有坏木委西阶下，每冬月，候曦光过檐下，辄大喜相呼，列坐木上，渐移就暄至东墙下，日西夕，牵连入室，意常惨然。兄赴芜湖之后，家益困，旬月中，屡不再食。或得果饵，弟托言不嗜，必使余啖之。时家无童仆，特室在竹圃西，偏远于内，余与弟读书其中，每薄暮，风声萧然，则顾影自恐，按时弟必来视余。

这里，方苞选取了他与小弟生前在一起生活的情景，逐日就暄，以果啖兄，陪坐特室等。看起来这些情节微不足道，实则表现出作者对手足之情的感慨。这是一般的墓志文所不可比的。

二、桐城派的拓展者——刘大櫆的传记文

刘大櫆（1698—1779），字才甫，一字耕南，号海峰。他是继方苞以后桐城派的代表作家。刘大櫆曾以工于时文闻名，其文集中载有不少《徐笠山时文序》之类的文章。但他辅导的弟子纷纷登科而去时，他十次小考，始得拾芹；多次乡试，两中副榜。一生以教书为业，自言“非士亦非民”。然而，科场蹭蹬，对他能突破程朱理学的藩篱，发为愤世嫉俗之文颇有影响。清末学者刘师培称许说：“凡桐城古文家无不治宋儒之学……惟海峰稍有思想。”（《论文杂记》）这里的“思想”是指刘大櫆受泰州学派影响较大。泰州学派在思想上以具有启蒙思想著称。刘大櫆敢于否定“忠臣不事二主”的儒家经义，他认为，君臣关系只是一种共事关系，“臣之食禄”，并非“受君之恩”。这种议论，真是可以与黄宗羲相颉颃。所以从桐城派演变史角度看，刘大櫆的作用不在继承而在变化与拓展。《国史・文苑传》指出：“大櫆虽游方苞之门，所为文造诣各殊。苞盖择取义理于经，所得之者义法；大櫆并古人神气音节得之，兼集庄、骚、左、史、韩、柳、欧、苏之长，其气肆，其才雄，其波澜壮阔。尝著《观化》篇，奇诡似《庄子》，其他言义理者又极醇正。”

刘大櫆一生创作了大量的传记作品，占其文集的一半以上。他的传记文，与他的注重“神气”“音节”的散文理论相契合，以“瑰奇恣睢”（吴定《刘海峰先生墓志铭》）“绚烂闳肆”（吴汝纶《与杨伯衡论方刘姚三集书》）见长。

1. 叙事翔实，不拘义法。

刘大櫆的传记文讲究叙事之美，不拘囿于桐城派的“义法”，这是刘大櫆与方苞的不尽相同之处。方苞写人重在描摹传主神态，不无忽略对传主“行事”的叙写。如方苞的《孙徵君传》尽管颇吻合他“夫文未有繁而能工者”（《与程若韩书》）的义法，但连方苞本人也对此不能自信：“仆此传出，必有病其太略者。”（《与孙以宁书》）刘大櫆则不同，他的名作之一《江先生传》既展现了传主不慕荣华厚禄的高洁人格，又对传主的学术人

生从学术史的角度进行叙写，如：

> 自六经遭秦火而亡，而诗书传记之文，学者如蒙云翳，犹赖有山泽逸遗之士，穷年兀兀于其中，递相推测隐度。盖其义有自汉儒修补以来，历魏、晋、唐、宋、元、明二千余岁，代加排阐，直至今日而始明者。则夫经生之维系于斯世，岂浅小哉！先生存，则颓然一老，力学于深严绝壑之间，朝士大夫无过而问者，先生没，则斯文沦丧。

这是一篇评传体传记文，对传主江永在学术上的特点和贡献作了评述，叙事翔实，评论恰切。

2. 刻画入微，白描传神。

桐城派受明代散文家归有光影响较大。刘大櫆的传记文注重以白描手法，刻画人物性格，不能不说是渊源于归有光的。他的《章大家事略》颇类《先妣事略》《项脊轩志》。《下殇子张十二郎圹铭》白描传神，亦近似《寒花葬志》。张惠言曾指出了这一特点："海峰之文有学《庄子》《史记》，为之者弗至也；学欧阳、王介甫，为之者时至焉；学归熙甫，辄至焉。"(《书海峰文集后》)

《张复斋传》是刘大櫆传记中的名篇，塑造一位性格独特的清官形象。该传文不长，只有五六百字，为了突出张复斋的清廉、正直、淡泊的性格，刘大櫆写了张复斋的"多善政"，上官疏荐，百姓泣送，为民请谷等。但是，刘大櫆不满足于对传主形象的一般叙写，为了描绘张复斋鲜明的形象，他采用了刻画入微，白描传神，具有戏剧效果的"小说笔法"：

> 当在晋江时，有贾人怨其继母之诛求，而不养其父。其父诣县诉。贾人行贿于先生，乞以贫为解。众皆争往视之。天方寒，贾人衣父以新衣，而自著敝衣，为冻饥可怜之状。且曰："有衣皆以奉父矣。"先生故怒视其父，曰："子寒如此，而不恤之邪？"呼吏持大杖来。先生睨视贾人，颜色如平常，猝指叱之曰："若见若父之将受大杖也，而安忍视之，不孝何辞？"即以大杖扑贾人，而其父乃旁泣。先生出贿付其父曰："以养尔余年。"众皆快之。

在这一幕喜剧中，刘大櫆像一位出色的导演，用悬念之法，既出色地塑造了张复斋的形象，又入木三分地刻画了贾人的丑态及其父无可奈何的窘态。包世臣说：“垫拽者，为其立说之不足耸听也，故垫之使高；为其抒议之未能折服也，故拽之使满。高则其落也峻，满则其发也疾。”（《艺舟双楫》）刘大櫆的《张复斋传》正是“垫高拽满”文法的最佳体现。

3. 化腐为奇，事以寓情。

墓碑之文，古代以韩愈所撰评价较高，但由于文章体裁所限，难免应酬之作，所以散文大家如韩愈，仍有“谀墓”之毁。从这个意义上讲，给贞妇烈女立传的“节妇传”，更易给人以话柄。统观古代作家文集中的必不可少的所谓“烈女传”，也确实是如此。刘大櫆迫于生计，也写了不少被章学诚讽刺为“八面求圆”的传记。但是，就是在“节妇传”的写作上，刘大櫆却做到了化腐为奇的创新，能够从肯定人的欲望的合理性出发写节妇传，事以寓情，耐人深思。

刘大櫆的《章大家事略》写出了章大家的善良，更于叙事之中、字里行间展现了章大家的人生无奈和痛苦，对其寄予了作家的同情。

> 先大父侧室姓章氏，明崇祯丙子十一月二十七日生。年十八来归。……大家生寒族，年少，又无出。乃大父卒，家人趣之使行，大家则慷慨号恸不食。时吾父才八岁，童然在侧。大家挽吾父跪大母前，泣曰：“妾即去，如此小弱何！”大母曰：“若能志夫子之志，亦吾所荷也。”于是与大母同处四十余年，年八十一而卒。大家事大母尽礼，大母亦善遇之，终身无间言。櫆幼时，犹及事大母。值清夜，大母倚簾帷坐，櫆侍在侧，大母念往事，忽泪落。櫆见大母垂泪，问何故，大母叹曰：“予不幸，汝祖中道弃予。汝祖没时，汝父才八岁。”回首见章大家在室，因指谓櫆曰：“汝父幼孤，以养以诲，俾至成人，以得有今日，章大家之力为多。汝年及长，则必无忘章大家。”櫆时虽稚昧，见言之哀，亦知从旁泣。大家自大父卒，遂丧明。目虽无见，而操作不辍。櫆七岁，与伯兄、仲兄从塾师在外庭读书。每隆冬，阴风

积雪，或夜分始归。僮奴皆睡去，独大家煨炉火以待。闻叩门，即应声策杖扶壁行启门，且执手问曰："若书熟否？先生曾扑责否？"即应以书熟，未曾扑责，乃喜。大家垂白，吾家益贫，衣食不足以养，而大家晚节更苦。呜呼，其可痛也夫！

读之，令人泪湿沾襟。

三、桐城派的集大成者——姚鼐的传记文

姚鼐（1732—1815），字姬传，又字梦谷，其书斋名惜抱轩，故学者称之为惜抱先生。他是桐城派的集大成者，正是由于他的创作与鼓吹及培养桐城后学，使桐城派文学得以确立。姚莹说："自康熙朝，方望溪侍郎以文章称海内，上接震川，为文章正轨，刘海峰继之益振，天下无异调矣。先生亲问法于海峰，海峰赠序许之，然先生自以所得为文，又不尽用海峰法。故世谓望溪文质，恒以理胜，海峰以才胜，学或不及，先生乃理文兼至。方、刘皆桐城人也，故世言文章者称桐城云。"（《惜抱轩先生行状》）

姚鼐20岁中江南乡试，32岁始中进士，授庶吉士。三年后散馆，累官刑部郎中，记名御史，充四库全书编修官。姚鼐的文学活动，正当乾、嘉之际，当时学术界的"汉学"之风正炽，但姚鼐能不趋时，坚持宋学的"阐道翼教"的为文旨归。不去钻故纸堆，倡导"义理、考据、辞章"三者并重，并提出了著名的"阳刚、阴柔"文章风格论。但是由于文网更加严密，姚鼐的传记文在思想性上，既缺少方苞的反映现实的丰富，也缺少刘大櫆的那种不平则鸣、愤世嫉俗的主旨，而趋于贫乏。从传记艺术的继承来看，姚鼐的贡献在于他把桐城派散文的选材精当、文风雅洁的特点发展到了极致。同时他又广收弟子，可谓遍及大江南北，使桐城派文章风靡天下。总起来看，他的传记文具有以下特点：

1. 醇正严谨，繁简有度

姚鼐的文章"以神韵为宗"（方宗诚《桐城文录序》），这与他论文标举"神、理、气、味"相统一。他的传记文醇正谨严，繁简有度，一方面

承继了方苞倡导的“常事不书”的原则，在叙写人物时择其平生大节入传；一方面又推崇琐屑事件对文章情趣的作用。他说：“归震川能于不要紧之题，说不要紧之语，都自风韵疏谈，此乃是于太史公深有会处，此文境又非石士所易到耳。”《方染露传》以谨严之笔写方染露孤傲梗直的性格，但在叙及方染露不愿与“澳涊之状”的僚辈同流合污而弃官归家时，忽写到他的夫人也熟谙草书：

> 君尤工书，里中少年多效其法。君夫人张氏，亦贤智有学。余居里中，寡交游，惟君尝乐与相对。一日，在余家共阅王氏万岁通天帖，疑草书数字不能释。君次日走告余曰：“昨日吾妻为释之矣！”举其字，果当也，然张夫人竟无子。

读来趣味横生，也暗寓了姚鼐的审美情趣。

2. 结构严整，气脉相通

姚鼐的《袁随园君墓志铭》是为当时具有异端思想的袁枚所作的传记。袁枚当时颇遭非议，甚或章学诚在《文史通义》中专列《诗话》篇对袁枚大加挞伐：“有小慧而无学识”“心术之倾邪，斯为小人而无忌惮”。而姚鼐在学术观点上也与其相左，但是，姚鼐能突破世俗偏见，为一个不为社会风气所容的人立传，实在是难能可贵的。此传的一个明显特色是体现了姚鼐传记文结构严整、气脉相通的特点。文章采用“御其精者而遗其粗者”（《古文辞类纂序目》）的原则，以突出传主的文学才华为主线，把袁枚 82 年的一生丰富事迹写得历历有序，一脉相通。据查，为袁枚作传的不下 30 家，或繁简失度，或形象扁平，而姚鼐此传可谓明于体要和结构谨严的佳构之一。

3. 炼字择句，明白晓畅

章太炎说：“姚（鼐）、张（惠言）所法，上不过唐、宋，然视吴、蜀之士为谨。”自注云：“套言稍少，此近代文所长，若恽敬之恣、龚自珍之儇，则不可同论。”（《与人论文书》）指出了姚鼐散文文字简练的雅洁之美。姚鼐的文章炼字择句，绝少芜杂之蔽。在明白晓畅的文风中，不仅勾勒了人物的生平事迹，而且展示了传主的精神面貌。《刘海峰先生传》即是如此。刘海峰是姚鼐“三亲”（亲见、亲闻、亲历）的人物，但姚鼐在给刘海峰作传时，惜墨如金，只用短短四五百字就勾勒出了刘海峰的一生，现引其前半部分，以见一斑。

> 刘海峰先生，名大櫆，字才甫，海峰其自号也。桐城东向滨江地曰陈家洲。刘氏数百户居之，为农业，多富饶。独海峰生而好学，读古人文章即知其意而善效之。年二十余，入京师。当康熙末。方侍郎苞名大重于京师矣，见海峰大奇之，语人曰：“如苞何足言耶！吾同里刘大櫆，乃今世韩、欧才也。”自是天下皆闻刘海峰。然自康熙至乾隆数十年，应顺天府试，两登副榜，终不得举。乾隆元年，举博学鸿词。乾隆十五年，举经学，皆不录用。朝官相知、提督学政者，率邀之幕中阅文。因历天下佳山水，为歌诗自发其意。年逾六十，乃得黟县教谕。又数年，去官归枞阳，不复出。卒年八十三。无子，以兄之孙为后。

这里，传记作家以简洁的文笔，展示了传主的人格风范，集中体现了桐城派散文的“雅洁”之美。

第三节　清代自传文学的创新

自传，简要地说是个人自叙生平的一种写作样式，能够真实地而且艺术地记叙自己的实际人生的作品，可称之为自传文学。自传文学在我国虽可谓源远流长，“盖作者自叙，其流出于中古乎?”（刘知幾《史通·序传》）但是与他传相比，却不甚发达。其体例多为附在某书后面的序传（《太史公自序》），即使诸多自述生平事迹之作，也过多地旨在自明本志

（曹操《让县自明本志令》）、自我辩解（刘禹锡《子刘子自传》）、自我总结（陆羽《陆文学自传》）等。尽管以上作品在艺术上具有了鲜明的个人风格，但是自传对传主自我本身的“生平事迹”的叙述，往往着墨不够。清代自传文学却呈现了一种创新局面，形成了中国传记文学发展史上一个不可多得的自传文学高潮。这主要表现在两类自传文的出现，一是冒襄《影梅庵忆语》开先河的“忆语体”自传文学的出现；一是以汪中为代表的蕴涵中国式忏悔意识的自嘲式自传文的兴起。

一、“忆语体”自传文学的创新和流变

“忆语体”自传文学，主要指下列四部作品：顺康间冒襄的《影梅庵忆语》、乾嘉间沈复的《浮生六记》、嘉道间陈裴之的《香畹楼忆语》、道咸间蒋坦的《秋灯琐忆》。这些作品，皆为回忆闺中往事的纪实之作，又往往是在贤妻爱妾仙逝之后而作，缠绵悱恻，故事性强，因而长期以来多被误认为是小说。《清史稿·艺文志》即把《影梅庵忆语》归之于小说类。“其实这些琐语，不外是些对亡侣怀念的回忆性的文言散文，虽然写得缠绵悱恻，但亦自有其客观的文学价值。”（卢豫冬《闺中忆语五种》序言）至于“忆语”一词则是近代学者根据该类自传的特点及书名的表达总结出来的，古代往往称之为“笔记”。

自古以来，悼亡之作多见于诗词。晋潘岳的《悼亡三首》和唐元稹的《三遣悲怀》，宋陆游的《沈园二首》，清纳兰性德的《饮水词》为世所传诵。然而在散文方面，却多是些悼词或哀启之类的应酬之作，能像沈复那样有始有终地追忆闺中往事，琐琐屑屑地记述他们伉俪间柔情的“忆语体”作品，清代以前，颇为鲜见。总起来看，“忆语体”自传文的创新之处表现为：

1. 体制上的创新

中国古代自传文的嚆矢之作，是汉代司马迁的《太史公自序》。这是一篇附在《史记》之后的“序传”，尽管司马迁叙及了他的家谱和自我遭际，但是这种自传，在体制上往往可分为两大部分，前半部分主要自述生

平，后半部则阐明作书旨归。这样，由于体例所囿，传主自我形象往往不是十分鲜明。令人遗憾的是，这种“序传”体例，模仿之作，代不乏人，如王充的《论衡·自纪篇》，刘知幾的《史通·自叙篇》等等。

魏晋以后，迄至于明末，自传文在体例上有了新的发展，除了上述自传外，单篇自传开始出现。这种自传不牵扯某部书的写作问题，主要自述生平，如曹操的《让县自明本志令》、陶渊明的《五柳先生传》、法显的《法显传》等。但是，以上诸多自传，或自明本志，或寄托理想，或追述外部行事，还未能在形式上形成符合自传写作的体例。冒襄《影梅庵忆语》的出现，打破了这一僵局。

冒襄（1611—1693），字辟疆，号巢民，又号朴巢，如皋人。他少有文名，与方以智、陈贞慧、侯方域，并称明末“南京四公子”。明亡后，拒召不仕。在家筑水绘园，唱和其中，诗文颇有时名。著作有《水绘园诗文集》《朴巢诗文集》等。然而，以上作品多见散失，流传后世且能扬其文名的，唯有这部自传《影梅庵忆语》了。《影梅庵忆语》是冒襄为悼念其爱姬董小宛而作。董小宛原为秦淮名妓，与冒襄结合时已经是“以戏名”（张岱《陶庵梦忆》）而称誉江南。不幸的是，她在与冒襄由相恋而婚，过了9年情深意笃的夫妻生活后，28岁时辞世。冒襄为了追念自己的爱姬，独创了“忆语体”自传体制，他一反传统自传的形式，而集中笔墨于对他们情爱生活的叙写。一部《影梅庵忆语》改变了中国自传篇幅短小的现象，文长2万多字。自这部书之后，依照它的体例而继续撰作的有《香畹楼忆语》《秋灯琐忆》和《咒红忆语》等，并形成了有清一代所独有的“忆语体”自传文学思潮。

2. 传主的创新

从传主人物形象的建立角度来看，“忆语体”自传文学在传主创新方面，尤值得一提。因为，出现在“忆语体”自传中的传主，虽为女性，却是无权被载入“烈女传”的，在儒家传统传记文化中，她们既不“烈”也无“贞”可言。她们或为秦淮乐妓（《影梅庵忆语》中的董小宛）；或为导致父子不睦，姑妇勃豀的逐妇（《浮生六记》中的芸）；或为多病多愁并无奇行异事的妻子（《秋灯琐忆》中的关锳）。然而，她们的名字却被以自传的形式载入了历史，在女性文学的画廊里，我们记下了她们的名字。林语堂说得好："芸，我想，是中国文学上一个最可爱的女人。""她的一生，正可引用苏东坡的诗句，说它是'事如春梦了无痕'，要不是这书得偶然保存，我们今日还不知道有这样一个女人生在世上，饱尝过闺房之乐，与坎坷之愁。""在这故事中，我仿佛看到中国处世哲学的精华在两位恰巧成为夫妇的生平上表现出来。两位平常的雅人，在世上并没有特殊的建树，只是欣赏宇宙间的良辰美景，山林泉石，同几位知心友过他们恬淡自适的生活——蹭蹬不遂，而仍不改其乐。"（以上均见林语堂《浮生六记》序）这种把姬妾逐妇纳入传状之中且歌颂之的做法，表现了清代传记家的新的传主观念。

3. 主旨的创新

"忆语体"自传文学以《影梅庵忆语》为嚆矢，但是，《影梅庵忆语》在主题上却仍然是主张"三从四德"那一套封建伦理。我们所说的主旨创新，主要是指受其体制影响而撰作的沈复的《浮生六记》。沈复（1763—约1808），字三白，江苏苏州人，卒年已不可考，但《浮生六记》第四卷写成于嘉庆十三年（1808）。俞平伯在作《浮生六记年表》时，推断沈复卒年当在1808年以后。《浮生六记》共分六记，其一为《闺房记乐》，其二为《闲情记趣》，其三为《坎坷记愁》，其四为《浪游记快》，五、六两卷《中山记历》和《养生记道》已亡佚。该书最早的版本是独悟庵居士杨引传于光绪三年据手稿排印的刊本。杨引传原序说："《浮生六记》一书，余于郡城冷摊得之，六记已缺其二，犹作者手稿也。"该书得之偶然，但至光绪间到民间，中国先后已有十六七个版本印行，林语堂曾把它译成英文 *Six chapters of a Floating life* 在国外流传，并拥有广大读者。《浮生六记》是沈复为悼念亡妻陈芸而作，陈芸字淑珍，13岁和三白订婚，18岁完婚。但是若从传统礼法上看，沈复反复追念的"芸"并不是一个贤妻孝媳，她生性浪漫，不谙世故，为公公物色小妾引来婆婆的不满；为小叔子作保导致兄弟失和；交烟花女子换来身心交瘁的结局。最后，被公公逐出家门，贫病而死。然而，在《浮生六记》中，沈复却彰扬一种新的主题：夫妇间的情笃远胜于封建大家庭的和睦。整部《浮生六记》处处流淌着一股股真情。如卷一“闺房记乐”写作者劝芸扮男装游庙一段：

> 余为众友邀去，插花布置，因得躬逢其盛。归家向芸艳称之。芸曰：“惜妾非男子，不能往。”余曰：“冠我冠，衣我衣，亦化女为男之法也。”于是易髻为辫，添扫蛾眉，加余冠，微露两鬓，尚可掩饰，服余衣长一寸又半，于腰间折而逢之，外加马褂。芸曰：“脚下将奈何？”余曰：“坊间有蝴蝶履，小大由之，购亦极易，且早晚可代撒鞋之用，不亦善乎？”芸欣然。及晚餐后，装束既毕，效男子拱手阔步者良久，忽变卦曰：“妾不去矣。为人识出既不便，堂上闻之又不可。”余怂恿曰：“庙中司事者谁不知我？即识出亦不过付之一笑耳。吾母现在九妹丈家，密去密来，焉得知之？”芸揽镜自照，狂笑不已。余强挽之，悄然迳去。

又如卷三“坎坷记愁”写芸临终之言：

> 芸又欷歔曰：“妾若稍有生机一线，断不敢惊君所闻。今冥路已近，苟再不言，言无日矣。君之不得亲心，流离颠沛，皆由妾故。妾死则亲心自可挽回，君亦可免牵挂。堂上春秋高矣，妾死，君宜早归。如无力携妾骸骨归，不妨暂厝于此，待君将来可耳。愿君另续德容兼备者，以奉双亲，抚我遗子，妾亦瞑目矣！”言至此，痛肠欲裂，不觉惨然大恸。余曰：“卿果中道相舍，断无再续之理，况‘曾经沧海难为水，除却巫山不是云’耳。”

真可谓“笔墨间缠绵哀感，一往情深，于伉俪尤敦笃”（王韬《浮生六记》跋）。这表明，在沈复的心中，夫妇间的伉俪之情是高于所谓家庭伦理道德的，所以他用他的笔描绘了他们夫妇间的“闺房之乐”和“坎坷之愁”。陈寅恪说：“吾国文学，自来以礼法顾忌之故，不敢多言男女间关系，而于正式男女关系如夫妇者，尤少涉及。盖闺房燕昵之情景，家庭米盐之琐屑，大抵不列于篇章，惟以笼统之词，概括言之而已。”沈复的《浮生六记》则于夫妇之间关系叙述得颇多颇细，并在彰扬“情学”方面，达到了类似于《红楼梦》在小说史上的高度。整部《浮生六记》展示了封建大家庭的种种矛盾。父子不睦，姑妇勃豀，兄弟失和，而之所以如此，皆源于沈复夫妇间的伉俪真情。作家厌恶封建家庭礼教束缚人性的情绪，跃然纸上。当然，沈复所彰扬的夫妇之情，毕竟是建立在他所虚幻的“小世界”里。他处处把他们夫妇的生活圈子缩小到“小闺房”“小盆景”中，自得其乐。就在他叙写他与芸编织的纯真美妙的婚姻时，字里行间，透露出他内心的烦恼与不安。至于自传中流露的人生若梦和知足保和的消极思想，是我们不足取的。

4. 视点的创新

中国传记往往注重对传主外部生活的叙写，而不重视对传主“私生活”的视点扫描。“忆语体”自传文学则以独特的题材及旨趣，对此进行了开掘。传记家大胆地叙述闺房之乐，夫妇之情，让读者走进他们的内室，与他们一起品茗、吟诗、对话。这种观点的突破，表明清代的自传作家们的传记意识已比较成熟，他们更加重视从琐屑事来写人。由于视点的变化，“忆语体”自传作家在真实性上也有了突破。沈复的《闺房记乐》一节，文笔率真、坦诚，在整个中国自传文学史上，都属难得之笔。

如卷一“闺房记乐”写闺房之乐。

> 芸卸妆尚未卧，高烧银烛，低垂粉颈，不知观何书而出神若此。因抚其肩曰：“姊连日辛苦，何犹孜孜不倦耶？”芸忙回首起立曰：“顷正欲卧，开橱得此书，不觉阅之忘倦。《西厢》之名闻之熟矣，今始得见，真不愧才子之名，但未免形容尖薄耳。”余笑曰：“唯其才子，笔墨方能尖薄。”伴妪在旁促卧，令其闭门先去。遂与比肩调笑，恍同密友重逢，戏探其怀，亦怦怦作跳，因俯其耳曰：“姊何心春乃尔耶？”芸回眸微笑，便觉一缕情丝摇人魂魄，拥之入帐，不知东方之既白。

这是一段极为大胆的叙写文字，尤其是在自传文体上能把夫妇间“密而不宣”的事情坦白写出，更是一种进步，也是对中国传统文化的突破。钱钟书先生指出："人生百为，有行之坦然悍然，而言之则色赧赧而口呐呐然者。既有名位则于未达时之无藉无赖，更隐饰多端；中冓之事，古代尤以为不可言之丑。"（《管锥编》）然而，沈复不但形之于笔端，而且由于他们夫妇的爱情浸润，我们读其文字时，并不涉及"淫秽"。"此无他，他所写的，悉根于很深挚的一种爱情，自然一切都美化了！"（赵苕狂《浮生六记考》）

5. 文学上的创新

"忆语体"自传文学在文学上的创新之处可以说正是表现在"忆语"二字上，作家有意为文处颇为明显。也就是说，作家们不是被动地、流水账式地记录自己的生活，而是有意地"回忆"他的生活，并在一定主旨支配下"写成"某种文字。俞平伯说："即如这书，说它是信笔写出的固然不像；说它是精心结构的又何以见得？这总是一半儿做着，一半儿写着的，虽有千雕百琢一样的完美，却不见一点斧凿痕。"（《浮生六记》序）美国著名学者斯蒂芬·欧文在分析《浮生六记》时，敏锐地发现了其在文学上的创新之处，他说："沈复是按照事情应当是怎样来讲述他和芸的生活故事的，然而他讲述时的口气好像是事情事实就是这样。这是回忆录，它是一件想要掩盖自己是艺术品的艺术品。""在我们的回忆中，背景是模糊不清的，出现的是某种形式，故事、意义、同价值有关的独特的问题等，都集中在这种形式里。回忆是来自过去的断裂的碎片；它闯入正在发展中的现实里，要求我们对它加以注意：'我们沉湎于其中。'沈复只需要回想到'盆景'，周围环境中所有丰富的细节以及对他个人所具有的意义，就全涌现在他心头了：所有这些都能凝聚到一个形象、一个名字和某一时刻里。不过，我们在这里读到的不是回忆，而是'回忆录'。为了写出回忆录来，他必须把凝聚成点的回忆铺陈开来：他必须把它'写'成某种叙述文字，某种描写，某种反思的诠释。"（以上均见《追忆》，斯蒂芬·欧文著）因而，我们在《浮生六记》中处处都可以看到沈复在强调他们婚姻的价值，他在构造他与芸的"小世界"，如卷二"闲情记趣"：

余扫墓山中，检有峦纹可观之石。归与芸商曰："用油灰叠宣州石于白石盆，取色匀也。本山黄石虽古朴，亦用油灰，则黄白相间，凿痕毕露。将奈何?”芸曰：“择石之顽劣者，捣末于灰痕处，乘湿糁之，干或色同也。”乃如其言……一夕，猫奴争食，自檐而堕，连盆与架顷刻碎之。余叹曰：“即此小经营，尚干造物忌耶!”两人不禁泪落。

沈复的一生打算是去发现并建立一个小世界，于是他有意识地去“追忆”他的生活，并艺术性的表现它。这样一来，“叙事的故事在回忆录中是一种艺术冲动，它坚定不移地朝事情的结尾发展，朝整一性、可以预见的转机和完整的结构发展。”（斯蒂芬·欧文语）沈复之所以如此强调他在小型的构造物中的满足，是为了表现或暗示他内心的激情，因为儒家文化中的“立德、立功、立言”尽管并不包括与外部世界格格不入的“芸”，但沈复欲用“文学”将他与“芸”的一生“传之久远”，这种“传记意识”无疑是清代以前自传作品中不多见的。

“忆语体”自传文学嚆矢于冒襄的《影梅庵忆语》，影响及于后来沈复的《浮生六记》、陈裴之的《香畹楼忆语》、蒋坦的《秋灯琐忆》、余其锵的《寄心琐语》等，从清初到民国初年，“忆语体”自传文学，几乎伴随着整个清朝的始终。“忆语体”自传文学凭其追述有始有终的闺中往事，而又写得缠绵悱恻具有故事性的特点，深受广大读者的青睐。朱剑芸在《香畹楼忆语考》中说：“悼亡文字写成琐屑的忆语，是清初如皋名士冒辟疆所创。冒氏在明末四公子中，风流文采，不下于侯方域；他和董小宛的一段哀艳历史，较之《桃花扇》上所叙方域与名妓李香君的恋爱，也是铢两悉称。后来小宛早死，不能偕老，他用最生动的笔墨写成《影梅庵忆语》，至一万余言，这实是悼亡文字中别开生面的一种作品！几百年来，辟疆所遗留的等身著作，只有这部《影梅庵忆语》可说是脍炙人口，具有不朽的价值。因之一般文人遇到悼亡，最喜摹拟他的格式，写些表抒哀感的文字。像陈小云的《香畹楼忆语》，当然受的是冒氏影响，并且他仍旧袭用‘忆语’名称，那更使人一望而知，未见内容，也可认定是悼亡作品了。”总之，这种“忆语体”自传作品，在清代以前是没有出现的。但是，毋庸置疑，“忆语体”自传文学也存在诸多不足，除《浮生六记》外，从《影梅庵忆语》到《香畹楼忆语》《秋灯琐忆》，其在传记主旨上无不重复着“才子佳人”小说所宣扬的那一套。《影》是把董小宛当做封建大家庭的贤惠媳妇来塑造的；《香》也是以贤孝淑庄、诗礼传家为主调；《秋》则重在对闺中吟诵、闲情逸致的描绘。他们都缺乏《浮生六记》厌恶封建家庭礼教束缚人性的主题。从这个意义上讲，《浮生六记》的文学价值更大，令人遗憾的是，沈复的《浮生六记》至今仍未能得到公正的评价，登上文学史殿堂。

二、中国式忏悔自传文的出现

除了“忆语体”自传文外，清代自传文在保留传统自传重抒情的特征的同时，也有所演进，这便是中国式忏悔自传文的出现。张岱、汪中是其中的代表作家。

张岱（1597—1679），字宗子、石公，号陶庵，又号蝶庵。浙江山阴人，侨居杭州。他出身仕宦家庭，其曾祖张元汴是明神宗时大臣，但他自己没有做过官。明亡后，隐于山村，誓不为清吏。张岱曾是一个浪荡公子：“少为纨绔子弟，极爱繁华：好精舍，好美婢，好娈童，好鲜衣，好美食，好骏马，好华灯，好烟火，好梨园，好鼓吹，好古董，好花鸟。兼以茶淫桔虐，书蠹诗魔，劳碌半生，皆成梦幻。”晚年，他撰写了著名的《自为墓志铭》，上文所引之文，即出自该篇。在这篇自传中，张岱继承了古代作家的“自传传统”：作家自己给死后的自己撰写墓志。但是，他在构思时发现，自己的一生，少年风流，中年之后，国破家亡。检视自己的生平，既未能修心养性，独善其身；又未能报效故国，兼济天下。反而存在种种恶习“癖错”。为此，张岱在自传里透露了以往自传中鲜见的“忏悔”心理。也就是说，面对传统文化中的传记应“隐恶扬善”的旧模式，张岱表现出一种新的传记意识。他认为：“虽然，第言吾之癖错，则亦可传也已。”于是他在《自为墓志铭》中坦率地叙说了自己的种种“癖错”，并自析道：

> 常自评之，有七不可解：向以韦布而上拟公侯，今以世家而下同

乞丐，如此则贵贱紊矣，不可解一。产不及中人，而欲齐驱金谷，世颇多捷径，而株守于陵，如此则贫富舛矣，不可解二。以书生而践戎马之场，以将军而翻文章之府，如此则文武错矣，不可解三。上陪玉皇大帝而不谄，下陪卑田园乞儿而不骄，如此则尊卑溷矣，不可解四。弱者唾面而肯自甘，强者单骑而能赴卤，如此则宽猛背矣，不可解五。夺利争名，甘居人后，观场游戏，肯让人先，如此则缓急谬矣，不可解六。博弈摴蒲，则不知胜负，啜茶尝水，则能辨渑淄，如此则智愚杂矣，不可解七。有此七不可解，自且不解，安望人解？故称之以富贵人可，称之以贫贱人亦可；称之以智慧人可，称之以愚蠢人亦可；称之以强项人可，称之以柔弱人亦可；称之以卞急人可，称之以懒散人亦可。学书不成，学剑不可，学节义不成，学文章不成，学仙、学佛、学农、学圃俱不成。任世人称之为败子、为废物、为顽民、为钝秀才、为瞌睡汉、为死老魔也已矣。

文中内蕴了较为强烈的自责价值取向，这可以追溯到佛教对中国传记文化的影响。但是，中国的传记文化是一种耻感文化，总是把自我行为与社会标准相比较，而儒家哲学又极为看重人际关系的和谐。因而，张岱的彰扬自我“癖错”，愈发折射出他内心的不安。这里与西方罪感文化中传记家总是将自己的行为与自己个人的标准相比较的方法，有着明显的文化差异。卢梭的《忏悔录》“以说出一切为荣”，张岱则不然。汪中也是如此。

汪中（1745—1794），字容甫，江苏扬州人。他少贫孤，由母亲教他读书。长大后与书商交往，得以遍览群书。为人恃才傲物，为时所忌，终生郁郁不得志。汪中以骈文见称于世。其自传文学名作《自序》即是以骈文形式写作而成的优秀之作。这篇《自序》是在与刘孝标生平的对比中叙写自己的生平，有着重抒情而轻叙事的特征。严格地说，不能算是一篇典型的自传文学，但是，它却具有了类似张岱自传的坦率、真诚的美学风格。文章不长，抄录如下：

昔刘孝标自序平生，以为比迹敬通，三同四异，后世诵其言而悲之。尝踪平原之遗轨，喻我生之靡乐，异同之故，犹可言焉。夫亮节慷慨，率性而行，文藻秀出，斯惟天至，非由人力，虽情符曩哲，未足多矜。余元岁未艾，野性难驯，麋鹿同游，不嫌摈斥，商瞿生子，一径可遗。凡此四科，无劳举例。

孝标婴年失怙，藐是流离，托足桑门，栖寻刘宝。余幼罹穷乏，多能鄙事，赁舂牧豕，一饱无时。此一同也。孝标悍妻在室，家道轗轲。余受诈兴公，勃谿累岁；里烦言于乞火，家构衅于蒸梨；蹀躞东西，终成沟水。此二同也。孝标自少至长，戚戚无欢。余久历艰屯，生人道尽，春秋朝夕，登山临水，极目伤心，非悲则恨。此三同也。孝标夙婴羸疾，虑损天年。余药裹关心，负薪永旷；鳏鱼嗟其不瞑，桐枝惟馀半生；鬼伯在门，四序非我。此四同也。孝标生在将家，期功以上，参朝列者，十有馀人，兄典方州，馀光在壁。余衰宗零替，顾景无俦；白屋藜羹，馈而不祭。此一异也。孝标倦游梁楚，两事英主；作赋章华之宫，置酒睢阳之苑；白璧黄金，尊为上客；虽车耳未生，而长裾屡曳。余簪笔傭书，倡优同畜；百里之长，再命之士，苞苴补绝，问讯不通。此二异也。孝标高蹈东阳，端居遗世；鸿冥蝉蜕，物外天全。余卑栖尘俗，降志辱身；乞食饿鸱之馀，寄命东陵之上；生重义轻，望实交陨。此三异也。孝标身沦道显，藉甚当时，高斋学士之选，安成《类苑》之编，国门可县，都人争写。余著书五车，数穷覆瓿；长卿恨不同时，子云见知后世，昔闻其语，今无其事。此四异也。孝标履道贞吉，不干时议。余天谗司命，赤舌烧城；笑齿啼颜，尽成辜状；跬步才蹈，荆棘已生。此五异也。

嗟乎！敬通穷矣，孝标比之，则加酷焉；余于孝标，抑又不逮。是知九渊之下，尚有天衢；秋荼之苦，或云如荠。我辰安在，实命不同！劳者自歌，非求倾听，目瞑意倦，聊复书之。

这里，汪中坦率地叙写了自己的“离婚”“勃谿累岁”以及“赁舂牧豕”多能鄙事的情节。这是在“忏悔”意识上对张岱自传的继承。尽管张岱本人曾经自我宣扬他的自传是“持向佛前，一一忏悔”，但这里的“忏悔”是深深烙上中国传统文化的“中国式忏悔”，而不能理解为西方传记文化概念中的《忏悔录》(Confessiones)。或者说，尽管张岱、汪中的自传与西方国家卢梭的《忏悔录》一样，都具有坦率真诚的文风，勇于承认自己的过错，但是这并不具备西方自传的“在上帝面前认罪”的忏悔意义，而更多的是一种“自我解嘲”的意思。斯蒂芬·欧文从西方文化的角度就一针见血地指出了这一点：“‘忆即书之，持向佛前，一一忏悔。’他对他的书所做的这种解释，实际上只是一种姿态，只是我们的私人史家自己所做的一种‘妆点’；无论是在自序里还是在回忆录的本文中，我们发现的只有渴望、眷恋和欲望，找不到一丝一毫的悔恨和忏悔。”这一中西自传文学上的文化差异，读者阅读时需特别留心。

总之，清代自传文学有诸多创新之处，特别是“忆语体”自传文学的审美趣味及传记文风对中国现代文学史上以郁达夫为代表的“自传文学”的繁兴，影响颇大。近几年来，“忆语体”自传文学，再次掀起出版“热潮”；并深深影响着当代的自传写作。从这个意义上讲，清代自传文学的价值，是不容忽视的。

第四节　章学诚《文史通义》及其他传记文学理论与批评

清代的传记文学理论与批评是颇有建树的，其中一个最为明显的特征是，传记理论家的传记文体意识加强。章学诚在《文史通义》中专设了“传记”章节，并把传记看做一门独立的文体。金圣叹、黄宗羲着重从文体的差异性视角指出了传记的文体特征。顾炎武倡考据之学，也重视传记的主旨寄寓，尤其是他的传记文学应“辞主乎达”之说，是对前人传记理论的承继与创新。

一、章学诚的传记文学理论与批评

章学诚（1738—1801），字实斋，浙江会稽人，清代乾、嘉时期著名的学者，曾为和州永清县和亳州编写县志和州志，又编写《湖北通志》，积累了丰富的传记写作知识。章学诚尤以史学理论家名世，有《文史通义》及其他著作多种，吴兴刘氏嘉业堂合刊为《章氏遗书》，又有《章氏遗书外编》十八卷。

章学诚说："吾于史学，盖有天授，自信发凡起例，多为后世开山，而人乃拟吾于刘知幾，不知刘言史法，吾言史意；刘议馆局纂修，吾议一家著述，截然两途，不相入也。"（《文史通义·家书》）这里，章学诚对自己的史学是颇为自负的。而事实上，章学诚在历史哲学、传记美学诸方面确有远胜刘知幾之处，且与西方史学多有"冥契"。梁启超就指出了这一点："我们看《文史通义》有四分之一或三分之一是讲哲学的，此则所谓历史哲学，为刘知幾、郑樵所无，章学诚独有，即以世界眼光去看，也有价值。最近德国才有几个人讲历史哲学，若问世界上谁最先讲历史哲学，恐怕要算章学诚了。"（《中国历史研究法补编》）

章学诚的传记文学理论及批评，主要集中在《文史通义》一书。总起来看，包括以下几个方面：

1. 倡导"史德"说

刘知幾曾提出史家"三长"的理论，对传记家的素养进行了规范。章学诚则进一步倡导"史德"说。他指出"才、学、识，三者得一不易，而兼三尤难，千古多文人而少良史，职是故也"。"非识无以断其义，非才无以善其文，非学无以练其事，三者固各有所近也；其中固有似之而非者也。记诵以为学也，辞采以为才也，击断以为识也，非良史之才学识也。虽刘氏之所谓才学识，犹未足以尽其理也。……此犹文士之识，非史识也。能具史识者，必知史德。德者何？谓著书者之心术也。夫秽史者所以自秽，谤书者所以自谤，素行为人所羞，文辞何足取重！魏收之矫诬，沈约之阴恶，读其书者，先不信其人，其患未至于甚也。所患夫心术者，谓其有君子之心，而所养未底于粹也。”（《文史通义·史德》）文中所例举的魏收，就是在传记撰作时颇缺“史德”之人。他在《魏书》的写作过程中“喜念旧恶”“与之有怨者，莫不被以丑言，没其善事”，但是，凡是史官的祖先姻亲，“多列史传”“饰以美言”。他甚至还公开扬言：“何物小子，敢与魏收作色，举之则使上天，按之当使入地！”简直把传记写作当成其个人酬恩报怨的工具了。因此，面对传记创作中存在的这一严重弊端，章学诚从传记理论角度提出的“史德”之说，对改变传记创作中的不良倾向，凸显传记的文体价值和社会价值，不失为一剂良药，其理论和实践意义都不可低估。同时，章学诚的“史德”说，还有一个意思即传记家的心术除了指邪正之外，其修养程度至关重要。像魏收所著《魏书》，史称“秽史”，人们当然不相信其人其文的真实。章学诚认为，此种心术尚不太需担心，因其行毕竟易被人所识。所患者为史家有君子之心，而史德修养不够，有意无意之中而发为文辞，害义违道。他说：“盖欲为良史者，当慎辨于天人之际，尽其天而不益以人也。尽其天而不益以人，虽未能至，苟允知之，亦足以称著书者之心术矣。而文史之儒，竞言才学识，而不知辨心术，以议史德，乌乎可哉？夫是尧、舜而非桀、纣，人皆能言矣；崇王道而斥霸功，又儒者之习故矣。至于善善而恶恶，褒正而嫉邪，凡欲托文辞以不朽者，莫不有是心也。然而心术不可不虑者，则以天与人参，其端甚微，非是区区之明所可恃也。夫史所载者事也。事必藉文而传，故良史莫不工文，而不知文又患于为事役也。盖事不能无得失是非，一有得失是非，则出入予夺相奋摩矣。奋摩不已，而气积焉。事不能无盛衰消息，一有盛衰消息，则往复凭吊生流连矣，流连不已，而情深焉。”（《文史通义·史德》）由此可见，章学诚的“史德”说是对刘知幾“史家之长”的进一步发展，对传记文学创作颇有裨益。

2. 撰述与记注

“撰述”与“记注”是章学诚从传记美学角度提出的两个传记批评术语。在他的行文中有时也写作“著述”与“比类”，或“著作”与“纂辑”。他说：“易曰：‘蓍之德圆而神，卦之德方以智。’间尝窃取其义以概古今之载籍。撰述欲其圆而神，记注欲其方以智也。夫智以藏往，神以知来，记注欲往事之不忘，撰述欲来者之兴起，故记注藏往似智，而撰述知来拟神也。藏往欲其赅备无遗，故体有一定而其德为方；知来欲其抉择去取，故例不拘常而其德为圆。"（《文史通义·书教下》）又说："史家有著作之史与纂辑之史，途径不一。著作之史，宋人以还，绝不多见。而纂辑之史，则以博雅为事，以一学必有按据为归，错综排比，整练而有剪裁，斯为美也。"（遗书卷十四方志略例一）又说："为比类之业者，必知著述之意，而所次比之材，可使著述者出，得所凭藉，有以恣其纵横变化；又必知己之比类，与著述者各有渊源，而不可以比类之密，而笑著述之或有所疏，比类之整齐，而笑著述之有所畸轻畸重，则善矣。盖著述譬之韩信用兵，而比类譬之萧何转饷，二者固缺一而不可，而其人之才，固易地而不可为良者也。"（《报黄大俞先生》）

章学诚认为，传记可分为两大类，一是"撰述"，一是"记注"，两者各有各的美学原则。前者"欲其圆而神"，后者"欲其方以智"。正是因为"撰述"传记追求"圆而神"的美学原则，所以于创作中不可能没有抉择、去取。也正是因为"记注"传记追求"方以智"的美学原则，所以写作者往往把赅备无遗，把史料齐全奉为圭臬。章学诚之所以提出这两个传记批评术语，是有感而发，他在总结传记发展的创作实际之后，指出了传记文学（"撰述"）与传记资料（"记注"）的区别。表现了章学诚的传记文学文体意识的成熟，这是难能可贵的。章学诚生活的时代，正是所谓"考据学"盛行的时期。学者们或者以考逸搜遗为务，或者以整齐补苴见长，或者以小学音画为名；把功力等同于学问，以"记注"替代"撰述"。章学诚却反其道而行之，尖锐地指出："世士以博稽言史，则史考也；以文笔言史，则史选也；以故实言史，则史纂也；以议论言史，则史评也；以体裁言史，则史例也。唐宋至今，积学之士，不过史纂，史考，史例；能文之士，不过史选，史评。……盖文辞以叙事为难，今古人才，骋其学力所至，辞命议论，恢恢有余，至于叙事，汲汲形其不足，以是为最难也。……然古文必推叙事，叙事实出史学。"（《遗书补遗·上朱大司马论文》）众所周知，司马迁、班固之后，尽管史传文学代有继作，但往往光彩不足。究其因，章学诚认为，后世传记家失却了“撰述”“圆而神”的原则与“记注”“方以智”的方法，则不无是因。针对这一现象，他深刻指出：“纪传行之千有余年，学者相承，殆如夏葛冬裘，渴饮饥食，无更易矣。然无别识心裁，可以传世行远之具，而斤斤如守科举之程式，不敢稍变；如治胥吏之簿书，繁不可删。以云方智，则冗复疏舛，难为典据；以云圆神，则芜滥浩瀚，不可诵识。”（《文史通义·书教下》）在《和州志前志列传序例下》中他同样阐释了这一观点：“唐宋以后，史法失传，特言乎马，班专门之业，不可复耳。若其纪表成规，志传旧例，历久不渝，等于科举程式，功令条例，虽中庸史官，皆可勉业，不能复耳。”章学诚的这些主张，不是简单重复汉唐以降的传记传统，而是表现了章学诚有感而发，针砭时弊的理论勇气和对传记文本的清醒意识，有挽传记文学于颓势之功，还传记文学本来面目之绩，在中国传记文学的发展史上值得一书。

3. 主张独立的传记文体意识

中国传记文体，尽管渊源早，成就大，但传记理论家的文体意识欠明晰。刘勰在《文心雕龙》中专列了“史传”篇，可是对传记文学的艺术成就却认识不够。刘知幾的《史通·列传》篇过多地把精力投入项羽该不该入本纪的问题上去了。章学诚则不同，他是把“传记”作为一门独立时文体来论述的。他首先从传记文体的名称说起，指出了中国传记的“释经为传”的特征：“传记之书，其流已久，盖与六艺先后杂出。古人文无定体，经史亦无分科，《春秋》三家之传，名记所闻，依经起义，虽谓之记可也。经《礼》二戴之记，各传其说，附经而行，虽谓之传可也。”“盖皆依经起义，其实各自为书，与后世笺注自不同也。后世专门学衰，集体日盛，叙人述事，各有散篇，亦取传记为名，附于古人传记专家之义尔。”（《文史通义·传记》）章学诚认为，“传记”一词表示记人叙事的文体名称是后来演变而出的，“其后支分派别，至于近代，始以录人物者区为之传；叙事迹者区为之记。”另外，章学诚认为，中国传记之所以文体得不到独立，恰恰是它依附于历史所致，当时学术界曾流行着“身非史官，不可为人作传”

的说法，顾炎武就曾从“传”字的源起角度阐释过这一观点：“列传之名，始于太史公，盖史体也，不当作史之职，无为人立传者，故有碑，有志，有状，而无传。梁任昉《文章缘起》言传始于东方朔作《非有先生传》，是以寓言而为之传。韩文公集中传三篇，《太学生何蕃》《圬者王承福》《毛颖》。柳子厚集中传六篇，《宋清》《郭橐驼》《童区寄》《梓人》《李赤》《蝜蝂》。《何蕃》仅采其一事而谓之传，《王承福》之辈者皆微者而谓之传，《毛颖》《李赤》《蝜蝂》则戏耳而谓之传，盖比于稗官之属耳。若《段太尉》则不曰传，曰‘逸事状’，子厚之不敢传太尉，以不当史任故也。自宋以后，乃有为人立传者，侵史官之职矣。”（《日知录》卷十九）这是把传记囿于史体的传统看法。历史与传记不分，实则对两者文体的独立发展皆有弊。美国学者汪荣祖指出：“作史者应见其大，盱衡全局，记政教分合，和战因果，与夫帝国之兴亡；一人一生之事，虽详之矣，犹如临细流而欲窥江海之浩瀚，其可得乎？……然今之沧师，仍不‘以传属史’（Biography is not a branch of history），盖史非众生相，不得视为传记之汇聚，而系军国大事，典章制度之综述。中西史传异同，略见之矣。”（《史传通说·传记第八》）

难能可贵的是，章学诚则能从传记的文体独立意识出发，指出了传记是一种与史传参互而行，可入文集的独立文体。他分析道：“明自嘉靖而后，论文各分门户，其有好为高论者，辄言传乃史职，身非史官，岂可为人作传？”其实“如通行传记，尽人可为，自无论经师与史官矣。必拘于正史列传，而始可为传，则虽身居史职，苟非专撰一史，又岂可别自为私传耶？若但为应人之请，便与撰传，无以异于世人所撰。惟他人不居是官，例不得为，已居其官，即可为之，一似官府文书之须印信者然，是将以史官为胥吏，则以应人之传，为倚官府而舞文之具也。”他指出：“史学废，而文集入传记，若唐、宋以还，韩柳志铭，欧、曾序述，皆是也。负史才者不得身当史任，以尽其能事，亦当搜罗闻见，核其是非，自著一书，以附传记之专家。”（《文史通义·黠陋》）

章学诚针对“见生之人，不宜作传”的说法，也进行了分析。他认为，给生者立传不但古已有之，而且从传记的启迪意义来看，更应该重视给见生之人立传。他说："朱先生曾言：'见生之人，不当作传'自是正理。但观于古人，则不尽然。按《三国志》庞淯母赵娥，为父报仇杀人，注引皇甫《列女传》云：'故黄门侍郎安定梁宽为其作传。'是生存之人，古人未尝不为立传。"（《文史通义·传记》）又说："至去任之官，苟一时政绩可传，舆论交推，更无拟议者，虽未经没身论定，于法亦得立传。"（《文史通义·修志十议》）又说："史志之书，有裨风教者，原因传述忠孝节义，凛凛烈烈，有声有色，使百世而下，怯者勇生，贪者廉立。《史记》好侠，多写刺客畸流，犹足令人轻生增气。况天地间大节大义，纲常赖以扶持，世故赖以撑柱者乎！"（《文史通义·答甄秀才论修志第一书》）

章学诚的传记文体意识，既表现在他能把传记与历史做出区别，还表现在他认为传记不能等同于小说，如"《穆天子传》《汉武内传》小说之属也"。其文体意识相当清晰、准确，对胡适、梁启超现代文学观念的形成和近、现代传记文学成为一种独立的文学形式，起到了十分重要的作用。

4. 彰直笔，重艺术

传记文学的生命在于真实，但是更多地受儒家文化影响的中国传记文化，则可称之为一种"隐讳文化"。也就是说，即使传记家遵循所谓"书法不隐"的原则，那也只是孔子所说的"吾党之直者异于是，父为子隐，子为父隐，直在其中矣"。（《论语·子路》）章学诚则能突破儒家这一传记文化传统，提出了他的传记需要"传人适如其人，述事适如其事"的真实美学观。他认为"陈平佐汉，志见社肉；李斯亡秦，兆端厕鼠。推微知著，固相士之玄机；搜间传神，亦文家之妙用也。但必得其神态所在，则如图画名家，颊上妙于增毫；苟徒慕前人文辞之佳，强寻猥琐以求其似，则如见桃花而有悟，遂取桃花作饭，其中岂复有神妙哉？又近来学者喜求征实，每见残碑断石，余文剩字，不关于正义者，往往藉以考古制度，补史缺遗，斯固善矣。因是行文贪多务得，明知赘余非要，却为有益后世推求，不惮辞费。是不特文无体要，抑思居今世而欲备后世考征，正如董泽矢材，可胜既乎！夫传人者文如其人，述事者文如其事，足矣。"又说："物以少为贵，人亦宜然也。天下皆圣贤，孔圣亦弗尊尚矣。清言自可破俗，然在典午则滔滔皆是也。前人讥《晋书》列传同于小说，正以采掇清言，多而少择也。……今观传志碑状之文，叙雍正年府州县官，盛称杜绝馈遗，搜除积弊，清苦自守，革除例外供支，其文洵不愧于《循吏传》矣。不知彼时逼于功令，不得不然；千万人之所同，不足以为盛节，岂可见奄寺而颂其不好色哉！山居而贵薪木，涉水而宝鱼虾，人知无是理也，而称人者乃独不然。是之谓'不达时势'，又文人之通弊也。"（《文史通义·古文十弊》）

章学诚在强调传记的真实的同时，又从艺术和美学层次对史料进行思考。他认为，传记绝不是史料的汇编，他说："史学所以经世，固非空言著述者。《春秋》之所以彪炳千秋，正以切合当时人事耳。"（《文史通义·浙东学术》）这一点是难能可贵的。

另外，章学诚对叙述语言与记录语言的划分，对我们把握传记的真实性也是颇有理论参考价值的。他认为，"叙事之文"是传记作家的"作者之言"，"为文为质，惟其所欲，期如其事而已矣。"那么"记言之文"则非传记作家之言，"为文为质，期于适如其人之言。"因此，章学诚对通行传记的动辄是圣人之言的不真实之处给予了批判，他指出："贞烈妇女，明诗习礼，固有之矣。其有未尝学问，或出乡曲委巷，甚至佣妪鬻婢，贞节孝义，皆出天性之优，是其质虽不愧古人，文则难期于儒雅也。每见此等传记，述其言辞，原本《论语》《孝经》，出入《毛诗》《内则》，刘向之《传》，曹昭之《诫》，不啻自其口出，可谓文矣。……与其文而失实，何如质以传真也！由是推之，名将起于卒伍，义侠或奋阎闾，言辞不必经生，记述贵于宛肖。而世有作者，于斯多不致思，是之谓'优伶演剧'。盖优伶歌曲，虽耕氓役隶，矢口皆叶宫商，是以谓戏也。而记传之笔，从而效之，又文人之通弊也。"（《文史通义·古文十弊》）

总之，章学诚提出的诸多传记文学理论，对当时的传记写作起到了拨乱反正、返璞归真的作用，对近、现代传记观念的形成以及传记文学的创作做了理论上的指导和准备。尽管他并未能亲自创作大量传记，但章学诚的这些特色鲜明的传记文学理论，在中国传记文学发展史上，起到了承前启后、继往开来的作用，对传记文学的文体形成和形式特色，做出了积极的贡献。

二、金圣叹、顾炎武等人的传记文学理论及批评

金圣叹（1608—1661），名人瑞，一名喟，字圣叹。江苏吴县（苏州）人。一说本姓张，名采，字若采。为人、为文怪诞不经，岁试时因遭黜落，后顶替金代之名参加考试，故改姓为金。但科场蹭蹬，屡试不举。入清后，绝意仕途，以著述为务。曾将《庄子》《离骚》《史记》《杜诗》《水浒》《西厢》并称为天下六大才子书，并计划逐一评点，但是只完成了"第五""第六"才子书的评点。顺治十八年，苏州市民反对吴县知县的贪暴遭镇压，金圣叹带诸生哭于文庙，被以"千百成群，肆行无忌，震惊先帝之灵"罪处斩。

金圣叹以对我国小说理论进行了系统总结而闻名于清代文坛。也正因为他对小说的文体研究造诣颇深，在论及传记文学与小说的文体差异时，他提出了著名的"以文运事"和"因文生事"说："《史记》是以文运事，《水浒》是因文生事。以文运事，是先有事生成如此如此，却要算计出一篇文字来，虽是史公高才，也毕竟是吃苦事。因文生事即不然，只是顺着笔性去，削高补低都由我。"（《读第五才子书法》）

由于中国古典小说的渊源之一是史传文学，史传成为小说的一种母体。因而在诸多理论家的眼中，似乎小说与史传几乎没有了差别。毛宗岗说："《三国》叙事之佳，直与《史记》仿佛。"（《读三国志法》）张竹坡说："《金瓶梅》是一部《史记》。"（《批评第一奇书金瓶梅·读法》）甚至当今，仍有不少学者动辄把《史记》称为小说。这种混淆两者文体差异的观点，既不利于小说的文体发展，也制约了后世传记文学对史传文学的承继。金圣叹则认为传记文学与小说是有着本质区别的，前者是"以文运事"，必须按照"先有事生成如此如此"的事实营造文字；后者却是"因文生事"，"只是顺着笔性去，削高补低"全凭小说家虚构。美国学者汪荣祖说："虽然，左氏叙事犹难当'尽而不汙'之旨，盖古人征信甚难，有不

得不凭传闻臆想之处。汪中曰：‘百世之上，时异事殊。故曰古之人与其不传者，众矣！所贵乎心知其意也。’心知其意者，钱丈默存参照狄尔泰（W·Dilthey）、柯林乌（R. G. Collingwood）之意，发为精义曰：‘史家追叙真人实事，每须遥体人情，悬想事势，设身局中，潜心腔内，忖之度之，以揣以摩，庶几入情合理。’故人事乃史家所知人事（facts known to the historian），人事之因由乃史家所悬想之因由（historical reasons or causes were historians' thoughts）。悬想者亦即史家对史事之忖度耳。其想当然耳之所以异于剧本对话独白者，即在‘设身处地，依傍性格身份’，固有异于向壁虚构也。”（《史传通说》）从中我们不难看出金圣叹“以文运事”理论的影响。

金圣叹“以文运事”的理论，既对中国古典小说摆脱“史传”的拘囿而自我生长有利，更对我们把握传记文学的艺术性提供了标准。在《第五才子书水浒传》第二十八回评里，金圣叹阐述了他对传记文学文学性的看法：“夫修史者，国家之事也；下笔者，文人之事也。国家之事，止于叙事而止，文非其所务也；若文人之事，固当不止叙事而已，必且心以为经，手以为纬，踌躇变化，务撰成绝世奇文焉。如司马迁之书，其选也。司马迁之传伯夷也，其事伯夷也，其志不必伯夷也。其传游侠货殖，其事游侠货殖，其志不必游侠货殖也。进而至于汉武本纪，事诚汉武之事，志不必汉武之志也。恶乎志？文是已。马迁之书，是马迁之文也，马迁书中所叙之事，则马迁之文之料也。……是故马迁之为文也，吾见其有事之巨者而隐括焉，又见其有事之细者而张皇焉，或见其有事之阙者而附会焉，又见其有事之全者而轶去焉，无非为文计，不为事计也，但使吾之文得成绝世奇文，斯吾之文传而事传矣，如必欲但传其事，又令纤悉不失，是吾之文先已拳曲不通，已不得为绝世奇文，将吾之文既已不传，而事又乌乎传耶？盖孔子亦曰：‘其事则齐桓晋文，其文则史。’其事则齐桓晋文，若是乎事无文也；其文则史，若是乎文无事也；其文则史，而其事亦终不出于齐桓晋文，若是乎文料之说，虽孔子亦早言之也。”这里，金圣叹敏锐地指出了传记文学的文学价值。他认为真正有艺术价值的传记如《史记》，不能

“止于叙事而止”，而应对所叙之“事”进行艺术加工，“心以为经，手以为纬，踌躇变化，务撰成绝世奇文”。甚至，为了传记的“志”即传记作家的审美理想，传记作家可以而且必须对这些“文料”进行艺术加工；有些重大史实，事件可以进行适当的概括；有些细小情节可以有意扩大；有些缺少材料可以依傍性格进行虚构；有些完整材料则可以略去不写。总之，文料必须服从作者之志。其实，金圣叹是在倡导传记对我国史官文化讲究文饰、条理，繁于文采的艺术属性的回归。众所周知，优秀的传记文学从来就是文史并重的，没有“文”的因素仅仅记载人物的生平大事，还不能称为“历史”。《仪礼·聘记》曰：“辞多则史。”郑注：“史，谓策祝，亦言史官多文也。”孔子指出：“质胜文则野，文胜质则史。”（《论语·雍也》）《集解》引包氏曰：“史者文多而质少。”历史学家范文澜先生对此分析说：“黄炎族掌文化的人叫做史，周朝重史不重巫，史官掌记事兼作诗歌（诗三百篇不少是史官所作）。史官世代专业，儒家所传经书，其原始部分大都是两周史官旧藏的典册。经书文辞分散文与诗歌两类。散文分质言、文言两体。质言如《周书·大诰·康诰·酒诰》等篇，直录周公口语，辞句质朴，不加文饰。凡朝廷诰誓、钟鼎铭文多属质言体。文言如《周书·洪范·顾命》以及《仪礼》十七篇，都是史官精心制作，条理细密，文字明白。孔子说：‘质胜文则野，文胜质则史’，凡史官所自作，多属文言体。鲁史左丘明采集诸侯国史记，作《左氏春秋传》，创文言体散文的极致。”（《中国通史简编》第一编第八节散文与诗赋）这里已经阐释得很明白了。讲究文饰、条理，繁于文采，正是历史的属性之一，当然更是传记文学的属性和特色之一。由此看来，金圣叹的传记文学理论既是对传统文化的继承，也是一种创新，值得我们发扬借鉴。

顾炎武（1613—1682），是清代考据学派的鼻祖。考据学派反对明代王学的“束书不观，游谈无根”而倡实证。顾炎武的传记文学理论的第一个特点即是重证据，讲真实。他说：“门户之人，其立言之指，各有所借，章奏之文，互有是非，作史者两收而并存之，则后之君子，如执镜以炤物，无所逃其形矣。偏心之辈，谬加笔削，于此之党，则存其是者，去其非者；

至彼之党，则存其非者，去其是者，于是言者之情隐，而单辞得以胜之。且如要典一书，其言未必尽非，而其意别有所为。继此之为书者，犹是也。此国论之所以未平，而百世之下，难乎其信史也。崇祯帝批讲官李明睿之疏曰：'纂修实录之法，惟在据事直书，则是非互见。'大哉王言，其万世作史之准绳乎！"（《日知录》卷十八《三朝会典》）但是，顾炎武并未像后世经学家那样为考据而考据。他有着极重的经世思想。针对传记文学创作，他提出了著名的"史记于序事中寓论断"的观点。《日知录》卷二十六"史记于序事中寓论断"条云："古人作史，有不待论断，而于序事之中，既见其指者，惟太史公能之。《平准书》末载卜式语，《王翦传》末载客语，《荆轲传》末载鲁勾践语，《晁错传》末载邓公与景帝语，《武安侯田蚡传》末载武帝语，皆史家于序事中寓论断法也。后人知此法者鲜矣，惟班孟坚间一有之。如《霍光传》载任宣与霍禹语，见光多作威福。《黄霸传》载张敞奏见祥瑞，多不以实，通传皆褒，独此寓贬，可谓得太史公之法者矣。"一般说来，作家的论断多见诸"论赞"，但顾炎武通过对《史记》的分析认为，优秀的传记更善于在"序事"中寄托褒贬。《魏其武安侯列传》传末录入汉武帝的话："使武安侯在者，族矣。"传记作家的褒贬之旨，昭然若揭。

另外，顾炎武论述传记的写作方法，也多有创见。《日知录·卷十九·文章繁简》条对传记的语言繁简的叙事方法进行了探讨。顾炎武反对"史文贵简"的通论。主张"辞主乎达，不论其繁与简也"。他说："繁简之论兴，而文亡矣。《史记》之繁处，必胜于《汉书》之简处。《新唐书》之简也，不简于事，而简于文，其所以病也。"接着，顾炎武以孟子《齐人乞墦》等为例进一步指出，文章必须该繁处必繁，这样才能"情事乃尽"，否则，孟子笔下栩栩如生的"良人"故事，"使入《新唐书》，于齐人则必曰：'其妻疑而瞯之'而已矣"。因此，传记文学应"辞主乎达，不主乎简"。事实上，顾炎武这一主张是颇能针砭传记写作中一味"简约"而不重叙事的不良之风的。后来清代学者何焯也发表了类似的见解："人见汉王转换之捷，不知太史公用笔入神也。他人不过曰：'汉王怒，良平谏，乃许之。'"（《义门读书记》）

第八章

近代传记文学的转变

近代中国，从1840年起，由于受到西方列强的侵略，逐渐变为半封建半殖民地社会。随着社会的急遽变化和西方文化的传入，近代传记文学呈现了由古代传记文学向现代传记文学转变的趋势。

进入近代的桐城派传记文学，在承继桐城文统的同时，深深烙上了时代特征。他们主张文章“莫大乎因时”（梅曾亮《答朱丹木书》），创作出了诸多感时忧愤的优秀传记。

梁启超与改良派传记文学的出现，是中国近代传记文学转变的主要标志之一。梁启超站在中西文化的汇合点上，咀中西传记文学之精华，在题材、传主、体裁、传记观念等方面，都有继承和发展，显示了一种深层民族文化心理与现代的审美意识的有机融合。受西方文化影响较深的王韬，开清末自传文体解放的先河，他的《弢园老民自传》处处可见作者的自我张扬情感，堪称中国现代“忏悔录”自传的滥觞。严复的笔下，出现了传统帝王将相以外的新的传主形象。

辛亥革命时期的传记文学，是近代传记文学转变的又一表征。传记作家高扬爱国主义旗帜，有意识地运用“传记文学”这一文学形式，在反帝、反封建的斗争中发挥了重要作用。

梁启超的传记文学理论与批评，对中国近现代传记文学写作产生了重大影响。他的传记文体观、真实观、美学观已纳入20世纪现代传记文学理论体系。

由于时空所限，这个时期的传记文学明显存在着古代传记文学向现代传记文学转变的模式，过渡性特征在所难免。

第一节　进入近代的桐城派传记文

散文发展到近代，出现了以龚自珍、魏源为代表的资产阶级启蒙散文，这是近代散文的曙光。但是，桐城派散文，作为贯穿有清一代的文学流派，仍然是散文正宗。姚鼐逝世后，桐城薪火，由其弟子及再传弟子四处传播，遍及东南各省，甚至远传至东邻日本。刘声木著《桐城文学渊源考》，载录桐城派作家凡646人，其中即有日本多人。在姚鼐众多弟子中，方东树、管同、姚莹、梅曾亮最为著名，时称姚门“四大弟子”。方东树是一位文论家，在传记创作方面特色不明显，他主要在《昭昧詹言》中从理论上宣扬桐城“义法”。在姚门四弟子中，潜心于传记文创作且成绩卓著者当推梅曾亮和姚莹，并以梅曾亮成就最大。事实上，正是在梅曾亮的推动下，桐城派传统方得以发扬光大。

一、桐城派的传播者的传记文

梅曾亮（1786—1856），字伯言，江苏上元人（今南京人）。他幼承庭训，受文学熏染较深。其母侯芝就曾亲手改订过弹词《再生缘》。18岁后，他师事姚鼐，并结交管同、方东树，从此矢志于古文创作。梅曾亮在四弟子中，年龄较小，管同逝世后，姚莹、方东树久不居京城，而他则于道光十二年至二十九年，做了20年的京官。吴汝纶说：“郎中（指姚鼐）君既没，弟子晚出者，为上元梅伯言，当道光之季，最名能古文，居京师，京师士大夫日造门问为文法。”（《孔叙仲文集序》）李详在《论桐城派》一文中说：“至道光中叶以后，姬传弟子，仅梅伯言郎中一人，同时好为古文者，群尊郎中为师，姚氏之薪火，于是烈焉。”（《国粹学报》第49期）俨然以古文大师称，成为近代初期桐城派的代表作家，有《柏枧山房文集》。

梅曾亮生活的时代，是中国历史上的大变动时期。社会的急剧变化，民族矛盾的加深，使他的传记文烙上了鲜明的时代特征。他主张“文章之事，莫大乎因时”（《答朱丹木书》）。也就是说，文学应随着时代的变化而变化，“前无所袭于古而言乎时论”（《送陈作甫序》）。《王刚节公家传》叙写了民族英雄安徽寿春镇总兵王锡朋反抗外侮的事迹。《蒋念亭家传》则是反映了清朝官场黑暗、龌龊的现实。四川粮台蒋作梅，因为官廉洁，不愿受纳重金贿赂，反被贪官污吏构陷致死。梅曾亮愤慨地说：“甚哉，廉吏之难为也。苟不能同其廉，则且害其廉，既已害其廉而加之罪，则必以大不廉之名被之。”

梅曾亮论文主张“真”。“真也，古人之作尚乎我，今人之作尚乎人。”（《杂说》）这是对桐城派作家一味因袭“义法”的修正。并有意承继明代归有光以“琐屑语”写人情的笔法，因而他的传记文往往能以情感人，写人叙事，曲尽其妙。《周石生授经图记》写道：

> 石生与曾亮年相若，居相近，幼同嬉游。长就学同师，及他往，未尝不偕。两家尊亲以小名相呼，虽仆妪亦然，皆能道两小时嬉游事。及壬午年，同试礼部，而曾亮以知县注贵州。当远去，石生怅然久之，乃属题母夫人《授经图》也。
>
> 石生自孤童时，从母夫人育外家陈氏。幼时与石生往来，归稍迟，两家各使老妪来呼。石生少废读，母夫人必怒与杖，石生泣则拥杖而悲。尝曰：“汝幼育外家，不可忘陈氏恩。至束脩，皆汝母自力，汝当识此意也。”时曾亮年十三四，家大人方试礼部，留京师，每从塾归，则吾母课诵，必问所习者师讲解否。即石生从塾归，其母夫人亦然。曾亮自家大人客四五年，而未尝一日宽吾母失学之忧，则石生自少孤以至于长成，其母夫人之心力之瘁可知也。然则苦节者必有后，而得母教者多贤子孙，岂不谅哉！

该传在家常琐事中，传主形象栩栩叙出。朱琦在《柏枧山房文集书后》中说梅曾亮：“其为文义法一本之桐城，稍参以归太仆。”即说的这一特点。

值得注意的是，梅曾亮极为重视文章的气势、韵律，文字遒练、整饬，这是对“桐城派”文宗尚“雅洁”风格的变化。他的传记文骈散兼用，词藻华美。这种“雅洁”中不失雄肆的文风，直接影响了曾国藩的传记创作。曾国藩在《送梅伯言归金陵三首》诗中称誉梅曾亮说：“文笔昌黎百世师，桐城诸老实宗之。方姚以后无孤诣，嘉道之间又一奇。”

姚莹（1785—1852），字石甫，一字明叔，号展和，系姚鼐侄孙。他师事姚鼐，姚鼐给他讲授古文法。姚莹少时聪颖，少年得志，金榜题名时，年方24岁。他历官福建龙溪、江苏武进等县，擢两淮护盐运使，受到林则徐等人的赏识。鸦片战争期间，他时任台湾兵备道，与台湾总兵阿洪达奋起抗击英侵略者，卓有战绩。然而，由于他得罪于福建总督怡良，且功高震"主"，"然举世获罪，独台湾屡邀上赏，已犯独醒之戒；镇道受赏，督、抚无功，又有以小加大之嫌"（姚莹《再与方植之书》）。结果，《南京条约》签订后，姚莹反被诬为"冒功杀酋"之罪，被捕入狱。尽管在友人救助下，六天后姚莹即被释出，但从此官场困顿，未得重用。从传记的角度看，也正是因为他的身世之感，他的传记文具有了"沉郁顿挫"的美学风格。这是姚莹传记文的独到之处。其名作有《仲童子传》《陈忠愍小传》《祭兄伯符文》《张亨甫传》等。《张亨甫传》是姚莹为其好友、一生不得志的著名诗人张际亮所作的传记。传文叙事生动，语言凝练，尤其在"洞极人情白黑"之处，寄心楮墨，颇多感慨，"实能使其心胸、面目、声音、笑貌、精神、意气、家世、交游与夫仁孝、恺悌之效于施行者毕见于简端，使人读其文，如立石甫于前，而与之俯仰抵掌也"（方东树《东溟文集·序》）。试看一节：

> 曾宾谷鹾使在京师闻亨甫名召饮，同坐皆知名士也。曾以名辈显宦，纵意言论，诸人赞服，亨甫心薄之。曾食瓜子粘须，一人起为拈去，亨甫大笑，众渐，曾不欢而罢。明日，亨甫投书，责曾不能教导后进，徒以财利奔走寒士，门下复不自知爱廉耻俱丧，负天下望，累数百言。曾怒毁之于诸贵人，亨甫以是负狂名。六年，余至京师，从游者久之。亨甫既为朝贵所忌，试辄不利，自是历游天下山川，穷探奇胜，所交名贤几遍，以其穷愁慷慨，牢落古今之意，发为诗歌，益沈雄悲壮，至天才艳逸，情致绵邈，则其本色，而亨甫之诗乃大成矣。十八年乡试，主闽试者途中约，张际亮狂士，不可中。而亨甫已易名亨辅中式，拆卷见其名，疑欲去之，副考申解而止。及来谒，果际亮也，主试愕然，会试复报罢。

文章叙事之中加以分析描摹，“众惭”二字正是姚莹感慨身世遭际的“文眼”之所在。读之让人顿生沉郁愤慨之气。礼部尚书汪廷珍题其文集曰：“学有经法，通识时事，激昂慷慨，贾太傅流涕之书；博辩宏通、苏学士淋漓之手。心平论笃，兼汉宋之长而通，其郇气盛言，宜得马、韩之神而无其迹，以视规规门户之间，逐逐声华之路者，信乎众鸟啁啾中独见孤凤凰矣。”可见姚莹的散文（包括其传记文）在当时是颇有影响的。

二、桐城派的中兴：曾国藩的传记文

姚鼐之后，桐城派除“四大弟子”外，门庭日广，传播遍及东南各省。但是，姚莹、梅曾亮等相继谢世后，桐城派尽管人数众多，却缺乏一位文坛宗主。曾国藩的出现，使得桐城散文在近代形成了中兴局面，也使得桐城派传记文达到了最后的辉煌。

曾国藩（1811—1872），字伯涵，号涤生，湖南湘乡人。道光十八年（1838）进士，自此在京城供职十余年。其间，他接受了桐城派的影响，“国藩之粗解文章，由姚先生启之”（《圣哲画像记》）。他一方面盛赞桐城文学：“三子（指方、刘、姚）既通儒硕望，姚先生治其术益精。”（《欧阳生文集序》），一方面与桐城派古文家梅曾亮、朱琦、龙启瑞等广有交往。咸丰十二年底（1853）曾国藩以吏部侍郎身份在湖南办团练，与太平军作战，度过了十年军旅生涯。曾国藩为配合镇压太平天国的军事活动，在思想文化领域中大肆倡导程、朱理学。突出更能切实地维护清王朝封建统治的所谓“义理”。他说：“义理之学最大，义理明则躬行有要，而经济有本。词章之学，亦所以发挥义理者也。”（《曾国藩家书》）这样，桐城“义法”经过曾国藩的改造，摆脱了其太重“雅洁”的积弊。文坛上形成了古文“中兴”的局面。曾国藩作为古文大家，文章雄奇瑰玮，意象宏大，声采炳焕。但其内容多与人民立场悖立，是不足取的。不过，曾国藩比较重视散文的艺术性，反对“诸儒崇道贬文之说”（《与刘孟容书》）。因此，曾国藩在传记写作中呈现的如下几个艺术特点，还是应给予肯定的。

首先，他拓展了传统墓志铭的写作范畴，强化了传记的文体特征。把

"墓志铭"作为他阐释文章须切于世用政治观点的载体，并完全作为一种"文学传记"来写，备受当时文人的称道。《江忠烈公神道碑》《罗忠节公神道碑铭》《李忠武公神道碑铭》《李勇毅公神道碑铭》等，又是其中的名篇。《江忠烈公神道碑》写道：

> 公讳忠源，号岷樵，新宁江氏。曾祖登佐，太学生。祖献鹏。父上景，岁贡生。母陈太夫人，生子四，公其长也。少而豁朗英峙，以县学附生，选为道光十七年丁酉科拔贡生，旋中是科乡举。久客京师，以大挑得教职。与曾国藩、陈源兖、郭嵩焘、冯卓怀数辈友善。尝从容语国藩："新宁有青莲教匪，乱端兆矣！"既归二年，而复至京。余戏诘公："青莲教竟如何？何久无验也？"公具道家居时，阴戒所亲，无得染彼教。团结丁壮，密缮兵仗，事发有以御之。逮再归，而果有雷再浩之变。公部署夙定，一战破焚其巢。诱贼党缚再浩，磔之。湖广总督上其功，赏戴蓝翎，以知县用。公入都谒选，又语国藩："前事虽定，而大吏姑息，不肯痛诛馀党。难犹未已。"逾年，而复有李沅发之变。又逾年，而广西群盗蜂起，洪秀全、杨秀清之徒出，大乱作矣！……乌公慷慨负气，与提督向公荣，积有违言。公以书晓譬，乌公礼下之已甚，冀感动向公，卒不能得。逮围贼于永安，复代为一书抵向公，力谏围师缺隅之说，请合围而尽歼之，又不能得。因引疾归。归而永安贼出，大败官军，遂至桂林。公闻警，募勇倍道赴援，将终佐乌公以平岭表。未至而乌公阵没。自是独领一队，贼中往往指目江家军矣。

必须指出，曾国藩的传记是以清政府的政治观点，写当时国家形势与战局于传主的生平经历之中，因而被当时人誉谓："经世大文，信史实迹，读之足以开拓豪杰心胸，其光气烛天地，贯日月而不朽。"（王先谦《续古文辞类纂》）

其次，曾国藩传记文注重"以史传人"。"以史传人"就是从史的角度叙写传主，这是对中国古典传记"以传窥史"方法的创新。"以传窥史"

旨在写史；“以史传人”则重在写人。英国学者崔瑞德指出：“要使传记的写作成为独立的文学著作，一个必要的先决条件是，它所描述的社会应该发现一个人的品格及其与社会背景的相互作用会使其主人翁有充分的吸引力，能吸引读者的注意，并且集中注意他的工作。”（《中国的传记写作》）曾国藩的传记文做到了这一点，因而增加了他的传记作品的文学品位。《李忠武公神道碑铭》开篇即从湘军史的角度写传主：“公讳续宾，字迪庵，湘乡李氏。湘军之兴，威震海内。创之者罗忠节公泽南，大之者公也。”然后，在追叙湘军发展史的过程中，既塑造了英勇善战的李续宾的形象，也展示了太平军将领的谋略。这种“以史传人”的笔法，是颇能栩栩叙出传主性格的。

再次，曾国藩的传记文一变桐城派文“阴柔”之风，而呈“阳刚”之美。他的传记文叙事磊磊有生气，具有勃郁雄迈的特征。他说：“雄奇者，得之天事，非人力所可强企；惬适者，诗书酝酿，岁月磨练，皆可日起而有功。惬适未必能兼雄奇之长，雄奇则未有不惬适者。”（《杂著·文》）又说：“文章之道，以气象光明俊伟为最难而可贵。”（《鸣原堂论文》）从中可见其美学风格是与桐城诸老有差异的。方、姚等人倡阴柔，重“雅洁”，“流行益广，不能无窳弱之病；曾国藩出而振之……以理学经济发为文章，其阅历亲切，迥出诸先生上”（薛福成《寄龛文存序》）。吴汝纶也认为：“桐城诸老，气清体洁，海内所宗，独雄奇瑰玮之境尚少”（《与姚仲实》）。曾国藩的传记文则充盈着雄奇之气，有纵横磅礴之气势，读来令人移情。也正是如此，有时整篇传记中尽管传主未发一言，但传主形象仍然呼之欲出，且传记作家的自我情感，性格也得以展现。《何君殉难碑记》《湘乡昭忠祠记》《毕君殉难碑记》皆堪称名篇。《何君殉难碑记》以抒情语言作起：“呜呼！军兴十载，士大夫君子横死者多矣！独吾友何君丹畦，尤深痛不忍闻。自近古以来，未有行善获祸如是之烈者也。岂不痛哉！”然后“以史传人”历叙战事，直至传主遇难。作家一唱三叹，反复唏嘘，自有其感人之处。事实上，曾国藩是深味传记的教育作用的，他说：“余尝以大清达人杰士超越古初，而记述阙如，用为叹憾。”（《国朝先正事略序》）

但曾国藩的散文仍属桐城派文统，《满妹碑志》即写得“雅洁”而有力度，一股政治家的气度由纸背透出：

> 满妹，吾父之第四女子也。吾父生子男女凡九人，妹班在末，家中人称之满妹，取盈数也。生而善谑，旁出捷警，诸昆弟姊妹并坐，虽黠者不能相胜。然归于端静，笑罕至矧。道光十九年正月晦日以痘殇。明日，吾儿子祯第相继亡。妹生于世十岁，儿三岁也，即日瘗诸居室之背，高嵋山之麓。吾母伤弱女与冢孙，哭之绝痛。间命诸子曰：“二殇之葬也，无碑以识之，即坟夷级陊，谁复省顾者？”国藩敬诺。亡何，系官于朝，公有执，私有濡，久不得卒事。越八年，而适朱氏妹徂逝，以其新悲，触其夙疢，怆然不自知何以为人也。于是粗述一二，遣家人植石墓北，且缀之词，使有垂焉。

看似冷淡，实则内心伤悲之情，深沉而含蓄。

总之，由于曾国藩的文章具有“雄直之气”“冠绝古今”（王先谦《续古文辞类纂序》），加之其事功卓著，门徒甚多，因而，以其为领袖而团结造就了一批散文作家，形成了“桐城派”的“中兴”局面。

三、曾国藩之后桐城派作家的传记文

曾国藩之后，桐城派的代表人物为曾门“四大弟子”：张裕钊、黎庶昌、薛福成和吴汝纶。从传记发展的角度看，黎庶昌、吴汝纶个性较鲜明。他们的传记文在弘扬桐城派传统文法的同时，集中体现了近代传记文学的转变：传记文与时政相结合。

黎庶昌（1837—1897），字莼斋，遵义人。同治初，下诏求言，黎庶昌以廪贡生应诏，上万言书论时政。遂以知县发往安庆大营差遣，为曾国藩幕僚。后曾任驻英、法、德、日四参赞及驻日本大使，并传桐城文法于日本。他在传记创作上“远祖桐城，近宗湘乡，而不规规一格”（罗文彬《拙尊园丛稿·跋》），文笔宕送，文采斐然，具有严谨而雄肆的风格。他为庶母及二妾写的《先大夫侧室刘孺人家传》《长姬赵孺人墓志铭》等哀

婉动人，深得桐城派“以琐屑语”传人性格之妙。《郑珍墓志》《莫友芝别传》等也写得气健辞雄，堪称结构。《二部侍郎石公神道碑铭》叙写了一位反抗外辱于英人面前慷慨陈词，临危不惧的新传主形象，主题极为鲜明。碑铭写道：

> 先是，咸丰十年八月，西洋英法两国，以条约不谐故，合寇天津。吏民骇散，总督以下官，多受辱。公时为知府四年，私念空城徒死无益，不若径往赴敌。即单车抵英酋所，陈说大义，谕以我朝神武，宜速罢兵议和，毋自取覆鳌，慷慨而谈，颜色不变，英酋虽未即听，然心敬中国有人矣。既而以五百人劫质南营，公即倔强嫚骂，时时引手搏颈曰：“速杀我，取吾头去。”酋益敬，礼有加，为具食，不肯食；进酒，不肯饮；勺水不入口者三日。酋皆私窃自谓：此大皇帝忠臣，不可屈，宜还之。而天津士民数十万人复集，日夜环奏轮舟，距跃欢呼曰：“还我石父母来！”

黎昌庶的文章，受到曾国藩的称许：“莼斋生长边隅，行文颇得坚强之气，锲而不舍，均可成一家言。”（参见《拙尊园丛稿·序》引）

吴汝纶（1840—1903），字挚甫，安徽桐城人。同治进士，曾长期为曾国藩、李鸿章幕僚，后为京师大学堂总教习，他是近代中期桐城派的大家之一。他主张“文章应切于时变”，“文者，精神志趣寄焉；不得其精神志趣，则辞之轻重缓急离合失其宜，而不能得其要领，或悖其旨而旁趋”，应“以能济时变为归宿”（《吴先生行状》）。在传记《弓斐安墓表》中，他通过对传主弓斐安“善构造”和“善为田”工匠形象的塑造，称赞了西方先进的建筑业与农业技术，使桐城散文具有了鲜明时代特征。

另外，他受曾国藩“雄奇”文风影响较大，传记能从大处落墨，于平易中见雅健。《左文襄公神道碑》《李文忠公神道碑铭》《程中烈公神道碑》体现了这些特点。

桐城派发展到20世纪之交，仍出现了马其昶、姚永朴、姚永概等作家。但是，由于时代的发展，桐城古文愈来愈显示其内容的空疏与形式的僵化。传记文创作也没有多少优秀之作。集中体现了桐城派散文的暮气之重，也预示了这一绵延有清一代二百多年的散文流派的终结。在传记创作方面，以翻译西洋小说而闻名的林纾，倒值得一提。

林纾（1852—1924），原名群玉，字琴南，号畏庐、冷红生。福建闽县（今福州）人。中举后，屡试不第，为京师大学堂教员。后与王寿昌合作翻译西方小说，文名大噪。林纾以优美典雅的文风著称。他论文虽未脱桐城苑域，但他对《史记》的描绘世态人情的表现手法，极为称许，且受其影响，在传记创作中极注重叙事。《先妣事略》《谢秋浔传》《冷红生传》《赵聋子小传》《徐景颜传》《僮遂小传》等，都能于叙事之中见性格，揭心态，动人心。《先妣事略》中"母恋兄"一段话语，读来真可谓令天下丧母者泪湿心酸："高氏妹尝语纾曰：'母恋兄，意殊不在得官。兄南归多以五月，苍霞之洲，大水新落，家具杂沓横亘，日影停窗纸上。母指麾家人，为兄解装庋书籍，往来笑悦，兄忆之耶？'呜呼，无母之戚，得妹言愈弗堪矣！"

林纾的自传写得别有趣味，并流露出自我忏悔的深层意识。在《冷红生传》中，作者自述生平曾三次拒绝女性向他表示爱情的浪漫经历，揭示了自己在意识深层结构中理与情、灵与肉的冲突。表明他内心的多情，对性爱的欲望不轻易表现在与女性的交往中，却表现在写作上。此传写道：

> 冷红生居闽之琼水，自言系出金陵某氏，顾不详其族望。家贫而貌寝，且木强多怒。少时见妇人辄踧踖隅匿，尝力拒奔女，严关自捍。嗣相见，奔若恒恨之。迨长，以文章名于时，读书苍霞洲上。洲左右皆妓寮，有庄氏者，色技绝一时，夤缘求见，生卒不许。邻妓谢氏笑之，侦生他出，潜投珍饵，馆僮聚食之尽，生漠然不闻知。一日群饮江楼，座客皆谢旧昵。谢亦自以为生既受饵矣，或当有情。逼而见之，生逡巡遁去，客咸骇笑，以为诡僻不可近。生闻而叹曰："吾非反情为仇也，顾吾褊狭善妒，一有所狎，至死不易志。人又未必能谅之，故宁早自脱也。"所居多枫树，因取"枫落吴江冷"诗意，自号曰"冷

红生”，亦用志其癖也。生好著书，所译《巴黎茶花女遗事》尤凄惋有情致。尝自读而笑曰：“吾能状物态至此，宁谓木强之人果与情为仇也耶？”

这里实际上流露了他对三位女性的自我忏悔。可见其对自我形象的刻画是比较成功的。

第二节　梁启超与改良派的传记文

中国近代传记文学转变的主要标志之一，是资产阶级改良派传记文的出现。属早期资产阶级改良派的王韬，开清末文坛文体解放的先河。他的自传文学《弢园老民自传》写得坦率、真诚，多有反讽之词，堪称中国现代“忏悔式”自传的滥觞。严复的传记文，文笔古雅，言别人所不敢言，并能为因秋瑾而受牵累的见生之人奇女子吴芝瑛立传，尤见史识。梁启超，这位中国近代史上颇有影响的资产阶级改良主义者，不惟以参加“戊戌变法”“再造共和”而享誉士林，更以特色独具的传记文学著述，走进中国传记文学史。甚至可以说，直至梁启超传记文学的出现，中国古代传记文学向现代传记文学的转变，方得以完成。他在题材、传主、体裁、传记观念等方面对古代传记文学都有继承和发展，并站在中西文化的汇合点上，横咀西方传记文学之精华，使他的传记文学显示了一种深层的民族文化心理与现代的审美意识。

一、梁启超的传记文

梁启超（1873—1929），字卓如，号任公，又号饮冰室主人，广东新会人。他出生在一个传统的书香之家，18 岁前，所接受的是中国科举仕宦的文学教育，然而，他生逢中国历史上的重大转折时期，又受良师康有为的教诲，加上个人的际遇努力，却走上了一条宣传变法维新的资产阶级改良主义之路。1898 年戊戌政变失败后，梁启超出亡日本，先后在日本主办《清议报》《新民丛报》。他有意识地引入、宣传西方资产阶级的理论思潮，极力彰扬了一整套与封建正统思想迥异的世界观、政治观与文化观。他的文章和议论有感而发，针砭时弊。所抒道理常为“当时人人所欲而迄未能言”（郑振铎语）者，而又“笔锋常带感情”（《清代学术概论》），受到当时知识界的普遍赞誉。素有“言满天下，名满天下”之不刊之论。他在此后七年多时间撰写了大量传记文学作品。无论是在传记主旨上，还是在艺术技巧上，都明显地体现了古代传记文学向现代传记发展的桥梁作用。

第一，以政带文，以文参政，是梁启超传记文学的主要文体特征之一。梁启超是推动启蒙思想与传记艺术相结合的创始者，这在主旨上是一次创新。梁启超厕身于中西文化大碰撞的近代中国，列强环伺，国难当头。在这动荡、复杂的社会环境中崛起的我国资产阶级，他们的首要任务是拯救、建立富强的民主国家，使之屹立于世界之林。而文学也只有跟上这个时代步伐，才能具有广泛的社会意义。作为一位政治家、宣传家和这场文化交流中的巨擘，正像他的政论、诗歌、小说一样，梁启超在他的传记文学创作中，始终将开启民智、讴歌英雄、彰扬爱国主义奉为圭臬。换言之，传记文学在他这里，已成为一种宣传新观念，“以政带文，以文参政”的重要形式。他说：“为中国今日计，无非恃一时之贤君而可以弭乱，亦非望草野一二英雄崛起而可以图成，必其使吾四万万人之民德、民智、民力，皆可与彼相埒，则外自不能为患，吾何为而患之。”（《新民说·论新民为今日之中国第一要务》）在梁启超所作的传记文学中，有为数不少的名人传记，大致可分三个方面：（一）中国古代名人（《祖国大航海家·郑和传》）；（二）国外名人（《意大利建国三杰传》）；（三）与作者同时代的名人（《戊戌六君子传》）。纵观梁氏创作这三个方面的名人传，在选材、立意上始终坚持如下原则，即他所选取的人物，要能寄托他的启蒙思想，有利于国民的新理想、独立精神的锻铸。“凡一国之能立于世界必有其民独具之特质。上自道德法律，下至风俗习惯、文学美术，皆有一种独立之精神。”（《新民说·释新民主义》）因此，他写《张博望、班定远合传》旨在讴歌中华民族“开欧亚交通之机的世界史上开幕之第一大伟人也”；写《黄帝以后第一伟人赵武灵王》是为中国古代的改革家立传：“观于武灵王时代之赵国，虽泰西之斯巴达何以尚之？夫非犹是吾辈之祖宗也！……今就昔耳，呜呼，使武灵王而在今日者，德皇威廉第二瞠乎后哉?”写《意大利建国三杰传》意在唤起国民：“求其建国前之情状，与吾中国今日如一辙者，莫如意大利；求其爱国者所志所事，可以为今日中国国民法者，莫如意大利之三杰。”这一切都是他启蒙思想在传记文学中的具体体现。“以政带文，以文参政”是梁启超对中国古代传记写作中枯燥碑板文字及“满纸填塞”的“邻猫生子”（见本章第四节）之事实的反拨。他的传记文学作品主题鲜明，“搜欧亚之新声”而渗入传记文学之中，充盈着深沉的忧患意识和强烈的主体性。他的这一创作特色，既是对司马迁“抒愤懑”传记传统的继承与升华，也是对中国传记文体从历史附庸走向文体自觉的一个贡献。

第二，以“叙论相间”的结构，对古代传记形式进行了扩展，并大胆引进西方现代传记模式，写出了一批优秀的传记。

中国古代传记自司马迁、班固开一代先河后，“于序事中寓论断”和文末的“太史公曰”“论”“赞”等画龙点睛的评点方式，一直是传记创作的传统和结构模式，影响着近两千年的我国传记文学的写作。梁启超继承了这一传统并发展了这一结构形式。他每作传，都根据时代特征、政治环境的需要，由事及人，以人论事，借古喻今，形成了独特的叙论相间的文体特色。在具体的结构形式上，有开头“第一节”“叙论”“发端”的提纲挈领，言辞犀利的论述；有文末“结语”总括全文，耐人寻味的深思；也有文中夹叙夹议，言简意赅的点睛之笔；加上传记中富有情感的叙事写景，描情状物，使得他的传记文学作品既生动又有较强的政论性。如在《张博望、班定远合传》第一节的总论中，他指出：“欧美日本人常言支那历史不名誉之历史也，何以故？以其与异种人相遇辄败北故。呜呼，吾耻其言，虽然，吾历史其果如是而已尔，其亦有一二非常之人，非常之事，可以雪此言者乎！高山仰止，景行行止，读张博望、班定远之轶事，吾历史亦足以豪矣。”单看此节，就是一篇慷慨激昂的政论文，直抒胸臆，切中要旨。此外，他在《明季第一重要人物·袁崇焕传》第一节的发端中，论述了个人对国家、民族安危的重要性；在《赵武灵王传》的“叙论”中谈到了中国改革之艰难；在《新英国巨人克林威尔传》的“叙论”中，阐述了地理环境对形成人的性格的作用等等，构成了梁启超传记文学政论性强且表现方法多样的特色。虽然，这种为适应“政论性传记”而采取的结构形式，未必是传记文学的最佳形式，但作为对古代传记传统的继承和扩展，特别是那个复杂时代的产物，仍有着积极和不容忽视的作用。

梁启超的贡献，还表现在他的引进西方传记模式。1901 年撰成的《李鸿章》，标志着中国传记文学史具有现代意义的传记文的嚆矢。在《李鸿章》“序例”中，梁启超明确指出：“此书全仿西人传记之体，载述李鸿章一生行事，而加以论断，使后之读者，知其为人。”《新民丛报》第一号“绍介新著”一栏，也认为“此书以泰西传记新体，叙述李鸿章一生经历而论断之，其体例实创中国前此所未有”。《李鸿章》传，总体形式比古代传记有了很大的发展，篇幅长，容量大，约有 14 万字。全传共分列 12 章叙述。这样以章节结构全传，不但条理明晰，脉络清楚，而且可以扩大对传主的历史背景和传主经历记述的容量。这是古代传记中从未出现过的。为现代传记分章节或加小标题开了先河。

第三，真实性、文学性相融一体，是梁启超传记文学的又一特征，也使中国近代传记文学具有现代意义，走向文体的自觉。

传记文学的生命之根在于真实，梁启超的传记文学始终坚持这一原则。他一生常奉英相克林威尔的名言“Paint me as I am!”（画我须是我）为传记文学创作的圭臬。考证翔赅，言必有据，排除感情因素影响，不对传主妄加讳饰或恶谥。如《李鸿章》，所记时代、事迹都较详尽，评骘公允，写出了李鸿章其人丧权辱国的这一最大最根本的真实。出版后，颇风行一时。但是，传记文学姓“史”也姓“文”，偏重任何一方，都有违该文体的特质之处。梁启超的传记文学很注重这两者的融合，亦史亦诗总相宜，他通过对错综复杂史料的选择、剪裁和删汰，不仅使传主的生命轨迹、历史活动清晰地展现出来，而且突出了他们的性格特征及思想风貌，具有浓厚的文学色彩。梁启超的《近世第一女杰罗兰夫人传》把古代传记文学那种较僵化的个人经历的描述，推进到了一个更为灵活感人，接近现代艺术的境界。它突出描述了罗兰夫人从小到死成为女杰的内在思想、心理的演变过程。在传记中，梁启超先后五次写到罗兰夫人读普鲁塔克《希腊罗马英雄传》的事，并把此作为全传的一个线索，写出其精神力量的来源，也展示其追求革命中所表现的坚毅性格和内心活动。下面引录她读此书的一段描写：

> 彼其读布尔特奇（今译普鲁塔克）而心醉希腊、罗马之共和政治，又窥睨大西洋彼岸模仿英国宪法新造之美国，而惊其发达进步之速。于是爱平等、爱自由、爱正义、爱简易之一念，渐如燃如沸以来往于彼女之胸臆间。

作者还引用一个英国“女史者”去狱中访问罗兰夫人后的记载，说罗兰夫人在狱中“读布尔特奇《英雄传》，声出金石”。可见《英雄传》对罗兰夫人精神影响之深之久。

梁启超还以细腻的笔法描述了罗兰夫人的心理活动：“公判之前日，有某律师欲为夫人辩护者，访之于狱中。夫人以己之命运已定，劝以勿为无益之辩护，徒危其身。脱指环以谢之。”文字虽寥寥，罗兰夫人的坦诚、泰然自若之情却跃然纸上。

同时，梁启超还十分重视塑造典型环境和选择具有戏剧性的情节和场面，用以描摹传主的心理性格。他的《戊戌六君子传》剪裁得当，夹叙夹议，语言活脱，故事性强。其中《谭嗣同传》中的《谭嗣同法华寺诘袁》一节尤为传神：

> 初三日夕，君径造袁所寓之法华寺，直诘袁曰：“君谓皇上如何人也？”袁曰：“旷代之圣主也。”君曰：“天津阅兵之阴谋，君知之乎？”

> 袁曰："然，固有所闻。"君乃直出密诏示之曰："今日可以救我圣主者，惟在足下，足下欲救则救之。"又以手自抚其颈曰："苟不欲救，请至颐和园首仆而杀仆，可以得富贵也。"袁正色厉声曰："君以袁某为何如人哉？圣主乃吾辈所共事之主，仆与足下，同受非常之遇，救护之责，非独足下，若有所教，仆固愿闻也。"

前者的慷慨耿介，后者的狡诈作伪，皆通过典型环境和场面，活灵活现地表现出来。这种史实与文学的建构，把传记文学的视野引向关心人的命运，塑造人物性格上的努力，是传记文学具有现代意义，走向文体自觉的发端。在美学意义上，增强了传记文学的艺术感染力和审美效果。梁启超的这一创作实践，在我国传记文学史上起了承先启后、继往开来的作用。

第四，梁启超的传记文学语言具有自己鲜明的特征，"笔锋常带感情"，这对古代传记文学也是一种发展。

传记文学也是一门语言艺术。他反对当时传记写作语言的呆板枯燥，无个性之弊端，注重语言的活脱，文笔宕疏，林林总总，很能打动一般读者的心。他说："启超夙不喜桐城派古文，幼年为文，学晚汉、魏、晋，颇尚矜炼，至是自解放，务为平易畅达，时杂以俚语韵语及外国语法，纵笔所至不检束，学者竞效之，号新文体。"（《清代学术概论》）

在《罗兰夫人传》中，当罗兰夫人在法庭上听到自己被判死刑时，她说了这样一段话："诸君肯忍余为与古来为国流血之大人物有同一价值乎？余深谢诸君。余惟愿学彼大人物从容就义之态度，毋为历史羞。"在《意大利建国三杰传》的"发端"写道："天下之盛德大业孰有过于爱国者乎？真爱国者，国事以外举无足以介其心。故舍国事，无嗜好；舍国事，无希望；舍国事，无忧患；舍国事，无忿懥；舍国事，无争竞；舍国事，无欢欣。真爱国者，其视国事，无所谓艰，无所谓险，无所谓不可为，无所谓成，无所谓败，无所谓已足。"读此语段，很少人不被他作品的语言风格、气势所感染、鼓动。再以《匈加利爱国者噶苏士传》为例，常人作传，开首创为某人某年某月日生。梁启超在"噶苏士之家世及其幼年时代"一节中这样楔题："千八百年，实欧洲一最大纪念之年也。盖世怪杰拿破仑以是岁即位为法兰西王，而欧陆中心风云儿葛苏士，亦以其年四月二十七日生于匈加利北方之精布梭省。"当叙及"噶苏士的辞职及匈加利灭亡"一节时，梁启超表现了深深的同情和惋惜："'力拔山兮气盖世，时不利兮骓不逝，骓不逝兮可奈何，虞兮虞兮奈若何?'天下伤心短气之事，孰有过于英雄末路者耶?葛苏士既愤古鲁家之不用吾言以致挫败也，又念号令不出于一军乃更沮丧也。乃与古鲁家谋自退其职而以军国大事一委于彼，以图补救。"这种别有"魔力"的半文半白的语言风格，加之"新兴气锐"的思想，可谓独步一时。他还常在叙事中，插入古语与民谚，爱用排比反复、重叠句式，在清末文坛影响颇大。郭沫若说：

> 那时候，梁任公已经成了保皇党了。我们心里很鄙屑他。但却喜欢他的著书。他著的《意大利建国三杰传》，他译的《经国美谈》，以轻灵的笔调描写那亡命的志士、建国的英雄，真是令人心醉。我在崇拜拿破仑、俾士麦之余，便是崇拜加富尔、加里波蒂、玛志尼了。
>
> 平心而论，梁任公地位在当时确实不失为一个革命家的代表。……在他新兴气锐的言论之前，差不多所有的旧思想、旧风习都好像狂风中的败叶，完全失掉了它的精彩。二十年前的青少年——换句话说，就是当时有产阶级的子弟——无论是赞成或反对，可以说没有一个没有受过他的思想或文字的洗礼的。(《少年时代》)

应当指出，梁启超毕竟是资产阶级的政治宣传家、文学家。他生活的年代，正是传统的封建思想同现代西方资产阶级思想激烈碰撞的年代。政治上，他是一个活跃而又矛盾复杂的人物，带有那个时代的普遍特征，因而，在他的传记文学创作中，既有科学性、批判性、革命性的一面，又有维新派特有的妥协性、不彻底性的一面。在艺术上，梁启超传记文学创作还未臻完善。但是，"判断历史的功绩，不是根据历史活动家有没有提供现代所要求的东西，而是根据他们比他们的前辈提供了新的东西。"（列宁《评经济浪漫主义》）在中国传记文学史上，梁启超把传记引向启迪民智、社会改革、强化作家的主体意识，是对传记文学传统的继承和发扬，也是一种对现代关系的时代把握。在传记文学自身的发展中，梁启超又是一个咀中西传记文学之精华、开中国现代传记文学先河的集大成者，为我国的传记文学发展作出了巨大贡献。

二、王韬、严复的传记文

王韬（1828—1897），字利宾，号兰卿；后改名为韬，字紫诠，号仲弢；晚号天南遁叟、弢园老民。江苏长洲（今苏州市）人。他少有才名，但科场失意；后赴上海英国教会所办墨海书馆任职。太平天国时期，向清政府献策，如组织洋枪队等，但是用王韬自己的话来说："然用其言而仍弃其人，并欲从而中伤之。"他又向太平军献计，因被清政府通缉，避居香港，后又往西欧各国游历，受西方文化影响较大。主编香港《循环日报》，这是中国第一家有重大影响的资产阶级改良主义报纸，鼓吹资产阶级改良思想。1884 年，在李鸿章的默许下，回上海创办弢园书局。著有《弢园文集外编》《淞隐漫录》《海陬冶游录》《蘅花馆诗录》等。其文以报章政论文为多，但其自传作品却写得坦率、真诚，多有反讽之旨，堪称中国现代"忏悔式"自传的滥觞。

《弢园老民自传》是一篇在中国古代传记文学史上不曾出现的佳作。该传集中展示了王韬"豪放不中绳墨"的性格，也标志着西方忏悔文化对中国自传文学写作影响的开始。他以说出一切为荣，字里行间充盈着自我张扬、自我暴露、自我渲泄的情绪。引数节以窥一斑：

> 老民幼时，屡梦浮屠佛像，魂自能从泥丸宫出入，十余岁后始止。良少性情旷逸，不乐仕进，尤不喜帖括，虽勉为之，亦豪放不中绳墨。既孤，家益落，以衣食计，不得已橐笔沪上。时西人久通市我国，文士渐与往还。老民欲窥其象纬舆图诸学，遂往适馆授书焉，顾荏苒一十有三年，则非其志也。沪上虽为全吴尽境，而当南北要冲，四方冠盖往来无虚日，名流硕彦接迹来游，老民俱与之修士相见礼，投缟赠

纻，无不以国士目之。……

惟时太平军于苏乡遍设伪官，立董事，皆土著人，暴敛横征，伪卡林立。老民固素识诸董事，密相结纳，说以反正，言曾帅善用兵，只以方剿上游，未遑兼顾。今安庆已复，援军旦夕必至，不可不自为计。因激以忠义，勉以功名，令诸董事入太平军中说头目，结内应，皆有成说。其黠者亦从而徘徊观望。老民密纵反间，使太平军互相猜贰，良剪羽翼。诸内应者多急欲见功，势颇可乘。而当事者遽以通贼疑老民，祸且不测，闻者气沮。老民急还沪上，犹思面为折辨；顾久之，事卒不解。不得已，航海至粤，旅居香港。……

老民无子，有女二：长曰婉，字茗仙，归吴兴茂才钱征，早殒；次曰娴，字樨仙，生不能言。呜呼？老民既无子矣，而复夺其女，不解造物者所以待之，抑何刻酷至斯哉！自始祖必宪至今二百四十余年，七叶相承，五代单传，仅得男子十有五人。老民以下有从侄三人，相继夭没。于是自明以来，巍然硕果，仅存老民一人而已。天之所废，谁能兴之？天不独厄老民，而或将并以毒王氏也。恐王氏一线之延，至老民而斩矣。噫嘻！不大可痛欤？……

生而作传，非古也。老民盖惧没世无闻，特自叙梗概如此。

在这里，王韬信笔写来，恣意而为，传统士大夫的“自省”“君子敏于行而纳于言”的道德修养被他抛得远远的。由于王韬接触并受到西方文化影响，他的自传文成为了清末文体解放的先驱，对现代自传文学不无影响。

严复（1853—1921），字幼陵，又字几道，晚号愈野老人，福建侯官（今福州市）人，毕业于船政学堂。1877 年前往英国留学，入格林尼茨海军大学。1898 年，所译《天演论》出版。辛亥革命后，为“筹安会”发起人之一。后避居天津，著作有《严译名著丛刊》《侯官严氏丛刊》等。严复的传记文，文笔高雅，杂以骈丽，言语中常寓愤激之旨，语言往复回环，善用对比和比喻。严复的传记文在以下两方面有创见。他是较早给外国人立传的人。《孟德斯鸠列传》《斯密亚丹传》是其中的名篇。他又能为因秋瑾而受牵累的见生之人吴芝瑛立传，尤见史识不凡。吴芝瑛是近代史上的奇女子之一，当秋瑾烈士被杀之际："其家族惧连坐，主弃柩中野，莫敢营葬。遗骸漂泊，行路兴哀。"吴芝瑛"伤其暴露"，"后与石门徐女士寄尘，购隙地西泠桥畔葬焉"。吴芝瑛的这一义举，立刻受到严复的称许，他说："吾国禁女子干外事者四千余年。干外事者，微论恶也，即善也有不可。世变大异，至今思想议论，乃略殊前。顾女子行事，稍稍露锋颖。循常之徒，辄相视大诧，甚者以为宜诛。嗟夫！使吾国礼俗，长此终古，则亦已耳。必以进步为期，凡此皆所必至应有者也，又何讶乎？"严复则不畏危险，欣然为吴芝瑛立传。通过此传，严复宣传了他的资产阶级改良主义思想。

第三节 辛亥革命前后的传记文学

辛亥革命前后出现的传记文学是近代传记文学的重要组成部分。它形成于 20 世纪初期，因此，也可称辛亥革命前后的传记文学为中国 20 世纪传记文学的第一个高潮期。

爱国主义是近代文学最集中的主题之一，而辛亥革命前后的传记文学所独具的区别于以往传记的突出特征是：传记文学作为一种独立的文学样式，在反帝反封建、建立民国的过程中发挥了重要作用。"传记文学的发展，在当时几乎成为绝大多数革命刊物不可缺少的部门。采用这种文学形式来宣传革命，也正适应了民族革命和爱国主义宣传工作的需要。即使在某些篇章里，思想认识上还存在着问题，如强调费贞娥、霍夫人，骂李自成为'贼'等等，但总体的说来，这种文学形式能得到发展的机会，对辛亥革命发挥作用，不能不说是辛亥革命文艺阵线方面的一种突出贡献。"（阿英《传记文学的发展——辛亥革命文谈之五》，原载 1961 年 11 月 20 日

《人民日报》）辛亥革命前后涌现了一批著名的传记作者，如革命宣传家、学者章太炎，有多篇传记闻世。《邹容传》《徐锡麟、陈伯平、马宗汉传》等作品，写得哀婉雅健、令人扼腕，堪称传记佳作。蔡元培的传记也多叙及辛亥志士的嘉言懿行，真实生动；其中叙述亡妻之作，描性写心，一往情深。陈去病则在报纸杂志上刊发了众多传记作品，或以明末遗民的英魂宣扬革命；或给辛亥烈士立传以寄孤愤。徐自华，作为秋瑾烈士的挚友，其以秋瑾女士为传主的传记文学，文笔清新流动，于平凡细事之中，鲜明地表现了秋瑾的性格。

传记文学在辛亥革命前后的历史贡献应当肯定，这充分表明了传记文学巨大的社会作用。但也不容否认，因当时传记多为宣传而作，缺少文学加工，因而其艺术生命的时间受到影响。

一、章炳麟、蔡元培的传记文

章炳麟（1869—1936），字枚叔，号太炎。浙江余杭人。他曾以擅治声韵训诂及古文经学名世。然而，在民族矛盾引发的全面危机的形势刺激下，他攘臂高呼，鼓吹革命，与蔡元培组织光复会。1903 年，因“苏报案”被捕入狱，出狱后东渡扶桑，任《民报》主编。后又因檄讨袁世凯而被软禁，直至袁世凯垮台。晚年卜居苏州，有《章氏丛书》及“续编”“三编”行于世。鲁迅曾是他的入门弟子，称赞道：“七被追捕，三入牢狱，而革命之志，终不屈挠者，并世并无第二人。”（《章太炎先生二三事》）

章炳麟的散文多以古奥难懂的古文行之，但是，其传记作品却是理明辞达的。特别是以辛亥革命志士为传主的诸篇传记，由于有充实的内容，昂扬的主题，加之叙写生动，传主形象鲜明，形成了独特的艺术风格。《徐锡麟、陈伯平、马宗汉传》是辛亥革命前后传记文学发展史上的不可多得的名篇。这是一篇合传，具有史传体特征。传主们是闻名遐迩的辛亥烈士。章炳麟与他们素有交往，在选材上，章炳麟不是一味地铺排，而是集中笔墨于传主的“革命性”方面。又由于章炳麟亲身经历了辛亥革命的活动，因而该传既有政治史的宏观叙写，又有局部的微观记载，读之虎虎有生气。

试看一段：

是时余杭章炳麟以言革命系上海狱，罚作三岁，限且尽。或言虏欲行贿狱卒，毒杀之。上海大哗。锡麟为奔走调护，直诣狱见炳麟。炳麟素不知锡麟名，识其友陶成章。锡麟欲自陈平生事，狱吏诃之，错愕不得语，乃罢去。复东抵日本，欲与陶成章，及弟子会稽陈伯平入陆军经理学校，不果。属其友某学造纸币，曰："军兴饷匮，势将钞略，钞略则病民，亦自败，洪秀全事可鉴也。今计莫如散军用票，事成以次收之。然军用票易作伪，宜习其雕文纤镂，令难作易辨，子勉学矣！"议既定，以陈伯平、马宗汉归。乡人复请任徼巡事，许之。旋与同县曹醴泉赴宛平，出山海关，遍走辽东、吉林诸部，至辄览其山川形势，见大盗冯麟阁，与语甚悦。是岁，淮安、徐海大侵。锡麟年三十四，即以道员赴安徽试用。锡麟未得道员时，欲藉权倾虏廷，诸达官无所不游说。自袁世凯、张之洞及浙江巡抚张曾扬、故湖南巡抚俞廉三皆中其说，为通关节书。镇浙将军满洲人某亦受锡麟倭刀，为其用。到安庆岁暮，即主陆军小学。逾年，移主巡警学堂。日中戎服自督课，暮即置酒，请诸军将士，又卖衣服以给弹丸。诸生益严重锡麟，虽军士，亦多欲附者矣。安徽巡抚恩铭，谓锡麟能，奏请加二品衔。然闻人言：日本学生多阴谋，稍忌之。锡麟亦心动；即移书浙江诸豪，刻日赴安庆，又外与诸练军结，欲仓卒取安徽大吏，令军心乱，乃举事。期五月二十八日巡警生卒业，集大吏临视，尽掩杀之。恩铭欲速，召其校执事顾松，令易期以二十六日临视。时援未集，顾已不可奈何，乃密与陈伯平、马宗汉为备。及期，鼓吹作，诸大吏皆诣校疑立，巡抚前即位，三司诸吏以次侍。锡麟令顾松键门，拒出入。顾松固知情，阳诺，不为键。锡麟持短铳，遽击恩铭，数发皆中要害，左右舆之走，三司皆夺门走，即闭城门，拒外兵。诸军至，不得入，乃发兵捕锡麟。锡麟知事败，传呼巡警生百余人，曰立正，巡警生皆立正。锡麟曰向左转走，巡警生皆左转走。走则攻军械局，据之；发

> 铳，弹丸尽；发礮，礮机关绝。陈伯平战死。锡麟即登屋走，追者至，被禽。恩铭已死，三司问锡麟状，曰："受孙文教令耶?"锡麟曰："我自为汉种，问罪满洲，孙文何等鲰生，能教令我哉!"五月二十六日，虏杀山阴徐锡麟于安庆市，刳其心，祭恩铭。而浙江虏官亦捕杀秋瑾。

这里叙事精彩，文寄愤懑，颇得司马迁史传三味，刺杀恩铭一段，有张有弛，错落有致。传中人物性格、心态，无不描画如生。

章炳麟传记的另一个特征是叙写真实，以"人性"视角来透视传主，而绝无美化英雄之弊，并能完美地将传主的人性与英雄性有机结合。邹容是一位英年早逝的辛亥英雄，他的《革命军》，激烈宣传革命，鼓舞了众多华夏儿女。但是他的死，并不是战死沙场或英勇就义，而是由于愤世嫉俗，"溲膏"而亡。《邹容传》写道：

> 容既明习国史，学于冀文，复通晓《说文》部居。疾异族如仇雠，乃草《革命军》以摈满洲。自念语过浅露，就炳麟求修饰。炳麟曰："感恒民当如是。"序而刻之。会虏遣江苏候补道俞明震检察革命党事，将逮爱国学社教习吴朓。朓故惎容、炳麟，又幸脱祸，直诣明震自归，且以《革命军》进。明震缓朓，朓逸，遂名捕容、炳麟。容在狱，日就炳麟说经，亦时时讲佛典。炳麟以《因明入正理论》授之，曰："学此，可以解三年之忧矣。"明年，狱决，容、炳麟皆罚作。西人遇囚无状。容不平，又啖麦饭不饱，益愤激，内热溲膏。炳麟谓容曰："子素不嗜声色，又未近女，今不梦寐而髓自出，宜惩忿自摄持，不者至春当病温。"明年正月，疾果发，体温温不大热，但欲寐；又懊憹烦冤，不得卧；夜半独语詈人，比旦皆不省。炳麟知其病少阴也，念得中工，进黄连、阿胶，鸡子黄汤，病日已矣。则告狱卒长，请自为持脉疏汤药，弗许；请召日本医，弗许。病四十日，二月二十九日夜半卒于狱中，年二十一矣。诘朝日加巳，炳麟往抚其尸，目不瞑。内外哗言：西医受贿，下毒药杀之。疑不能明。然西医视狱囚至

微贱，凡病者皆令安坐待命，勿与药。狱囚五百，岁瘐死者率一百六十人。容疾始发，而医不知其剧；比日久，病能已著，顾予以热病常药，亦下毒之次也。容卒之岁，日本与露西亚始成。

文中既写出了邹容病故的个体原因，同时也揭示了致其死地的社会因素，因而《邹容传》在审美价值上便高于那些一味颂扬的不真实之作。

章炳麟的传记文于行文中往往以“我”为线索参叙其中，而他在塑造传主形象的同时，也注重对自我形象的塑造。这一特征从以上引文中读者已经可以略见一斑。在另一篇同题的《邹容传》中，此特点尤为明显，此处不再列举。

总之，章炳麟的传记文由于内容充实，多以辛亥志士为传主立传，又是以典雅的“魏晋文”行文，因而具有很高的文学价值。尽管其数量不多，但在近代传记文学发展史上应有一席之地。

蔡元培（1868—1940），字鹤卿，号孑民，浙江绍兴人。为光绪进士，翰林院编修。1904 年与陶成章等组织光复会。1907 年赴德留学，1912 年回国后任南京临时政府教育总长。1917 年，任北京大学校长。1927 年任国民党政府大学院院长。抗日战争中在香港病逝。有《蔡元培全集》。

蔡元培的传记文约分两类，一为以辛亥革命志士为传主的英雄传，如《徐锡麟墓表》《杨笃生先生蹈海记》；一为以亲友为传主的亲情传，如《亡友胡钟生传》《悼夫人王昭文》。

蔡元培的英雄传，不是直叙传主生卒年月，而是往往于传记开篇特写一段文字，或叙事、或议论、或抒情。有力地渲染了气氛，揭示了主旨。《杨笃生先生蹈海记》开篇曰：“先生以革命为唯一宗旨，以制造炸弹为唯一之事业。”《徐锡麟墓表》更是从排满史的角度开篇：“有明之亡，集义师，凭孤城，以与异族相抗者，于浙为最烈；而文字之狱，亦甲于诸省。故光复之思想，数百年未沫。自晚村以至定庵，其间虽未有伟大之著作为吾人所发见，而要其绵绵不绝之思潮，则人人得而心摹之。在所见世以言论鼓吹光复者，莫如余杭章先生炳麟，而实力准备者，莫如山阴徐先生锡麟，及会稽陶先生成章。顾章、陶两先生，皆及见清帝之退位，中华民国之成立；而徐先生乃于前五年赍志以没。其没也，又为光复史中构造一最重大之纪念，此后死者之所以尤凭吊流连而不能自已者也。”然后才开始叙及传主籍贯、字号。这样写主题鲜明，文多感慨，而且史迹昭然，清晰一线。这是近代传记文学文体转变的表征之一。

蔡元培的英雄传与章炳麟的传记一样，严格遵循传记的真实美学原则，写出了革命志士之所以如斯行动的个体原因，而非一味地“宣传、拔高”。章太炎写邹容“溲膏”。蔡元培在《杨笃生先生蹈海记》中真实地写出了传主的“脑疾”。在该传最后一节中，蔡元培引录了杨笃烈士自杀前诀别书中的部分文字，剖析了杨笃“迫而自杀之原因”。杨笃曾患急性脑炎，由于年长失学，又感触时事，以致脑疾经常发作，为了减轻痛苦，杨笃不得已食用磷酸补品，结果就在他“蹈海”前夕，“日来毒发，脑炎狂炽，遍体沸热不可耐”。为了报效祖国，他计划归国“寻一、二满贼，死之”。但是，海天万里，旦夕难达，杨笃闷愤至极，夜不成眠，终于在“脑疾”诱发下“蹈海”而死。这样，在蔡元培的笔下，他既写出了传主的个体病因，同时又揭示了传主壮志难酬的社会原因。一个血肉身躯的革命志士形象展现在读者面前。

蔡元培的亲情传写得情真意切，一往情深，这一特点弥足珍贵。因为辛亥革命前后的传记多以英雄豪壮之风格见长，而蔡元培却能于人情、人性处低徊唱叹，实为难得。《亡友胡钟生传》对因“秋瑾案”而被误会刺杀的传主，寄予了深深的同情与惋惜；《悼夫人王昭文》则对结发之妻的死，表达了无限伤感。尤难能可贵的是，蔡元培真诚、坦率地写出了他与妻子之间情感变化的心路旅程，行文中颇多忏悔意。在结构安排上，也可多处看到作家营造布局之妙。文不长，摘录如下：

> 十年之中，余不在家者十之三四；既在家矣，往往饥驱而出，其得欢然聚首者，不过两三年耳。君之病，余适以事往嘉善，得讯而归，不及十日，而君死矣。呜呼，余能为不负君耶！

君有洁癖，坐席、食器、衣巾之属，非与同癖者或触之，则懊憾欲死。睡则先去外衣，次去裙，必以湿巾遍拭发及衣衽，盖十年如一日。其始归也，余恶其繁琐，常与之争。君又尚气，又不受怫逆之词。余好奢，而君持之以俭。余不欲近细事，而君持之以勤。余于时持既嫁从夫之义，时有以制裁之，君虽不能不相让，而心滋不悦，以是得肝疾。

近一二年，余深绎平权之义，自由之界，乃使君一切申其意，而余惟时时以解足缠、去华饰、不惑鬼怪为言，君颇以为然，而将次第实行之，余亦不之强，而俟其深悟而决去也。以是各信谆劝之有趣，而几忘狎媒之为乐。伉俪之爱，视新婚有加焉。呜呼，孰意其不可久耶！

文中集中体现了现代传记的意识，耐人寻味。

二、陈去病、徐自华的传记文

陈去病（1874—1933），字巢南，一字佩忍，号垂虹亭长。笔名有南史氏，有妫血胤。江苏吴江人。他1906年加入同盟会，1909年与柳亚子、高旭发起创办南社。曾亲身参加过拒俄义勇队，“二次革命”“护法运动”和孙中山督师的北伐。后任南京东南大学教授、江苏革命博物馆馆长等职。

正如阿英所指出的那样，在辛亥革命的文艺斗争中，传记文学发挥了很大的宣传作用。陈去病就是一位颇专于传记文学写作，以期获得激励读者、宣传革命的效应的优秀的传记作家。他的传记的第一类多取材于明清易主之际时的抗清英雄，主题极为鲜明。有《明遗民录》集行于世。与当时一般传记作者不同的是，陈去病在撰写此类传记时，并没有一味拔高传主，而是从真实性与文学性结合的视角出发，更注重对传主的形象塑造，于叙事中寓论断。《雪湖高士杨硕父先生小传》写道：

公既殉节，先生麻衣徒跣入城，叩伪定南王孔有德之门而请曰：“杨艺随阁部瞿老师在粤六年矣，只缘此颈骨，欲收之以报知己。今日

> 事已至此，乞垂宽大之恩，少尽师生之谊。”有德将不许，先生立依于庭墙而哭四日，欲继以死，有德心动。会给事中金堡已为僧，亦上书请，遂听之。于是先生乃舁棺诣公死所，见公刃血在颈，而身首未殊，面俨然生也，爰跪而泣曰：“门生在此，老师之目遂瞑乎。”忽公张目如炬，双睛不转，而神采炯然。先生且悲且惧，摩掌熨目，久而始合。潜具绯蟒一袭，金幞头一事，肃而殓之，权厝于北门风洞山之麓，并为从殉总督张文烈公同敞具殓殡，瘗诸其旁。

传中民族情绪，昭然若揭，且是叙事中的自然流露，而非当时部分传记的口号式宣传。其中，传主求见孔有德一段，传主的高士气节和孔有德的矛盾心态，叙写得比较符合双方性格。

陈去病的以辛亥革命时期著名人物为传主的传记，文学价值更高。由于作家躬身其间，一次次目睹了革命的成功与失败，因而他的传记文学作品在具有真实性的基调上，又涂上了一层沉郁愤激的色彩。《王逸姚勇忱合传》堪称此类传记的代表之作。王逸即大名鼎鼎的王金发，他是辛亥革命时的著名人物。陈去病之所以为王金发立传，是深有感触的：“余何为传王、姚哉？曰：为国家之失刑也。夫刑罚之事，国家不得已而用之者也。况如逸、勇忱者，罪不至于死而必深文周内以死之，则被发之氓，罔不危矣。”这是陈去病以“南史氏曰”形式写下的“论赞”。读《王逸姚勇忱合传》，字里行间，时露沉郁愤慨之旨。传中写道：

> 宋教仁之被刺于沪上也，一时莫悉其主谋，独逸以缉匪自任，期于必获。未几果侦得贼为应桂馨，而案乃大白，逸之功也。赣、宁之役，逸殊观望，乃渡海入普陀山待之。既而果败，因潜遁去。然其旧部若裘茂根之徒，犹时时假逸名以谋暗杀也。由是逸母惧甚，而阴与杭人陆景略谋向陆军部自首，事垂成，而母遽病。陆惶急，日出入其门，逸因大怪之，私叩其母，以实告。逸大惊曰：“如是，则吾不知死所矣。”然逸素孝，见其母方病危，遂曲从之。四年一月，既自京还，悉邀其党人而誓之曰：“余王逸生平行事皑皑，决不屑卖友以邀功也，

愿诸君勿疑。”卒延陆惠生、姚勇忱客其家。惠生、勇忱皆中央所欲得而甘心者也。无何，惠生别去，勇忱病瘵，而中日交涉复失败，海内嚣然。逸闲居久，感时愤事，益无聊赖，遂为其祖父大营冢墓，翻然欲效范少伯故事。商于勇忱，作西湖游，有终焉之志已。浙中将吏出不意，争骇怪之，虑其终不易驯伏也，立杀之。后一月，而姚勇忱亦死。

该传语言凝练、流畅，尤其善于继承传统史传笔法，以逸事描摹人性，并前后呼应，结构传记；读来发人深思。上文叙及王逸自首是其母之谋，而传记一开始，即插入一段逸事，说王逸少无赖，好挟弹，但是“每斗殴，闻母至，辄惶恐归受戒”。从中我们不仅可以看出王金发有“孝义”的性格，而且还可以读出传主的某种深层心理。

徐自华（1874—1935），字寄尘，号忏慧，浙江石门人。为南社著名女诗人。1906 年秋瑾烈士在其所主持的湖州浔溪女校执教，两人结为知己。一年后（1907 年 7 月 15 日）秋瑾女士即被冤杀于绍兴。但是，秋瑾的牺牲激励着徐自华在两方面为纪念烈士而奋斗。一方面，她冒着生命危险在西湖的西泠桥畔为秋瑾营墓，并与陈去病等人组织“秋社”；另一方面，徐自华充分运用“传记文学”这一艺术形式，给秋瑾烈士立传，先后创造了以秋瑾为传主的《秋瑾轶事》《鉴湖女侠秋君墓表》等优秀传记。从中国传记文学发展史的角度看，尽管徐自华文名不高，但仍不失为一位优秀的女性传记文学作家。

徐自华的传记文学，有一个特别突出的特点，即传记作家在叙写秋瑾英雄时，始终采用“平视角”而毫无“仰视角”的神化英雄之弊。并能从传主的生活细微小事之中展现传主的性格，而且又深刻地揭示出传主的不同一般人的卓异人格。这一艺术特征，远远超出众多当时以秋瑾为主人公的戏剧与小说等作品。

徐自华写秋瑾爱国，不写她如何英勇无畏，而是从秋瑾感触生悲，泪落沾襟之时写起：

女士爱国之心真挚，时时感触生悲。一日余至其室，见偃卧饮泣。

知余至，垂帐向内，余骇然，搴帏问曰："子有恙乎？"不答。"何忽作此态？"又不答。"思家乎？"曰："我无家可思。""思亲乎？"曰："母虽老，嫂甚贤。""忧国乎？"摇首拭泪。余坐床沿，默思良久，忽悟曰："今日三月十九，乃前明亡国之期，子得毋感触于此乎？"女士瞿然，握余手曰："慧哉子也！既触此，胡不与我同志？"余无言慰之，作谐语曰："子必长公主，抑费宫人转世耶！"

她又擅长描摹秋瑾的内心世界：

临别，女士赠余盘龙翠剑，余答以金链，曰："愿我二人盟言金玉。"女士笑曰："此薛宝钗之金锁也。"余亦笑问："子此去为教习乎？为和尚乎？"时余有他事同赴沪，将到，促曰："快梳头。"余曰："子不见小婢晕船耶！"曰："我为子梳，胜尊婢万倍。"余笑曰："何福得此侍儿！"女士曰："子不见陈淑兰赠外诗？"余曰："处处欲僭便宜，却出语不祥。"笑曰："子怕我溺死，我必不如是死。"执镜自照曰："好头颅，孰断之？"余恶其语，夺镜，失手堕地碎。女士大笑曰："子欲吉语，偏是恶谶。"

再看下面一段对秋瑾女士"疾恶如仇"的性格，刻画得栩栩如生：

一日，余约女士及吕女士共游张园，小憩品茗，见一留学生挟一雏妓乘马车至，相将入，隔座恣谈笑谑。女士喟然叹曰："君辈见留学界腐败形状乎？我往询是何处人，当面谏之。"余笑曰："此辈半年居校，鸟入笼中，今来花姣柳媚之地，正欲赏心悦目，为消夏计，干卿甚事！"吕君亦曰："目下暑假归国者，不知凡几，大半挟妓俊游，君如此干预，未免太劳。"女士不听，作东语询之，留学生与语，面有惭色，雏妓则怒目，独至阶下，即乘车去。余笑谓曰："子真杀风景。"女士亦笑曰："余如骨鲠在喉，不吐不快。"其嫉恶如仇如此。今死非其罪，是必其平生太率直，口角取祸，人皆挟私愤而陷害之者。

文中场景交代细致，人物群像众多，但个个皆个性独特，颇具戏剧性。

总之，徐自华的传记文学，在出于纪念目的的情况下，仍能不夸大、不虚美，叙写真实生动，着重秋瑾烈士的性格描绘，是应值得肯定的。

第四节　梁启超的传记文学理论与批评

梁启超不但是一位优秀的传记文学作家，还对传记文学理论进行过研究，提出过诸多颇有建设意义且具有现代传记文学意识的新理论，对中国传记文学的写作产生了重大影响。正是由于他的明确的文体意识和身体力行的创作实绩，“传记才开始在中国成为一种独立的文学形式”（《新大英百科全书·传记文学》条目），得以长足发展，并纳入世界传记文学之列。这是梁启超的又一大贡献。

一、传记文学文体观

1. 传记文学是独立的文体，不能等同于历史。早在1901年，梁启超就潜心研究中西文学。他认为，新史学不是写“一人一家之谱牒”，而“必探索人间全体之运动进步，即国民全部之经历及其相互之关系”（《中国史叙论》）。在《新史学》中他进一步指出：“善为史者，以人物为历史之材料，不闻以历史为人物画像；以人物为时代之代表，不闻以时代为人物之附属。”“夫所贵乎史者，贵其能叙一群人相交涉，相竞争、相团结之道，能叙一群人所以生息休养、同体进化之状。”“在现代欧美史学界，历史与传记分科。所有好的历史，都是把人的动作藏在事里头，书中为一人作专传的很少。但是传记体仍不失为历史中很重要的部分。一人的专传，如《林肯传》《格兰斯顿传》，文章都很美丽，读起来异常动人。多人列传，如布达鲁奇写的《英雄传》，专门记载希腊的伟人豪杰，在欧洲史上有不朽的价值。所以传记体以人为主，不特中国很重视，各国亦不看轻。”

(《中国历史研究法补编》)这里梁氏虽然是从史学视角而言的，却已经涉及了以前传记理论家从未注意过的史学与传记的文体区别。长期以来，由于中国传记文学的主体特殊性："盖包举一生而为之传，史汉列传体也。"(章学诚《文史通义·传记》)人们往往把传记纳入史学的苑囿，却忽视了传记文学的特殊性：它是介于文史之间，扎根史苑，却欲在文苑开出自己的花朵的文类。结果导致了中国史传与史学的两败俱伤。汪荣祖指出："西人史传若即若离、和而不合，传可以辅史，而不必即史，传卒能脱颖而出，自辟蹊径，蔚为巨观矣。包斯威尔(J·Boswell)传乃师约翰生(Samuel Johnson)之生平，巨细靡遗，栩栩如生，煌煌长篇，俨然传记之冠冕也。反观吾华，史汉而后，绝少创新，殊乏长篇巨制，类不过千百字为一传。西哲培根(Francis Bacon)尝云：史有三事，述一定之时，记可忆之人，释辉煌之事。国史编年纪，述时之作也，叠有宏篇；记事本末，释事之作也，亦有巨匠。虽以纪传为正体，独乏包斯威尔传人之大作，抑传为史体所囿欤?"(《史传通说·传记》)事实正是如此。梁启超在比较研究了中西传记与历史的不同后，提出了他的文体观：历史所关注的是群体形态，而传记则应把重心放在传主的个体形态上。这就第一次揭示于历史与传记的文体区别。

2. 在分析中国传统传记模式(列传与年谱)的局限性后，梁启超提出了传记应以人物为本位的理论。这一传记观念，接近现代传记文学。他指出："列传在历史中虽不能说全以人物为主，但有关系的事实很难全纳在列传中，即如做诸葛亮专传与做《诸葛亮列传》便不同。做列传就得把与旁人有关系的事实分割在旁人的传中讲，所以《鲁肃传》《刘表传》《刘璋传》《曹操传》《张飞传》都有诸葛亮的事，不能把所有关系的事都放在《诸葛亮列传》中。"而"年谱很呆板，一人的事迹全以发生的先后为叙，不能提前挪后，许多批评的议论亦难插入。一件事直接或间接的关系，更不能尽量纳在年谱中。"为此，梁启超汲取西方近代传记的优长，提出了具有现代文体意识的"专传"概念。什么是"专传"？梁启超说："专传亦可以叫做专篇，这个名词是我杜撰的，尚嫌它不大妥。因为没有好名词，不妨暂时应用。我所谓专传与列传不同，列传分列在一部史中，专传独立成为专书。《隋书·经籍志》杂传一门著录二百余部，其中于一人的专传，如《曾参传》一卷，《东方朔传》八卷，《毋丘俭记》三卷之类，亦不下十余种，可惜都不传了。现在留传下来的，要算慧立所著《慈恩三藏法师传》（即玄奘传）为最古，全书有十卷之多。不过我所谓专传与从前的专传，尚微有不同。《隋志》诸传已经亡失，其体裁如何，今难确指。专就现存的《三藏传》而论，虽然很详博，但仍只能认为粗制品的史料，不能认为组织完善的专书。大概从前的专传不过一篇长的行状。近人著行状，长至一二万字的往往有之，只能供作列传的取材，不能算理想的专传。”那么，梁启超对理想的专传有何要求呢？他说：“我的理想专传，是以一个伟大人物对于时代有特殊关系者为中心，将周围关系事实归纳其中，横的竖的，网罗无遗。”“而且不但要留心他的大事，即小事亦当注意。大事看环境、社会、风俗、时代，小事看性格、家世、地方、嗜好，平常的言语行动乃至小端末节，概不放松。最要紧的是看历史人物为什么有那种力量。”梁启超认为：如果给诸葛亮做“专传”，“凡有直接关系的，如曹操、刘备、吕布的行为举止，都要讲清楚，然后诸葛亮的一生才能完全明白”。（以上皆引自《中国历史研究法补编》）

梁启超传记文学文体观的形成，来自两方面的影响，一是对古典传记文学优秀遗产的继承；一是对西方现代传记文学理论的借鉴。他的从全社会大关系着眼挑选传主做“专传”的方法，部分是受到司马迁的启发。他自己就指出了这一点：“《史记》每一篇列传，必代表某一方面的重要人物。……每篇都有深意，大都从全社会着眼，用人物来做一种现象的反影，并不是专替一个人做起居注。”（《中国历史研究法补编》）当然，司马迁对此未作阐释，是梁启超从理论上做了总结。另一方面，梁启超大胆引进借鉴西方的传记文体新观念，在《李鸿章》的“序例”中，他就公开宣布：“此书全仿西人传记之体，载述李鸿章一生行事，而加以论断，使后之读者，知其为人。”自此以后，中国具有现代意义的传记文——“专传”文体——得以形成并兴盛。而这是与梁启超的传记文学文体观的影响分不开的。

二、传记文学的真实观

1. “画我须是我”

梁启超有极深的史学修养，极注重传记文学的真实。他不止一次地引用英相格林威尔的名言：Paint me as I am（画我须是我），以表明他对传记文学真实原则的看重。他说：“我以为史家第一件道德，莫过于忠实。”“吾侪有志史学者终不可不以此自勉。务持鉴空衡平之态度，极忠实以搜集史料，极忠实以叙论之，使恰如其本来。当如格林威尔所云‘画我须是我’。当如医者之解剖。奏刀砉砉，而无所谓恻隐之念执我心曲也。乃至对本民族偏好溢美之词，亦当力戒。良史固所以促国民之自觉，然真自觉者决不自欺，欲以自觉觉人者，尤不宜相蒙。故吾以为，今后作史者宜于可能的范围内抑其主观而忠实于客观，以史为目的而不以为手段。夫然后有信史，有信史然后有良史也。”（《中国历史研究法·史之改造》）也就是说，梁启超是非常重视传记文学的史料真实的。在《中国历史研究法》中，他竟然以占全书近半的篇幅，论述史料的方方面面。第四章说史料，第五章说史料的搜集与鉴别等，真可谓巨细靡遗。但是，这只是梁启超传记文学真实观的第一个层面。

2. “邻猫生子”

梁启超认为，传记文学的真绝不是所谓“邻猫生子”般的事实。传记文学，是一种以真实为基础的文学样式，它的真也应是文学层次的真。梁启超有一个“邻猫生子”的著名比喻论证了这一主张。

> 英儒斯宾塞曰：“或有告曰：‘邻家之猫昨日产一子。’以云事实诚事实也，然谁不知为无用之事实乎？何也？以其与他事毫无关涉，于吾人生活上行为毫无影响也。”

“邻猫生子”，这里比喻那些芜杂枯燥，“于本质问题无关紧要的材料”（《中国史叙论》）。梁启超极欣赏斯宾塞的说法，把它引入传记文学。假如传记作家只是记载"某日某大臣死也，某日有某诏书也"，这样的作品实在是"满纸填塞"，皆是"邻猫生子之事"，"往往有读尽一卷而无一语有人脑之价值者。"因此，他主张传记文学的真不是偶发、孤立的史料，而应是在纵横方面相互有连带关系的事实。他说：

故真史当如电影片、其本质为无数单片、人物逼真、配景完整而复前张后张紧密衔接，成为一轴，然后射以电光，显其活态。夫舍单张外固无轴也。然轴之为物，却自成一有组织的个体，而单张不过为其成分。若任意抽取数片，全没有其相互之动相，木然只影，黏著布端，观者将却走矣。惟史亦然，人类活动状态其性质为整个的、为成套的、为有生命的、为有机能的、为有方向的，故事实之叙录与考证不过以树史之躯干，而非能尽史之神理。善为史者之驭事实也，横的方面最注意于其背景与其交光，然后甲事实与乙事实之关系明，而整个的不至变为碎件。纵的方面最注意于其来因与其去果、然后前事实与后事实之关系明、而成套的不至变为断幅。是故不能仅以叙述毕完事。必也有说明焉，有推论焉。所叙事项虽千差万别而各有其凑笋之处，书虽累百万言而筋摇脉注，如一结构精悍之短札也。(《中国历史研究法》第三章《史之改造》)

梁启超之所以认为传记文学的真是有联系有价值的真，这是与他的史学思想密不可分的。在《中国历史研究法补编》"总论"中，梁启超指出："历史的目的在将过去的真事实予以新意义或新价值，以供现代人活动之资鉴。"因此，传记文学不能为事实而事实。梁启超这一传记文学真实观是颇有现实意义的。

3. "口碑实录"

梁启超在强调传记文学的真实性原则的同时，还提出了具有现代意义的"口碑实录"史料的观点，值得重视。他说：

现在日日所发生之事实，其中有构成史料价值者之一部分也。吾侪居常慨叹于过去史料之散亡。当知后之视今，犹今之视昔。吾侪今日不能将其耳闻目见之史实搜辑保存，得毋反欲以现代之信史责望诸吾子孙耶？所谓现在日日发生之事实，有构成史料之价值者何耶？例如本年之事，若粤、桂、川、湘、鄂之战争，若山东问题日本之提出交涉与我之拒绝，若各省议会选举之丑态，若京、津间中、交银行挤兑风潮，若上海商教联合会之活动……等。凡此等事皆有其来因去果，将来在史上确能占有相当之篇幅，其资料皆琅琅在吾目前，吾辈不速为收拾以贻诸方来，而徒日日欷歔望古遥集，奚为也？其渐渐已成陈迹者，例如三年前学界之五四运动，如四年前之张勋复辟，如六年前之洪宪盗国，如十年前之辛亥革命，如二十年前之戊戌政变、拳匪构难，如二十五年前之甲午战役……等等，躬亲其役或目睹其事之人，犹有存者。采访而得其口说，此即口碑性质之史料也。（《中国历史研究法》第四章《说史料》）

梁启超重视“口碑实录”以搜集史料的观点，是颇有超前意识的。胡适之提倡规劝老辈朋友写自传，正是梁启超这一传记观念的延续。但是，令人遗憾的是，他们的这一观点，受中国文化等诸因素的制约，不但没有深入人心，甚至连梁启超自己也未能实现。胡适感慨道：“但谁能有他那样‘笔锋常带情感’的健笔来写他那五十五年最关重要又最有趣味的生活呢?”后来，胡适自己的“口述自传”得以出版了，但是，那是得益于美国哥伦比亚大学“中国口述历史学部”的帮助而完成的。因此，从现实意义上讲，梁启超在本世纪初倡导的“口碑实录”的观点，值得继承发扬。

三、传记文学的美学观

1. 传记文学是寄寓作家审美理想的创作

梁启超认为：中国古典史传文学“能铺叙而不能别裁”“能因袭而不能创作”（《中国史叙述》）。这是司马迁以后，中国史传文学每况愈下的重要因素之一。因而，梁启超提出传记文学应“别裁”“创作”，于传主行事中寄托作家的审美理想。他认为，司马迁创作《史记》，“实欲建设一历史哲学，而借事实以为发明。”《史记》是“怀抱深远之目的而又忠勤于事实”的不朽之作（《中国历史研究法》）。诸如“项羽而列诸本纪；孔子，陈涉而列诸世家；儒林刺客货殖而为列传，皆有深意存焉”。所以，他认为优秀的传记文学，“当如吉朋之《罗马史》以伟大高尚之理想，褒贬一民族全体之性质。”“当如布尔特奇之《英雄传》，以悲壮淋漓之笔，写古人性行、事业，使百世之下闻其风者，赞叹舞蹈、顽廉懦立，刺激其精神血泪以养成活气之人物”（《饮冰室文集·卷三十四·论书法》）。提出了传记文学应具有崇高审美理想的观点。也就是说，在社会舞台上，那些为民请命，以身殉国的英雄们，只要作家能以“悲壮淋漓”之笔叙写出他们的人格，就足以感昭世人。正如澎湃的大海，巍峨的高山雪峰、奔腾的长河一样，给人鼓舞、力量和美的享受，“使百世之下闻其风者，赞叹舞蹈、顽廉懦立”。事实上，我们去读梁启超的传记文学作品时，也时时感到这种崇高美的鼓舞力量。无论是“我自横刀向天笑”的戊戌变法英雄谭嗣同，慷慨就义的自由女战士罗兰夫人，还是雄健沉鸷的英国巨人克林威尔，无不给人以崇高的审美享受。

2. 传记文学是在真实的基础上主体客体建构的审美过程

传记文学是文学表现的古老形式之一，在我国源远流长。司马迁、班固这两位传记文学的权舆者，都以“不虚美、不隐恶”为创作原则，同时承继史官文化的传统，既注重“史”的真实性，又富有“文”的色彩。《仪礼·聘记》认为史学的内涵是“辞多则史”。郑玄注：“史，谓策祝，亦言史官多文也。”可见，传记文学不但允许“文”的介入，而且是不可或缺的重要因素之一。不过，在“史”与“文”的问题上，司马迁与班固还是有差别的。如果说，司马迁在实录的基础上，较重视“文”的因素，那么班固则宁肯偏“史”。这样，沿司马迁一路，由“文史辨洽”为传记文学正宗，文随世移，影响后世小说、戏曲的繁荣，特别是唐传奇的发展。但是这种传统，对传记文学自身的影响，反而式微了。二十四史每况愈下，足以证之。班固在传记创作中，固然也有着史官文化的积淀，特别是《苏武》《李陵》之传“叙事精彩，于千载下犹有生气”。（赵翼《廿二史札记·卷二·汉书增传》）但总的说来，他的传记创作是较偏于"史"的。这样，后世史家沿他一线发展，不无偏重于"史"的趋向。又由于历史科学的独立，文、史分家的学风转换，介于文史之间的传记文学，从亦史亦文，发展到只注重史料的状况。特别是在正史中，传记成为史学的附庸，而失去了自身的光彩。

梁启超站在中西文化的交叉点上，敏锐地看出了中国传记文学发展上的这一弊端，从传记文学作家的创作实践中指出：传记文学不是史料的汇编，而是创作主体的个性与史实这一客体的建构过程。也就是说，梁启超认为，传记文学作家应有清醒的"有意为传记文学"的意识。梁启超为"戊戌变法"的领袖，其《戊戌六君子传》史料详赅，史家称引。可在《中国历史研究法》中他却说："又如吾二十年前所著《戊戌政变记》，后之作清史者记戊戌事，谁不以为可贵之史料？然谓所记悉为信史，吾已不敢自承。何则？感情作用所支配，不免将真迹放大也。"这里的"放大"不是虚构，更不是胡编乱造，显示了清醒的传记文学意识。

3. 传记文学的语言美

传记文学是语言的艺术。梁启超对传记的语言美，也有不少精辟论述。他认为"同是记一个人、叙一件事，文采好的，写得栩栩欲活，文采不好的，写得呆鸡木立"。但是对传记语言美的要求，梁启超并不是只重辞藻，而是从传记文体的特殊性出发，提出了两个条件，一是简洁，二是飞动。"简洁就是讲剪裁的功夫。""若为文章之美，不要多说，只要能把意思表明就得。做过一篇文章之后，要看可删的有多少，该删的便删去。我不主张文章作得古奥，总要词达。所谓'词达而已矣'。"关于"飞动"，梁启超的论述更贴合传记文体。他说："尤其是历史的文章，为的是作给人看。若不能感动人，其价值就减少了。作文章一面要谨严，一面要如电力，好像电影一样活动自然。如果电力不足，那就死在布上了。事本飞动而文章呆板，人将不愿看，就看亦昏昏欲睡。事本呆板而文章生动，字字都活跃纸上，使看的人要哭便哭，要笑便笑。"（《中国历史研究法补编·史家的四长》）

刘知幾说："夫史之称美者，以叙事为先。"（《史通·叙事》）足见语言之美在传记文学创作中的重要性。事实上，确有如梁启超所说的"事本呆板""不过尔尔"，但是在作家飞动简洁的语言描绘下，生色不少。司马迁写《陈涉世家》，人物众多，千头万绪，如何措手？但是他却用简洁飞动的语言，把当时匆忙起事的各路英雄栩栩叙出来了！"一时多少侯王将相，起者匆匆而起，立者匆匆而立，遣者匆匆而遣，下者匆匆而下，畔者匆匆而畔，据者匆匆而据，胜者匆匆而胜，败者匆匆而败，失者匆匆而失，复者匆匆而复，诛者匆匆而诛，散者匆匆而散。有六月内结局者，有六月内未结局者，有六月后续出者。种种头绪，纷如乱丝，详叙恐失仓卒之意，急叙又有挂漏之患，岂非难事。乃史公却是匆匆写出，却已一一详尽，不漏不支，不躐不乱，岂非神手！"（汤谐《史记半解》）梁启超所撰作的传记，也具备语言飞动的特点。如《谭嗣同传》中"法华寺诘袁"一段语言即是如此。

总之，梁启超的传记文学理论，虽然有着很强的政论性和传统文化中重体验非理论化的倾向，但是，他能站在中西交汇点上，参照古代传记精华，吸收现代西方传记文学理论的新论点，已涉及传记文学文体的本质特性与真实观、美学观等诸多传记文学理论课题。正像他提倡"诗界革命""小说界革命"一样，在传记文学理论与批评方面，梁启超也进行了一场"传记革命"。因此，从中国传记文学发展史的角度看，梁启超对中国20世纪传记文学理论体系的形成实有开拓之功。

第九章

“五四”后的现代传记文学

“五四”新文学运动以来，中国的现代传记文学取得了重大成就。一方面，伴随着19世纪末20世纪初外来文化的蜂拥而至，对西方传记文学理论和传记名作的译介，成为中国现代文学界的一个炙手可热的热门话题。像在梁启超笔下仅仅以篇名出现的西方传记作品，如普鲁塔克的《传记集》，现在已以整体篇章的形式，出现在中国读者的视线里，遂使中国有志于传记创作的作家终获直接取法的样板。尤其是对法国作家卢梭的《忏悔录》的效仿师法，接近西方传记体式的自传和回忆录的创作，还出现了一个不小的高潮。一些作家还本于西方传记理论的译评，试图建立起中国式的现代传记理论，如胡适、郁达夫、朱东润等，在这一领域均有所尝试与开拓。另一方面，适应着20世纪中国的社会变革和文化现代化，传记和其他文体的创作相一致，也彻底摆脱了传记的传统模式和文言文，而代之以新的体式和白话文，新的平民化传主代替了古典的帝王将相，传记所表现的领域有所开拓，涉及生活的各个角落，并开始注意探讨人性的丰富性和复杂性，塑造栩栩如生、真实可感的传主形象。可以说，“五四”新文学运动以来的中国现代传记创作，无论是在表现自我的自传，还是在日益走向丰富的他传，均以较为可观的数量和上乘的质量，使中国现代传记文学的创作逐步臻于繁荣。

第一节　“五四”后的现代自传创作（一）

在西方，各界名流望族撰写自传或回忆录，一向被看做理所当然的事，因而自传早已成为文学领域内的一个极为发达的门类。但在中国，除了一些以述志抒怀为主的短篇古代传记，以及一些著作的序言，自传却一直少人问津。长期以来的文化积淀，使中国人养成了根深蒂固的不直接谈自己的习惯，即使有时有表现自我的欲望，也不过是“借他人之杯浇自己的块垒”而已。

然而，“五四”新文化运动对人性的张扬、对封建旧意识的否定，带来了中国现代知识分子个性的一次大解放，一向被冷落的自传，便成了人们表现自我、张扬个性的一种最方便有效的形式。自古以来对自己私生活讳莫如深的中国文坛，此时大兴自传之风，一大批以标举表现自我、张扬自我为上的自传作品争相涌现，如胡适的《四十自述》、庐隐的《庐隐自传》、沈从文的《从文自传》、张资平的《资平自传》、许钦文的《钦文自传》、郁达夫的《达夫自传》、郭沫若的《沫若自传》、谢冰莹的《女兵自传》、瞿秋白的《多余的话》、白薇的《悲剧生涯》、巴金的《片断的回忆》……甚至连日记、书信乃至情书等自传性作品也盛极一时。著名的有郁达夫的《日记九种》，庐隐、李唯建合作的《云鸥情书集》，章衣萍的《倚枕日记》，鲁迅、许广平（景宋）的《两地书》以及徐志摩的《爱眉小札》等。显然，自传的大量出现，成为“五四”以来中国现代传记繁荣的最初表现。

最早进行自传创作且卓有建树的，自然是一些知名作家，特别是文学革命的倡导者胡适和公开标榜“表现自我”的创造社中坚人物郭沫若与郁达夫。

一、胡适的《四十自述》

胡适（1891—1962），字适之，安徽绩溪人，现代著名学者。胡适的早年生活历经创伤，4 岁丧父，由母亲一手抚养成人。1910 年赴美国，先后在康奈尔大学、哥伦比亚大学求学，师承实用主义哲学家杜威。1917 年回国后，任北京大学教授，参加《新青年》的编辑工作，成为“五四”新文化运动的领袖人物。1938 年任国民党政府驻美大使，1942 年任行政院最高政治顾问，1946 年任北京大学校长。后任国民大会主席，曾去美国各地巡回讲学，死于台湾。这位留美博士，在中国现代文学发展中，是最早对封建旧文学发难的闯将。1917 年 1 月，他在《新青年》杂志上率先公开提出了“文学革命”的主张，这篇名为《文学改良刍议》的论文，以提倡白话文取代文言文、提倡新文学反对旧文学的中心主张，奠定了胡适在中国新文学史上的重要位置。

实际上，胡适也是中国现代第一位大力倡导现代传记文学创作的作家，一部自传《四十自述》，使胡适忝列于中国最早的现代自传作家的行列之中。这是一部未完成的自传。在这“半部书”式的自传中，由序幕“我的母亲的订婚”、正文五章——“九年间的家乡教育”“从拜神到无神”“在上海（一）”“在上海（二）”“我怎样到外国去”、最后一章“逼上梁山”共三大块构成，描写了19世纪末20世纪初中国社会大变动时期，皖南山村的种种民情风俗；记载了他的家世变迁；叙述了他幼年在家乡、少年在上海、青年在美国的学习与生活以及回国后部分文化学术活动情况；还记述了他的学术观点的产生、思想信仰的演变，以及生活上的悲欢、治学中的甘苦等。可以说，《四十自述》较为完整地勾勒了传主胡适早年的生活历程。

《四十自述》中真情洋溢。最为动人的部分，要数胡适着力叙写的母亲对他的养育和教诲之恩。该章节在《新月》杂志上刊登以后，曾受到文学界的高度评价。刘大杰曾写信给胡适，评论说:“《新月》上你那三篇文章，我最爱第二篇《九年间的家乡教育》。那篇给予人的印象是很深的。最成功的一点，是在淳朴的家园的生活里，反映出来一个聪明的孩子和一个慈爱而又是孤苦的母亲相依为命的活泼的面影。”（《胡适来往书信选》中册，中华书局）胡适的母亲冯顺弟23岁时就守了寡，又为当家后母，且胡适异母的大姐大哥都较胡适母年长，因而处境十分的艰难。但她仁慈、温和、识大体，事事都能容忍，维持着这个大家庭的生机。对胡适而言，母亲既是严师又是慈母，她不能容忍儿子胡适沾上任何坏习惯，哪怕是一丁点儿。胡适有一次说错了话，受到了母亲严厉的责罚，用手擦泪，以致患有眼翳，久不见好。为此，母亲又悔又急，她听说可用舌头舔去眼翳，有天夜里真的用舌头去舔他的眼病。胡适用自己饱含深情的笔墨，塑造了一位刚毅正直、又富有心计的传统的贤妻良母的形象：“待人最温和，最仁慈，从来没有一句伤人感情的话。但她有时候也很有刚气，不受一点人格上的侮辱”，且又“能宽恕人，体谅人”。作者通过具体、生动、传神的描绘，使慈母栩栩如生的形象跃然纸上。

除却对母亲形象的塑描以外，《四十自述》（以下引文见《胡适自传》，黄山书社）小说式的开头也令人耳目一新。胡适四十岁时作自传，原来打算“从这四十年中挑出十来个比较有趣的题目，用每个题目来写一篇小说式的文字”，由此寻找一条“自传文学上的新路子”。第一篇写他父母亲的婚事就是这样，颇有一点想象虚构的成分。当时还曾得到徐志摩的热烈赞评。传文开篇“序幕”，把人物场景完全纳入一个小说式的情境：这一年的“太子会”使许多人失望，原因何在？这一悬念式的开头，自然引出了三先生：“怕三先生说话”——绸缎庄的珍珠伞不敢拿出来了，“没有一出花旦戏”——是三先生的主意，“不扮抬阁”——还是三先生的主意，三先生是人未出场却已令人生出许多好奇。来赶会场的冯顺弟心里想：“三先生必是个了不得的人，能叫赌场烟馆都不敢开门。”作者在一连串的悬念设置中，才让三先生登场：“一个高大的中年人，面容紫黑，有点短须，两眼有威光，令人不敢正眼看他；他穿着苎布大袖短衫，苎布大脚管的裤子，脚下穿着麻布鞋子，手里拿着一杆旱烟管。”这样的大笔勾勒，则完全是小说化的肖像素描，抓住了人物的特征，突出了人物的神采。而写冯顺弟的婚事，也是一波三折，扣人心弦。先写有人索要八字父亲不答应，再写母亲听了说媒之事不高兴，三写女儿竟顺利地答应婚嫁之事，原来女儿想通过做填房以获取高额聘金贴补家用。经过八字风波，测出这门姻缘乃前世修定，便无人反对了。这时，作者才以日记作结尾，点出三先生乃“我”父亲、冯顺弟乃“我”母亲的谜底。自传一直用旁知视点，叙说着“我”所听到过的故事，自然也包括推测、虚构的成分，使自传开篇便具备了浓厚的文学气息。

但《四十自述》基本上还是“谨严的历史叙述”。虽然开篇有掩抑不住的小说味，难免有“与当日事实不符的地方”和讳饰的笔墨，却不失是具真实性的信史。胡适曾说过：“我究竟是一个受史学训练深于文学训练的人，写完了第一篇，写到了自己的幼年生活，就不知不觉地抛弃了小说的体裁，回到了谨严的历史叙述的老路上去了。”传文在写到自己的生活时，增加了历史叙述的成分。为了增强自传的客观真实性，甚至不加讳掩地写出了他青少年时代曾经打牌、喝酒、逛窑子等恶习，的确达到了赤裸裸的求实求真的要求。用胡适自己的话来说，即“我们赤裸裸的叙述我们少年时代的琐碎生活，为的是希望社会上做过一番事业的人也会赤裸裸的记载他们的生活，给史家做材料，给文学开生路”。

显然，“给史家做材料”是胡适自传的又一特色。虽然，《四十自述》跳离小说叙述结构模式，曾颇使徐志摩失望；但毕竟这一变化，使胡适自传赢得了难得的史料价值和一定的学术价值。尤其是自传的最后部分《逼上梁山》，作者对“五四”文学革命的来龙去脉交代得十分明了，对“五四”文学革命的“文学工具的革命说”作了详尽的解释。该部分还引用了围绕“文学革命”这一核心话题的大量书信、文字材料，保存了第一手可信的历史资料，为研究“五四”文学革命和胡适学术思想，提供了真实、详尽的历史佐证，颇有学术自传之味。

二、郁达夫的《日记九种》和《达夫自传》

郁达夫（1896—1945），原名文，字达夫，浙江富阳人。1913 年赴日本留学，先后攻读文科、医科、政治学科、经济学科。1921 年，与郭沫若、田汉诸人在东京发起成立“创造社”，从此致力于文学活动。1921 年，他的以“零余者”著称的小说集《沉沦》正式出版，这是中国现代文学史上第一部白话小说集。回国后，曾在北京大学、中山大学等校任教。1937 年抗战爆发后，投入抗日洪流，并被选为“文协”常务理事。1938 年底赴新加坡，主编一些报刊，从事抗日宣传。1942 年 2 月新加坡沦陷前夕，与胡愈之、王任叔等人撤退到印尼苏门答腊岛。1945 年 9 月被日军秘密杀害于荒野。1952 年，郁达夫与长兄郁华被中央人民政府追认为烈士。

对“自叙传小说”“身边小说”这一类与作家身世、情绪有密切关系的创作情有独钟的郁达夫，自然也是擅长作自传的现代作家。在他的几种自传中，最早的一部应算是 1927 年的《日记九种》，这是他写于 1926 年 11

月至1927年7月间的九段日记。作者利用日记自由自在、不加掩饰的特点，来剖明心迹。在该日记《后叙》中，郁达夫称："半年来的生活纪录，全部揭开在大家的眼前了。知我罪我，请读者自由判断。我也不必在此地强词掩饰。不过中年以后，如何的遇到感情上的变迁，左驰右旋，如何的作了大家攻击的中心，牺牲了一切还不算，末了又如何的受人暗箭，致十数年来的老友，都不得不按剑相向，这些事情，或者这部日记，可以为我申剖一二。"

这里，作者强调需要"申剖"的，是郁达夫与王映霞的恋爱故事。郁达夫有妻室荃君，且有一子一女远居北京，但这场遵父母之意的婚姻多有隔阂。1927年初，郁达夫在上海初识王映霞，即堕入情网。他热情似火，希望王映霞能给他带来幸福和新生。他这样写道："啊，映霞！你真是我的Beatrice，我的丑恶耽溺的心思，完全被你净化了"；"她激励我，要我做一番事业，她劝我把逃往外国的心思丢了，她更劝我去革命"。但是，热情奔放的情感碰到的是王映霞若即若离的态度，他陷入了极度的痛苦之中，乃至颓唐、绝望、发出诅咒："啊啊，女人终究是下等动物，她们只晓得要金钱，要虚空的荣誉"，"我真恨死了王女士，我真咒死了命运之神"。而当他得到王映霞的爱情时，又陷入了另一种痛苦，他会想到远在北京的家室："我时时刻刻忘不了映霞，也时时刻刻忘不了北京的儿女，一想起荃君那种孤独怀远的悲哀，我就要流眼泪，但映霞的丰肥的体质和澄美的瞳神，又一步也不离的在追迫我"，"我一边拥抱了映霞，在享很完美的恋爱的甜味，一边却在想北京的女人，呻吟于产褥上的光景"。在这部以恋爱为基本线索的自传中，作者把处在恋爱之中的感情纠葛和矛盾表现得淋漓尽致。这是中国现代第一部作者生前公开出版的私人日记，它反映了"五四"运动之后知识分子自我的觉醒和个性解放的追求，也反映了小资产阶级知识分子的软弱性以及在强大传统文化压力之下的彷徨和矛盾心理。

这部日记也反映了相当广阔的社会现实，其中有作者在广州、上海、杭州等地的文学活动，同许多文化名人的交往和与创造社的关系，北伐战争后的政局，军阀在上海的屠杀，上海工人的武装起义，北伐胜利后国民党右派的分裂等，从而为该日记赢得了较为珍贵的历史资料价值。同时，郁达夫的日记记录了与王女士在一起的新的情感体验，是作家灵魂的一次袒露，对于了解一个作家的生活和情感，自有不可低估的价值。

郁达夫还在 1934 年至 1936 年间写过九篇连续的自传，发表在《人间世》和《宇宙风》上。这部《达夫自传》是由相互独立的几个生活片段组接而成的，在当时文坛上引起了不小的反响。

作品主要叙述了传主从出生、富春江畔的风光及幼年生活、到日本留学这段时间内的生活经历和情感经历。《悲剧的出生》叙述传主生于甲午中日战争后的第三年（1896）。列强接踵而至，国势日渐腐败，初生于此的子民患有恐怖症和神经质。作品述及儿时对于饥饿的恐怖，父亲的病死和母亲的劳作，特别是对伴随他长大的、如同他姐姐的婢女流露出无限的深情。《我的梦，我的青春》仍写童年的记忆，主要叙述了传主与他所崇拜的朋友阿千去山上砍柴的经历。尤其是在山坡上做的那个白日梦，显示出传主少年时代就已是一个纤弱多感、想象丰富、对人生和宇宙具有独特悟性的诗人气质。《书塾与学堂》忆及传主的启蒙生涯，着重记述了母亲为他赊买皮鞋而受尽冷落一事，这对形成传主自尊自强又自伤自悼的性情有深刻的影响。《水样的春愁》主要传叙了传主在洋学堂求学时与几个女性交往的情感经历，重点描述了 14 岁那年春天的一个月夜，他与渴慕已久的赵家侄女初恋约会的情景，留下水样的极淡的春愁。《远一程，再远程》和《孤独者》讲述了传主离开富阳到嘉兴又转回杭州求学的经历，其次对传主印象最为深刻的是首次在《全浙公报》发表五言古诗时那样欣喜若狂的心情。《大风圈外》写传主因参与学校风潮而被除名又复被美国人办的浸礼会的中学吸纳，最后又因不满这所学校的“呜呼”浊气，对其教育感到真正绝望之后，又回到老家刻苦自学的经历。在最后两章《海上》《雪夜》中，叙述了传主离开祖国漂流于日本岛国时的生活和感受，尤其是《雪夜》中因自身的孤冷、民族的歧视及青春期的性苦闷，而导致在一个寒冷的雪夜里失去童贞后的悔恨。这种大胆的性心理之自我剖析，在中国自传中还是第一次出现，同样反映了“五四”新文化运动和反封建斗争对传记文学的深刻影响。

当然，在这一自传作品里，自我心灵的袒露一以贯之，但较之早期作品显得冷静客观，并带有自省色彩。他回忆孤儿寡母生活的艰辛，回味幼时乡间生活的寂寞，检视柔弱个性形成之因，叙写出外求学的离愁和憧憬，反映辛亥革命前后小城镇的动荡和自己的矛盾，均有明显的自省意识的流露。恰如他自己所说的："平时老喜欢读悲哀慷慨的文章，自己提起笔来，也老是痛快淋漓，呜呼满纸的我是一个热血青年，在书斋里只想去冲锋陷阵，参加战斗，为众舍身，为国效力的我这一个革命志士，际遇着这样的机会，却也终于没有一点作为，只呆立在大风圈外，捏紧了空拳头，滴了几滴悲壮的旁观者的哑泪而已。"（《达夫自传·大风圈外》）郁达夫片断式的自传也是一部未完成的作品，但从中却可以看出郁达夫青少年时期的思想性格在伟大的历史变革中形成发展的过程。其行文自由舒展，以亲切的自我感受来描述事物，具有清丽飘逸的风格。

三、郭沫若的《沫若自传》

郭沫若（1892—1978），原名郭开贞，四川乐山人。中国现代文学家、历史学家、剧作家、考古学家、古文字学家和社会活动家。1913 年赴日留学，先学医后改攻文艺，1918 年起开始新诗创作。1921 年与郁达夫、田汉等组织"创造社"。同年出版第一部诗集《女神》，以对应于狂飙突进的"五四"时代精神和自由诗体，开创了一代浪漫主义诗风。参加过北伐战争、南昌起义。抗战时期，又以历史剧《屈原》等的创作，坚实了他在"五四"以来的中国现代文学史上的地位。

作为中国现代文学史上的一位天才作家，郭沫若有极为可观的作品问世。然在全部作品中，分量最多的却是自传。论时间，郭沫若创作比郁达夫迟，但从 20 年代末至 40 年代中期这段时间内，发表过多种自传，数量远较郁达夫可观，包括正式的自传、回忆录，乃至回忆性散文、日记等。后来他把这些零散的作品汇编成 4 卷洋洋 110 万字的《沫若自传》，不消说，这是中国有史以来最长的自传作品了。第一卷《少年时代》，内收

《我的童年》《反正前后》《黑猫》《走出夔门》4篇作品，从他的家世、童年写到1913年去日本留学；第二卷《学生时代》，内收《创造十年》《创造十年续编》等20多篇作品，主要写他1918年起在日本投入新文化运动以及其后创造社的活动；第三卷《革命春秋》，内收《北伐途次》《请看今日之蒋介石》《脱离蒋介石之后》《海涛集》《归去来》等5种作品，写他1926年随革命军北伐以及次年南昌起义失败后逃亡日本的经历，他在日本的生活以及1937年抗日战争爆发后回国从事抗日文化救亡活动的经历；第四卷《洪波曲》，内收《洪波曲》《芍药及其他》《苏联纪行》《南京印象》4种，写他抗战期间穿行烽火的活动、1945年对苏联的访问及回国后在南京的活动。可以说，卷帙浩繁的《沫若自传》，描勾了郭沫若独特的个体发展历程，以追忆自己的生活经历和思想变迁，反映了传主从封建大家庭的叛逆者成长为共产主义者的完整过程。

《沫若自传》的最大特色是富于强烈的时代感，以自己的亲身经历来再现中国近、现代史上的风云变幻。这是郭沫若创作的自觉要求。1947年，郭沫若为《少年时代》作的《序》里说："写作的动机也依然一贯，便是通过自己看出一个时代。"或许这事后之言不足为凭，1928年写的《前言》，采用诗的形式是这么写的：

我的童年是封建社会向资本主义制度转换的时代，
我现在把它从黑暗的石炭的坑底挖出土来。
……
我写的只是这样的社会出生了这样的一个人。
或且也可以说有过这样的人生在这样的时代。

由此不难看出，他在创作传记的开始，就一如他其他的文学创作，牢牢地把握着时代感。因此，他的自传深刻地反映了时代重大事件的真实面貌。

可以说，《沫若自传》展开了一幅极为广阔的中国近、现代史的历史画卷。作者少年时代就目睹了四川保路运动和辛亥革命，积极参加新文化运动，而且又是力倡创造社的中坚，其后又投笔从戎，参加了北伐战争、南昌起义、抗日战争，他是半个多世纪内中国一系列重大事件的参与者与见证人。他的经历从家乡开始，然后到成都、上海、北京、广州、武汉、南京等中心城市，最后扩大到日本和苏联。现代中国以及世界历史上的一些著名人物，他都有过直接的乃至亲密的交往，如周恩来、朱德、瞿秋白、蒋介石、胡适、斯大林等中外名人。对这些重要事件和名流的直接描述，使《沫若自传》从一定意义上抑或可以当做一部中国现代史来阅读。这样，自传就不再仅仅是个人升沉的实录，而是时代的一面镜子，郭沫若的自传在这一点上给传记文学作出了重大的贡献。

《沫若自传》还以史家的笔法，道出了历史的真实和个人思想感情上的真实，尤其是将自己的思想情绪毫无讳饰地表现出来。关于历史真实，只要比较一下《请看今日之蒋介石》和《在轰炸中来去》两文就十分明了：叛变大革命时期的蒋介石和抗战开始时的蒋介石，作者描写的笔调是截然不同的，作者保持着高度的历史真实性。前者中有大量的讨伐和讽刺的文字，后者则不无对蒋的赞许，这一事实，恰好说明作者对历史人物采取的是严格的历史唯物主义态度。传记文学是以历史真实为准绳，作者根据历史的是非曲直来表明自己的爱憎，这都表明了郭沫若唯物主义者的严正立场。

同时，《沫若自传》同样不失思想感情上的真实。可以这样说，《沫若自传》是一幅以社会为背景的作者之自画像。他的性格在传记中得到相当传神的表现。特别是他的叛逆性格的刻描颇见独到。在《我的童年》中，郭沫若就说："听说我生的时候是脚先下地。这大约是我的一生成为了反逆者的第一步。"他的少年时代正值庚子事变后，接触了新思想，开始追求个性解放，读小学时就抽烟、喝酒、装成大人的模样故意与老师作对。随着年龄的增大和国内外矛盾的日益激化，郭沫若的叛逆性格始从个性解放转向社会革命，他从爱哄事的顽童逐步成为政治活动家。中国知识分子的"治国平天下"的理想使他很容易地接受了以共产主义为旗帜的中国共产党的主张，他的激进的左翼立场表现得越来越鲜明。

然而，郭沫若的性格又表现出极为妥协的一面，他自己也明显地意识到这一性格弱点，曾经在自传文字中自嘲道："人是一个善于适应环境的动物。他总会有种种幻想来安慰自己。"（《沫若自传·黑猫》）比如，他十分向往新式爱情，但他最终还是听从了父母之命、媒妁之言，同一个旧式女子结了婚，这成了他一生中"最要忏悔"的一件事。在抗日战争期间，他担任国民政府军事委员会政治部第三厅厅长的要职，做了大量的有益于抗战事业的工作，但有一次在请田汉等人喝酒时，酒醉骂人，还"打了自己三下重实的耳光，连连骂自己是政客，政客，混账的政客"（《洪波曲》）。这表明郭沫若对自我存在的价值，始终有一种难以排解的深刻的怀疑。他既是一位天才的文化巨人，又深深地刻上了时代的烙印，同时又不可避免地带有中国知识分子固有的弱点。

《沫若自传》还坦诚地表露了少年郭沫若人本意识的觉醒。《我的童年》中回忆了"我"性意识觉醒的最初征兆。七八岁时的"我"看见穿着洗白了的葱白竹布衫子的堂嫂的那双带着粉棠花色的手，"突然起了一种美的念头"，"很想去扪触那位嫂子的那粉红的柔嫩的手"。猿升式的攀爬活动，需要两手和两脚夹着竹杆攀援而上，"竟很怪异地感觉着一种不可言喻的快感。快感过后，异常的感着疲倦，便和熟了的一个苹果一样滑落下来。"以后"便要时常来贪享这种快乐了。把竹杆当成了自己的爱人"。这种对人的潜意识的大胆描绘，恰恰揭示了传主郭沫若人性的丰富性，是一位作家兼社会活动家自我人格的真诚袒露和自我表现。

在艺术结构上，《沫若自传》善于剪辑，气魄宏大。全部构架，以分篇按节写出。如《我的童年》分三篇，分别为六、五、八节；《反正前后》分两篇，分别为八、七节，每篇文字约略相近；《创造十年》正续编不分篇，分别为十三节和九节，按内容之多少，分别写出，气势连贯。作者以记事写人议论三结合的方式，注意场景和形象的描述，穿插议论和抒写、纪实与虚构相结合，语言具有行云流水的通畅感，常有形象的比喻，时带幽默揶揄的笔调。由于作者充分发挥了他的革命家、历史学家、文学家、诗人的气质，所以他的自传具有雄伟的气魄，既有殷实的史笔，又有洋溢的诗情，不失为一部优秀的文学作品。

第二节 “五四”后的现代自传创作（二）

胡适在将自己所作的自传结集出版时，曾在序言中，不无感慨地希望有更多的作家来进行自传的创作：“我很盼望我们这几个三四十岁的人的自传的出世可以引起一班老年朋友的兴趣，可以使我们的文学里添出无数的可读而又可信的传记来。我们抛出几块砖瓦，只是希望能引出许多块美玉宝石来。”（《四十自述·自序》）胡适的期盼终得回报。实际上，在胡适发表《四十自述》的前后，已有部分作家从事自传的创作，各界知名人士也开始逐步形成写自传的风气。他们以各自不同的方式、从各各不同的生活侧面，丰富着“五四”以来的现代自传的创作领地。

一、鲁迅、景宋的《两地书》

鲁迅（1881—1936），原名周树人，字豫才，浙江绍兴人。伟大的文学家、思想家、革命家，中国现代文学的奠基人。1902 年赴日本留学，弃医从文。1908 年参加光复会。“五四”运动前后，参加《新青年》的编辑工作。1918 年 5 月，以鲁迅为笔名，发表中国现代文学史上第一篇白话小说《狂人日记》，猛烈地抨击封建宗法制度的吃人本质，在社会上引起强烈的反响。以后又先后写了像《阿 Q 正传》《孔乙己》《祝福》等这样的作品，结为小说集《呐喊》《彷徨》正式出版。这期间，先后在北京大学、厦门大学、中山大学等校任教。1930 年 3 月，中国左翼作家联盟成立，鲁迅为发起者和组织者之一，为无产阶级文学的发展呕心沥血。1936 年 10 月病逝于上海。景宋，即许广平（1898—1968），广东番禺人。鲁迅的学生、战友和夫人，长期协助鲁迅工作。

《两地书》是鲁迅和景宋的通信集，共分三集。第一集为北京通信，收1925年3月至7月近四个月的信件，反映了鲁迅同景宋由相知到相爱的过程。第二集是“厦门——广州”间的通信，记录了他俩离开北京后分居两地的眷恋、思念之情。第三集“北平——上海”间的通信，是在他们婚后，鲁迅于1929年5月间因探母离沪北上，暂别半月的二十几封通信，则纯然是夫妻之间一往情深的真情实感的吐露。《两地书》涉及的内容极为广泛，其中有对人生问题的思考，对改造旧中国道路的讨论，对改革旧教育的意见等等，但写出了鲁迅和景宋的爱情“所经历的真相”，毕竟是一个重要的方面。而且其间流露的感情还是复杂细腻、丰富多彩的，反映了鲁迅在爱情和婚姻问题上所表现的独特的思想情感和性格特征。

可以说，贯串《两地书》的始终是一条清晰的爱情发展线索。在爱情表达的分量上，第二、三集显得相对浓一些。如第二集在称呼上冠以“亲爱的”称呼，自署则为“你的‘害马’”之类，足证两人关系非同一般；信件的内容还涉及今后生活安排，讨论了如何安置朱安女士的生活等，可见这已是人们所说的“情书”了。第三集虽是结婚两年以后的书信，然而双方自诉短暂别离的思念之情如同初恋，情深意切，至为感人。如景宋在鲁迅走后当天，即发出一信，报告别后对他的想念，并表示要努力克制离别的伤感：“绝对没有四条胡同[①]，因为我要用我的魄力来抵抗这一点，我胜利了。”鲁迅到京后得到此信，立即回信：“这使我怎样意外地高兴呀。未曾四条胡同，尤其令我放心，我还希望你善自消遣，能食能睡。”这一来一往充满情趣的互致问候，包含了多少的爱怜和关切。特别是仅半个月的离别，竟要用“魄力来抵抗”，夫妻间常葆新鲜、真切的恋情可见一斑。

第一集书信则为爱情初窦始开的记录。鲁迅和景宋的最初通信，的确如鲁迅所说的“并未有什么关于后来的豫料的”（《两地书·序言》）。在鲁迅于北京女师大任教将近两年之际，景宋以“受教的一个小学生”的名义给鲁迅写第一封信，求教的是关于“学识”和“处世应对事物”的经验，决无秘密可言。当天下午鲁迅即以长信一封回复，说的主要是“自己如何在世上混过去的方法”，也毫无奇特之处。所可注意的，则是对一个女学生以“广平兄”之称呼。这说明，从一开始双方就是很亲近的了，无须什么客气和套语。此后的通信，讨论的仍然大抵是“人生”问题，但信件往返频率之高，却是惊人的。从1925年3月11日到4月11日仅一个月时间内，互致信件十一封，其快速传递竟高达不足三天一封。随着信件的频繁传递，鲁迅与景宋的感情在起着微妙的变化，师生关系的分量在逐渐减轻，别一种特殊情谊则在明显加重。这在4月10日的信中已见出端倪，景宋的署名，第一次冠以“小鬼”，且注明此为“（鲁迅先生所承认之名）”。鲁迅的态度也在起着明显的变化。6月2日信的署名，第一次略去姓氏，只署一个“迅”字，感情无疑是接近了许多。这里，展现的确实是两颗跳动在一起的纯洁、高尚的心真诚、坦率的剖白，是互相爱慕、互相信赖的真诚情感的热烈倾诉。

《两地书》是鲁迅和许广平互相激励走着“人生”的长途的真实记录，同时也是鲁迅、许广平伟大人格的生动展示。这当中，我们看到景宋的确是一位伟大的女性，当她认准鲁迅是自己爱情的最理想的归宿时表现出勇敢的决断。看到鲁迅崇高的精神境界，他执著地爱着景宋，但又时时虑及她的前途和幸福，为此而情愿经受爱情煎熬之苦，这正是对别人负责、对爱情负责的表现，反映了鲁迅严肃、审慎的爱情婚姻观，恰好也是鲁迅高尚的人格，以及处事认真、慎重、细致的性格特征的表现。《两地书》说明，像鲁迅这样伟大的思想家和革命家，感情生活也是极为丰富充实的，在某些时候、某些方面还表现得相当细腻感人，特别是在一位敞开热烈情怀的女性面前似乎还恢复了青春活力。注意到这一点，我们看到的是鲁迅作为普通人的性格和情趣，仿佛使他从超凡入圣的云端回到了人间，这对于展示一个活的鲁迅形象无疑是很有意义的。

二、沈从文的《从文自传》

沈从文（1902—1988），原名沈岳焕，湖南凤凰县人。少时在军队行伍中生活过，看惯了湘兵的雄武，以及各种压迫和杀戮，形成了他性格中追求美好人生、善良德性的沉忧隐痛。以后，他接触了新文学，产生了憧憬，1923年才独自跑到北京。读书不成，于是决心学习写作。自此开始用“休芸芸”等笔名在《晨报副刊》等刊上发表作品，渐渐为人所知。尤其是《边城》等反映人性人情美的作品的问世，使沈从文成为京派作家的代表人物。

写于1931年夏秋的《从文自传》，以一位“乡下人”的自我觉醒而脍炙人口。作者当时正在青岛大学中文系任教，处于创作最亢奋、心情最舒畅期。全传近8.5万字，他仅用三个星期的时间，“不再重抄，径寄上海付印”。据他自己说：“生活虽然极端寂寞，可并不觉得难堪，反而意识到生命在生长中、成熟中，孕育着一种充沛能量，待开发，待使用。”（《沈从文文集》第11卷，花城出版社、香港三联书店）可以说，作者是在一种回顾自己的成长、充分开发自己能量的心情下写成的。作者回顾了青少年时期在沅水流域所经历的家庭、学校、社会的教育和行伍生活，描述了一个平凡而又奇特的人格的形成过程，把少年时代的浪荡、机警、聪颖、天真，把青春期的悲欢得失和见闻感受，如实地叙写出来，并带上理性解剖的特色。自传告诉人们：他是更多地从丰富无比的社会和自然中学那永远也学不尽的人生的，他的自传是一个从生活磨难中摔打出来的作家的自白，也是许多人生经验的总结。因此，这部自传摆脱了习见的模式和成法，以一个“艺术家的感情”回顾自己的过去，将自己艺术性格的成长同历史风云、社会风情、自然景观有机地编缀在一起。

从选材来看，自传的家庭情况、社会经济、政治军事材料写得极为简略，对作者影响较深的小学语文教员田名瑜和湘西巡防军统领官陈渠珍，后者只是不指名地提及他的“治学”与“治事”，前者则几乎没有谈及。相反，对他当补兵时不在一个组的旧式教练老战兵滕四叔，任司书时的姓文的秘书，在川东认识的一个大王一个花妖，却花整整一节，分别加以详细描叙。作者在自传里这样写道：“离开私塾转入新式小学时，我学的总是学校以外的。到我外出自食其力时，我又不曾在我职务上学好过什么。二十年后我‘不安于当前事务，却倾心于现世光色，对于一切成例与观念皆十分怀疑，却常常为人生远景而凝眸’，这份性格的形成，便应当溯源于小时在私塾中的逃学习惯。极显明，对于后来用笔有显著影响。”因此，《从文自传》没有固守于编年史的惯例，而是紧紧抓住那现实的“一本大书”，纳入为作者所倾心的自然、社会和人生的“现世光色”。

这种为现象倾心、从人生取证的写法，使得自传对于辛亥革命军进攻镇箪镇的失败，不作背景材料的交代，只写人物活动。除个别地方点了一下对门张家二老爷同革命党有联系，爸爸说“造反打败仗”，大量的是写他在衙门口，“看到了一大堆肮脏血污人头”，听叔父说“衙门从城边已经抬回了四百一十个人头，一大串耳朵，七架云梯，一些刀，一些别的东西”。写他“一有机会就常常到城头上去看对河杀头”，看天王庙掷茭决定人的生死。前后三四年，辰沅一带就杀了六七千人，砍头的细节，被杀者的各种表情，孩子挑着父亲或叔伯被砍下的头的场景，都被细致地记录在传记里。历史的腥风血雨，以种种令人揪心的场面，深深影响着他的艺术家的感情。

作者是在城市写久远了的故事，然却对故里的自然景色、民俗风情，都能保持鲜活的记忆。自传展示了一种对普通自然景色、平凡生活景象稍加点缀，即成动人文字的特色，这是作者敏锐的艺术感受和浓厚的乡土恋情所致。写顽童时心目中的“黄泥田里，红萝卜大得如小猪头，没有我们去吃它，赞美它，便始终委屈在那深土里”；也写自己独坐河岸高崖，看纤夫拉船上滩的情景，“当那些船夫把船拉上滩后，各人伏身到河边去喝一口长流水，站起来再坐到一块石头上，把手拭去肩背各处的汗水时，照例总得厉害的感动我”。此外，空中移动的浮云、河水中缓缓流去的菜叶，那“晾得有朱红裤褂”的暗褐红船尾，那“斜斜的孤独的搁在河滩黄泥”的船只和“背景是黄色或浅碧色一派清波”，都能生出一种独特的艺术魅力。苏雪林称赞他的文字“永远不肯落他人窠臼，永远新鲜活泼，永远表现自己。他获到这套工具之后，无论什么平凡的题材也能写出不平凡的文字来”（苏雪林《沈从文论》，《文学》1934 年 3 卷 3 号），倒是道出了沈从文文学创作的真谛。

《从文自传》作为叙事性作品，因传主一生经历而体现出直线纵式结构，在动态一面纵观传主“社会化”的过程，以传主 20 年经历的追忆为主线；而在静态一面，荡去时间因素从空间角度去刻画一些极富性格的细节，往往离开自我而写一些至深至美的事件和人景。这两者的组合往往是起伏跌宕、纵横开拓，借势抒怀，毫无雕琢痕迹。正因如此，自传能突破个人经历的局限，囊括众生万象，内容丰厚宽广，融深刻的人事意识与优美的风俗民情于一体。

三、其他人的自传

谢冰莹的《女兵自传》，也是现代自传文学的重要之作。谢冰莹，1906生，湖南新化人。少年时期的家庭教育，就使她对文学怀有浓厚兴趣。她生活在偏僻的山乡，经过坚决的斗争，才得以进学校读书。为彻底脱离封建樊笼，在大革命怒潮中，她毅然到武汉投身于革命洪炉，当了一名女兵。1927 年，她随革命军西征，利用行军和作战的间隙，以火一样的热情，在武汉《中央日报》上陆续发表了《从军日记》，这些日记体和书信体的文章，反映了大革命的澎湃怒潮，表现了青年们的爱国热忱，显示了新时代女性的精神风貌，在当时轰动文坛。大革命失败后，她回到家乡，在家中过着监狱一般的生活。她反抗封建婚姻，四次逃跑，在艰难的道路上为生活独自经受着残酷的折磨和熬煎。1932 年冬，应赵家璧之约，谢冰莹开始撰写《一个女兵的自传》（即《女兵自传》），陆续在《人间世》《宇宙风》上发表，于 1936 年由良友书店出版。

谢冰莹在《关于〈女兵自传〉》一文中说：“我站在纯客观的地位，描写《女兵自传》的主人翁所遭遇到的一切不幸的命运。在这里，没有故意的雕琢、粉饰，更没有丝毫的虚伪夸张，只是像卢梭的《忏悔录》一般忠实地把自己的遭遇和反映在各种不同时代，不同环境里的人物和事件叙述出来，任凭读者去欣赏，去批评。”又说：“在我写过的作品里面，再没有比写《女兵自传》更伤心更痛苦的了！”（《女兵自传》，四川文艺出版社 1985 年）这本自传的确曲折引人，令人感奋。它真实叙述了一个坚强的新时代女性，如何勇敢地同顽固的封建习俗战斗，如何为民族的前途而英勇搏击，作品中一个热情、豪爽、大胆、倔犟的女兵形象令人瞩目。在艺术表现上，谢冰莹颇为充分地显示了女性作家的特色，充溢的激情表露，细致的内心抒写，生动的环境描述，使这个传奇的女兵故事，紧紧地抓住了读者的心。《从军日记》《女兵自传》多次重版，并被译成十几国文字流行海外。

罗尔纲的《师门五年记》也是一篇独具一格的自传。罗尔纲（1901—1997），广西贵县人。1930 年毕业于中国公学，师承胡适研习历史。曾在北京大学文科研究所考古室、国立中央研究院社会科学研究所工作，系著名的太平天国史专家。《师门五年记》于 1944 年问世，是罗尔纲从师五年的传记。

胡适是这样评说《师门五年记》的："尔纲这本自传，据我所知，好像是自传里没有见过的创体。从来没有人这样坦白详细的描写他做学问经验，从来也没有人留下这样亲切的一幅师友切磋乐趣的图画。"而作者罗尔纲向读者这样声明："我这部小书，不是含笑的回忆录，而是一本带着羞惭的自白。其中所表现的不是我这个渺小的人生，而是一个平实慈祥的学者的教训，与他的那一颗爱护青年人的又慈悲又热诚的心。"（《师门五年记·胡适琐记》，生活·读书·新知三联书店）罗尔纲从师胡适五年，潜心苦学，深得胡适治学精髓。本书记述罗氏因帮助胡适编制《聊斋全集目录对照表》，从而学到老师那种"不苟且"、一丝不苟，极其谨密的治学和考证的精神，终于成为研究太平天国的历史考证权威。罗氏后来也写过不少学术文章，其中不少被胡适认为证据不足，一再要他修改，使罗尔纲深得启发，终成大家。自传还通过从师经历、见闻和感觉，写出了胡适的治学方法和生平事迹，塑出了一个扶植晚辈、更重"自教"，对学生无微不至，处处为学生着想的宽厚长者和严谨学者的形象。罗尔纲深深为老师的精神所感动，故成书时命名为《师门辱教记》，表示"自己得前人春风化雨，而却有辱师教、难报其情"（江荼《两位史学家》，香港《明报》1982 年 11 月 1 日）。胡适对此自传极为看重，1958 年时自己出钱刊印此书，不作卖品，只作赠送朋友之用，直至卒前几小时，他还以此书送赠吴大猷等四位著名华裔科学家。

许钦文的《钦文自传》形式上颇为独特。许钦文（1897—1984），浙江绍兴人，现代著名乡土小说作家。这本为换取稿费、维持生活而写的自传，共分十章，从1934年出狱写起，追述到童年时期这一段时间内的生活、思想和创作情况，并“注意于真实地反映我所遭遇社会的面貌”，“或者可供要了解当时社会情况的参考。”（《钦文自传》，人民文学出版社）自传第一章就写《出狱》，叙写1934年蒙鲁迅先生营救走出杭州军人监狱大铁门的情况；第二章《不浪舟中》，写牢狱里的情形；第三章《蜀道上》，写传主在四川碰到“二刘大战”“成都巷战”等内战情况；第四章写“无妻之累”；第五章《铁饭碗》写入狱前在杭州的教书生活；第六、七章《从〈故乡〉到〈一坛酒〉》《酒后文章》写前期的创作，第八章《稽山鉴水间》才补叙传主儿童时代和青少年时期的生活状况。这较之于一般传记，形式上有所不同，恰如做小说的方法，把重要的先放在前面，以后再逐步补充说明，是倒叙手法的娴熟运用。由此可见一位知名小说作家在作传记时的文学的烙印。

除却上面提到的自传作品，较为著名的还有：巴金的《片断的回忆》《短简》，欧阳予倩的《自我演戏以来》，柳亚子的《五十七年》《八年回忆》，邹韬奋的《经历》《抗战以来》《患难余生记》，冯玉祥的《我的生活》，李烈钧的《李烈钧将军自传》，陈布雷的《陈布雷回忆录》，黄绍竑的《五十回忆》，庐隐的《庐隐自传》，瞿秋白的《多余的话》等等，均在现代传记文学史上留下一定的痕迹。

四、现代自传的类型

从整体上看，中国现代自传受到18世纪法国伟大的平民思想家、文学家卢梭的深刻影响。卢梭（1712—1778），著有论述资产阶级教育的《爱弥儿》，曾轰动整个法国乃至西欧一些资产阶级国家。然卢梭对中国传记文学界的冲击，当是他的自传《忏悔录》。在这部震惊文坛的作品里，卢梭以一种惊世骇俗的大胆，真实地展示了“一个资产阶级个性的‘我’有时像天空一样纯净高远，有时却像阴沟一般肮脏污浊的全部内心生活”。《忏悔录》对中国自传文学的渗透，经过了中国作家民族意识和个人意识的过滤，大致形成了中国现代自传文学三种类型的走向。（此说参考李利军《卢梭〈忏悔录〉与中国现代自传》，《江苏社会科学》1996 年第 1 期）

其一，以郁达夫为代表的自我暴露型。在以往，人们往往掩饰自己的人生经历和性格，而卢梭却“把自己剥得精光并把他那时代成千上万人被迫忍受的一切都暴露出来”（罗曼·罗兰《卢梭的生平和著作》，生活·读书·新知三联书店）。这种坦率地大胆暴露的勇气，被中国现代自传作家吸收并内化为自己揭示自我、袒露自己外在和内在全部真实的力量。郁达夫就认为，写传记作品，应该“长处短处，公生活与私生活，一颦一笑，一死一生，择其要者，尽量写来”，“他的美点，自然应当写出，但它的缺点与特点，因要传述一个活泼泼而且整个的人尤其不可不书”（郁达夫《什么是传记文学》，《郁达夫文集》第 6 卷，花城出版社、香港三联书店）。正是本于这种作传原则，郁达夫第一个将自己的日记公开发表，坦诚地向世人展示自己情感的变迁、心理的波动、爱情的纠葛乃至个人行为的颓放等。甚至毫不掩饰地披露了生活中存在但不能摆到桌面上的行为，如酗酒、抽鸦片、出入烟花柳巷等。郁达夫大胆地公开了自己的私生活，把自己从内到外一览无余地暴露在公众面前，无怪乎后人称之为“中国的卢梭”。

当然，郁达夫自尊又自卑、极易冲动的个性，也决定了他对卢梭情有独钟，并能像卢梭那样对自己的人性恶作惊人真实的挖掘。他的这种冲动性气质注定要遭受传统文化的围剿的。因此，“我若要辞绝虚伪的罪恶，我只好赤裸裸地把我的心境写出来”。（郁达夫《写完了〈茑萝集〉的最后一篇》，《郁达夫文论集》，浙江文艺出版社）他选择了卢梭并把“自我暴露”看做与虚伪的社会、虚伪的道学、虚伪的罪恶作斗争的有力武器。这种吸收，使郁达夫的自传文学作品熠熠生辉。

其二，以郭沫若为代表的自我张扬型。卢梭的《忏悔录》体现出的强烈的自我意识和个性解放意识，一旦遇合在“五四”后要求科学与民主、争取个性解放的大潮之中，便被涌动于其中的自传作家看成是塑造个性鲜明、独立不羁的自我形象的样板。郭沫若作为“五四”时期主体高扬的作家，他陆续写下的《沫若自传》，最大的长处即是吸取卢梭的个性意识而充分地展示了传主的个性气质，塑造了一个鲜活具体的“这一个”：一个重情感甚于理性、易兴奋也易消沉、热情敏感而又显脆弱的扩张型天才知识分子。在这个自我形象身上，首先体现为形象的自信气质。他声称：“在这部书里面具体地指示了一个 intelligentsia（知识分子）处在社会变革的时候，他应该走的路。”他的毫不自谦让人耳目一新。“然而浮夸骄傲，我觉得，比沉着谦恭倒还要好一点，我们的东方文化就是过于沉着谦恭了。”（《沫若自传》，人民文学出版社）郭沫若对东方文化性格的批判，表明他不愿做凡夫俗子、信奉英雄主义乃至理想主义的态度。另外，这一自我形象还表露出强烈的叛逆色彩：以逃学、喝酒、打架、罢课作为对旧教育制度的反叛，以出走、恋爱、同居作为对旧式婚姻的反抗，以强烈的爱国热情作为对旧社会的叛逆和宣战。郭沫若尽情张扬着自己的叛逆性格，从而使他的自传不仅清晰地凸显着他那个“自我”，而且也实现着对中国社会束缚个性的旧传统、旧礼教、旧文化的控诉和批判。

显然，郭沫若的自我张扬与他的“我即是神”的泛神论思想有密切关系。正因如此，这个充溢着强烈主体色彩的个性意识，就不仅要求确立自我、肯定自我，更带有自我扩张、自我崇拜的气质。他不满足于重视现实生活中实实在在的自我，而追求高于实我之上的那个与社会、宇宙、自然融为一体的理想的“大我”，那个神化了的“我”。这种倾向是郭沫若能够得心应手地继承卢梭的自我崇拜而在自我中将自己的个性张扬到极点的重要原因，也是郭沫若自传的魅力所在。

其三，以瞿秋白为代表的自我剖析型。在《忏悔录》中，卢梭用人性原则对自己的一生作了无情的审视、严格的自责和深刻的剖析。一部分中国作家在受到极大的心灵震颤后，也把自己的生存状态、灵魂思想放到理性的法庭上接受审问，进行评判。他们通过自传的方式，拷问灵魂，对自我进行深刻的解剖和无情的否定，以达到认识自我、净化灵魂、超越自己的目的。

作为这一类型突出范例的瞿秋白（1899—1935），原名霜，江苏常州人。他是中国最早的马克思主义者之一，参加过“五四”运动，1922年在莫斯科加入中国共产党，1927年当选为中共中央政治局常委，同年“八七”会议后担任中共中央局负责人。红军长征后留在苏区工作，1935年2月在转移香港途中，被国民党军队逮捕，6月18日在福建长汀遭到杀害。《多余的话》是瞿秋白于1935年5月22日在福建汀州监狱中写下的自传性遗言。

在这篇自传性遗言中，瞿秋白以理性的手术刀，深刻细致地剖析了自己的灵魂，挖掘了自身的矛盾以及造成这矛盾的根源。他开篇就指出自己悲剧一生的症结，在于一个“历史的误会”。无论从爱好、气质、学识、才能上来看，他都应该是一个文学家而不是政治家。历史偏偏把他推上了政治舞台的中心。瞿秋白无情地分析了自己对政治兴趣的薄弱和这方面工作能力的不足。他用理性的解剖刀，找出了令他困窘终身而无法摆脱的最大矛盾——政治家和文人的矛盾。“优柔寡断，随波逐流”的文人性格，“标准的弱者道德——忍耐、躲避、讲和气”，以及从没有“为自己的见解而奋斗”“承认自己错误”的勇气，使他无法胜任政治者尤其是政党领袖的工作。他认为他的一生都在“扮演一定的角色”，而这既无益于他的政治工作，也耽误了他的本可发展的文学事业。

瞿秋白是最早译介马克思主义到中国的学者之一。然而，他却自认对马克思主义只是“一知半解”地“知道一点皮毛”（《多余的话》）。由于出身书香门第之故，文人、绅士的意识、情感积淀至深，加之缺乏直接的革命实践，使他始终处在马克思主义与其他异己意识的矛盾之中，既笃信马克思主义，又无法克服根深蒂固的异己意识。他只能空洞地承认自己的错误，但却无力彻底改变自己的阶级意识和情绪。他在铁窗中写下这一自传文学，严酷无情地剖析了他一生中最大的过失和教训。

瞿秋白有很高的文学修养和理论水平，他的自我剖析坦率、真诚，清醒、冷峻，具有很强的理性色彩。这一在铁窗底下同世界的诀别，风格深沉、哀婉，具有很强的感染力。

[注]

①取“泪下四条”之意，鲁迅曾用以奚落女性的哭泣。

第三节 “五四”后的现代他传创作

“五四”文学革命时期，似乎还没有专门的传记作品，鲁迅的《朝花夕拾》、冰心的《往事》等是个人生活经历的片段回忆，徐志摩的《伤双括老人》也只是悼念怀旧之作。这些回忆性、哀悼性作品继承了古典文学中行状一类的传统，使现代传记领域有所开拓。三四十年代经常见到的忆旧悼亡之作，可以说是传记文学的发展。如鲁迅的《为了忘却的记念》《忆韦素园君》《忆刘半农君》《关于章太炎先生二三事》《我的第一个师傅》等名篇，选择典型的片段，以极省俭的笔墨，勾画出师友的神貌。当时像这类回忆的作品颇多，如鲁迅先生逝世后，报刊争相开辟“纪念鲁迅先生专辑”，许多与鲁迅有过交往的各界人士，纷纷撰文纪念这位巨人，从各个方面追述先生的嘉言懿行以及生活琐事，把先生的高风亮节、精神风采留著纸上，综合起来不啻是一部丰富的“鲁迅传记”。其他如纪念章太炎、刘半农、徐志摩、梁遇春、庐隐的，哀悼亲人故旧的，追忆青少年生活的。这些作品中零碎、片断的记叙，部分地再现了人物的经历，从一个个视点透视人物的个性，均已具备了人物传记的因素和性质。

当然，纯粹的人物传记以写出活人全人为指归。无论是中外人物，还是古今人物，只要给人以一定的社会力量和教育意义，均可成为现代传记的传主，方能被称作“一种新的解放的传记文学”（朱自清《什么是散文》）。

一、文人传记

在中国现代他传文学中，落入传记作者视野的，首先是那些为中外文化发展作出过一定贡献的思想家、文学家、艺术家。传统意义上的文人一旦成为传记文学的真正传主，即意味着现代文人传记的声誉鹊起。

1. 郁达夫的中外文人传记

郁达夫无疑是文人传记创作的杰出代表。他曾为中外文化史上的许多文人立过传，有的是全面介绍传主生平和著作，有的是择取传主生活中的几个片段，有的则是突出传主对中国和世界的影响。曾被郁达夫作为传主的中外文人有：施笃姆（Theodor Storm）、赫尔惨（Alexander Herzen）、须的儿纳（Max Stirner）、托尔斯泰、尼采、卢骚（今通作“卢梭”）、萧伯纳、屠格涅夫、劳伦斯、郭沫若、成仿吾、徐志摩、洪雪帆、刘开渠、曾孟朴、王二南、鲁迅、徐悲鸿、广洽法师、曼陀、刘海粟、杨骚、许地山、胡适、黄仲则等。

在上述提到的文人中，郁达夫似乎对法国文豪卢梭情有独钟，仅在1928年1月就写有《卢骚传》《卢骚的思想和他的创作》两篇洋洋万言的传记文。《卢骚传》比较全面地介绍和记述了有关的生平事迹。作者从盛赞卢骚落笔，然后详尽记述了他的家庭出身、童年生活、流浪经历、初恋、与伐兰夫人的纠葛、与政敌的较量、他的成名和成名后所受的迫害以及最后因迫害所致的精神病突然去世。卢骚死后被埋葬在一个岛上，墓碑上刻有“真理的战士，自然的骄子，从此长逝了”的简短碑文。该传中写得最详尽的是卢骚与伐兰夫人三离三合的恋情纠葛；而写得最精彩的，是他偶作征文论题《文学及艺术论》意外成名的细节，以及小说《新爱洛绮斯》的创作背景及经过。这些优美而传神的笔墨与传主本身所独具的浪漫传奇色彩，共同塑造出一个集美与丑、善与恶、崇高与卑鄙、伟大与渺小于一身的栩栩如生的艺术形象。

为了更全面地塑造卢骚，郁达夫还写了《卢骚的思想和他的创作》，在列举了卢骚的《文学及艺术论》《人类不平等的起源》《民约论》《爱弥儿》等思想论著后，概括出卢骚思想的几个重要方面：“一，他的自由平等的主张，和对于现代社会恶的指摘。二，他的政治学说。三，他的教育观。四，他的宗教思想和道德观念。”并以此为思路，清晰地介绍了卢骚的上述观点，并不时加入评点式的简论，如《民约论》中的政治观阐发后，不仅提出其中的矛盾及思想根源，而且还阐述了它的思想史价值。

对屠格涅夫，郁达夫也十分偏爱，写有《屠格涅夫的〈罗亭〉问世以前》和《屠格涅夫的临终》两文。前者叙述了屠氏长篇《罗亭》问世前的生涯，着重回述了传主与其母亲、与巴枯宁、别林斯基、费雅度夫人、普希金、果戈理、阿·托尔斯泰等的交往、友谊和文学思想的彼此影响。后者详述了屠格涅夫临终前的惨状。屠格涅夫因病痛的折磨而屡次想到自杀，甚至向来看他的莫泊桑乞求一支手枪，并在临死前的半月里，请费雅度夫人代笔写完了他最后一篇小说《结末》。1883 年 8 月 30 日礼拜五，露易莎去他的病房，他似乎还辨认得出露易莎，因而叫道："露易莎！真真奇怪，我的腿怎么会挂在那角落里的呢？房间里并且放了棺材。可是，他们还许我有三天好活。"1883 年 9 月 3 日午后，屠格涅夫气绝而逝。这些细致而详尽的笔墨，为我们塑造了一位献身艺术的、相貌柔和、眼睛有点忧郁、绕腮胡长得满满的北国巨人形象。

与外国文人传记略有不同的，郁达夫的现代中国文人传记均属片断式的回忆性文字。如以鲁迅为传主的《怀鲁迅》《鲁迅先生逝世一周年》《回忆鲁迅》等；以徐志摩为对象的《志摩在回忆里》和《怀四十岁的志摩》等。除了《回忆鲁迅》一文稍长以外，其余皆为短制。这些文字简洁、篇幅短小、结构精巧、感情真挚的短篇回忆，为人津津乐道。如在《志摩在回忆里》，作者以凄婉伤感的心情，描绘出亡友徐志摩淘气、讨爱、顽皮的孩子形象。而《怀四十岁的志摩》，则写徐志摩的死因。《记曾孟朴先生》记叙了初见先生时的良好印象："风度翩翩，温和柔热，使见到他的人，都能从他的笑里，感受到一种说不出的像春风似的慰抚。"此文短小精致，结构谨严，文字平易而带有感情，是一篇不可多得的传记文。《王二南先生传》从体制上看是一篇留有古风的传记文，它比较完整地记叙了他尊敬的长辈亦是文友的王先生一生的主要经历和性格情趣，文字难免拖沓却是情真意切。而《追怀洪雪帆先生》运用二次见面时的外貌变化的描写，寥寥几笔就勾勒出令人难忘的传主形象：初见时，"雪帆先生相貌魁梧，谈话的声气异常洪亮，面上满面红光，笑起来的时候，却有点羞缩得像小女子似的妩媚”。几年之后再见时，洪先生“身上的肉瘦去了往年的十分之七；本来是狭小的两只眼睛，变得很大很大；脸上没有了红光，只剩了两颗很高的颧骨；说话的声气，也变得很幽很缓慢。”前后对比，判若两人，极富文学色彩。

2. 胡适的《丁文江的传记》《李超传》

胡适提倡传记文学，他自己的传记作品约有四十余部（篇），传主包括老子、吴敬梓、张伯苓、张季直、丁文江，乃至普通学生李超。在这些为他人立传的传记作品中，《丁文江的传记》和《李超传》无疑是较优秀的篇章。

《丁文江的传记》中的传主丁文江，是现代中国著名的地质学家，也是胡适的挚友。胡适称丁文江是“一个最有光彩又最有能力的好人；这一个天生的能办事，能领导人，能训练人才，能建立学术的大人物”。该传记基本上是按照年代的顺序，记述了传主丁文江一生中的几个重要阶段，既写出了丁文江献身科学的精神和他对中国地质科学所作的重要贡献，又写出丁文江“捧出心肝待朋友”的处世美德，也写出了丁文江的政治观点，特别是他访问苏联之后对共产党和社会主义的矛盾态度，塑造出一位富有个性的地质科学家的形象。

传记高度评价了丁文江的一生：在很短的时间内建立起一个纯粹的科学研究机构地质调查所；不辞辛劳，以身作则，为中国地质学者树立了实地调查采集的模范；爱护人才，重用人才，发挥人才优势。比如丁文江第一次的内地旅行，带了许多书籍仪器，不走容易的海道，偏要走最困难的云、贵长途，由此表示丁文江的毅力、勇气、观察力。丁文江竭力主张注重实地观察，亲自下煤矿，深入矿井，采集第一手材料；且“登山必到峰顶，移动必须步行”，身体力行，最不怕吃苦。丁文江大公无私，舍弃弟弟文渊的官费名额，转让他人，而用自己的费用来解决学费。同时，传记也写出了丁文江的另一面，如讲究舒适的生活，喜欢坐头等车、住宾馆，政治上的摇摆等，由此增强丁文江人物形象的丰富性，完成对一个投身地质研究的科学家的塑造。

作者收集了相当丰富和完备的材料，来为科学家丁文江立传。一方面，作者动用了丁文江自己的文章、信件、日记；另一方面作者又采用了丁文江的朋友、学生及作者本人的记念、评论文章，从多个不同的视点来评价丁文江，立体地展现了科学家丁文江的一生。且传记运用材料的丰富，对丁文江一生价值作学术评价，使传记明显地体现出它的历史性和史料价值来。

《李超传》的传主李超，虽被曹聚仁看作娜拉式的人物（曹聚仁《我与我的世界》，人民文学出版社），但却被大名鼎鼎的胡适为之立了传。传主李超，是北京国立高等女子师范学校的一个普普通通的学生，因不满于封建旧家庭的生活，发愤出门求学，但因此遭到旧家庭和传统势力的迫害，终于短命而死。胡适并不认识李超，但他读了辗转拿到手的分类编记的李超信札时，对这一无名的短命女子，产生了无限的同情和痛惜。他觉得李超一生的事迹很有作一篇详传的价值，“不但他个人的志气可使人发生怜惜敬仰的心，并且他所遭遇的种种困难都可以引起全国有心人之注意讨论”。因此胡适提出了一种新的传记文学的美学原则：“我觉得替这一个女子做传比什么督军做墓志铭重要得多咧。”（《中国现代思想史资料汇编》第一卷，浙江人民出版社）

于是，胡适以当时北大知名教授和新文化倡导人的地位，为这个素昧平生的不幸女子作传。他凭着李超生前的往来信稿作素材，平实地铺陈点染，便把她“一生所受的艰苦，所抱的志愿”，都一一的分明表现出来。写到李超病中，她姊夫写信劝她排解心事，说了一句极伤心的趣话：“吾妹今日境遇与兄略同。所不同者，兄要用而无钱，妹则有钱而不得用。”胡适大为不平，借此评论与质问道：“李超‘有钱而不得用’，以至受种种困苦艰难，以至于病，以至于死……这是谁的罪过？……这是什么制度的罪过？”为李超及无数中国女子的不幸遭遇和命运，胡适向整个“宗法社会制度”“家长族长的专制”，提出了强烈的控诉，表现出相当强烈的反封建的精神。

3. 闻一多的《杜甫》

闻一多（1899—1946），原名闻家骅，湖北浠水人，新格律诗的倡导者，著名的爱国主义诗人。他出身于“世家望族，书香门第”，古文根基深厚。1922 年北京清华学校毕业后赴美国学习绘画，并研究西洋文学。1925 年回国，在一些大学任教。抗战爆发后，随清华大学南迁长沙和昆明。1946 年 7 月遭国民党特务暗杀。

闻一多的《杜甫》在复活古代文人方面十分成功。他抱着“思其高曾，愿睹其景”的热诚，立意为诗圣描绘一幅形神毕现的小照。他在综合研究的基础上，抓住诗人生活和创作中富有个性特征的片段，出以咏叹的诗一般的语言，把杜甫写得光彩照人。他不仅写出了杜甫的生平梗概，更重要的是写出了他的音容笑貌，他的性情、思想，他心灵中的种种隐秘，以及可笑亦复可爱的弱点或怪癖，写出了一个活灵活现的大诗人。而且，闻一多追慕大诗人遗风的神情也在传记中有所表现。这种写出活的灵魂、写出作家个性特征的传记作品，才是现代意义上的传记文学，与正史中干枯板滞的杜甫传迥然有别。

闻一多用浓墨彩笔大书杜甫的齐鲁游和李杜相遇。作者描写李杜会面是“诗中的两曜，劈面走来了，我们看去，不比那天空的异瑞一样的神奇，一样的有重大意义吗?”写二人会谈，“星光隐约的瓜棚底下，他们往往谈到夜深人静，太白忽然对着星空出神，忽然谈起从前陈留采访使李彦如何答应他介绍给北海高天师学道箓，话说了许多，如今李彦许早忘记了，他可是等得不耐烦了。子美听到那类的话，只是唯唯否否；直到话题转到时事上来，例如贵妃的骄奢，明皇的昏聩，以及朝里朝外的种种险象，他的感慨才潮水般的涌来”。作者精心提炼史实，刻意渲染场景，深入体验诗人内心活动，终于复活了诗人的光辉形象。遗憾的是此传未能完篇，后来也未续写，终使这一传记抱憾许多。

4. 学术传记

这一时期发表出版的一般性他传，在写法上出现了若干值得肯定的新特点。如陈从周的《徐志摩年谱》、郁达夫的《卢骚的思想和他的创作》，就已有明显的学术评传色彩。胡适的《荷泽大师神会传》，作者根据在巴黎和伦敦发现的原先留存于敦煌石窟的神会著作，对神会的生平进行详尽考证，仔细分析其教义，却是一部研究中国佛教和禅宗的重要学术著作。

蔡尚思的《蔡元培先生学术思想传记》，融合了中国旧传记和西方传记的某些成分，也带有浓厚的“学术性评传”的色彩。据著者蔡尚思称："本书名为‘学术思想传记’，约有几个意义：第一，是表示包括了‘学术思想’与‘传记’两个部分。第二，也可以解释为‘侧重学术思想方面的一种传记’。……第三，本书虽以学术为范围，而在实际上却仍侧重思想（广义的思想）。……第五，因本书到处涉及近代中国学术思想界而非专限于先生一个人，故以‘蔡元培与近代中国学术思想界’为副名"，总之，该书是“用历史的态度，社会的眼光，来论述先生的一切”。类似的作品还有像李长之的《司马迁之人格与风格》，作品中蕴涵的学术价值特别明显。这些传记作品，可谓开创了中国现代传记中学术思想评传的新路子。

二、历史人物传

现代传记作家对中国历史的发展起过重要作用的历史人物，也颇多作传，以期在传历史人物时，获取当今社会所需的内涵。据历史学家的观点，在众多的历史人物传记中，有两部历史传记具有很高的学术价值，即吴晗的《朱元璋传》和朱东润的《张居正大传》。

1. 吴晗的《朱元璋传》

吴晗（1909—1969），原名吴春晗，浙江义乌人，现代著名史学家。1934 年毕业于清华大学，先后在云南大学、西南联大、清华大学任教。1943 年参加民主同盟，积极从事民主运动。新中国成立后，曾任北京市副市长等职，生平从事中国古代史研究，对明史尤有成就。

明史专家的角色定位，使吴晗对明代开国皇帝朱元璋关注甚多。1943 年，吴晗花费 60 多天的时间完成了有关明太祖朱元璋的传记，此传曾用过两个不同的书名：《明太祖》和《从僧钵到皇权》，后又花较多的时间补充修改，增加注释，完成了长达 16 万字的传记著作《朱元璋传》。显然，该传叙述的是明朝第一位皇帝朱元璋的一生。

传记着力刻画了朱元璋如何由出身贫贱的下人参加农民起义，从普通士兵一步步爬上权力的顶峰，成为一个庞大帝国的最高统治者的经过，十分注意对朱元璋性格的塑造。幼年的朱元璋是个“小流氓”，“生性泼辣阴狠，从小贪玩耍野，爱出主意，支使人”。17 岁做和尚时，被伽蓝神绊了一跤，“顺手就用笤帚使劲打了一顿”伽蓝神，还在其背上写下“发去三千里”，罚菩萨充军。元末农民起义时参加红军，小心勤快，敢作敢为，起义军领袖郭子兴把养女许配给他。这时的朱元璋颇有远大的目光和杰出的才干，他统领起义军耕战结合，自行解决军粮问题；他拉拢和利用地方豪绅、知识分子，让他们出谋划策，扩大自己的势力；他颇有军事才能，消灭了陈友谅诸部；南征北战中，他提出“驱逐胡虏，恢复中华”“立纲陈纪，救济斯民”的口号，顺应民心，终于平定天下。掌权后的朱元璋“不但是一个以屠杀著名的军事统帅，也是一个最阴险残酷的政治家”，他通过里甲制度组成全国性的特务网，强化军队和官僚机构，限制和防范宦官及外戚势力，以亲王节制各地大臣。他实行恐怖政治，找出种种借口大开杀戒，前后共杀掉 10 万社会上层人物。这样，在他手里中国的君权达到了顶峰。吴晗对朱元璋有过这样的评价：“他收复了沦陷于外族四百三十年的疆域，他建立了中华民族自主的大帝国，是大明帝国的主人，也是几十个属国和藩国的共主，他被后代人称为‘民族英雄’，也是有史以来权力最大地位最高最专制最独裁最强暴最缺少人性的大皇帝。”

显然，这部以朱元璋政治活动为基本线索的历史传记，并非从单纯的学术研究和文化活动的角度着眼，而是有意识地使之服从于当时政治斗争的需要，旨在通过朱元璋进行政治批评。恰如朱东润谈到的那样：“政治味特别浓重，我读过的第一句话是，‘这是蒋介石论’。”（朱东润《我学习传记文学的开始》）作者通过历史影射现实，“古为今用”。1964 年版的《朱元璋传》的序言中写道：“由于当时对反动统治蒋介石集团的痛恨，以朱元璋影射蒋介石，虽然一方面不得不肯定历史上朱元璋应有的地位，另一方面却又指桑骂槐，给历史上较为突出的封建帝王朱元璋以过分的斥责”

（吴晗《朱元璋传·自序》，生活·读书·新知三联书店），政治影射一露无遗。像不值一钱的钞票，造成国家财政和国家经济的总崩溃的描绘，会使人自然产生同国民党统治区物价飞涨的联想；像朱元璋大兴文字狱，实行恐怖政治，实际上是影射蒋介石的反动政权。从这个意义上讲，《朱元璋传》的确是借古讽今、痛快地骂了一下国民党的。

然而，《朱元璋传》毕竟是一部用历史唯物主义为指导思想写成的、具有相当学术价值的史学著作。本传以丰富翔实的资料，将朱元璋的一生作了全面阐述。全传共有500多个详细注释，几乎每一段之后均有一个注释说明资料来源，“做到无一事无出处的地步”。史料的来源极为广泛，既有正史的实录，如对《明史》《元史》《明太祖实录》《明太祖文集》等史著的准确运用；又有笔记野史的辩证采纳，如对沈节甫的《纪录汇编》、徐祯卿的《剪胜野闻》、沈德符的《野获编》、陶宗仪的《辍耕录》的淘洗。正史与野史相互参照、补正，既使分析准确，又使结论臻于可靠。这样，作者通过评价一个历史人物的功过是非，使读者领悟到一个历史人物的升降沉浮，并了解明代初期的历史面貌、历史特征。而其文字极顺畅，又多有生动精彩的故事情节，因而其文学价值也颇值得注意。

2. 朱东润的《张居正大传》

朱东润（1897—1989），江苏泰兴人，教授，中国现代著名传记文学作家，文学史家。1913年赴英国留学，接触到鲍斯威尔的《约翰生传》，从此开始研究传记文学。1916年回国后，先后在武汉大学、中央大学、复旦大学任教。教学、研究之余，也尝试作传记作品，作有《张居正大传》《陆游传》《梅尧臣传》等。而历史传记《张居正大传》，是朱东润最重要的传记作品。

朱东润选择张居正为传主寄寓了自己的政治理想。历史上的张居正，在明神宗即位后的最初十年间，任首辅大学士，是中国的实际统治者。他推行过一系列改革措施，深得恩宠并荣华至极，一般人心目中视他为“奸相”。《张居正大传》作于抗战期间，当时作者目睹政府腐败，同许多知识者一样，他把目光投向与时势有某些相似的明代，他发现了张居正。他一改以往的误解，“看到当日的国家大势，没有张居正这样的精神是担负不了的”。“我抛弃了我所眷恋的一切，就是为了寻找这样的人物，但我失望了，我只能从过去的历史追求”（朱东润《我是怎样写作〈张居正大传〉的》）。这里所说的张居正精神，即是张居正任首辅时给友人的信中所说的：“二十年前曾有一宏愿，愿以其身的蓐荐，使人寝处其上，溲溺之，垢秽之，吾无间焉。此亦吴子所知。有欲割取吾耳鼻，我亦欢喜施与，况诋毁而已乎？”

在形象的塑描上，作者既把张居正写成一个理想的政治家，同时又不回避张居正人性的另一面。作为政治家，张居正是把整个的生命贡献给国家。在他的治理下，国家得到安定，政治走上轨道，经济有了保障，显示出国泰民安的景象。但张居正家人贪图贿赂，家累黄金万两，白银十万两，贪恋权位不遵惯例。这样写，表现出张居正的两面性。为了充分凸显张居正的性格，作者也进行了适当的发挥和细节的描述。比如，万历七年，神宗病愈后召见张居正，问候既毕，神宗说：“先生近前，看朕容色。”接着作者写道：“居正奉命，在晨光熹微的中间，向前挪了几步，又跪下了，神宗握着居正的手，居正这才抬头仰看，见得神宗气色甚好，声调也很清亮，心里不由地感到快乐。”这一段描写是一种文学性的想象，真切传神，充满生活气息，为一般中国传记所没有。可以说，《张居正大传》在具体的表述形式上相当注意美学技巧因素，在刻画人物乃至谋篇布局、遣词造句、描述事件上，大都借鉴了文学方法。虽为历史人物立传，但借助文学笔法，整部作品摆脱了史学著作的枯索味，而获得审美层面的永恒。

当然，《张居正大传》也很注重自身的学术性。作者为写此大传，对明代的政治、经济、社会等方面，作过深入的历史研究，采集了大量可信材料，尤其是对统治集团的内部矛盾、宫廷生活作过透彻的了解。大传中所采择的历史内容，均有坚实的史事依据，往往围绕着张居正的政治活动的正史，力避野史材料的干扰。恰如作者在该传的《序》中所言：“我担保没有一句凭空想象的话。”该传注重史传的科学性、准确性由此可见一斑。

三、当代人物传

大量涌现的当代人物专访和人物速写，以当代人物尤其是英雄人物为立传对象，是现代传记文学创作的一个新趋势。

这是新闻文体与传记文学发生密切关系后的产物。它具备传记文学的要素，只是对于传主的生平事迹的反映是阶段性或局部性的，并且驻足于当前发生的历史。换言之，不少兼着新闻记者的传记作家也都习惯以某种新闻文体来写传记作品。如刘白羽、王余杞合作的《八路军七将领》（其中《任弼时》《彭德怀》《彭雪枫》《萧克》为刘白羽所传），周而复的《诺尔曼·白求恩断片》，丘东平的《叶挺印象记》，沙汀的《随军散记》，周立波《晋察冀边区印象记》中的《徐海东将军》《聂荣臻同志》，何其芳的《记冼星海同志》《记王震将军》《记贺龙将军》，丁玲的《彭德怀速写》，陈荒煤的《陈赓将军印象记》，杨朔的《毛泽东特写》，赵超构的《毛泽东先生访问记》，黄既的《关向应同志在病中》等，都是为同时代人立传的较有影响的作品。其中，周而复的《诺尔曼·白求恩断片》和沙汀的《随军散记》更有代表性。

1. 周而复的《诺尔曼·白求恩断片》

周而复，1914 年生，安徽旌德人，现当代著名作家。《诺尔曼·白求恩断片》这一作品，是作者为纪念伟大的国际主义者白求恩逝世五周年而作，记述了国际友人、加拿大共产党员、胸外科医生白求恩同志在晋察冀边区的生活片段，表现了他献身于中华民族解放战争的可贵的精神品质。白求恩同志把中国当做自己的国家，“把中国人民的解放事业当作自己的事业”（毛泽东《纪念白求恩》）。他待人宽厚，严以律己，对医术精益求精，全心全意为中国人民服务，为中国人民的解放事业服务，博得了中国人民、特别是医务工作者对他的崇敬。他对工作一丝不苟，在他手中不知救活了多少中国人的生命，而他自己却牺牲在为病人做手术时的病毒感染中。作品着力塑造了这一品格千秋、风范永存的国际主义战士的形象。

在作者笔下，白求恩的形象是可敬可爱的：“他穿一身八路军的灰军装，胳膊上挂着‘八路’的臂章，腰间扎一根宽皮带，脚上穿着一双草鞋。”中国的医务工作者带着崇敬的感情称呼他“老头子”；老百姓则亲昵地叫他“大鼻子”。作品中细节真切生动，感情亲切动人，尤其是1939年10月12日凌晨白求恩弥留场景令人难忘：“他躺在床上，用几乎难以识别的墨迹，勉强地记下了他底最后的语言”，“黄昏，他把写好的遗嘱，交给翻译，解下手上的夜光表，赠送给他，作为最后的礼物。他翘起胡髭的脸上浮起自慰的微笑”。作品通过大量的事迹片段，为叱咤风云的一代英杰谱写了一曲雄浑的交响曲，在当时发挥了较强的社会作用。同时，这一作品也奠定了作者朴实而雄浑的风格基础。

2. 沙汀的《随军散记》

沙汀（1904—1992），原名杨朝熙，四川安县人，现代著名作家。沙汀的作品以小说驰名。1938年，他受到周立波的《晋察冀边区印象记》的启发，始到延安和敌后根据地，并开始写作记人为主的作品，《随军散记》便是作者在1938年11月与何其芳及“鲁艺”部分毕业同学随贺龙部队到晋西北和冀中将近五个月战地生活的成果。

《随军散记》的副题是：“我所见之一个民族战士的素描”。既为“素描”，就未及细细加工和润色。作品没有直接去写贺龙驰骋沙场的战绩，却通过贺龙的言谈举止，处世态度、生活作风，以及他的爱好，来揭示他的精神品质和内心世界。首先，是他杰出的指挥才能和对部下的爱；其次，是他对党对革命建立了不朽功勋，而自己却非常谦虚。他从不谈到自己的功劳，却滔滔不绝地谈领袖和战友对革命事业的贡献。长期的革命斗争锻炼了他纯金般的刚强的性格，使他身上具有一种不可摧毁的自信力量。但作为他的个性的独特表现，是他的豪爽风趣，宽大不羁。他能用幽默风趣的语言，表达自己对事物的新鲜独到的见解。他对待青年有时像慈父，有时像“和善的宣教者”，有时也像孩童一样天真。全传通过一个个看似平常实际上又不平常的故事，展现了英姿勃勃的贺龙形象。

《随军散记》显然不是注重事件或情节的记述，它是以人物为本位，由人物派生引发出故事，以展现人物性格的不可多得的伟人传记。可以说，在这一作品中，纷繁的故事是由人物贺龙生发开展的，反过来又充分表现人物贺龙的豪情性格。它通过生动细腻的细节描写，展现人物性格和精神品质的各个方面。因此，从作品描写的表层来看，看似零散、缺乏连贯性，但贺龙的性格和形象却是完整的、高大的。他那纯金般的心灵、不可摧毁的自信，与乐观、风趣、阔大不羁的独特个性结合在一起，永远给人带来浓郁的温馨、无比的欢乐和无穷的力量。

四、现代他传的走向

总的来说，“五四”以来的中国现代他传，一直有着两种不同的精神走向。这两种走向像一根红线，贯穿于现代传记的创作之中（张颐武《传记文学：转型的挑战》）。

一种是对“个人主体”的建构之呼唤，对新的个性之张扬。这种传记从启蒙主义立场出发，对中国和中国人的“国民性”进行深刻的反思，以期达到“人的解放”的目标。像胡适的《李超传》和《丁文江的传记》，旨在通过对传主个人经历的思考，来重塑中国人的人性意识，批判封建文化的压抑性，前者是对被压抑和被损害者的深切同情，后者是对理想人性的写照，但最终归于对“个人主体”的肯定。这种对个体的肯定和自我的张扬一直是“五四”以来传记文学发展的重要潮流。即使像沈从文的《记胡也频》《记丁玲》之类，也一样寄托了对于现代“个人主体”的实现的呼声。这些传记可用沈从文在《记丁玲·跋》中的一句话加以概括：“我所记下的，只多就我所知道的这个人的生活而言，虽不一定是最光辉的一面，却实在是最人性的一面。”这种对于传主的“最人性的一面”的发掘，一直成为中国现代传记创作的主流。

另一种传记则从“民族国家”建构的群体需要出发，寻找足以凝聚民族精神、民族性格的典型人物，把他们看做“民族国家”这一群体的精神象征。这种传记，一方面包括像李长之的《司马迁之人格与风格》等对古代人物的重新阐释和理解，出新意而为当前社会需要服务；另一方面，则是对当前社会所出现的英雄人物的发现，如丁玲的《彭德怀速写》、沙汀的《随军散记》等。显然，这些人物都是作为民族精神的表征而出现的。

即便是抗战中涌现出来的工农兵知识分子先进模范人物为传主的作品，如丁玲的《民间艺人李卜》、陈荒煤的《一个农民的道路》、杨林的《小翠也自由了》等，也均以民族利益至上的爱国情感丰富了此类创作。显然，传主的个人经历与民族的发展有着不可分割的联系。他们不仅仅是作为个性的存在，而且更是民族的优秀代表，是人们产生"认同"意识的对象。不难发现，"五四"以来的现代传记一直是在个人主体/民族国家的双重寻求中求得发展的。这些传记的共同目标乃是现代"理想人格"的建构，而这一"理想人格"正是中国现代启蒙与救亡工程中最关键的环节。这种以"立人"为中心观念的"伟大叙事"，一直支配着现代传记的创作，一直到现今。

第四节　中国现代传记文学理论的建构

"五四"以来的现代传记观念，是在同西方文化的接触、薰染中诞生、成长的。进入20世纪，在中国较早接受外来影响的作家、学者中，开始有人对"传记"进行反思和新的学术审视。梁启超就是世纪初汇入潮流的知名人物。他提出了"以人为本位"的传记思想，并对人物传记的诸般形式、主要原则作了规定（梁启超《中国历史研究法补编》），给现代传记的创作、发展奠定了良好的基础。但毕竟囿于诸多原因，最终仍未脱旧史学的痕迹。其后，更有学者投身传记创作，探讨传记的理论建设，提出了种种传记理论的构想。

比如孙毓棠，著有论文集《传记与文学》[②]，其中就收有专谈传记的《论新传记》和《传记的真实性和方法》两文，较为完整地归纳了西方传记理论家当时最新的传记理论主张，为中国现代传记作家提供了理论的借鉴，并为现代传记理论的建设作出了贡献。郭沫若则提出了传记文学创作的时代性，突出了传记在现代文学中的价值意义。一位名叫毕树棠的批评家，在评论文章《从文自传》中，也提出了他对传记文学的看法。尽管这一看法并不系统，但对现代传记的理论概括，可谓不无道理。兹录于后：

> 自传是一个人就他过去的生活作回忆的自述，是实事真意和挚情的自由表露，是人格和环境相摩擦的活动写照，要紧处全在一个真字，不过写法则各有不同。一个军人历经战场，一个政客饱尝世变，一个创业家一往努力，一个探险家遍临奇境……回头自述一番，都是动人的有趣文字。他们都是一出戏文里的主角，以坚强的意志实现个别的成功，他们对人生的态度是人世的主宰的创造的，事业的规模便是人格的表现，他们的自传是报告读者他这一出戏是怎样演的。文人的自传则有些不同，他是艺术家，他是所有戏文的观客，以灵慧的眼光和亲切的感情看进一切动相的真实，他对于人生的态度是观察的体验的玩世的，灵魂的寄托便是人格的纯全，他的自传是报告读者那些戏他是怎样看的。一者是只认得自己的舞台，我只演我的戏，前人是怎样下场，后人又怎样登台，与我无涉。一者是世间处处都是戏，演不尽也看不尽，却是看一出便得一出。所以我们读文人的自传，不能存寻求模范和教训之心，只能采取些丰富的印象，只多能得些启示和发些深醒，交接一个深彻的灵魂，认识一个新颖的人格，如此而已。
>
> ……这种“模范伟人”式的自传，由文人看来，和才子佳人的故事一样平凡，因为它所表现的是“超人”，而文人的自传则只是表现“人”，这是一个很大的区别。（毕树棠《从文自传》，《宇宙风》1936年第1卷第10期）

这里，论者以演者和观者，区别了两种自传的品格，突出了文人自传的“人”性，应该说是非常深刻的认识。

然而，系统地提出现代传记理论且有所建树的，当数既提倡传记创作、又梳理理论的现代著名学者、作家——胡适、陈西滢、郁达夫和朱东润。

一、胡适的现代传记观

胡适是我国最早使用“传记文学”概念的人。早在1914年9月23日，胡适就在一篇题为《传记文学》的日记中，就体例、特点等问题，从比较文学的角度入手，探讨了中西传记的差异：

> 昨与人谈东西文体之异，至传记一门，而其差异益不可掩，余以为吾国之传记，惟以传其人之人格；而西方之传记，则不独传此人格也，又传此人格进化之历史。东方传记之体例（大概）：（一）其人生平事略。（二）一二小节，以写其人品（如《项羽传》“垓下之围”项王悲歌起舞一节）。西方传记之体例：（一）家业。（二）时势。（三）教育（少时阅历）。（四）朋友。（五）一生之变迁。（六）著作、业绩。（七）琐事（无数，以详为贵）。（八）其人之影响。东方短传之佳处：（一）只此已足见其人格之一斑。（二）节省读者目力。西方长传之佳处：（一）可见其人格进退之次第，及其进退之动力。（二）琐事多而详，读之如见其人，亲聆谈论。西方长传之短处：（一）太繁；只可供专家之研究，而不可为恒人之观览。（二）於生平琐事取裁无节，或失之滥。东方短传之短处：（一）太略。所择之小节数事不足见其真。（二）作传太易。作者大抵率尔操觚，不深知所传之人。史官一人须作传数百，安得有佳作？（三）所据多本官书，不足信。（四）传记大抵静而不动。何谓静而不动，但写其人为谁某，而不写其人之何以得成谋事是也。

这短短三四百字的文字，胡适十分精要地比较了中西传记的差异和优异，目的是在于向国人展示中西方传记发展的不同侧重，从而使中国未来新体传记的创作能中西兼容、取长补短，开创一个新的传记时代。

通过对中西传记的研究，胡适认为，传记是中国文学里最不发达的一门。在《南通张季直先生传记序》这篇提倡传记文学的专论中，胡适阐释了中国传记文学不发达的三种原因："第一是没有崇拜伟大人物的风气，第二是多忌讳，第三是文字的障碍。"后来，胡适在台湾省立师范学院讲演时，对此作了补充："传记文学写得好，必须没有忌讳：忌讳太多，就顾忌太多，就没有法子写可靠的生动的传记了。""譬如，清朝的曾国藩，是一个很了不得的人，他死了以后，他的学生们替他写了一个传记。但是我把他的日记（据说印出来的日记已经删掉一部分）对照起来，才知道这本传记，并没有把曾国藩这个人写成活的人物。"（1953 年 1 月 12 日胡适在台湾省立师范学院作《传记文学》的讲演）

胡适的意思其实非常明确，他把"纪实写真"视作传记文学创作的原则与要求，认为真实性是传记文学最重要的条件，一定要说老实话，以实在的态度写出传主的"实在身份，实在神情，实在口吻"。他指出：

> 传记的最重要条件是纪实传真，而我们中国的文人却最缺少说老实话的习惯。对于政治有忌讳，对于时人有忌讳，对于死者本人也有忌讳。圣人作史，尚且有什么为尊者讳，为亲者讳，为贤者讳的谬例，何况后代的谀墓小儒呢！……故几千年的传记文章，不失于谀颂，便失于诋诬，同为忌讳，同是不能纪实传信。（胡适《南通张季直先生传记序》，载张孝若编《南通张季直传记附年谱年表》卷首，上海中华书局）

这里，胡适对传记所提出的要求，与其说是史学的，倒不如说更是文学的。而且胡适认为写传记，"应该有写生传神的大手笔来记载他们的生平，用绣花针的细密工夫来搜求考证他们的事实，用大刀阔斧的远大识见来评判他们在历史上的地位"（《南通张季直先生传记序》）。所谓"写生传神的手笔"，其实就是文学的要素，加上"细密的考证工夫"，"远大的识见"，以及不谀不诬，说老实话，便可以概括古人所谓良史的"才、学、识、德"，是对传记文学的全面要求。而"传记文学"这一概念的提出，显然代表着中国最早将传记置于独立的文学门类的一种认识趋向。

胡适认为优秀的传记作品，不仅要"给史家做材料"，同时还要"给文学开出路”。因此，传记除了具备文学性以外，还必须具备它的史料性。胡适曾到处劝他的老辈朋友写他们的自传，这些人包括梁启超、陈独秀、林长民、蔡元培、高梦旦、熊希龄等，目的是想让这些在中国历史上扮演过重要角色的人物，“替将来的史家留下一点史料”（《四十自述》）。他在为沈宗瀚所作的《克难苦学记》作的序中，也表述了这一看法：“这本自传最大的贡献在于肯说老实话。写一个人，写一个农村家庭，写一个农村社会，写几个学堂，就都成了社会史料和社会学史料、经济史料、教育史料”。在《读叶天寥年谱》一文中，他指出：“此谱可算是好的自传。从中可以看到：（1）写明末士大夫的风气，很可供史料。（2）写明朝名士思想之陋，迷信之深皆有史料的功能。”（《胡适书评序跋集》）也旨在强调传记的史料价值。即便是他自己写作传记，也遵循这一原则。比如写《四十自述》，原先是按文学方法去写，但最后又回到了史学的道路上。他认为，好的传记，既应具备形象、生动、传神的文学色彩，同时应该具备历史的真实性，为读者提供信史。

二、陈西滢对传记的认识

陈西滢（1896—1970），又名陈源，江苏无锡人，现代著名作家，著有《西滢闲话》等。陈西滢曾结合自己为孙中山先生立传的经历，阐述了他对于现代传记的认识。他说：“替中山先生作传不是件容易的事。因为，长于文学的，不见得同时对于中山先生生平晓得很清楚，而立传却一方面是要注重事实的，这样，结果只能成一部寻常的小说；而很清楚中山先生生平的，不见得同时又长于文学，而革命家的事迹又多少总带点枯燥性的，这样，结果恐怕不免弄得面孔板地，令人读了头痛。”（《劝进表与伟人的传记》）陈西滢的论述，是把传记定义为历史与文学的结合物，传记作者既要熟悉历史，丰富翔实地占有史料，同时也要擅长文学创作，能将本似枯燥的人物生平叙述得生动有趣，不致因“面孔板地”而令人读了之后头痛不已。

三、郁达夫的传记文学理论

郁达夫有系统表述传记理论的文章《传记文学》《什么是传记文学》等。他认为经过两千多年的发展，人物传记写作已应该从传统史实的樊篱中解放出来，而使之成为一种独立的文学种类，即他所称的“新的解放的传记文学”。他对司马迁以后的中国传记文学作了尖锐的批评。通过对西方传记理论的介绍，也比较了中西传记，认为中国的旧传记所缺乏的是像《约翰生传》那样“把一人一世的言行思想、性格风度，及其周围的环境，描写得极微极致”，像《维多利亚女王传》那样“以飘逸的笔致，清新的文体，旁敲侧击，来把一个人的一生，极有趣味地叙写出来”（《闲书》，上海良友图书印刷公司）。他向中国读者竭力推荐西方传记名家，如普鲁塔克、鲍斯威尔、斯特拉齐、莫洛亚、路德维希等人的作品。他还指出：“我们现在要求有一种新的解放的传记文学出现，来代替这刻板的旧式的行传之类。”（《郁达夫文集》第六卷，花城出版社、香港三联书店）

郁达夫对传记文学一直有强烈的兴趣，他曾在批评旧传记的基础上，概要地阐述了他理解中的新的传记文学的艺术特征：

> 传记文学，本来是历史文学之一枝，中国自太史公（司马子长生于汉景帝时，当在西历纪元前154年前后）作《史记》后，才有列传的一体。释文传，传世也；记载事迹，以传于世。所以中国的传记文学要求其始祖，只能推司马迁氏为嚆矢。其后沿这系统一直下来，经过了二千余年，中国的传记，非但没有新样的出现。并且还范围日狭，终于变成了千篇一律，歌功颂德，死气沉沉的照例文字；所以我们现在要求有一种新的解放的传记文学出现，来代替这刻板的旧式的列传之类。
>
> 新的传记，是在记述一个活泼泼的人的一生，记述他的思想与言行，记述他与时代的关系。他的美点，自然应当写出，但他的缺点与特点，因为要传述一个活泼泼而且整个的人，尤其不可不书。所以若

要写新的有文学价值的传记，我们应当将他外面的起伏事实与内心的变革过程同时抒写出来，长处短处，公生活与私生活，一颦一笑，一死一生，择其要者，尽量来写，才可以见得真，说得像。（《郁达夫文集》第六卷，花城出版社、香港三联书店）

郁达夫的这段论述，很准确地概括了现代传记文学的主要艺术品格，即既要写出一个"活泼泼而且整个的人"，而且要做到这一点则必须将传主的长处短处、公生活与私生活、外在事迹与内心情感的变化同时抒写出来，做到全人格的袒露。这一点，在郁达夫的《日记文学》《再谈日记》两篇专论中仍有论述。郁达夫把日记文学的特点概述为真实性，"无论什么话，什么幻想，什么不近人情的事情，全可以自由地记叙下来，人家不会说你在说谎，不会说你在做小说，因为日记的目的，本来是在给你自己一个人看，为减轻你自己一个人的苦闷，或预防你一个人的私事被遗忘而写的"（《郁达夫文集》第五卷，花城出版社、香港三联书店）。这里，强调的依然是作家的全人格展示问题。

显然，由于作家的角色关系，当郁达夫在将人物传记作为一种新的独立的艺术范畴进行特征规定时，着眼点多侧重在传记的文学性上，而对传记文学所担负的史学使命及其作为一门文史结合学科而具有的独特史学特征则多有避让。在《什么是传记文学》这篇文章中，郁达夫甚至还说："传记文学，是一种艺术的作品，要点并不在于事实的详尽记载。"这明显更多地强调了人物传记为文学的一面。但从当时那种要求传记写作从传统史学束缚中解放出来，独立成一种全新的艺术种类的强烈愿望来看，对人物传记之文学性的看重，也许是合乎事物发展的必然逻辑的。

四、朱东润的传记文学理论

在真正把人物传记写作当做"文学"的一个门类而进行切实研讨的中国现代学者中，影响最大的莫过于著名文学史家、传记文学家朱东润了。

朱东润的传记文学观，受西方传记文学理论和创作的熏染较多。作为

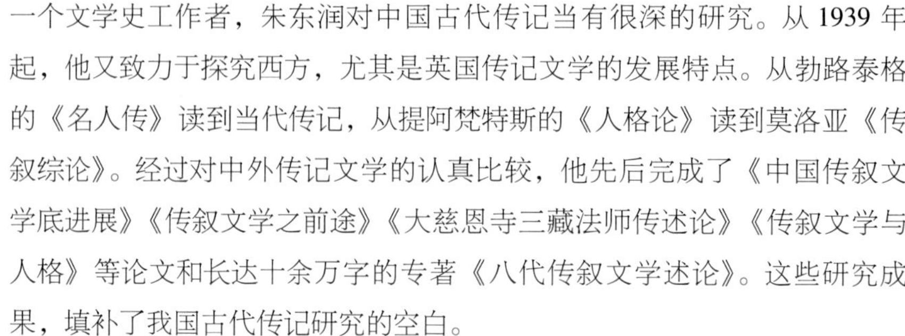

一个文学史工作者，朱东润对中国古代传记当有很深的研究。从 1939 年起，他又致力于探究西方，尤其是英国传记文学的发展特点。从勃路泰格的《名人传》读到当代传记，从提阿梵特斯的《人格论》读到莫洛亚《传叙综论》。经过对中外传记文学的认真比较，他先后完成了《中国传叙文学底进展》《传叙文学之前途》《大慈恩寺三藏法师传述论》《传叙文学与人格》等论文和长达十余万字的专著《八代传叙文学述论》。这些研究成果，填补了我国古代传记研究的空白。

同时，朱东润有感于中国传统传记观念的局限，以及确立新的传记文学范畴的迫切需要，开始对这一样式的理论作进一步的研究、探讨。他说：

> 二十余年以前，读到鲍斯威尔的《约翰生博士传》，我开始对传记文学感觉很大的兴趣，但是对于文学的这个部门，作切实的研讨，只是 1939 年以来的事。在那一年，我看到一般人对于传记文学观念还是非常模糊，更谈不上对于这类文学有什么进展，于是决定替中国文学界做一番斩伐棘荆的工作。(《张居正大传・序》)

自此以后，朱东润将传记文学的研究与创作溶成了其毕生学术生命中的一个重要组成部分。朱东润立足于今天中国的现实生活，通过对古代与国外的思想资料的全面把握和批判继承，按照“古为今用，洋为中用”的原则，提出了现代传记文学诸原则，建筑起能适应国情的传记文学理论构架。具体表现在：

第一，传记文学是介于史学和文学之间（或者说是史学和文学的结合）的一门独特的艺术样式。这一定位，一方面最先让传记文学从史学的附庸中解脱出来。他认为：“传记文学是史，同时也是文学。因为是史，所以必须注意到史料的运用；因为是文学，所以也必须注意人物形象的塑造。”（《陆游传・序》）另一方面，朱东润在对传记写作于现代学术门类中的地位及作用进行界定时，已不再带有呼吁现代传记作为新的文学样式而出现重文轻史的情绪色彩，而是兼顾了传记文学分别担负的亦史学亦文学的使命，使我国现代传记文学在现代学术之林中，有更为恰切的位置。

第二，写作传记文学的主要目的，是刻画人物变动不居而又前后连贯的性格，并将人物性格的丰富性及其内在逻辑予以深刻的再现。这一认识是传记文学前述认识的一种自然的延伸。既然传记写作在其所发挥的历史职能以外，还承负着文学的使命，而文学又是离不开人物形象的塑造的，那么，性格的塑造便显得十分重要。传记文学创作中塑造生动感人的人物形象，关键在于刻画再现人物变动不居又前后一贯的性格。朱东润多次谈到中国传统传记写作的弊端之一，便是直奔史实而忽略人物性格的刻画；有些传记即使在某种程度上刻画了人物性格，亦多为平面的、僵滞的，常常是好人出世便是好人，坏人生成便是坏蛋，这样的传记是不可能有艺术感染力的。而要焕发传记文学的艺术生命，就应当也必须认识到现实生活中每一个人的性格无一不是沿循一定的内在逻辑而时时变化的，并且将人物的性格的这种丰富性在作品中加以深刻的再现。

第三，从事人物传记的创作，要尊重历史的真实性原则。传记作者在反映历史真实面貌的同时，又应该有强烈的历史感渗透其间。把历史的真实性作为传记文学创作的一条重要原则，这是已被一般人接受的事实，在真实地反映历史本来面目之外，还要兼顾国家利益、民族情绪，这正是朱东润所置身其间的中国一代知识分子的特殊文化心态与人格。朱东润说："我们之所以要在西方现代传记家所提出的'真实、个性、艺术'之传记三要素之外，又加上了'祖国'这一要素，因为我们深知自19世纪起，自己的祖国因为腐败因循，终于成为极衰的国家。经过多年的内战，历史上的光荣的时代几乎不再能发挥任何的光与热，人民的穷困已经到了无以复加的境地了。而在这个百年之内，志士仁人、爱国者、革命家抛头颅洒热血，经过反复的牺牲，终于找到一条光明的大道，还经过无穷的艰难、反复、动摇不定，才走到现在的时代；而现实也并非就能令大家人尽满意。历史有反复，但总的潮流是前进的。人类的最终目的必然是求得人类的大同，但现在这一目标还无法达到；在无法达到这一目标的时候，包括传记家在内的一切文艺家在其作品中不能不强调爱国主义。""传记文学的精神是要充分写实，但在写实中还要抒情，从我们今天的认识看，就是要抒发爱国之情。”（朱东润《传记文学》课程讲义）这种认识与传统传记观念中的所谓“避讳”有着本质的区别。这是一种建立在强烈历史责任感上的慎重选择，同时也是作为一代与祖国共命运的知识分子不能、也不可能摆脱的文化功利观的自然流露。

至此，中国现代传记文学理论界定已明显昭示，尽管在具体概念的表述中有所不同，但有一点已获得人们的共识：传记文学不再仅是史学的附庸或旁枝，它是有其独自艺术特征与创作规律，且体现其独特价值的独立的艺术种类。这无疑表明了，中国现代传记文学范畴界定的现代完成。

第十章

当代传记文学的回顾与展望

第一节 理性看待当代传记文学

中国当代传记文学从新中国成立起至今已走过半个多世纪，我们应理性看待这半个多世纪传记文学的发展过程，尤其是从20世纪80年代中期以来传记文学由复苏到繁荣的新情况，不为当代出现过的“传记热”而头脑发热，冷静而清醒地研讨其成绩与存在的问题，争取下一世纪的传记文学有所超越，出现真正较成熟的传记创作和理论成果。

一、当代传记文学的发展过程

1. “文革”前17年，指1949年新中国成立至1966年“文革”开始。

这个时期的前一阶段，即1949年至1956年，是新中国成立初期，主要产生了一批“英雄传记”。代表性作品有：《志愿军英雄传》，1953年编著，全书共三集，计60篇作品，写64位英模功臣，其中有黄继光、邱少云、罗盛教、杨根思等著名的志愿军英雄；还有黄钢《革命母亲夏娘娘》、梁星《刘胡兰小传》、吴运铎《把一切献给党》等。1956年秋，《文艺报》召开“传记文学创作问题”的座谈会，对传记文学起到了促进作用。

这个时期的后一阶段，即1956年至1966年，传记文学创作主要以革命回忆录的形式出现。代表性作品有：陶承《我的一家》、缪敏《方志敏战斗的一生》、杨植霖《王若飞在狱中》等。

“英雄传记”和革命回忆录中有传记性质的作品，其主题继承了新中国成立前解放区文学的传统，宣扬革命英雄主义，对凝聚民族精神，向青少年进行爱国主义教育起到了积极作用，并在当时读者中产生了较大的影响。其中一部分优秀的回忆录，作者都是怀着饱满充沛的革命激情，以第一人称叙述，语气朴素亲切，并注意了史学性与文学性的统一，塑造了一批给读者留下较深影响的传主形象，其成绩应当肯定。但由于对英雄人物出于理想化的拔高，不可能对传主人性较全面的描写，这类作品的生命力受到了限制。

2. “文革”10 年，指 1966 年至 1976 年。

由于众所周知的原因，“四人帮”控制意识形态，传记文学创作几乎是一片空白。只有彭德怀在“文革”期间受迫害的情况下写成的《自述》(1982 年正式发表为《彭德怀自述》）可以称道。这个作品的作者不是有意创作，却表现了一个真正的老革命家的实事求是的精神和坚强不屈的性格。

3. “文革”后的新时期，指 1976 年以后尤其是 80 年代中期以后的 10 余年。

处在世纪之交的中国传记文学出现了前所未有蓬勃兴起的新局面。《光明日报》1994 年 8 月 3 日报道：“传记：当代文学的新热点。”新时期以来的传记文学以名人传记占绝对多数，但也有非名人传记。若以传主的身份分，大致有七类：

第一类：现当代政治人物传，其中领袖传记尤为读者注目。这是源于中国人对现当代历史的关注和猎奇的愿望。

旧民主革命领导人孙中山的传记有三部在读者中流传较广。它们是尚明轩的《孙中山传》，李凡的《孙中山传》，李联海、马庆忠的《孙中山全传》。前一部较为质朴简明，后两部在写孙中山的政治活动的同时，也写了他的生活故事，较有文学性。

关于当代中国领导人的传记，外国人写得较早。美国人 R. 莫里尔的《毛泽东传》，英国人迪克・威尔逊的《周恩来传》的译本在中国都有读者。80 年代以来，中国人写的当代领袖传记，随思想桎梏的解放，日益表现出历史的真实性和深刻的反思性。有关毛泽东、周恩来的传记，最初以走下神坛、走下圣坛的姿态出现。其明显的特色是已将领袖由“神化”还原成“人化”，艺术表现上具有故事性和可读性。后来中共中央文献编辑室也出版了《毛泽东传》《周恩来传》，在史实叙述上更具有权威性。有关当代领袖的传记还在不断出现，其中也不乏佳作。如庞瑞垠的《早年周恩

来》，被评论者称为是“一部充满艺术魅力的佳作”，是“成功的超越”。(《中国文化报》1996年6月16日)

毛毛的《我的父亲邓小平》的出版，使领袖传记出现了一个高潮。

在写当代政治人物传记的作者中，叶永烈是知名度很高的一位。他选择传主多为知名度高而透明度差的，且没有人写过的人物。如《陈伯达传》《“四人帮”兴衰》等。他勤于采访，也勤于写作。他自己说传记写作“七分采访，三分写作”。这确是经验之谈。

第二类，作家、艺术家和著名学者传，这类传记多为研究专家所写，材料翔实，注重真实性，力图用文学手段再现传主的性格和人格，同时也表现了作者自己对传主一生的独特理解。这类传记在知识分子中有较大的读者群，如李辉的《萧乾传》、田本相的《曹禺传》、凌宇的《沈从文传》、廖静文的《徐悲鸿的一生》、陆键东的《陈寅恪的最后二十年》等。其中《陈寅恪的最后二十年》这本传记文学作品在1996年最为引人注目，这本书写出了一位国学大师特殊的命运和特殊的灵魂。书一出版，就在知识分子中广为流传。随此书的出版，紧跟着有关陈寅恪的传记，如《国学大师陈寅恪》《学人魂・陈寅恪传》《吴宓和陈寅恪》等也颇受读者青睐。何以这本传记会产生如此大的反响？人们不仅仅是同情陈寅恪一生的坎坷经历，感叹他的晚年不幸遭遇，也不只惊讶他的博学和在双目失明情况下著述的硕果，而更为钦佩的是他的坚定不移的文化信仰，他所特有的人格，从他身上似乎发现了一个正直而潜心于学术的文化大师的永恒的价值。

第三种是各种明星传。主要是影星、歌星、电视节目主持人的传记。对这类传记不能一概而论。倪振良的《赵丹传》《白杨传》是两位电影表现艺术家的传记，赵丹、白杨当然也属电影巨星。这二书诚如阳翰笙、陈荒煤在序文中所说“属严肃、求实、灵动之作”。作者为写这二书，所积录音带达300多盒，文字材料重达50多斤，其所化之劳动心血可想而知。从传记文学角度看，这二书通过写二位传主的经历，同时写出了新中国成立前的左翼影剧运动和新中国的电影事业；写出了二传主的个性特点，赵丹“长于形象思维，说话不注意分寸”（阳翰笙语），白杨能“把准方向，不沉沦，不断有所建树”，表现了更为刻苦与坚韧；写出了给人有所启示的深层意蕴：坚持为人生的艺术而生命长青。好的明星传不靠探奇掠艳而具有文化品位。

近10年为国人为影迷所注意的是一批当代影星、歌星、电视主持人的自传。轰动一时的有刘晓庆的《我的路》《我这八年》《从电影明星到亿万富姐》那样的作品，由于其在影视界的知名度和自身生活充满波折，引起读者的关注是很自然的。从自传文学角度去衡量，《我的路》《我这八年》，更为真诚。而《从电影明星到亿万富姐》，写对金钱的欲望，自说自夸，炫耀之情，溢于字面。而总的看，其作品尚停留在披露“自我”的隐私为满足，缺少对自传作品艺术性的经营，更少彰扬某种启迪人的主旨。相对而言，一些著名电视主持人的自传，如赵忠祥的《岁月随想》、倪萍的《日子》，较有文化内涵，更耐看一些。

第四类是历史人物传。中国历代的史传都已以短篇形式为著名历史人物作传。但时代的发展，往往会对历史人物做出新的评价，新的认识。新时期以来产生了一大批长篇历史人物传，有的从传主生活的时代背景的角度或从新的认识角度，重新审查研讨历史上一些重要人物和事件，得出新的结论。如宋衍申的《司马光传》对北宋司马光与王安石在变法问题上的争论，作了比较公允的评价。该书作者指出司马光“对王安石变法的许多批评是有道理的，决不是感情用事，故意对立”。司马光所说的“祖宗之法”，是指北宋王朝在初期处于生机勃勃上升阶段时的“法”。对这样的“法”既不能轻易否定，又要看到社会情况不断变化，“法”也要随形势而相应变化。近十多年中出现的新写的历史人物传记中有的能较好地处理历史性与文学性的关系，如赵克尧、许道勋著《唐太宗传》，袁英光、王景云著《唐明皇传》等传记作品有一定的可读性。但也应指出，有些所谓中国历代皇帝皇后全传、中国著名后妃太监全传，不敢说它们毫无史学价值，但从传记文学层面去看，则与要求相去甚远。

第五类是海外人物传。这类传记包括由国人撰写的外国人物传和由外文翻译过来的外国人物传。解力夫是近年写作外国要人传记较多的作家，其作品如《纵横捭阖斯大林》《身残志坚罗斯福》《临危受命丘吉尔》《坚韧不拔戴高乐》《大器晚成艾森豪威尔》等。近年出版的刘德斌著的《撒切尔夫人传》，是一部完整叙述和分析撒切尔夫人从出生到1995年的传记，它向读者展现了英国前首相撒切尔夫人出身、成长、追求，社会政治外交活动，家庭生活与性格特征，而且客观公正地评价了她的功过是非。作者到过英国访问，掌握了中英西方有关传主的资料，因而内容可靠，又加文字生动活泼，不失为一部清新朴实的传记佳作。从外文翻译过来的外国人物传，90年代初以湖南文艺出版社的《世界名人文学传记丛书》影响较大，已先后出版了三辑36种以外国文学家、艺术家为主体的名人传记。

第六种是现当代企业家传。这类传记突出的现象是数量多而真正受读者注意的少。有些当代企业家出钱让作者写并自费出版，带有广告性质。作者也多为换稿费而为，内容多为替传主作宣传，结构公式化，无文学性。这类书出了印刷厂上不了书店书架，只好随便赠送。少数作家严肃创作的企业家传，如桑逢康的《荣氏家族》、傅子玖的《陈嘉庚》等，有自己研究的深度和创作的风格。

第七种是普通人传记，即非名人传。这类传记为数尚少，但反映了普通人在当代的生活和心态，它们在当代传记文学应有一种特殊的地位。近年出版的朱东润生前著的《李方舟传》就是这类传记的代表作。这是著名传记文学家朱东润先生20多年前在家破人亡的情况下，独居斗室，于悲愤中为纪念含冤去世的夫人而写下的追思之作。传主是一位寻常的妇女，但“她有她的崇高理想，也曾为社会做出一定的努力和贡献”（朱东润语）。这样一个富有真性情的生命的不正常的毁灭，人们会从中有所感悟。这类传记还有如贾植芳的《狱里狱外》、邵燕祥的《沉船》等，具有当代回忆录、自传的性质，但都写出了普通人的真实的人生故事，是民间的档案，其价值也正在此。

二、当代“传记热”的原因、特点与危机

当代“传记热”的现象是显而易见的。只要到书店看看，不断摆上书

店柜架的新书有一大批是传记类作品，尤其是名人传记。从影视歌明星的个人传记到国内外富翁的个人发迹史，从政治家的政治生涯到文化人的生活经历，传记作品五花八门，吸引了购买书的人。不仅如此，传记刊物一下子出版10种以上，《人物》《传记文学》《名人传记》等都办得严谨而有机趣。传记研究著作也应运而生，如《中国古典传记论稿》（陈兰村、张新科）、《中国传记文学史》（韩兆琦主编）、《传记文学史纲》（杨正润）、《传记文学概论》（李祥年）先后出版。群众性的传记文学研究团体也建立起来。中国传记文学学会1992年在京成立，1995年举办了首届（1990—1994）中国优秀传记文学作品奖。《我的父亲邓小平》（毛毛）、《心灵的历程》（刘白羽）等12部传记作品获奖。中国比较文学学会下属的中外传记文学研究会也于1994年在京成立，近4年中每年都举行一次研讨会，并出版了《中外传记文学通讯》《传记文学研究》等书刊。不少高校近年开设了传记文学课，有的已培养出了硕士生、博士生。这些已经不是一时的"传记热"，而是一种传记文化现象。究其原因、特点、危机，分析如下：

1. "传记热"的原因

其一，是我国社会变化的客观形势决定的。党的十一届三中全会以后，政治上拨乱反正，对历史上尤其是党内一些领导人进行平反昭雪，由此扩大对一些现代作家、学者的历史地位进行了重新评价，给传记文学创作创造了良好的社会政治环境，并提供了一大批传主可供写作。

同时，由于通过"实践是检验真理的唯一标准"的哲学讨论，从认识论上对人学的发展起了促进作用，促使传记作者对传主的人性加深了认识，有利于传记比较全面地去表现人性。

其二，传记文学当前在国外也是个热点，这也影响到国内的传记文学。由于两次世界大战的灾难和极端物质主义的价值观，使西方世界对人的价值扭曲变了形。因而引起一些清醒的思想家们提出了"尊重人，人的重新发现"的终极课题（刘远《世纪之交的传记文学》，《传记文学》1997年第4期）。西方传记文学顺应这种时代要求在当代得到迅猛的发展。据说每年光是英文版传记就有2000余种，销量上百万册的作品屡见不鲜。权威的

《牛津文学指南》称传记文学的黄金时代已经到来。传记作家理查德·霍尔努斯自豪地说，传记是“文学体裁中新的超级大国”（赵白生《文学体裁中一个新的超级大国——传记文学》，《中外传记文学通讯》1996年第1期）。

中国在改革开放后，有些出版社已有计划地系统翻译外国传记文学出版，如世界名人传记丛书、世界文化名人传记丛书先后问世。世界自传名著法国卢梭《忏悔录》，美国女舞蹈家邓肯的《邓肯自传》译本也都再版。这些都丰富了中国当代的传记文学。

其三，新时期传记文学与其他文学样式相比，以其纪实性的优势，在内容上更能吸引读者，因而乘机“热”起来。由于政治上的相对民主，读者对政治的关心，对以往被禁锢被保密的政治人物的内幕，对各种文学艺术家、学者的命运的起落，希望得到了解；社会上各行各业的竞争的逐渐加强，人们的自主意识以及提高自己竞争能力与竞争地位的内心要求也随之增强，从传记中寻找人格榜样或人生启示，成为读者阅读传记作品的重要动机；由于商业利益的驱使，利用名人效应，一些出版商抓住时机努力推出名人传记；而一些被市场经济冲动的影视文艺界名星也努力推出自传，既可扩大影响，提高自己的知名度，也可从中获得经济效益。这些传记同时满足了一部分星迷的需要。

总之，新时期传记文学的火热现象是时代的产物，是人的尊严被社会受到重视的反应，也是适应了市场需要的结果。

2. “传记热”的特点

其一，当代传记文学，主要是进入90年代以来的传记文学在作品和作者数量上都有了猛增。近年传记文学作品每年出版总量在200种以上（冀良《讲印数，更要讲社会效益》，《中外传记文学通讯》1996年第1期），而且还表现在一个传主有多种甚至十几种传记的现象，如《鲁迅传》《毛泽东传》等。还表现在单本传记的印数上，廖静文的《徐悲鸿的一生》已再版五次。有的名人自传销量达几十万册。从传记作者新出现的一批面孔，可知队伍有了扩大。除原有的如叶永烈这类专业作家外，教授、学者、记者、干部、名人的子女，都有不少人投入了传记写作。

其二，在90年代“传记热”以来的传记文学作品在内容上出现了“稗史化”和“超越化”两种倾向。张颐武在《传记文化：转型的挑战》（《人物》杂志1995年第1期）指出：“进入90年代，中国当代文化正在经历着市场化的转型”，“这当然也给传记的发展带来了新的变化”。五四以来的中国传记有两个基本传统：一是为建构中国的“现代性”提供人格模型及参照的“个人主体”传记，一是为民族国家服务的“国家主体”传记。这两种传统的传记价值都受到了当代文化市场化转型的挑战。“传记文化的转型已成为无可争议的现实。”这种转型的大趋向之一，便是传记的“稗史化”。原来传记庄重伟大的叙事，转化成了名人和伟人的私生活的秘闻和奇闻轶事的展示，将历史化为“稗史”。随之出现负面的影响是传记的商业化和庸俗化倾向，待下文再申述。传记转型的大趋向之二，是传记的“超越化”。作为与“稗史化”的对立物，“超越化”传记指描述一些本世纪以来的著名知识分子的传记，以有关陈寅恪、王国维、梁漱溟等人的传记为代表。这些传记突出了“国学大师”们的学术品质和精神追求，为当代知识分子提供了想象式的自我认同对象。

其三，传记文学在形式上逐渐出现了多样化的态势。从文体形态的角度看，当代传记逐渐打破过去以时间为顺序的较为单一的叙述形态，自传与他传一齐发表，历史性传记、评论性传记、文学性传记，甚至传记小说，各显所长。这是由于传记文学本来就处于历史与文学的边缘地带，是一种边缘性文体。其中有一方面侧重一点，都可产生不同样式的作品。再由于读者口味要求不一，传记文学形式上的多样化也是满足读者口味多样化的需要。

3. “传记热”所潜伏的危机

我们对中国当前的“传记热”现象，既要承认它有促进传记文学发展的一面，也要清醒地看到它还有潜在危机的一面。这种潜在危机具体表现为：

第一，传记创作受到了商业化的影响。某些公私企业家出钱雇人为自己立传或捉刀写自传。某些影视歌明星不顾自己的文字表达能力，也赶着出自传。这两种传记或为自己作广告，或为求得高额版税，其内容多为吹捧自己或出卖个人婚变之类的材料。这两种传记在读者中口碑最不好。

第二，传记作品的失真失实的庸俗化倾向。有的作者或许出于崇拜传主，或显示传主的不寻常，因而刻意编造一些虚假的情节，有意神化或拔高传主。如对一些伟人的出生、成长，写一些非凡的预兆。写一位国外的名人的立志与成才，竟说是受其27代前的先祖的引导。有的传记作者将传记与小说混淆，自觉或不自觉地把传记作品写成“纪实小说”。其内容的虚构已越出了传记的范围。这种严重的失实失真的情况，危及传记文学的生命，阻碍传记文学创作的健康发展。

第三，传记创作缺乏精品意识。有些传记作品缺少文学性，没有融入作者主观的情感，更无鲜明的主题。这样的作品缺少可读性，更少启示性和激励性。也有一些传记为迎合少数人的阅读口味，为恶人立传过滥。如《希特勒和他的情人》《不知姨太太有多少的张宗昌》等。这类传记对社会只有消极影响，对青少年会起误导作用。传记作者和出版者都应以严肃的态度对待传记创作。

为防止“传记热”中危机，应提倡传记文学的理论研究与批评讨论，让专家与广大读者共同来关心传记文学的健康发展。

为提高传记文学的品位，应鼓励和支持专业作家投入传记创作，争取出精品。

三、对21世纪传记文学的展望

1. 从理论上说，社会上的名人是会不断出现的，旧的名人过去，新的名人又会产生，所以名人传记的写作对象不会写完。何况，即使旧的名人，甚至历史人物，随时代的发展，人们对他们的认识与评价也会更新，因此历史人物传记也会以新的面貌出现。世界上只要有名人存在，人们对名人的崇拜心理，了解的欲望也会存在，因此传记作品的读者和市场不会消失。下个世纪也将如此。

2. 中国20世纪社会变动剧烈，旧民主主义革命、新民主主义革命、新中国成立以来的各项重大历史事件，社会变革，出现了无数可歌可泣的名人与伟人。普通人也在其中经历人世的沧桑，更是不可胜计。预计到了下个世纪，至少在下世纪开头10年或几十年，社会继续安定，有关档案逐渐解密，写作的禁区进一步取消，许多历史的真相，重要人物的经历，人们会更清楚。下个世纪的社会环境将为传记文学创作创造比现在更有利的条件，因而可促使传记文学的创作保持繁荣。

3. 现在中青年一代的作家和知识分子受当代传记文学的影响，可望其中一部分人会成为有希望的传记文学作者。传记文学作者队伍将趋向稳定和扩大。现在的中年一代知识分子，尤其是50岁以上的知识分子，有的是共和国的同龄人。他们本身及其家庭经受过新中国成立后的风风雨雨，有亲身的社会与政治感受。到下个世纪，再过10年，这批人将退休。他们如果把祖辈、父辈，乃至自身的经历用传记文学形式保存下来，那将会极大地丰富传记文学创作。而目前40岁左右或更年轻一代的青年传记作家将在10年后更趋于成熟，他们当中有的人已崭露头角，预计这批青年传记作家将会写出更有价值的佳作出来。

4. 历史现象不会重复发生，也不能拿历史与今天作类比，但历史现象中所蕴涵的某种道理可给今人以启示。据王国维《太史公行年考》，司马迁在汉武帝太初元年，他本人42岁时开始作《史记》。此年为公元前104年，上距刘邦建立汉朝的前206年，已有102年了。说明西汉王朝经过百年的准备，为司马迁创造了写作《史记》的主客观条件。如果以当代传记文学创作的客观条件去预计，那么下个世纪中叶前不太可能出现划时代的传记文学巨著。

但是，我们对未来传记文学创作仍抱乐观的态度。梁启超在上个世纪之交的传记文学创作可以给我们一个启示。梁启超于1898年的戊戌变法失败后流亡日本，从1998年至1905年的七年多时间里他写过不少中西方名人传，在传记文学由古代向现代的转型过程中，他起到了桥梁作用。梁氏之所以能出色地完成这一使命，原因有二：第一，他酷爱《史记》，对中国古典传记了如指掌；第二，他在流亡日本期间饱读西方传记，吸取了西方传记的精髓。他的传记具有突破传统，继往开来的意义。我们今天也处在世纪之交，如果当代的传记作者们能从中受到启示，既借鉴中国古典传记的优秀传统，又吸取西方传记的精华，在中西结合点上，也许可能创造出新的传记文学精品大作。

第二节　近15年（1997—2012）来传记文学研究综述

《中国传记文学发展史》第一版于1999年初由语文出版社出版，而书稿是1997年完成的。从1997年至今年（2012）又经过了近15年。在近15年中，尤其是进入21世纪以来，传记文学创作与研究的发展大体与第一版最后一节“对21世纪传记文学的展望”所论相吻合。为了让读者了解传记文学创作和研究的最新概貌，这里准备对近15年传记文学创作和研究的发展做一介绍，侧重对传记文学研究作一梳理，择其要者，作一综述。

一、传记文学创作的兴盛是当代文学领域的潮流

当代传记文学的兴盛已是世界性的潮流，中国进入新世纪前后15年来，“中国传记文学，呈现欣欣向荣、蓬勃发展的势头。传记文学作品不仅数量多、社会影响大、创作形式日趋多样化，传记文学学术研究也出现新的局面”。（2011年5月21日中国传记文学学会和中国青年出版社在北京共同举办《传记文学新近学术文论选》出版座谈会，万伯翱会长的发言）

1. 近15年里，传记文学创作继续新时期以来的发展势头。具体表现为：传主继续向多样化发展。从当代领袖人物、革命家，到普通百姓，从古代人物到外国人物，应有尽有。就传记文学作品出版数量说，据全展

《当代：传记文学理论研究与批评态势（下）》一文说：传记文学作品“近年更以年产千部的速度增长，不仅数量空前，而且整体质量上也有了新的提高。”（《荆门职业技术学院学报》2003 年第5 期）相比15 年前，显然有更多优秀作品出现。以中国传记文学学会主办的优秀传记文学评奖活动为例，该学会自1991 年12 月在北京成立至今，已举行过三届中国优秀传记文学作品奖的评选活动。

首届（1990—1994）评选在1995 年10 月颁奖。在数百部长篇传记文学作品中，经过几轮评选，评出毛毛的《我的父亲邓小平》等12 部作品获奖。第二届（1995—1999）评奖在2000 年11 月揭晓。又有王朝柱的《开国领袖毛泽东》等12 部作品获奖。第三届（2001—2007）评奖结果在2007 年12 月公布。该届评选活动新增设中短篇优秀传记文学作品奖项。长篇作品不得少于二十万字，中篇作品约为五至十万字，短篇作品限制在一万字以内。获奖的长篇传记文学优秀作品有：《梅兰芳全传》（作者：李伶伶，中国青年出版社）；《山高水长》（作者：聂力，上海文艺出版社）；《思念依然无尽——回忆父亲胡耀邦》（作者：满妹，北京出版社）；《国宝鉴定大师杨仁恺》（作者：徐光荣，辽宁人民出版社）；《修军评传》（作者：忽培元，人民美术出版社）

本次评选活动还选出了《被岁月擦亮的名字》（作者：姜安，解放军出版社出版）；《井冈幽兰——朱德元帅夫人伍若兰小传》（作者：万伯翱，《中华儿女》杂志）；《白求恩的遗嘱》（作者：董保存、王跃民，《名人传记》杂志）等9 篇中短篇传记文学优秀作品。

2. 近年尤其可称道的作品，值得一提的是张胜《从战争中走来：两代军人的对话》（中国青年出版社2008）。该书是张胜为他的父亲张爱萍将军写的一本传记。有关张爱萍的传记此前已有几本，如东方鹤的《张爱萍传》（人民出版社2000）、《上将张爱萍》（人民出版社2007）、胡士弘《开国上将张爱萍的戎马生涯》（人民出版社2006）。但张胜的创作有所超越和创新。有评论者认为此书“充分显示了作家主体性，他的这本著作堪称这方面的典范。”作者“既对具体的历史事件、历史人物和历史语境作了细致深刻的阐释，又继承了我国史传文学的传统，不时对某些历史现象进行大胆的臧否和评判。”（孙德喜《论传记文学作家的主体性》，《荆楚理工学院学报》2010 年第 8 期）

另一本值得称道的传记作品是新版《彭德怀全传》（彭德怀传记组，中国大百科全书出版社 2009）。

作者经历了 30 多年的广泛收集、汇总了公开出版的各种史料，并实地考察、访问、研究整理，运用丰富翔实的第一手资料，详细客观地记录了彭德怀光辉而坎坷的一生经历和发展过程，既反映了彭德怀在历史发展中的巨大贡献，也没有回避他在一些问题上的错误，实事求是地写出了一个极具个性化的彭德怀。既对彭总一生百战沙场、悲歌慷慨的英雄主旋律进行了鲜明的概括，又对其人生的具体情况进行了详述，书稿观点鲜明，思想突出，史料学术价值高，能给读者以深思和启迪。同时，该书给传记文学创作者和研究者一个重要启示：传记文学作品创作不同于小说、戏剧类虚构性叙事作品，后者一般写定后不宜再改动了，而传记文学创作，作者在对传主的传料有新的发现后可以再补充；对传主的认识和评价有变动时，可以再修改。这样使传记作品的总体事实更符合历史事实、传主本人的生平事实和作者对传主的评价事实。

3. 作为传记的口述历史与民间自传逐渐兴起。“在亚自传中，口述历史算是新起的文类。”“在欧美口述历史的影响下，1990 年代后期中国出现了口述历史的著作，北京大学出版社出版了‘口述传记’丛书，其他出版社也出版了几种‘口述自传’或‘口述历史’丛刊。”“口述历史中包含着口述者的生平，也可反映出他的个性和人格发展，这样它就部分具有了自传的基本要素。”（杨正润《现代传记学》，南京大学出版社 2009）

近年我们所见的《启功口述历史》（赵仁珪 、章景怀著，北京师范大学出版社 2004）就具有著名书法家、文物鉴定家启功自传的成分。该书不仅在史料上披露了一些晚清正史缺载的历史细节，如张謇中状元的内幕等，具有史料价值，而且也讲了启功自身求学、工作的艰难经历和自己的个性，语言幽默生动，显然具有启功自传的性质了。

又如宗道一等编著《周南口述：遥想当年羽扇纶巾》（齐鲁书社2007），由参加中英谈判香港回归问题的外交官周南口述，也是一本史料性、可读性兼具的口述自传。

近年国内不仅出版了不少口述自传的作品，而且还出现了口述历史的理论著作，如杨祥银著《与历史对话——口述史学的理论与实践》（中国社会科学出版社2004）、周新国主编《中国口述史的理论与实践》（中国社会科学出版社2005）。

从国内口述自传的发展看，已出版的口述史或口述自传数量已不少，但尚无写作指导和规范，未出现有深度的精品，尚待加强理论研究。

二、传记文学理论研究取得了重大进展

近15年来，尤其是进入21世纪新世纪以来，中国传记文学研究取得了显著的进步，最明显的表征是，出版了大量的传记文学研究专著，在《文学评论》《文学遗产》《外国文学评论》《国外文学》《文艺报》等重要报刊上，可以经常看到传记文学研究论文和相关评论。这一切都显示出近15年来中国传记文学研究的蓬勃生机。

过去中国传记理论研究的论著可谓凤毛麟角，目前这种状况有了根本性的改观，且理论批评体系正在形成。

1. 比较有代表性的传记文学理论研究专著至少10多部，其中成就最突出的是赵白生的《传记文学理论》（北京大学出版社2003）和杨正润的《现代传记学》（南京大学出版社2009），标志着新世纪以来传记文学理论的深入与突破，传记文学的理论体系正在形成。他们被传记文学研究界称为“南杨北赵”，双峰对峙。他们都有在美国专门对传记文学访学的经历，又都精熟英语，在传记文学研究上中西沟通，学术视野宽广。

赵白生是北京大学世界传记中心主任、中外传记文学研究会会长、国际传记文学学会创始人。他的《传记文学理论》共22万字，比较全面、集中而深入地论述了中外传记理论中一些本质性的问题。如，在第一章里，作者提出了传记文学事实的理论。事实的三维性，即自传事实：自我发展

的轨迹；传记事实："我与别人的关系"；历史事实："我与时代的关系"。就自传说，"自传的内核是自传事实，但传记事实和历史事实也同样不可或缺。它们水乳交融，三位一体，构成了自传里事实的三维性"。第二章讨论了传记文学的虚构现象，指出"传记既不是纯粹的历史，也不完全是文学性虚构，它应该是一种综合，一种基于史而臻于文的叙述。在史与文之间，它不是一种或此即彼、彼此壁垒的关系，而是一种由此及彼，彼此互构的关系"；该书是目前传记文学理论界被同行引用较多的一本专著。有评论者认为这"是一部填补中西传记文学理论研究空白的拓荒之作，更是一部对中西传记诗学的构建有较大理论贡献的理论专著"。（王成军《中西传记诗学的构建》，《荆门职业技术学院学报》2005 年第 2 期）

杨正润是中国传记文学学会副会长，南京大学博士生导师。他的《现代传记学》全书 60 多万字。该书是目前传记理论研究最系统的一本专著。著者对传记作了全面考察，以传记和自传的标准形式为主要对象，兼及各种边缘形式和扩展形式，在传记本体、传记形态和传记书写三个层面展开论析。本书吸收了国内外传记研究，特别是 20 世纪西方传记理论的成果，总结了中国和西方传记史上经典作品的写作经验，基本建立了一个传记理论体系。

2. 相对于古代传记文学研究，近年现当代传记文学研究更热门。在 15 年前，传记文学的研究界比较注重对古代传记文学的研究，如韩兆琦的《中国传记文学史》，李祥年的《汉魏六朝传记文学史稿》等。近 15 年中，古代传记文学研究专著较突出的是陕西师范大学博士生导师张新科，他的《前唐史传文学研究》（西北大学出版社 2000），将唐代以前史传作为一个整体，系统地从传记文学理论的角度进行综合研究，对史传文学的发展过程、基本特征及其内在规律的揭示颇有新意，体现了纵与横的交错、广度与深度的结合，具有理论和实践的价值。其次是俞樟华的《中国传记文学理论研究》（湖南文艺出版社 2000）和他的另一本著作《古代杂传研究》（吉林文史出版社 2005）。俞樟华是浙江师范大学《史记》和传记文学的研究专家，他的两部古代传记理论研究著作，填补了该领域的学术空白。两书共同特点是对古代传记各种形态作了较全面论析，所引史料极为丰富，值得学界关注。

但相比古代传记文学研究，现当代尤其是当代的传记文学研究近年更热门。近15年，在传记文学理论与批评界，继“南杨北赵”后而最引起学界注意的是湖北的全展，他最有代表性的著作是《中国当代传记文学概观》（黑龙江人民出版社2004）和他的另一本著作《传记文学：阐释与批评》（湖北人民出版社2007）。全展是湖北荆楚理工学院人文学院教授，历时六年，完成《中国当代传记文学概观》一书的著述。全书22万字，正文分为12章，依次为《中国当代传记文学的发展历程》《领袖传记》《将帅传记》《英雄传记》《文学家传记》《艺术家传记》《科学家传记》《企业家传记》《名人明星自传》《平民传记》《反派人物传记》《当代传记文学理论研究与批评态势》。该书是多侧面研究当代传记文学的系统之作，是目前研究当代传记文学的必备参考书，尤其是第一章“中国当代传记文学的发展历程”和第十二章“当代传记文学理论研究与批评态势”具有开阔的视野和理论的深度。

如果说，《中国当代传记文学概观》还是全展对当代传记文学做平面的评述的话，那么他的《传记文学：阐释与批评》则加强了理论的力度和批评的分量，并将两者结合，使该书自具特色。因此该书是近年继赵白生的《传记文学理论》和杨正润的《现代传记学》之后第三部值得注意的传记文学研究著作。该书主要由“理论阐释”“现状研究”和“文本批评”三大部分组成，全书27万字。其中“传记文学创作的若干理论问题”和“传记文学的批评原则”，深入探讨传记文学的写作问题，如对如何写传主的隐私，提出了独到的见解，很有现实性和导向性。关于传记文学的批评，对批评的类型和批评的原则，分析具体，归纳精微。

近15年中，其他较出色的传记文学研究著作还有以下几本。

李健的《中国新时期传记文学研究》（新华出版社2008）。李健是解放军报女记者，《中国新时期传记文学研究》是她的博士论文。该书有较强的理论性，在广泛阅读文本基础上，把当代传记与古代以及西方传记进行比较，提出新时期传记的基本特点和发展轨迹，比如“史传合一”的特征和新英雄主义的精神、人文精神的重建和大众化的趋势，这些观点都给读者耳目一新的感觉。

郭久麟的《中国二十世纪传记文学史》（山西人民出版社 2009）。郭久麟任教于四川外语学院，先后出版过《陈毅青少年的故事》《罗世文传》《雁翼传》等传记作品。在传记文学理论研究方面，出版过《传记文学写作论》《传记文学写作与鉴赏》《中国二十世纪传记文学发展史》。后者对中国传记文学名家、名篇进行了科学的评价，总结了中国 20 世纪传记文学发展的巨大成就和明显不足，其中提出了若干带规律性的结论和值得注意的倾向。

朱旭晨的《秋水斜阳芳菲度——中国现代女作家传记研究》（人民日报出版社 2006）是对中国现代女性作家传记研究的新突破。中国现代女作家传记自 20 世纪以来至该书出版时，大陆出版的传记作品已近 300 部之多。朱旭晨面对如此数量的传记著作，要对中国现代女作家传记进行整体的研究，相比于以前其他研究者对某一部女作家传记发表的单篇论文或零星评论要困难得多。她以全书 26 万字篇幅来把握这个课题。她的著述策略是既从纵向上为女性作家传记的发展作了分期，又从横向的角度，选择出以丁玲、萧红、张爱玲、谢冰莹、梅娘等五位女作家为传主的传记作品作为研究对象，回顾和梳理了女性传记写作的历史和现状，总结了中国现代女性作家传记写作的结构原则、阐释策略和经验教训，从而丰富了传记文学研究的理论宝库。

3. 寒山碧的《香港传记文学发展史》（香港东西文化事业公司 2003），填补了港台传记文学研究的空白。寒山碧是资深香港传记作家和著名学者、香港传记作家协会会长。本名韩文甫，海南文昌人，1938 年底生于一个华侨家庭，1968 年 10 月移居香港。他在香港 30 余年笔耕不辍，一直致力于文化传播和 20 世纪中国政坛风云人物的传记写作，并不遗余力地推动香港传记文学前进的步伐。他先后写过《邓小平评传》（共四卷，1984—1993）、《毛泽东评传》（1987）、《蒋经国评传》（1988）和《中共四大家族》(1996)等。《香港传记文学发展史》40余万字，作者搜集了自1949年至1997年在香港出版的传记文学作品，评述了这一时期许多有代表性的重要著作。该书追踪香港传记文学的发展轨迹，展示了香港传记文学创作的丰硕成果，让我们管窥到香港传记文学的流变走向。该书填补了中国传记文学研究中香港传记文学发展史研究的空白。

郑尊仁博士的《台湾当代传记文学研究》(台北秀威资讯科技股份有限公司2003)，是台湾当代传记文学研究的第一部专著，这本专著体现了台湾传记文学研究的一种新视界。全书272页，分为六章。取材范围限定为：在传主方面，以中国近代人物为对象；在书籍方面，出版时间以1945—1999年出版为主，并以白话文写作的个人传记为对象。全书的重心在第三、第四章，分别为“台湾当代传记文学的形式”和“台湾当代传记文学的内容”；第五章“台湾当代传记文学的发展”，勾勒了台湾几十年来的传记文学的发展趋向。该书既有史的线索，又有作品的评论、写作方法的探讨，还有传记理论的研究。作者在传记理论上提出不少新的见解。如认为传记文学的特性具有“边缘性”“开放性”和“局限性”。作者又将“真实”“品位”“文笔”和“以人为本”作为传记文学的批评标准。

4. 单篇传记文学研究论文丰富多彩。除了传记文学研究的专著外，近15年出现了更多的单篇传记文学论文。最新的代表性论文，集中在中国传记文学学会编《传记文学新近学术文论选》(中国青年出版社2011)内。全书共计57万字，收录了中国大陆以及香港、台湾地区和韩国四十多位知名学者、作家的学术论文，这些论文基本反映了现今中国传记文学学术研究的最新成果和发展水平。

《浙江师范大学学报》的“传记文学研究”栏目，《荆楚理工学院学报》的“传记文学研究”栏目，近年来刊发了很多富有创见的学术论文和研究综述。如全展《中国古代传记文学研究30年》(《荆楚理工学院学报》2010年第12期)，总结了30年来中国大陆关于古代传记文学的研究情况。他把30年分为：1980年代的起步积累期、1990年代的发展繁荣期、2000年代的深化拓展期。列举各期古代传记文学研究所取得的丰硕成果，并指出这与老生代（朱东润）、后老生代（韩兆琦、陈兰村、李少雍等）、中生代（李祥年、俞樟华、张新科、郭丹等）、新生代（熊明、史素昭、许菁频等）四代研究者的共同努力分不开。

5. 对国外传记文学研究成果丰硕。近15年来，对外国传记文学进行研究与理论译介的学者及其成果较之以前更有明显增加。参与外国传记文学研究与翻译的学者，主要集中在高校的外国文学研究队伍里。以杨正润和赵白生为代表的传记文学理论研究者，同时也是外国传记文学的研究者和翻译者，他们周围的同事、朋友和博士生、硕士生也多少受风气的影响而参与进来。因此，研究外国传记文学的队伍显著扩大了，正逐步把传记文学研究推向深入。如北京大学的杨国政、对外经济贸易大学的许德金、徐州师范大学的王成军，杨正润的已毕业的博士生唐岫敏、赵山奎等。他们的研究成果多以论文集或专著形式出现。如杨国政、赵白生主编的《欧美文学论丛·传记文学研究》（人民文学出版社2005），共收论文十六篇，分为理论综述和文本分析，除三篇外，其余均为首次发表，涉及欧美传记文学的许多核心命题和重要作品。再如赵山奎的《精神分析与西方现代传记》（中国社会科学出版社2010），是在博士论文基础上反复修改扩充，花七年时间写成的专著。该书对精神分析同传记的关系作了综合的系统的研究，对传记文学研究有重要的参考价值。

他们对外国传记文学的研究工作近年较多注意外国的自传。如杨正润的已毕业的博士生袁雪生的《〈富兰克林自传〉与美国精神》（中国社会科学出版社2008）。杨正润为该书所作序文说：袁雪生“细读文本，以美国精神为主要论题，从思想史和文化史的角度，也从传记文类的角度对《富兰克林自传》进行了比较完整和全面的研究”，“体现了当代自传研究和美国研究的特点”，“是迄今为止中国学界对《富兰克林自传》研究中最厚实的成果之一”。介绍美国自传的论文，如崔侃《自传的王国：美国与自传》，指出“自传在美国一枝独秀，美国成为自传的王国”。（崔侃：《自传的王国：美国与自传》，《荆楚理工学院学报》2010年第10期）

其他如由杨国政翻译的法国学者菲力浦·勒热讷的《自传契约》（三

联书店2001），在国内也被学界重视。

三、传记文学研究国际对话格局业已形成

诚如杨正润所言："在文化全球化和多元化的时代，学术研究已经摈弃了独语而采取了对话的形式。对话是学术成熟的标志，不同观点、不同思想进行碰撞、交锋和交流，中国的传记理论在成长的过程中特别需要吸取与融合一切有价值的话语、观念和材料。"（杨正润《传记研究中的新局面》，《荆楚理工学院学报》2011年第8期）

近15年来，中国传记文学学会、中外传记文学研究会深感对话交流的必要和重要，开展了一系列卓有成效的学术研讨活动，成功举办了近20次研讨会，其中国际讨论会2次（2001，2010）。研讨会一次一个新主题，涉及传记文学理论批评的方方面面，不仅广泛邀请中国大陆学者参与，还有来自海外近20个国家和地区的嘉宾高朋共同探讨。传记文学研究中对话和国际对话格局业已形成。

此外，香港艺术发展局1995年成立以来，已先后扶持召开了"香港传记文学研讨会"（1999）和"中华传记文学（香港）国际学术研讨会"（2009），除两岸三地的学者外，还有美国、日本、韩国等国学者与会，对话交流。在寒山碧先生主持下，出版了《香港传记文学发展特色及其影响》（香港东西文化事业公司2000）、《理论探讨与文本研究》（香港中华书局2010）两本研讨会论文集。值得一提的是，2008年，中国大陆、香港和台湾的传记界，还在广东召开了一次两岸三地的学术讨论会，此后中国传记文学学会又组团去台湾传记界交流访问。

四、传记文学研究队伍壮大，新人辈出

近15年来，国内一些高校已培养出了一批传记文学博士、硕士研究生，他们正活跃在传记文学的研究领域中。如南京大学杨正润教授指导了一批从事传记研究的博士生，他们所研究的都是传记史和传记理论中的重要课题，就我们所知有：唐岫敏（英国新传记）、孙勇彬（鲍斯威尔《约

翰生传》)、袁雪生(《富兰克林自传》)、赵山奎(精神分析传记)、曹蕾(自传与忏悔录)、尹德翔(使西日记)、梁庆标(卢梭和中国现代传记)、周凌枫(新时期自传)、王军(口述自传)等。兰州大学程金城教授指导了博士生李健,后来李健又在复旦大学陈思和教授指导下读了博士后,她也是研究当代传记文学的新秀。另外,如辜也平、李战子、朱旭晨、孟桂兰、孙德喜、杨荣、宋晓英、杨学民、王永、张慧芳等中青年学者也常有传记文学研究论文发表。中青年传记文学研究队伍的壮大是新世纪中国传记文学研究不断深入发展的重要保障,我们也期待有更多的学者关注传记文学创作和研究。我们相信,来自不同学科背景学者的加入,将使中国传记文学的研究主题、研究方法、研究视野获得新的拓展,中国新世纪传记文学研究也能在更多元的学科交融中获得更多的关注,取得更好的成绩。

五、传记文学正式进入大中学校课堂

近15年来,高校开设传记文学课不再是少数几个学校,而是有了明显增加。上述提到的传记文学研究新人,差不多都在高校任职,他们大都开设了传记文学课。传记文学课不仅在不少高校中开设,而且传记文学也开始进入中学语文课的选修课程,这是传记文学发展的一个新的可喜势头。近年高中课改新课标中,语文选修课之一有《传记选读》课,国内已有不同课本的版本,经教育部有关部门审查通过,正式出版的课本有温儒敏主编的《中外传记作品选读》(人民教育出版社2006),陈兰村主编的《中外优秀传记选读》(语文出版社2007)。以上两书都同时出版了供教师用的教学参考书,介绍了传记文学的相关知识。这就让传记文学正式以选修课的面貌进入了中学课堂。还有的中学自编传记文学的校本课程,如浙江省永嘉县教育部门编写了“永嘉名人”教材,浙江金华市女子中学自编了《女性名人传记选读》课本。中学开设传记文学选修课,无疑对传记文学的普及起着促进作用。配合中学开设传记文学选修课,陈兰村还发表了《略论名人传记的阅读功效》(《中国传记文学》第4期),从名人传记的文体特征和文体功能，从读者对名人传记的文体期待和对名人的崇拜心理，以及侧重名人传记对青少年读者的影响三方面，讨论了名人传记的阅读功效。

六、传记研究者对当代传记现状更加关注

这近15年来，传记文学研究的一大进步，是有较多传记文学研究者密切关注当代的传记文学创作，检阅当代的传记文学的成绩，并对存在问题提出批评，更可贵的是对传记文学创作实践提出了指导性意见，力图产生导向作用。这种关注，既有发自传记文学研究团体的，也有来自专家的。

2001年6月至8月，《文艺报》开辟《关于传记文学的讨论》专栏，发表了浙江师范大学传记文学研究中心成员6篇论文。有梅新林《当代传记文学创作的反思与超越》(《文艺报》2001年6月16日)、俞樟华《时代呼唤史诗般的革命领袖传记》(《文艺报》2001年6月30日)、陈兰村《英雄传记正气永存》(《文艺报》2001年7月7日)、毛策《学人传记与文化人格的重塑》(《文艺报》2001年7月21日)、邱江宁《明星传记的精神缺失》(《文艺报》2001年7月28日)、崔小敬《凡人传记的超凡世界》(《文艺报》2001年8月4日)。其中梅新林的论文侧重对当代传记文学创作的批判和反思，在充分肯定传记文学尽展多样化发展的同时，也实事求是地批评创作存在的不足，指出有五个失落：即实录精神的失落、个性精神的失落、诗性精神的失落、审美精神的失落和思辨精神的失落，他又提出了“要追求生活化、个性化、诗意化、审美化和思辨化”的融合主张。

赵白生在2007年写的《替当代传记号脉》一文，是给全展的《传记文学：阐释与批评》一书写的序论。他提出：中国当代传记的病灶在哪里？他说，“当代传记的数量上去了，可是选者和史家还是不买账，依旧没有选本和文学史里给予传记文学一席之地。一方面，选者和史家是有问题的”。“另一方面，问题似乎更大，当代传坛不乏传记作品，但缺乏真正的传记家。更确切地说，缺乏的是传记家意识。这是当代传记文学的一大病灶。”“缺乏严肃的传记文学批评，是另一大病灶。”（赵白生：《替当代传记号脉》，见《传记文学：阐释与批评》，湖北人民出版社2007）

赵白生的把脉很有见地，值得引起传记家的重视。

杨正润在《危机与出路：关于传记现状的思考》（《荆楚理工学院学报》2011 年第 1 期）一文中对传记的现状作了严肃的思考。

作者在肯定近三十年来中国传记取得巨大成绩的同时，指出传记发展过程中也潜伏着危机："现代和后现代文学对传记的真实性原则不断提出质疑和进行颠覆，大众文化的流行致使一些传记家忽略了这些原则；文学批评中'自传死亡''传记死亡'之类的说法从理论上对传记文学进行了消解；图像和影视成为传记的载体，以其特有的形式和价值标准在淡化传记的真实性诉求。"

作者指出的出路："面对这类挑战和危机，传记作家应当坚守原则并抵抗商业大潮的侵袭和浮躁的社会心态，同时又与时俱进，进行方法的革新。鉴于传记对国民教育的重大意义，社会对传记写作应当给予更多的扶持。"

切实提高传记文学作品的质量，多出精品力作，改变良莠不齐、优劣混杂的状况，是当前传记文学创作中应当引起重视的一个问题，需要进行研究和总结，也需要理论的支持和指导。《传记文学新近学术文论选》的编辑出版在这方面做了一件值得称道的、实实在在的好事，将众多优秀传记文学学术论文集中在一起出版，既展示了成果，也便于阅读和研究。

有学者呼吁：当前抵制拜金主义、享乐主义，提高国民道德水平，重建健康的民族人格是文化思想领域中一项十分重要的工作，在这项工作中，传记文学的作用是不容被低估的，应当引起足够的重视。这一点要反复宣传，争取得到越来越多的有识之士的理解和支持。

1999 年版后记

在本书即将与读者见面之际，我想和读者谈谈本书的产生过程，以便让读者了解我们的写作意图，接受读者的检验与批评。

本世纪 70 年代初，我在浙西南山区松阳教书，当时能看到的书很少，手头的一部《史记》成了我最喜欢的精神食物。读了《史记》中的传记作品，不仅增长了许多历史知识，而且目睹各种历史人物的人性表现、人格操守、命运变化，感慨万千。我想，宇宙间的各种知识开发不尽，人本身的人性发展、命运变化，就不知有多少奥秘，人们并未都已认识。而传记文学就是一种艺术地记录历史上真实人物生命轨迹的文学样式，它为人类保存了各类个体人物的人性表现、命运变化的档案，其中的奥秘多么值得探索！阅读和欣赏优秀的传记文学，我们可以获得兴味无穷的艺术享受。如果我们能进一步从历史人物生命旅程中的成败得失悟出一点启迪，那对于掌握我们自身的命运，不是更有意义吗？抱着这样的兴趣和追求，我走进了传记文学的艺术之宫。《中国传记文学发展史》就是我和参加本书撰稿的同好者所观赏到的传记文学艺术之宫中极小的一部分展品及其发展过程而已，我想把它介绍给读者，让更多的人一起来研究传记文学。

传记文学是既古老又年轻的文学品类之一。说它古老，早在两千多年前，我国已出现了司马迁这样伟大的传记文学家，他的不朽巨著《史记》可以列入世界优秀传记文学名著而无愧色；说它年轻，“传记文学”的名称最早使用还是本世纪初的事情。胡适的《藏晖室札记》卷 7 第 1 条就是“传记文学”，写的时间是 1914 年 9 月 23 日。此前的中国典籍中尚未出现过“传记文学”的名称。而在当今的世界，传记文学创作已成为一个热点。传记成了文学体裁中新的超级大国，传记继诗歌、戏剧、小说之后，成为又一重要的文学品类。国内进入 20 世纪 80 年代，传记创作蓬勃发展，传记以专著、专刊、专栏等多种形式涌现在新时期的文学舞台上。到 90 年代，这种势头有增无减，人们称传记文学为跨世纪的课题，甚至看好下一个世纪。当代传记文学热的出现，反映了人们对自身真实记录的重视。人类要通过传记给自身留下写照，而且要从中玩味自身的成就与失败、酸甜与苦辣，希望各个人能在当今的世上更好地得到发展。而传记的创作热，出版热，势必唤起关注传记文学的人对它开始投入评论和研究的热情。

作为学习中国古代传记文学的初步体会，我与陕西师范大学中文系张新科博士合著了《中国古典传记论稿》（陕西人民教育出版社 1991）。同时，我还参加了由北京师范大学中文系韩兆琦教授主编的《中国传记文学史》中有关魏晋南北朝、唐代、明代传记文学三章的撰稿（河北教育出版社 1992）。为配合我在本校开设的“传记文学”课，我选注过一本《中国古代名人自传选》（中国青年出版社 1997）。1993 年，我工作的浙江师范大学中文系被国务院学位委员会批准，可以招收以传记文学为研究方向的硕士研究生。因工作的需要，我和同行朋友着手集体编写一本《中国传记文学发展史》。这既可整理一下自己学习传记文学的体会，又可吸取当代学者对传记文学的新认识。此书由我提出编写提纲和思路并担任主编。我和参加本书编撰的作者具体分工如下：

王成军、王　炎：第七章、第八章

叶志良：第九章

李世萼：第一章

许菁频：第三章

陈兰村：绪论、第二章、第四章、第六章、第十章

杨俊库：第五章

（以上撰稿者按姓氏笔画排列）

陈兰村

1997 年 12 月 20 日

于浙江师范大学传记文学研究中心

2012年修订版后记

2011年6月28日，获悉语文出版社要重新出版我在1997年主编的《中国传记文学发展史》的确切消息，心里很激动。我马上想起自己从1981年开始学习和研究传记文学至今30年走过的里程，想起帮助过我的那些永久难忘的前辈、同事和朋友。

1981年秋新学期开学后，我所在工作单位前身浙江师院中文系领导提出要求中年教师准备一年时间，开出一门选修课。我开什么选修课好呢?以前“文革”中我通读过《史记》，对《史记》很爱好，那就开《史记》研究选修课吧。后来向当时的同事老教师常元敬老师请教，他建议我改为“传记文学研究”选修课。理由是传记文学的范围大些，而其中仍可以保留《史记》研究。就这样，我接受了常老师的建议，开始对传记文学研究进行准备。所以常老师是第一个向我建议研究传记文学的前辈，以后他多次为我提供古代传记文学的书籍与资料，并在我开设传记文学选修课时指导我编写讲义。

当时有关传记文学研究的专著几乎没有，只看到为数很少的论文。了解到国内复旦大学朱东润教授已在带传记文学方向硕士生，我在报刊上几乎全部读了朱先生一些提倡传记文学研究的文章，这使我对朱先生很崇敬，很希望到他那里进修。1982年初，我在同事的帮助下，终于在高校教师进修指标计划外，进入复旦中文系进修，指导教师是顾易生教授。他知道我进修的目的是要学习和研究传记文学，有一天下午把我领到朱东润先生家里，听朱先生指导如何学习传记文学。以后，朱先生外出讲课，我就去旁听，并向朱先生的研究生了解朱先生讲传记文学的内容。当时朱先生已86岁了，身体不错，除带研究生外，自己仍一直在创作传记文学作品。朱先生对我学习传记文学的影响是很大的，特别是他把自己后来的学术研究心力全部用在传记文学创作和研究上，以传记文学家作为自己奋斗目标，他把传记文学事业作为终生事业。他的学术品格和高尚人品在复旦同事中享有很高的声望，他是我心中学习的榜样。

在复旦进修期间，我还旁听了章培恒教授的晚明文学研究选修课，抄录了他曾开设的中国文学史先秦至魏晋南北朝段学生听课笔记。他对中国文学史的基本观点，关于人性发展作为文学发展的主线；他对晚明文学的新内容及其意义的论述等，对我后来主编《中国传记文学发展史》有直接的启发。其中有关晚明传记文学的章节，更是吸取了章培恒教授上晚明文学研究课的某些观点和资料。所以章培恒教授是我编写《中国传记文学发展史》的学术思想上的启迪者。1982 年秋我回浙师大，就开设了传记文学选修课。一边上课，一边继续阅读传记文学作品和相关文献，同时编写中国传记文学史讲义。

此后对我影响较大的是已故徐州师大中文系吴汝煜教授。1985 年，有一次，我去南京师大参加中国历史文献研究会会议，会议组织大家去扬州考察。从南京到扬州的汽车上，我坐在吴汝煜旁边，向他请教如何编写中国传记文学史。他说，先对每个时期的传记文学整体情况摸一遍，做到心中有数，尽可能找出其特点，再对该时期的主要作家作品写出单篇研究论文，这部分一定要有自己的见解，这可以作为以后书稿各章节的主干，好像是人体的骨架；然后编写传记文学史时把原来的论文再补充背景情况，丰富例子，增加对次要传记作家作品的论述。这部分相当于人体的血肉和水分，使书稿丰满起来。如果没有骨架，人就站不起来；如果没有血肉水分，人体瘦骨伶仃，也不行。他那一番话，很有道理，实际而形象，至今仍在耳边。吴汝煜教授关于骨架和血肉水分的比喻给了我一套编写《中国传记文学发展史》的方法，我后来就有计划地按他的话去逐步实施。我把单篇传记文学研究论文先后发表出去，还和陕西师大人文学院张新科教授合作出版了《中国古典传记论稿》（陕西人民教育出版社 1991）。

1993 年我所在浙江师大已有了传记文学研究方向的古代文学专业硕士

点，为了给硕士生开设传记文学专业课，我把原有的中国传记文学史讲义加以补充修改，并邀请部分同行和研究生一起进一步研究，增加各个时期传记文学理论的研究，补充近代起一直到改革开放新时期的传记文学研究，使中国传记文学史古今贯通，定书名为《中国传记文学发展史》。后来在此基础上，我把现当代传记文学研究的成果，和同事叶志良联合主编了《20世纪中国传记文学论》（天津人民出版社1998）。

1996年暑假，我在给本省一教师评职称做鉴定时看到该教师在一本书的后记里特别提到语文出版社女编辑王晨同志是个好编辑。我后来给王晨同志写了一封信，告诉她我有个传记文学发展史的书稿，问她能否帮助出版。过了一星期，王晨同志来电话，叫我把书稿目录以及样稿一份先寄去，让他们看看再说。她看了样稿又来电话，催我快点把书稿整理好寄给她，准备给出版社领导看。这年12月底，我刚好去北大参加中外传记文学研究会年会，乘此机会到语文出版社去，在楼梯上见到了王晨同志，她刚要出差到外地去，立刻把我领到一位年长的总编的办公室，见到了总编先生。我们寒暄了几句，总编表示书稿可以接受出版，现在请有关专家再审查，提提修改意见。见总编时间只10分钟，王晨同志就带我离开总编室，她也去外地了。我的书稿后来经过王晨同志多次联系、修改，于1997年完成定稿，并在1999年1月顺利出版。王晨同志确实是位工作负责，编辑水平高，对作者热情帮助的好编辑。以后听说她已退休，没有再见过。她后来把我推荐给她的同事邵燕鸿先生，让我主编普通高中课标语文选修课《中外优秀传记选读》及其配套的教师用参考书。这两本书已在2007年出版。

《中国传记文学发展史》从1997年定稿至今又15年过去了。我很幸运，在邵燕鸿先生帮助下，经过修改，即将要重新出版。在新版里，我们订正了前一版已发现的一些错别字。为了让读者了解前一版出版后国内传记文学创作和研究发展的新情况，我和国内当代传记文学研究著名学者、湖北荆楚理工学院文学院全展教授合作，新写了第十章第二节《近15年（1997—2012）传记文学研究综述》。

我学习和研究传记文学的路是个不断积累的过程，也是前辈、同事、朋友支持和帮助的过程。在此我要向他们表示衷心的感谢，让此书的读者和我一起不忘记他们在传记文学研究中的贡献。

陈兰村

2012 年 4 月 20 日

于浙江师大丽泽花园湖边书斋